JN017544

基本刑事訴訟法 II 論点理解編

吉開多一・緑大輔・設楽あづさ・國井恒志 [著]

日本評論社

はしがき

　本書は、刑事訴訟法（以下、本書では「刑訴法」と呼ぶ）を学修しようと
する初学者が、基礎力と各種試験に合格するための応用力を身につけ、さら
に、実務家となって刑訴法を自ら実践するまでの架け橋となることを目的と
したテキストであり、既に多くの読者に恵まれた『基本刑事訴訟法Ⅰ─手続
理解編』（日本評論社、2020年）の姉妹編である。

　刑訴法の多くのテキストは、手続と論点の関係を自然に理解できるよう
に、手続の中に論点をちりばめている。しかし、本書は、読者が、手続の通
常の流れと論点と呼ばれる病理現象を区別して学修できるように、『基本刑
事訴訟法Ⅰ─手続理解編』と『基本刑事訴訟法Ⅱ─論点理解編』の2部構成
にしつつ、手続と論点の関係を意識的に理解してもらうために、「手続理解
編」と「論点理解編」の関係を一覧できるようにした（⇒「本書の構成と手
続理解編との関係」参照）。「手続理解編」の「本書の構成」とともに、手続
法における「体系的理解」の意味を1つのイメージとして理解してもらえる
のではないだろうか。さらに、本書は、本文中にクロスレファレンスを多用
することで、手続の全体像と論点が影響する手続的な効果を意識しながら、
刑訴法上の論点を段階的に深く理解できるように工夫している。本書の具体
的な使用方法については、「本書の使い方」を参照されたい。

　刑訴法は、民訴法と同じく「手続」法であるから、まず実際の手続の流れ
を理解する必要があり、「手続理解編」は刑事手続を興味深く理解してもら
うためのテキストである。他方で、法は紛争解決のための手段であるから、
刑事手続上の紛争（＝論点）を法的に解決するところに刑訴「法」の面白味
があり、「論点理解編」は、まさに刑訴「法」の面白さを味わってもらうた
めのテキストである。

　本書は、研究者と法曹三者の経験者によって作成された体系的なテキスト
である。自学自修の書として、法学部生、法科大学院生、予備試験や司法試
験の受験生を主な読者として想定しているが、既に実務で活躍している実務
家や実務に関心のある研究者が、最近の論点や実務の運用を気軽に参照した
いときに読んでもらうことも想定している。本書の執筆者は、日頃から、法
学部生や法科大学院生の教育、司法修習生や若手法曹の指導と育成に関わっ
ている関係で、刑訴法の学修者がどのような点で悩み、つまずき、誤解しや

すいのかを実体験として理解している。本書の最大の特色は、このような執筆者が、初学者のため、各種受験生のため、そして、実務家や研究者のために、協働して作り上げた点にある。

　本書の具体的な特色は、以下のとおりである。

　第1に、本書は、初学者のためにわかりやすさを追求したテキストである。全体を通じて平易な説明を心がけていることや、各講において、学習のポイントを明らかにし、書式や図表を豊富に使用している点は、「手続理解編」と同じである。さらに、「論点理解編」では、問題解決のためのプロセス、すなわち、「問題の所在」、「判例の理解」あるいは「判例・学説」（規範）、「設問の検討」（当てはめ）が明確になるように努めている。

　第2に、本書は、読者が基礎力と各種試験に合格するための応用力を身につけることができるように種々の工夫をこらしたテキストである。定期試験、予備試験、司法試験、昇任試験、選考試験等の各種試験は、刑訴法の基本が身についているか否かを直接的にはかるものであり、本書では、これらの過去問を検討し、判例や実務を中心として、その合格に必要な知識を盛り込んでいる。特に「論点理解編」では、司法試験や予備試験の論文試験のレベルを想定し、これらの過去問をアレンジするなどして、数多くの設問を設け、その解説という形で説明するスタイルをとり、読者が、問題意識をもちながら本書を使用し、基礎力と各種試験に合格するための応用力を自然と身につけることができるように工夫している。

　第3に、本書は、将来、実務家になることをめざす人だけでなく、刑訴法の基本を復習したい実務家や実務に関心のある研究者のためのテキストでもある。特に「論点理解編」では、多くの判例を設問にアレンジし、GPS捜査など最新の論点や判例もふんだんに取り上げて、現在の実務をできるだけ具体的に解説し、さらに、本書の随所に「コラム」を設け、「予測的警察活動」や「一般面会における接見等禁止の当否」などの最近の実務の関心事を取り上げながら、法曹三者の実務上の悩みや実感を要所要所で吐露し、実務家にとっても研究者にとっても面白い内容となるように工夫している。

　本書は、初学者が手に取って刑訴法の面白さを知り、本書で培った基礎力と応用力でそれぞれの道の先にある試練を乗り越え、さらに、実務に出て刑訴法の運用に実際に携わるときに再び手に取ってもらえる、そんな長年にわたって交友できる友人のようなテキストをめざしている。是非とも、「手続理解編」と「論点理解編」という2人の友人と手を携えながら、刑訴法の理解をさらに深めていただきたい。

末筆ながら、本書の企画から完成まで、日本評論社編集部の田中早苗さんに大変お世話になった。本書は、「手続理解編」「論点理解編」ともにさまざまなアイデアと工夫を取り入れているが、その分、編集作業の苦労は類書を超えるものがあったと推察される。会議や打合せもままならない中、田中さんの熱意とテキスト編集の豊富な経験がなければ、両編が世に出ることはなかったと思う。田中さんには、執筆者一同、改めて、心から感謝申し上げたい。

2021年2月

一　多　開　吉

輔　大　　　緑

さ　あ　楽　設

づ

志　恒　井　國

本書の使い方

1　本書の狙い

⑴　実務と理論とのバランスに裏打ちされた刑訴法の理解

　本書は、「はしがき」にも記載されているように幅広い読者層を想定しつつ、特に自学自修する初学者にもわかりやすい刑訴法の教科書にするという編集方針の下で執筆された。この点は、『基本刑事訴訟法Ⅰ─手続理解編』と同様である。

⑵　「手続」と「論点」の区別

　本書では、「手続」と「論点」とを意図的に区別し、『基本刑事訴訟法Ⅰ─手続理解編』と『基本刑事訴訟法Ⅱ─論点理解編』の2部（2冊）構成とした。「論点」は、手続が何らかの事情で通常の運用のとおりに進まないとき、あるいは通常の運用のとおりに進めると問題があるときに生じるものである。いわば、通常は生理作用として手続が進められているところ、手続に何か病理現象があるときに「論点」として議論する必要が生じる。なぜ「論点」が生じるのか、何が問題なのかを明確に理解するためにも、通常の手続への理解は前提となる。「手続」を理解しないで判例を読んでも、その「論点」を十分に理解できない。そのため、まずは「手続理解編」において、手続をしっかりと押さえてほしい。

2　本書の工夫と読み方

⑴　基本事例と書式

　各講に先立ち、本書では「基本事例」として《事例1》から《事例4》を挙げた。読者が参照しやすいように、日本評論社ウェブサイトにも掲載してあるので、そちらも活用してほしい（https://www.nippyo.co.jp/）。実務的

に遭遇することが多い事案を想定した架空の事件であるが、各講では、できる限りこれらの《事例》に関連づけながら、実際の「手続」の進行と、その法律・規則上の根拠について解説し、「事例で学ぶ刑訴法」をめざしている。「論点理解編」でも、必要に応じてこれら《事例》を利用している。「手続理解編」に引き続き、どのような場合に論点が生じるのかを意識するために参照してほしい。

　また、これらの《事例》に基づき、「論点理解編」でも書式を適宜掲げた。「手続」の実際を理解してもらうのみならず、「論点」を理解するための工夫でもある。刑事訴訟の実務は、書式なくして成り立たない。実務家となって刑訴法を自ら実践するには、書式の理解が不可欠である。こうした書式はいずれも法律・規則に基づいて作成されるから、書式を通じて法律・規則の理解を深めることもできる。そういう観点からも書式に慣れ親しんでほしい。

(2)　全体の構成

　「論点理解編」は全部で15講から30講の計16講から構成されており、手続の順に沿って論点を配置している。15〜19講が捜査手続に関わる論点を扱う。20講は特に被疑者の防御と弁護人の役割に関わる論点を扱う。21講は公訴提起に関わる論点を、22〜23講は特に公判手続における審判・防御対象の変動に関わる論点をそれぞれ扱う。24〜29講は証拠法に関わる論点を、30講では事実認定、判決手続および裁判の効力に関わる論点を扱う。「手続理解編」の内容と対照させつつ、理解を深めてほしい（→「本書の構成と手続理解編との関係」参照）。

　初学者から司法試験受験生までを読者として想定する教科書としての性格から、本書で取り上げたトピックの最高難度は、司法試験・予備試験の論文試験・短答試験で実際に問われた知識のレベルである。刑事訴訟の実務では、さらに高度な知識が求められることもあるだろう。幸い、刑訴法の分野では数々の定評ある演習書・実務書・研究書が刊行されている。本書を卒業した後には、それぞれの関心事項に応じて、さらに挑戦を続けてほしい。

(3)　学習のポイント

　本書も「基本シリーズ」の1つとして、既刊本と同様に、各講の冒頭に「学習のポイント」を掲げている。もっとも本書では、法科大学院協会による「共通的な到達目標モデル（第2次案修正案）：刑事訴訟法」を参考にして「学習のポイント」がまとめられているという特色がある。とりわけ司法

試験・予備試験受験生は、そのような観点から「学習のポイント」を活用してほしい。

(4) 【設問】と解説

　【設問】ごとに解説をする形式も、これまでの「基本シリーズ」と共通した特色になっている。最初は【設問】に対する答えを確認しながら読んでいくことになろうが、ある程度理解が進んだら、【設問】だけを見て解説を読まずに、自ら答えを説明できるか、セルフチェックしていくのもよいであろう。そうした読み方ができるように、前記日本評論社ウェブサイトに【設問】だけを抜き出した「簡易問題集」を掲載してあるので、そちらもぜひ活用してほしい。「論点理解編」の【設問】は、判例の事案を数多く取り入れている。「論点理解編」を通じて、判例についての基本的な理解を得ることができるであろう。なお、解説では、重要な用語のみならず、重要なフレーズも太字で強調してある。太字のところは特に意識しながら読んでいただきたい。

　特に、判例を理解する際には、個々の裁判例が手続の「病理現象」として生じた事案に解決を与えるために示されたものであることを、意識する必要がある。判例は、事案の事実を前提として示されるものであり、事実が異なれば、結論のみならず、判断枠組みそのものが変わる可能性もある。そのため、判例を単純に学説と並べて理解するのではなく、判例を事案に即した裁判所の判断として、事実を意識しながら読み解くことが重要である。

　以上の観点から、「論点理解編」の【設問】は、「手続理解編」の【設問】に比べて事案が詳細である。何が法的判断に影響する重要な事実なのかを意識して読んでほしい。「論点理解編」の解説は、そのような観点から執筆されている。具体的には、【設問】で事実を示した上で、そこに含まれる論点を端的に整理する「問題の所在」、それに対する「判例の理解」あるいは「判例・学説」、そして、当該事案の事実を踏まえて【設問】に対する結論を示す「設問の検討」を示している。理解を整理するのに役立ててほしい。

　判例については出典を明示したほか、井上正仁＝大澤裕＝川出敏裕編『刑事訴訟法判例百選（第10版）』（有斐閣、2017年）とリンクさせて判例番号を付してある（〈百選〇〉または〈百選Ａ〇〉）。必要に応じて、より詳細な事実や解説を確認するとよいだろう。

　また、本書では、「手続理解編」と「論点理解編」の２冊組となったこともあり、両者の間はもちろんのこと、「論点理解編」内部でも、クロスリフ

ァレンス（→○講○）をできる限りたくさん入れた。前から順に読み進める
だけでは相互の理解が固まらない場合もあるので、クロスリファレンス先に
何が記載してあるか理解が曖昧だと感じたら、参照する労をいとわないでほ
しい。

　さらに本書では、刑訴法と憲法・行政法・刑法との強い関連性に鑑みて、
木下智史＝伊藤建『基本憲法Ⅰ─基本的人権』（2017年）、中原茂樹『基本行
政法（第3版）』（2018年）、大塚裕史＝十河太朗＝塩谷毅＝豊田兼彦『基本
刑法Ⅰ─総論（第3版）』（2019年）および同『基本刑法Ⅱ─各論（第2版）』
（2018年）（いずれも日本評論社）とのクロスリファレンスも入れた。こうし
た試みは珍しいかもしれないが、法律を横断的に理解することはそれぞれの
法律の理解を深めるためにも欠かせない。本書が想定している読者が、法律
の「つながり」を理解する上でも、有益なものになるはずである。

　解説は、活字の大きさを変更することで、メリハリをつけた。【設問】に
ついての基本的な理解は、通常の大きさの字で記載したが、アドバンス的な
内容のものは＊を使用して、補足的に小さい字で解説してある。司法試験・
予備試験受験者は、＊の解説まで理解することが望ましいが、逆に＊の解説
まで理解していれば、試験対策としても十分であろう。

(5)　コラム

　コラムには、【設問】の解説からやや外れるプラスアルファの知識のほか、
法曹三者のそれぞれの実務経験からくる雑感などを記載した。過去の実務が
どうなっていたのか、最近の新しい動きなども記載されているので、読み物
としても楽しんでいただければ幸いである。

(6)　「覚醒剤」の表記について

　「覚せい剤取締法」（昭和26年6月30日法律第252号）は、令和2年4月1
日に施行された「医薬品、医療機器等の品質、有効性及び安全性の確保等に
関する法律等の一部を改正する法律」（令和元年法律第63号）4条により、
題名が「覚醒剤取締法」に改正された。本書の書式は、施行前の日付に合わ
せて、従前の「覚せい剤」と表記しているが、本文中では法改正を踏まえ、
「覚醒剤」と表記しているので、注意願いたい。

本書の構成と手続理解編との関係

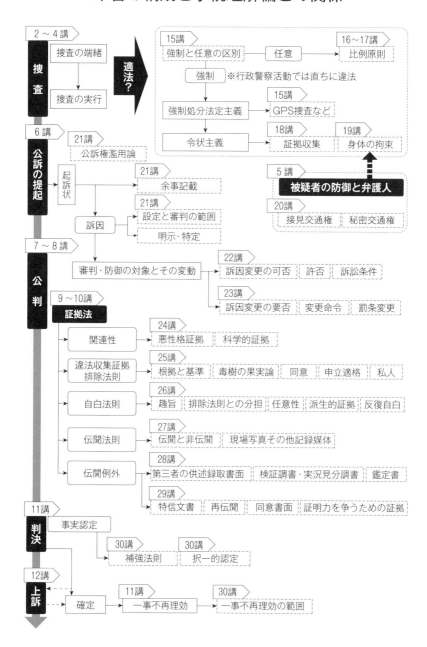

●基本刑事訴訟法II──論点理解編　目次

はしがき
本書の使い方

凡　例

高刑集＝高等裁判所刑事判例集

下刑集＝下級裁判所刑事裁判例集

刑月＝刑事裁判月報

東高刑時報＝東京高等裁判所刑事判決時報

高刑速＝高等裁判所刑事裁判速報集

裁時＝裁判所時報

判特＝高等裁判所刑事判決特報

裁特＝高等裁判所刑事裁判特報

家月＝家庭裁判所月報

新聞＝法律新聞

裁判所 Web＝裁判所ウェブサイト　裁判例情報

LEX/DB ＝ TKC 法律情報データベース

▽文献

基本刑法Ⅰ＝大塚裕史・十河太朗・塩谷毅・豊田兼彦『基本刑法Ⅰ（第 3 版)』（日本
　評論社、2019年）

基本刑法Ⅱ＝大塚裕史・十河太朗・塩谷毅・豊田兼彦『基本刑法Ⅱ（第 2 版)』（日本
　評論社、2018年）

基本行政法＝中原茂樹『基本行政法（第 3 版)』（日本評論社、2018年）

基本憲法Ⅰ＝木下智史・伊藤建『基本憲法Ⅰ基本的人権』（日本評論社、2017年）

百選＝井上正仁・大澤裕・川出敏裕編『刑事訴訟法判例百選（第10版)』（有斐閣、
　2017年）

▽その他

・引用においては、学習上の便宜を図るため、旧字を新字にし、漢数字をアラビア数
　字にし、促音等は現代仮名遣いで表記している。また、引用中に著者の注記を入れ
　る場合は、〔　〕を付している。

基本刑事訴訟法 II
論点理解編

基本事例

《事例1》路上強盗（強盗致傷）事件

　遊び仲間のX（20歳）とY（21歳）は、仕事もなく遊ぶ金もなかったことから、2人で協力して通行人から無理矢理金品を奪おうと考え、コンビニエンスストア内の駐車場で通行人を物色していた。令和2（2020）年1月6日午前1時頃、酒に酔った感じの男性A（55歳）がちょうどコンビニエンスストアから出て、人気のない公園の方向に歩いて行ったので、XとYは、Aの跡をつけた。Xは、周囲に人気がないことを確認し、同日午前1時5分頃、S市中央区東1丁目2番3号のU公園内において、Aに向かって走り出し、いきなりAの背後からその背中を足で蹴った。Aは、バランスを崩して地面に倒れ込み、持っていた茶色の手提げ鞄を落とした。Xは、倒れたAに馬乗りになり、その顔面、胸部および腹部等を多数回殴ったり蹴ったりした。Yは、Aの黒革の財布等10点が入った手提げ鞄を持ち去り、Xも一緒に逃走した。Aは、同日午前1時20分頃、U公園近くの交番の警察官に自力で助けを求め、B巡査部長やC巡査らに被害の状況等を説明した。同日午前2時30分頃、Aの黒革の財布を持っていたYが緊急逮捕され、同月11日、Xが通常逮捕された。Aは、救急車で病院に運ばれ、全治約1カ月を要する左第11肋骨骨折、背部打撲、顔面打撲等の傷害と診断された。

《事例2》覚醒剤の所持（覚醒剤取締法違反）事件

　F県警中央署の司法警察員Kは、以前、覚醒剤取締法違反の罪でS（22歳）を検挙したことがあったが、令和2年1月上旬、同居しているSの母親から「最近、息子の様子がおかしい、また覚醒剤を使用しているようだ」という情報提供を受けた。Kは、Sの母親の協力を得ながらSの動静を内偵していたが、同年2月9日深夜、Sが覚醒剤の密売場所として把握されている繁華街に出かけ、密売人らしき外国人に1万円札を渡して茶封筒を受け取る様子を確認した。そこで、Kは、捜査資料を整えて、同月10日、F地方裁判所裁判官に、Sが自宅で覚醒剤を所持しているという被疑事実で、F市中央区西2丁目3番4号のS方の捜索差押許可状の発付を請求し、その発付を受けた。Kら4名の司法警察員は、同月11日午前8時頃、S方に赴き、S方を捜索し、同日8時20分頃、Sが使用する眼鏡ケースから、使用済みの注射器1本や白色結晶粉末入りのチャック付小型ビニー

ル袋２袋を発見した。Kらが、上記白色結晶粉末の一部について覚醒剤か否かを試薬を用いて調べたところ、覚醒剤の反応を示したことから、同日午前８時30分、Kは、Sを、覚醒剤所持の事実で現行犯逮捕し、上記捜索差押許可状に基づいて、上記白色結晶粉末等を差し押さえ、S方の捜索・差押えは終了した。

《事例３》交通事故（過失運転致傷）事件

W（23歳）は、令和２年３月５日午前６時45分頃、通勤のため、普通乗用自動車を運転し、G市南３丁目４番５号先の信号機もなく他に交通整理の行われていない交差点を直進しようとした。その交差点の直進方向出口には横断歩道（以下「本件横断歩道」という）が設けられていたが、Wは、カーナビゲーションの操作に気を取られ、前方左右を注視することなく、本件横断歩道を横断する歩行者等の有無およびその安全を十分確認しないまま、時速約40kmで進行した。その頃、V（55歳）は、本件横断歩道上を横断歩行していたが、Wは、Vの前方約10mの地点に迫ってようやくVに気づき、急ブレーキをかけたが間に合わず、自車左前部をVに衝突させてVを路上に転倒させた。その結果、Vは、入院加療90日間を要し、全失語等の後遺症を伴う外傷性脳内出血等の傷害を負った。

《事例４》食料品の万引き（窃盗）事件

Z（44歳）は、会社員の夫と高校生の娘の３人で暮らす専業主婦である。Zは、令和２年４月６日午前９時30分頃、H県I市北４丁目５番６号のスーパーRにおいて、あんパンほか30点の食料品（販売価格合計5400円）を持っていたエコバッグに次々と入れ、そのまま、レジで精算せずに店の外に出た。Zは、自宅へ向かって歩いていたが、追いかけてきた同店店長Dに「お客様」と声をかけられ、立ち止まった。Dがzに対し、「精算していない商品はありませんか」と尋ねると、Zは、「何のことですか」と答え、さらに、Dが「エコバッグの中のものです」と言うと、Zは、あんパン等が入ったエコバッグをDに預けた上、財布の中から１万円札１枚を取り出し、「お金ならありますから、支払います」と言って、１万円札１枚をDに渡した。

第15講　捜査(1) —— 総説・強制と任意の区別

```
◆学習のポイント◆
1　捜査の論点で問われるのは、捜査機関が行った捜査の適法・違法で
　ある。
2　当該捜査が違法だと判断された場合の対処方法は、裁判例を読み解
　く際にも必要な知識になる。他講の解説のほか、刑法、行政法ともリ
　ンクさせながら理解しよう。
3　当該捜査の適法・違法を論じるにあたっては、強制処分法定主義・
　令状主義、比例原則といった基本原理・原則との関連を忘れないよう
　にしよう。
4　強制と任意の区別は、捜査の適法・違法を判断する上でも重要であ
　る。判例の考え方を理解した上で、区別基準を確立しておこう。
```

1　捜査の違法とその影響

(1)　問題の所在

【設問1】
　捜査の論点で問題になるのはどのような点か。

　既に学んできたように、捜査は、強制捜査に限らず任意捜査においても、
個人の権利・利益を侵害・制約するおそれが大きい活動であり、法は、捜査
機関にさまざまな捜査権限を与える一方、個人の権利・利益を不当に侵害・
制約することがないよう、捜査をする上でさまざまなルールを設けている。
しかし、事案によっては、捜査機関が行った捜査が、こうしたルールに違反
した違法な捜査ではないかが問題になる。このように捜査の論点では、捜査
機関が行った具体的な捜査活動が、適法か違法かが問題とされる。

⑵ 違法捜査への対処方法

【設問2】
　違法な捜査には、どのような対処がなされるか。

　捜査の適法・違法を論じることの意味は、違法捜査が行われた場合にどのような対処がなされるのかを確認しておくと、理解しやすいであろう。捜査の適法・違法が争われた裁判例を理解するためにも、違法捜査への対処方法を理解しておかなければならない。

ア　押収に対する準抗告

　検察官、検察事務官および司法警察職員による**差押え、領置およびこれに関連する処分**（例えば「必要な処分」→3講1⑵カ）は、準抗告（430条1項・2項→12講1⑴）の対象となり、違法があったと認められれば当該処分は取り消され、捜査機関は直ちに押収物を押収先に返還しなければならない。

イ　被疑者勾留

　逮捕前置主義（→4講1⑷ア）により、被疑者勾留には逮捕が先行するが、逮捕手続に違法があることを理由として、被疑者勾留が認められない場合がある（→19講2）。これには、裁判官が逮捕手続に違法があることを理由として、検察官の**勾留請求を却下**するケース（これに対して検察官は準抗告が可能）と、逆に、裁判官は勾留請求を認めたが、被疑者・弁護人がこれを不服として、逮捕手続に違法があることを理由に**勾留決定に対する準抗告**を申し立てるケースがある。また、逮捕・勾留手続の違法を理由に、**勾留の取消請求**（87条）がなされる場合もある（→5講6⑴）。

ウ　証拠排除または証拠能力の否定

　違法な捜査によって収集された証拠は、後の公判手続において証拠から排除される場合がある（→25講）。また、**任意性に疑いのある手法**や、**違法な取調べによって得られた自白**は、後の公判手続において証拠能力が否定される（→26講）。違法捜査を理由として排除または証拠能力が否定された証拠が重要な証拠であれば、検察官が公訴事実を立証することは困難となり、検察官自ら公訴を取り消すか、裁判所が無罪判決を言い渡すことになろう。

エ　公務執行妨害不成立

　警察官等に対する公務執行妨害の事案において、被疑者による暴行・脅迫に先行して捜査に違法があれば、**職務の適法性**を欠くので、公務執行妨害罪

は成立しない（→基本刑法Ⅱ490頁参照）。そのため、公務執行妨害の事案において、捜査の適法・違法が争われることがある。

オ 国賠請求

国賠法は、**公務員の不法行為**による国または公共団体の賠償責任を認めている（同法 1 条 1 項→基本行政法410頁以下参照）。違法捜査は不法行為となる場合があるから、警察官による違法捜査であれば都道府県が、検察官および検察事務官による違法捜査であれば国が被告となって、賠償請求が行われる。国賠訴訟は、刑事訴訟そのものではないが、ここで捜査の違法が認められれば、その後に同様の捜査を行うことはできなくなるから、刑訴法の解釈に与える影響も大きい。

カ その他の対処

以上のほか、違法捜査を行った警察官や検察官等には、公務員としての**懲戒処分**（免職、停職、減給または戒告）がなされる場合がある（地公29条、国公82条）。また、違法捜査が**職権濫用の罪**（刑193条～196条）に該当すれば、当該捜査官を訴追し、処罰することになる（→基本刑法Ⅱ553頁以下参照）。こうした職権濫用の罪は、付審判請求の対象にもなっている（→ 6 講 3 (2)）。

* 違法捜査を理由とした公訴棄却

違法捜査を理由として証拠排除あるいは証拠能力を否定しても、公訴が取り消されない限り公判手続は最後まで行われる。そこで、違法捜査に基づく起訴を無効として、公訴を棄却して直ちに手続を打ち切り、被告人を救済するべきではないかという問題がある。

この点につき最高裁は、速度違反を否認し免許証の提示を拒むなど反抗的なAを現行犯逮捕した際、警察官がAに暴行を加えて入院加療 2 週間を含む 1 カ月間の休養を要する傷害を負わせたという事案につき、「**本件逮捕の手続に所論の違法があったとしても本件公訴提起の手続が憲法31条に違反し無効となるものとはいえない**」とした（最判昭41・7・21刑集20巻 6 号696頁）。また、少年事件で捜査が遅延した結果、被疑者が成人となって起訴され、家庭裁判所で少年審判を受ける機会が失われた事案についても「**捜査手続に違法があるとしても、それが必ずしも公訴提起の効力を当然に失わせるものでないことは、検察官の極めて広範な裁量にかかる公訴提起の性質にかんがみ明らか**」として、違法捜査を理由とした公訴棄却に慎重な立場を示した（最判昭44・12・5 刑集23巻12号1583頁）。

そのため、現在の実務では、違法捜査があったとしても、公訴棄却ではなく、証拠排除または証拠能力の否定によって対処するのが一般になっている。もっとも、前掲・最判昭44・12・5は、「**極めて重大な職務違反が認**

められる場合においては、捜査官の措置は、制度を設けた趣旨に反するものとして、違法となることがある」とも言及しており、違法が重大であれば、公訴が棄却されることも考えられる（→21講1）。

2　捜査の適法・違法の判断方法

(1)　基本的な考え方

【設問3】
　捜査の適法・違法は、どのように判断すればよいか。

ア　「強制の処分」か

　刑訴法の定める捜査は、「強制の処分」を用いる強制捜査か、非強制の処分、すなわち任意処分を用いる任意捜査かのいずれかに分けられる（197条1項本文および但書）。捜査の適法・違法を判断するには、まず当該捜査が強制捜査であるのか任意捜査であるのかを明らかにする必要がある。

イ　強制処分法定主義に反しないか

　「強制の処分」は、刑訴法に「特別の定」がある場合でなければすることができない（197条1項但書）。当該捜査が強制捜査であるのに、刑訴法に当該捜査を認める「特別の定」がないと判断されれば、違法捜査と結論づけられる。

ウ　令状主義を遵守していたか

　強制捜査は、捜査機関のみの判断ですることはできず、原則として、中立公平な立場にある裁判官が事前に審査した上で、令状を発付しなければすることができない（憲33条・35条、刑訴199条1項・218条1項）。捜査においては、捜査機関はこの令状主義を遵守しなければならず、もし令状主義を遵守していなければ、違法捜査となる。

エ　比例原則に反しないか

　強制捜査ではなく任意捜査であると判断された場合、強制処分法定主義・令状主義の規制は及ばないが、任意捜査であっても比例原則により当該捜査が相当なものであったかが事後的に問われ、否定されれば違法捜査となる（→16講）。

(2)　検討の順序

　以上の基本的な考え方を整理すると、捜査の適法・違法を判断する際には、次のチャート図のような順序で検討していくことになるであろう。

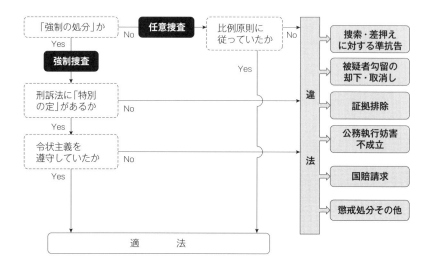

以上のうち、本講では、「強制の処分」に該当するか、「強制の処分」に該当する場合、強制処分法定主義に反しないか、令状主義を遵守していたかについて説明する。「強制の処分」に該当しない場合の比例原則の問題については、次講で説明する。

3 「強制の処分」の意味

【設問4】岐阜左手首つかみ事件
　警察官は、酒酔い運転の嫌疑が濃厚なAを発見し、警察署まで任意同行を求め、呼気アルコール濃度を測定するために検査（＝風船に吹き込んだ呼気で測定する）に応じるように説得を続けたが、Aは拒否した。2時間ほどして、Aが急に立ち上がって部屋から出ようとしたので、警察官は逃げるのではないかと思い、Aの斜め前に近寄って「風船をやってからでいいではないか」と言いながらAの左手首を両手でつかんだところ、Aが警察官の顔面を殴打するなどの暴行を加えた。Aは公務執行妨害の現行犯人として逮捕、起訴された。Aに公務執行妨害が成立するか。

(1) 問題の所在

Aに公務執行妨害が成立するためには、警察官の捜査が適法でなければならない。警察官の捜査が適法か違法かを判断するにあたっては、まず当該捜査が「強制の処分」を用いる強制捜査なのか、そうではない任意捜査なのかを明らかにしなければならない。しかし、刑訴法は「強制の処分」の定義を

明らかにしていないため、何が強制捜査に当たるかは専ら解釈に委ねられている。【設問4】は、こうした「強制の処分」に関するリーディングケースである、最決昭51・3・16刑集30巻2号187頁（〈百選1〉、以下「昭和51年決定」という）をモデルにしたものである。これに基づいて、「強制の処分」とは何かを考えていこう。

　かつては、**有形力を行使**し、または**法的義務を賦課**することが強制処分だと考えられていた。刑訴法が定めている強制捜査では、有形力（物理的な実力）の行使（例えば、逮捕・勾留、捜索・差押え、検証等）、または法的義務の賦課（例えば、第1回公判期日前の証人尋問）が前提となっており、こうした典型的な強制捜査を念頭に置いた考え方であった。

> ＊　**法的義務の賦課**
> 　第1回公判期日前の証人尋問（→3講6(3)）は、対象者に証人として出頭、宣誓、証言の義務を負わせ、過料・刑罰によって間接的にその義務の履行を強制することから、現在でも強制捜査の1つと考えられている。他方、こうした間接強制がなくても、対象者に義務を負わせる以上は強制捜査とする見解もある。この見解は、公務所等への照会（→3講5）も強制捜査の1つと考えるが、物理的強制力がないので令状は不要とする。しかし実務上は、公務所等への照会は相手方の同意・承諾を前提としており、任意捜査と考えられている。

　かつての見解によれば、【設問4】で警察官はAの左手首をつかむという有形力を行使しているから、強制処分に該当することになる。前記事案の第1審判決は、警察官の制止行為は、任意捜査の限界を超え、実質上逮捕するのと同様の効果を得ようとする強制力の行使であって違法とし、公務執行妨害について無罪としたが、これは従来の学説の考え方に基づいたものといえよう。

　しかし、こうした考え方に対しては、軽微な有形力の行使であっても強制捜査として強制処分法定主義・令状主義の規制の下に置くことになり、非現実的な結論になりうるという問題が指摘され、また、例えば写真撮影や通信傍受のような、有形力の行使も法的義務の賦課もないまま対象者のプライバシーを侵害する捜査手法があるのに、これらを任意捜査として強制処分法定主義・令状主義の規制外に置くことになるという問題も指摘されるようになった。こうして、強制処分の意味が改めて問われるようになったのである。

●コラム●　新強制処分説

写真撮影や通信傍受といった捜査手法は、かつての見解では任意処分となるが、こうし

た捜査手法を令状主義で規制するために主張されたのが**新強制処分説**である。この説は前提として、個人の権利・利益の侵害を伴う場合はすべて強制処分であると考える。そうすると、軽微な権利侵害がある場合も強制処分となって、強制処分法定主義の規制の下に置かれることになるが、刑訴法197条1項但書は、既存の強制処分について法定の要求をしたものであり、その後に出現した新しい捜査手法については弾力的に解釈して、法定されていなくても強制処分として認めつつ、令状主義の精神に沿って許容される要件を検討して、一定の法規制の下に置こうとする（もっとも、将来法定されることまで不要とするわけではない）。この説は、刑事立法が困難であった時代に、解釈によって現実的な問題解決方法を示そうとした見解であったが、強制処分は国民の代表である国会の立法によって定められなければならないという**強制処分法定主義の民主主義的要請**との関係が問題とならざるをえない。後記 GPS 捜査に関する最高裁判決は、「立法の時代」（→14講）における民主主義的要請の重要性を改めて明らかにしたように思われる。

(2) 判例・学説

ア 判 例

昭和51年決定は、まず強制処分について、「有形力の行使を伴う手段を意味するものではなく、**個人の意思を制圧し、身体、住居、財産等に制約を加えて強制的に捜査目的を実現する行為など、特別の根拠規定がなければ許容することが相当でない手段を意味する**」として、強制処分と任意処分を区別する基準を示し、その程度に至らない有形力の行使は、「任意捜査においても許容される場合がある」として、有形力の行使の有無に基づいて強制と任意を区別する立場を否定した。

次に、強制手段に当たらない、すなわち任意捜査における有形力の行使について、「何らかの法益を侵害し又は侵害するおそれがあるのであるから、状況のいかんを問わず常に許容されるものと解するのは相当でなく、**必要性、緊急性なども考慮したうえ、具体的状況のもとで相当と認められる限度において許容される**」との判断基準を示した。

その上で当てはめを行い、警察官の行為は、呼気検査に応じるよう説得するために行われたものであり、その程度もさほど強いものはなく、性質上当然に逮捕その他の強制手段に当たるものと判断することはできないとして、強制処分には該当しないとした。そして、酒酔い運転の罪の疑いが濃厚な者の同意を得て警察署に任意同行し、呼気検査に応じるよう説得を続けるうちに、急に退室しようとしたため、さらに説得するためにとられた抑制の措置であって、その程度もさほど強いものではないから、捜査活動として許容される範囲を超えた不相当な行為ということはできないとして、任意捜査としても相当と判断し、公務の適法性を認めて被告人を公務執行妨害で有罪とした。

イ　学　説

　強制と任意の区別に関して、現在の学説は昭和51年決定の判断基準を出発点として検討している。もっとも、昭和51年決定が示した「強制的に捜査目的を実現する行為」と「特別の根拠規定がなければ許容することが相当でない手段」との文言は、「強制処分」の言い換えに等しいから特別の意味は認められないとして、「**意思の制圧**」と「**身体、住居、財産等への制約**」という2つの基準が重視されている。

a　「意思の制圧」

　学説には、「意思の制圧」を字義どおりに理解し、強制処分に該当するのは単に「意思に反する」程度ではなく、有形力を用いるなどして当該処分に対する物理的抵抗を排除したり、相手方をしてその処分に服することを余儀なくさせる程度に達していることが必要であり、【設問4】の事案でも、警察官の行為が「意思の制圧」に達していなかったために強制処分に該当しないと判断されたと理解する見解がある。

　しかし、この見解によれば、通信傍受のように対象者に知られずに実施する捜査に「意思の制圧」はないから、任意捜査であるという結論になりかねない。そこで、この見解は、最高裁の示した基準は直接に相手方に向けられる処分に妥当するのに対し、通信傍受のように相手方が認識しない処分には別の考え方が妥当すると説明する。しかし、このような使い分けを認めると、法が定める「強制の処分」を統一的に理解することができないという難点がある。そこで、通説的な見解は、「意思の制圧」とは**相手方の明示または黙示の意思に反すること**と理解するべきと考える。

b　「身体、住居、財産等に対する制約」

　むしろ、通説的な見解からは、強制処分に該当するか否かを判断する上で重要なのは、「意思の制圧」という基準ではなく、「身体、住居、財産等への制約」という基準であるとされている。すなわち、現行刑訴法が強制処分法定主義・令状主義という厳格な要件・手続と強制処分とを結びつけていることからすると、こうした厳格な要件・手続によって保護する必要があるほど**重要な権利・利益に対する実質的な侵害・制約を伴う場合**に限って、強制処分に該当すると考えるべきとされる。

　この見解では、強制処分該当性を判断するためには、まず重要な権利・利益に対する実質的な侵害・制約があるかを検討すべきで、これが否定されれば無条件で任意処分となる。こうした重要な権利・利益に対する実質的な侵害・制約があるかどうかは、**類型的に判断**される。すなわち、当該捜査が、

刑訴法で類型的に法定されている「強制の処分」（逮捕・勾留、捜索・差押え、検証等）と同視しうる性質のものと認められれば、重要な権利・利益に対する実質的な侵害・制約があるとされる。このように類型的に判断される以上、事案に応じた捜査の必要性の大小等は、強制処分該当性を判断する上で考慮してはならないことになる。重要な権利・利益に対する侵害・制約があるかを検討する際に、捜査の必要性等に言及しないよう、注意が必要である。

　もっとも、重要な権利・利益に対する実質的な侵害・制約があったとしても、相手方の明示または黙示の意思に反するとはいえない場合、すなわち、**相手方の自由な意思決定に基づく同意・承諾**がある場合には、守られるべき権利・利益が放棄されるから、任意処分と理解できることになる。そして、重要な権利・利益に対する実質的な侵害・制約があるかを判断する場合と異なり、こうした同意・承諾の有無は、事案に応じて**個別具体的に判断**するものとされており、前述した重要な権利・利益に対する実質的な侵害・制約の有無とは判断方法に違いがあることに注意が必要である。もし同意・承諾があると認められるのであれば、重要な権利・利益に対する実質的な侵害・制約があったとしても、任意処分と考えられることになる（ただし、承諾留置等の問題について、後記4⑺参照）。

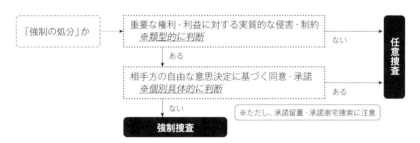

＊　同意・承諾の有無

　　同意・承諾は、対象者の自由な意思決定に基づいたものでなければならないが、完全に自発的なものである必要はなく、捜査機関の説得に応じて**渋々承諾した場合**であっても、なお自由な意思決定に基づいたものといいうる（「渋々承諾した場合でも、社会通念からみて身体の束縛や強い心理的圧迫による自由の拘束があったといい得るような客観的情況がない限り、任意の承諾がある」とした大阪高判昭61・9・17判時1222号144頁参照）。ただし、承諾は明確なものであることが望ましく、黙示の承諾の場合、当

時の状況から承諾があったことが明確でない限り、後になって真実は承諾していなかったとされる可能性が大きいので、注意を要する。

(3) 設問の検討

以上のように、「強制の処分」とは、**相手方の明示または黙示の意思に反して、重要な権利・利益に対する実質的な侵害・制約を伴う処分**と理解した場合、【設問4】でAは警察官から左手首をつかまれ退去を制止されており、人身の自由（身体・行動の自由）という重要な権利・利益を侵害・制約されているが、それは軽度で一時的な有形力の行使にとどまっており、未だ重要な権利・利益を実質的に侵害・制約するに至っていないから、強制処分には当たらず、任意処分と理解される。

このように任意処分だとしても、さらにその適法性を検討する必要があるが、任意捜査の適法性についての説明は次講で行う。本講では、引き続き「強制の処分」に該当する具体例をみていこう。

4 「強制の処分」の具体例

(1) 基本的な考え方

強制処分該当性を判断するにあたり、当該捜査によって重要な権利・利益に対する実質的な侵害・制約があるかを類型的に判断しなければならないとすれば、**当該捜査によって侵害・制約される権利・利益は何かを明確にする**必要がある。捜査は、証拠の発見・収集と、犯人の発見・確保をしようとする活動であるから、「強制の処分」も、証拠の発見・収集のためのものと、犯人の発見・確保のためのものに分けられる。侵害・制約される権利・利益は、前者と後者で異なってくる。

まず、証拠の収集・発見のための強制処分として、以下の(2)から(5)では通信・会話傍受、写真撮影、エックス線検査、GPS捜査を検討する。こうした捜査においては、一般に**プライバシーないし人格権**（憲13条→基本憲法Ⅰ63頁以下参照）の侵害・制約が問題になる。しかし、プライバシーないし人格権といってもその内容はさまざまで、それだけで強制処分における厳格な要件・手続によって保護する必要があるほど重要な権利・利益に当たると即断することはできない。捜査においては、大なり小なりプライバシーの侵害が避けられないから、厳格な要件・手続によって保護する必要があるほど重要なプライバシーの侵害・制約があるといえるのは、**私的領域**、すなわち、**プライバシーが強く保護されるべき場所や空間**におけるものと考えるべきであろう。後述するGPS捜査に関して最高裁は、「住居、書類及び所持品につ

いて、侵入、捜索及び押収を受けることのない権利」（憲35条→基本憲法Ⅰ248頁参照）には、住居、書類および所持品に限らず、これらに準ずる私的領域に侵入されることのない権利が含まれると判示したが、こうした権利の実質的な侵害・制約があれば、強制処分に該当すると考えられる。さらに通信傍受に関しては、同様に重要な権利である通信の秘密（憲21条2項→基本憲法Ⅰ191頁参照）に対する実質的な侵害・制約が問題になる。

　次に、犯人の発見・確保のための強制処分として、以下の(6)では任意同行と逮捕の区別について検討する。ここで問題になるのは、専ら人身の自由（身体・行動の自由）である（憲33条・34条）。人身の自由は、憲法の基幹的価値である個人の尊重の前提であって、重要な権利・利益に当たるのは明らかである（→基本憲法Ⅰ245頁参照）。そこで、実質的な侵害・制約があるかが、問われることになる。

　最後に、仮に重要な権利・利益に対する実質的な侵害・制約があると認められたとしても、対象者の同意・承諾があれば、任意処分と考えられる。しかし、対象者の同意・承諾があれば、すべて任意処分と考えてよいのであろうか。以下の(7)では承諾留置・承諾捜索について検討し、同意・承諾の限界について考察する。

(2)　通信・会話傍受

【設問5】会話傍受事例
　警察官が、暴力団A組による組織的、継続的な特殊詐欺事件の捜査をしていたところ、A組の事務所近くにあるアパートの1室が特殊詐欺の拠点となっていることが判明した。そこで警察官は、裁判官に対し、この部屋に密かに傍受装置を仕掛け、室内での会話を傍受・録音することを検証として行うことを許可する旨の検証許可状を請求し、裁判官はこれを認めて許可状を発付した。警察官は、許可状に基づき室内での会話の傍受・録音を行い、特殊詐欺のリーダー役であった組員Xやその手下らを特定して検挙した。当該会話の傍受は捜査として適法か。

ア　問題の所在

　【設問5】は最決平11・12・16刑集53巻9号1327頁〈百選31〉をモデルにし、事案を覚醒剤の密売から特殊詐欺へと、通信傍受を会話傍受へと変更したものである。

　手続理解編でみたように、現在では通信の当事者のいずれの同意も得ないで電気通信の傍受を行うことは「強制の処分」として法定され（222条の2）、詳細は通信傍受法によって定められている（→3講3）。前掲・最決平

11・12・16は、同法施行前に実施された検証としての電話傍受が問題になったもので、現在では電話傍受は通信傍受法によらなければならず、検証許可状により行うことは許されないと考えられているから、その点では過去の判例と位置づけられる。しかし、【設問5】のように、電気通信によらない口頭での会話傍受については、通信傍受法の規制の範囲外であるから、この決定で最高裁が示した判断基準を援用して、検証として実施可能かを考えてみよう。

イ　判例の理解

　従来の学説には、通信・会話傍受は任意処分であるとする見解もあったが、前掲・最決平11・12・16は、「電話傍受は、通信の秘密を侵害し、ひいては、個人のプライバシーを侵害する強制処分である」とし、現在の学説は、当事者いずれの同意も得ないでなされる通信傍受は、通信の秘密とともに、私的領域に侵入されない権利という重要な権利・利益を実質的に侵害・制約するものとして、強制処分と考えるのが一般である。電気通信によらない口頭での会話傍受は、通信の秘密は侵害せずとも、私的領域に侵入されない権利を実質的に侵害・制約する強制処分といえる。もっとも、例えば誰でも話を聞くことのできる公共の場所で、周囲に聞こえるように大声で会話をしている場合など、プライバシーが強く保護されるべきとは認められない会話であれば、私的領域への侵入といえず、任意処分と考えられる場合もあろう。

　　＊　**電話傍受についての最高裁の判断**

　　　　前掲・最決平11・12・16は、検証としての電話傍受が捜査の手段として憲法上許される要件として、①犯罪の重大性、②被疑者が罪を犯したと疑うに足りる十分な理由、③当該電話により被疑事実に関する通話が行われる蓋然性、④電話傍受以外の方法によってはその罪に関する重要かつ必要な証拠を得ることが著しく困難、⑤電話傍受により侵害される利益の内容、程度を考慮し、なお電話傍受を行うことが犯罪の捜査上真にやむをえないと認められるとき、⑥法律の定める手続に従うこと、を挙げた。そして、検証許可状により電話傍受をすることが許される理由としては、①電話傍受が検証としての性質を有することに加え、②裁判官は、捜査機関提出の資料により、当該電話傍受が前記の要件を充たすかを事前に審査できる、③検証許可状に傍受すべき場所、傍受の対象となる電話回線、傍受実施の方法および場所、傍受ができる期間をできる限り限定することで、相当程度傍受対象を特定できる、④身体検査令状に関する218条5項（現在は6項）を準用し、捜査機関以外の第三者を立ち会わせて、対象外と思料され

る通話内容の傍受を速やかに遮断する措置をとらせなければならない旨を検証の条件として付することができる、⑤捜査機関が、傍受すべき通話に該当するかどうかが明らかでない通話につき、判断に必要な限度で傍受をすることは、129条の「必要な処分」に含まれる、を挙げた。

ウ　設問の検討

　このように通信・会話傍受が強制処分だとすると、【設問5】の会話傍受も強制処分に当たり、会話傍受を認める刑訴法の規定がない以上、【設問5】の捜査は強制処分法定主義に反し、違法と考えられる。なお、平成28（2016）年改正の際、新たに立法によって会話傍受を認めるべきかも議論されたが、引き続き検討が必要であるとして見送られている。

　では、解釈論として、【設問5】のように、こうした会話傍受を検証として実施するのは可能であろうか。前掲・最決平11・12・16は、「電話傍受は、通話内容を聴覚により認識し、それを記録するという点で、五官の作用によって対象の存否、性質、状態、内容等を認識、保全する**検証**としての性質をも有する」としており、会話傍受も同様に検証としての性質を有するということができるであろう。そして最高裁は、通信傍受法施行前に検証として電話傍受を行うことも「一定の要件の下では、捜査の手段として憲法上全く許されないものではない」とし、「対象の特定に資する適切な記載がある検証許可状により電話傍受を実施することは、本件当時においても法律上許されていたものと解するのが相当である」としており、こうした考え方が会話傍受にも妥当するのかが問題になる。

　この点、最高裁自らが、「検証許可状による場合、法律や規則上、**通話当事者に対する事後通知の措置**や通話当事者からの不服申立ては規定されておらず、その点に問題があることは否定し難い」と認めているように、検証として【設問5】のような会話傍受を行うことは、適正さの担保が十分でないという問題がある。加えて、会話傍受の場合、通信のみを傍受する通信傍受と比較して、**傍受装置が設置された場所の会話すべてを傍受できる**ことになる上、傍受装置を設置するために**住居等に密かに立ち入る**こともあるから、私的領域に侵入されない権利を侵害する程度は、通信傍受よりも相当に大きい。そのため、**傍受対象の特定、立会人の確保、対象外とされる会話の傍受の遮断、スポットモニタリング**（→3講3⑵エ）の可否といった、最高裁が示した電話傍受の許容要件を充たすことが一層困難であることも考えると、前掲・最決平11・12・16を援用して**検証**として会話傍受を行うことはできず、**違法**と考えるべきであろう。

(3) 写真・ビデオ撮影

【設問6】京都カード強盗殺人事件

強盗殺人事件が発生し、被害品のキャッシュカードを使ってATMから現金を引き出そうとした人物（＝甲）の容ぼうや腕時計などが防犯カメラに残されていた。警察官は、被疑者として浮上したＡが甲と同一人物であるかを確認するため、令状がないまま、Ａの自宅付近に停めた警察車両内から高性能の望遠レンズなどを用いて、自宅内にいたＡの容ぼうや、Ａがしていた腕時計を密かにビデオ撮影した。これらの撮影画像は専門家の鑑定資料となり、「甲とＡは極めてよく似ている」とされ、Ａに不利な証拠の１つとなった。当該ビデオ撮影は捜査として適法か。

ア　問題の所在

【設問6】は、最決平20・4・15刑集62巻5号1398頁〈百選8〉をモデルにして、警察官の撮影方法に変更を加えたものである。

写真・ビデオは被写体の状況を機械的な正確さにより保全できるものであり、客観的証拠の１つとして捜査で多用されている。通常は、写真・ビデオ撮影をする場合、①相手方の同意・承諾を得るか、あるいは相手方の同意・承諾が必要ない公道等の公共の場所において、**任意捜査**として撮影する、②相手方の同意・承諾が必要であるのに、それが得られないときは、**検証**あるいは**捜索・差押え**として令状を得て撮影する、③既に存在している画像であれば、**領置**または**差押え**によって押収する、といった方法がとられている。なお、捜索・差押え時の写真撮影に関する問題については、18講1(7)参照。

問題となるのは、捜査機関による**被撮影者の承諾がない無令状での写真・ビデオ撮影**である。こうした撮影が強制処分だとすれば、強制処分法定主義・令状主義の規制を受ける。現行刑訴法では、身体の拘束を受けている被疑者について、裸にしない限り、無令状で写真撮影することが認められているが（218条3項）、それ以外の無令状の撮影を認めた条文はない。そうすると、こうした撮影は強制処分法定主義に反し、許されないのではないかという問題が生じる。

イ　判例の理解

捜査機関による被撮影者の承諾がない無令状での写真撮影については、最大判昭44・12・24刑集23巻12号1625頁（京都府学連事件判決）が長くリーディングケースとされてきた。ここで最高裁は、憲法13条によって保障された「個人の私生活上の自由の１つ」として、「何人も、その承諾なしに、みだり

にその容ぼう・姿態を撮影されない自由」があり、「少なくとも、警察官が、正当な理由もないのに、個人の容ぼう等を撮影することは、憲法13条の趣旨に反し、許されない」とした。もっとも、最高裁は、こうした無令状の写真撮影が強制処分に該当するとも、任意処分に該当するとも明言しなかった。

　この「みだりにその容ぼう・姿態を撮影されない自由」は、前述したプライバシーないし人格権の１つと理解することができるであろう。しかし、こうした権利が重要な権利・利益に当たるかについては、さらに検討が必要である。前掲・最決平20・４・15は、【設問６】とは異なり、公道上でＸの容ぼうをビデオ撮影し、あるいは不特定多数の客が集まるパチンコ店でＸのしていた腕時計をビデオ撮影した事案であったが、最高裁は「いずれも、通常、人が他人から容ぼう等を観察されること自体は受忍せざるを得ない場所におけるものである」として、「捜査目的を達成するため、必要な範囲において、かつ、相当な方法によって行われたもの」で、捜査活動として適法と結論づけた。ここでも明言はされてはいないが、こうした場所は私的領域ではなく、私的領域に侵入されない権利という重要な権利・利益の侵害・制約はなかったから、任意処分に当たると判断されたものと考えられる（→任意捜査としての適法性は、次講参照）。

　しかし、【設問６】のように、自宅内にいるＸの容ぼうや所持品を望遠レンズなどにより撮影した場合はどうか。前述した基本的な考え方からすると、Ｘの自宅は他人から行動を見られないというプライバシーの正当な期待ができる場所であって、プライバシーが強く保護されるべき私的領域であるといえる。そこにいるＸの容ぼうや所持品を望遠レンズなどにより密かに撮影する場合は、まさに私的領域に侵入されない権利という重要な権利を実質的に侵害・制約するものとして、強制処分に該当すると考えられる。その判断は類型的に行われるから、捜査の必要性の大小は無関係であり、例えば捜査の必要性が大きかったから任意処分に当たるとするのは、正しくない。

　　＊　撮影時間の長短

　　　撮影時間の長短が強制処分該当性の判断に影響することはあるだろうか。公道上の撮影であっても、撮影時間が長くなればさまざまな情報が集積することになるから、その結果として私的領域への侵入と同視することができれば強制処分に該当するとの考え方もありうるが、重要な権利・利益に対する実質的な侵害・制約であるか否かは類型的に判断するのであれば、撮影対象が私的領域であったか否かが重要であって、そうでない撮影は強制処分には該当しないと考え、撮影時間の長短は任意処分としての適法性

を判断する際に考慮されるべきであろう（→さいたま地判平30・5・10判時2400号103頁。16講2(2)＊参照）。

ウ　設問の検討

　【設問6】のような写真撮影は、**強制処分に該当する**と考えられるが、無令状で行っているので**令状主義の遵守**がなく、違法捜査と考えられる。

　なお、写真撮影は**検証**の性質を有するから、裁判官から検証許可状の発付を受けて実施することが考えられる。しかし、**相手方に密かに撮影する場合**には令状の事前提示（222条1項・110条）ができないから、検証許可状によって撮影することは困難であろう。

（4）　エックス線検査

> **【設問7】大阪住之江宅配便エックス線撮影事件**
> 　警察官は、A社が覚醒剤を密売しているとの情報を得て捜査を開始したが、A社が宅配便で覚醒剤を仕入れている疑いが生じたことから、宅配便業者に依頼し、業者の承諾を得て、配達前のA社宛ての荷物を借り受け、エックス線検査を行った。その結果、荷物の中に覚醒剤とおぼしき物の射影が確認された。警察官は、検査後に荷物を宅配便業者に返却し、検査結果を疎明資料の1つとして捜索差押許可状の発付を受けた。その後、警察官は、令状によりA社に配達された荷物を差し押さえ、その場にいたXを覚醒剤所持の現行犯人として逮捕した。当該エックス線検査は捜査として適法か。

ア　問題の所在

　【設問7】は最決平21・9・28刑集63巻7号868頁〈百選29〉をモデルにしたものである。警察官は、宅配業者の承諾は得ているものの、荷送人・荷受人の承諾は得ていない。宅配便の内容物に関するプライバシーの期待を有するのは荷送人・荷受人であるから、宅配業者の承諾があることをもって任意処分と判断することは困難であろう。荷送人・荷受人の承諾がない場合であっても、こうしたエックス線検査を任意処分として無令状で実施できるのかが問題となる。

イ　判例の理解

　前掲・最決平21・9・28は、「本件エックス線検査は、……捜査機関が、捜査目的を達成するため、荷送人や荷受人の承諾を得ることなく、……外部からエックス線を照射して内容物の射影を観察したものであるが、その射影によって荷物の内容物の形状や材質をうかがい知ることができる上、内容物によってはその品目等を相当程度具体的に特定することも可能であって、荷

送人や荷受人の内容物に対するプライバシー等を大きく侵害するものであるから、検証としての性質を有する**強制処分に当たる**」と判断した。その上で、検証許可状の発付を得ることが可能であったのにこれを得ることなく実施された本件エックス線検査は違法であるとした。

　こうした最高裁の見解は、学説からも概ね支持されている。捜査機関が宅配便業者の承諾を得たとしても、宅配便の荷物は、荷送人によって封緘され、信書に準ずる性質を有しており、**通信・信書の秘密のように荷送人・荷受人のプライバシーを保護する必要性が高い**から、荷送人・荷受人の同意・承諾がないのに、エックス線検査によりその内容物の射影を観察する行為は、私的領域に侵入されない権利という重要な権利・利益を実質的に制約・侵害する強制処分と考えられる。

ウ　設問の検討

　【設問7】のエックス線検査は、物の占有を取得する処分ではなく、物の性質・形状・状態を認識する処分であるから、**強制処分のうち検証**に該当し、裁判官の事前審査を受けずに無令状で行っているので、**令状主義の遵守**がなく違法と考えられる。適法に行うためには、検証許可状の発付を受け、荷送人・荷受人のいずれかに事前提示する必要があろう。

⑸　GPS 捜査

【設問8】装着型 GPS 捜査事件

　警察官は、組織的かつ広域で発生していた連続窃盗事件の捜査において、組織性の有無、程度や組織内における被疑者Xの役割を含む犯行の全容を解明するため、約6カ月半にわたって、Xと共犯者のほか、Xの知人らも使用する蓋然性があった自動車合計19台に GPS 端末を密かに取り付け、その所在を検索して移動状況を把握するという方法で GPS 捜査を実施した。当該 GPS 捜査は適法か。

ア　問題の所在

　【設問8】は最大判平29・3・15刑集71巻3号13頁〈百選30〉をモデルにしたものである。

　GPS 情報には、携帯電話・スマートフォンに内蔵する GPS 機能により、携帯電話会社等が取得できるものもある。実務では、こうした GPS 情報につき検証許可状あるいは捜索差押許可状の発付を受け、携帯電話会社等に示し、検証あるいは捜索・差押えによって取得する捜査手段もとられている（非装着型）。しかし、【設問8】はこれと異なり、捜査機関が携帯電話会社等を介さず、対象者の承諾もなく、令状の発付も受けないまま、自ら対象車

両にGPS端末を取り付けた事案（装着型）であることに注意が必要である。前者は、過去の位置情報を証拠化するものであるのに対し、後者は、将来の位置情報を証拠化しようとするものであるという違いがある。装着型のGPS捜査を実施する場合、仮に令状を取得したとしても、それを事前に対象者に提示すれば捜査の内容を察知され、捜査目的を達することができない。そこで任意処分として無令状で実施できるのかが問題とされた。

イ　判例の理解

　学説には、本件のようなGPS捜査によって取得可能な情報は、GPS端末を取り付けた車両の所在位置に限られ、任意捜査として一般に認められている公道上の尾行によって把握しうるのと似たような情報にすぎないから、重要な権利・利益に対する実質的な侵害・制約はないとして、任意処分とする見解もある。

　しかし、前掲・最大判平29・3・15は、①GPS捜査は、対象車両の時々刻々の位置情報を検索し、把握すべく行われるものであるが、その性質上、公道上のもののみならず、**個人のプライバシーが強く保護されるべき場所や空間に関わるものも含めて、対象車両およびその使用者の所在と移動状況を逐一把握することを可能にする**、②このような捜査手法は、**個人の行動を継続的、網羅的に把握することを必然的に伴う**から、個人のプライバシーを侵害しうるものであり、また、そのような侵害を可能とする機器をその所持品に密かに装着することによって行う点において、公道上の所在を肉眼で把握したりカメラで撮影したりするような手法とは異なり、公権力による私的領域への侵入を伴うものというべきである、③憲法35条は、「住居、書類及び所持品について、侵入、捜索及び押収を受けることない権利」を規定しているところ、この規定の保障対象には、「住居、書類及び所持品」に限らずこれに準ずる**私的領域に「侵入」されることのない権利**が含まれるものと解するのが相当である、④個人のプライバシーの侵害を可能とする機器をその所持品に密かに装着することによって、**合理的に推認される個人の意思に反してその私的領域に侵入する**捜査手法であるGPS捜査は、個人の意思を制圧して**憲法の保障する重要な法的利益を侵害する**ものとして、刑訴法上、特別の根拠規定がなければ許容されない**強制の処分**に当たる、とした。

　GPS捜査を任意処分と考える学説が指摘しているとおり、GPS捜査は公共の場所での行動を把握することも目的としており、必ずしも私的領域への侵入のみを予定した捜査ではない。しかし、【設問8】のように、個人の行動を継続的、網羅的に把握することで、公共の場所のみならず私的領域にお

ける行動も捜査機関が容易に把握でき、従来の公道上の尾行等とは同視できないほど、**私的領域に侵入されない権利の侵害・制約がある**といえるから、強制処分と判断されたものと考えられる。

ウ 設問の検討

【設問8】のようなGPS捜査は、**強制処分に該当する**。しかし、現行刑訴法にはGPS捜査を許容する規定はないので、**強制処分法定主義**に反し、違法と判断される。

なお、最高裁は、本件のようなGPS捜査は、情報機器の画面表示を読み取って対象車両の所在と移動状況を把握する点では刑訴法上の**検証**と同様の性質を有するものの、対象車両にGPS端末を取り付けることにより対象車両およびその使用者の所在の検索を行う点において、検証では捉えきれない性質を有し、既存の強制処分のいずれかに当たるとして刑訴法が規定する令状を発付することには疑義があるので、今後も広く用いられる有力な捜査手法であるとすれば、その特質に着目して憲法、刑訴法の諸原則に適合する**立法的な措置**が講じられることが望ましい、とした。

＊ **GPS捜査と検証**

GPS捜査は、①被疑事実と関連性のある位置情報のみを選択的に取得することができず、場合によっては将来の犯罪についての情報も含まれるなど、裁判官の事前の司法審査・令状発付によって捜査機関による権限の逸脱や濫用を防止し、対象者に受忍すべき範囲を明確にすることが困難であり、検証に「必要な処分」として被疑事実と関連性のある情報のみを選別することを認めるのは無理があること、②密かに行うのが通常で、事前の令状提示は想定できず、それに代わる公正の担保の仕組みもないことから、既存の検証として実施することは困難と考えられる。第三者の立会いにより被疑事実に関連ある会話か否かをその場で判断することが容易な電話検証と異なり、位置情報は網羅的に収集した上で被疑事実との関連を事後的に分析する必要がある点で、前掲・最決平11・12・16と異なる判断が示されたといえよう。

●コラム● **法律の根拠を要する処分**

最高裁はGPS捜査が「強制の処分」に該当し、立法的な措置が講じられることが望ましいとしたが、例えば、任意捜査と理解されている在宅の被疑者の出頭要求・取調べ（198条→3講6⑴）についても、刑訴法には詳細な規定がある。このように刑訴法は、重要な権利・利益を実質的に制約ないし侵害する強制処分についてだけ、法律の根拠を要するとしているわけではない。そうだとすると法律の根拠を要する処分とは、どのようなものだと考えられるだろうか。

その手がかりして、いわゆる刑事免責（→8講2(2)コラム）に関する最大判平7・2・22刑集49巻2号1頁〈百選66〉がある。同判決は、まだ刑事免責が認められていなかった時期に、アメリカにおいて刑事免責によって得られた嘱託尋問調書の証拠能力が問題となり、これを否定したものである。その説示において最高裁は、刑事免責が「犯罪に関係のある者の利害に直接関係し、刑事手続上重要な事項に影響を及ぼす制度」だとして、刑事免責を採用するかどうかは、「これを必要とする事情の有無、公正な刑事手続の観点からの当否、国民の法感情からみて公正感に合致するかどうかなどの事情を慎重に考慮して決定されるべき」で、刑事免責を採用するのであれば、「その対象範囲、手続要件、効果等を明文をもって規定すべき」だとした。この説示では、強制処分に該当するか否かという観点には触れられておらず、「刑事手続上重要な事項」に影響を及ぼすか否かや、国民の法感情からみた公正感など、他の事情を理由に立法的な措置が必要か否かを検討している。強制処分法定主義とは異なる観点から、法定が求められるべき処分がありうることを示したといえよう。

(6)　任意同行と逮捕

【設問9】富山任意同行違法事件

　警察官が午前7時15分頃に自宅前にいた被疑者Xを任意同行した。このときXに物理的な強制が加えられることはなかった。その後午前7時40分頃から、翌日午前0時過ぎ頃までの16時間以上にわたり、警察署の取調べ室で断続的にXの取調べが行われたが、その際、取調官のほかに立会人が1名いて常時Xを監視し、休憩は昼・夕食時に各1時間ほどしかなく、Xは用便のほかに取調べ室から出ることはなく、用便の際も立会人が同行した。しかしXから、帰りたいとか取調べ室から出たいといった申出はなかった。Xは、翌日午前0時20頃に逮捕状により逮捕され、その時から72時間以内の制限時間内に勾留請求された。しかし、裁判官は、逮捕手続に重大な違法があるとして勾留請求を却下した。検察官は、これを不服として準抗告を申し立てた。裁判所はこの準抗告を認めるべきか。

ア　問題の所在

　【設問9】は、富山地決昭54・7・26判時946号137頁〈百選5〉をモデルにした事案である。

　捜査機関が被疑者を取り調べるために出頭を求める**任意同行**は、任意捜査として行うことができる（198条1項本文→3講6(1)）。なお、警察官が行う任意同行は、警職法2条2項に基づく職務質問を実施する際に認められるものもあるが（→2講3(2)）、こちらの任意同行に関連する問題は17講で説明する。

　被疑者は、逮捕または勾留されている場合を除き、出頭を拒むことができるし、任意同行に応じた後は、いつでも退去することができる（刑訴198条1項但書）。しかし、任意を装って強制的に被疑者を同行し、退去を許さな

いような場合には、**実質的な逮捕**であると判断される場合がある。ここでは、どのような場合に任意同行が実質的な逮捕と判断されるのかを考えていこう。

イ　裁判例の理解

　富山地裁は、被疑者としては、**通常は遅くとも夕食時には帰宅したいとの意向をもつと推察される**にもかかわらず、警察官が被疑者にその意思を確認したり、自由に退室したり外部に連絡をとったりする機会を与えたと認めるに足りる資料はなく、このような**事実上の監視つきの長時間の深夜にまで及ぶ取調べ**は、任意の取調べであるとする**他の特段の事情**の認められない限り、任意の取調べとは認められないとして、「少なくとも夕食時である午後7時以降の取調は実質的には逮捕状によらない違法な逮捕であったというほかはない」とした。そして、検察官の勾留請求は、実質逮捕とされた午後7時から起算しても勾留請求までの制限時間を遵守していたが、「約5時間にも及ぶ逮捕状によらない逮捕という令状主義違反の違法は、それ自体**重大な瑕疵**」であって、制限時間遵守によりその違法性は治癒されないとし、逮捕手続に重大な違法があるとして勾留請求を却下した原審裁判官の判断を支持した（→19講2）。

　実質的な逮捕か否かは、強制処分に該当するか否かの判断であるから、類型的に行われることになる。その判断のための客観的事情としては、一般に、①任意同行を求めた時間・場所、②同行の方法・態様、③同行後の取調べ時間・監視状況、④逮捕の準備状況、⑤被疑者の同行拒否・退去希望の有無・内容、⑥被疑者の属性が挙げられ、こうした事情を総合的に考慮することが必要とされる。

　＊　強制性が認められやすい例

　　　上記①から⑥を具体例でみていくと、①深夜に自宅を訪問して同行を求める（深夜でも路上で被疑事実が発覚したため同行を求めるのなら、強制性は否定されやすい）、②警察官が多数、高圧的・命令的な態度で、行き先も告げず、取り囲んだり、有形力を行使して、警察車両で同行する、③同行後の取調べが長時間に及び、用便時や休憩時も監視を継続する、④任意同行の際に逮捕状が出ていると告げ、あるいは、時間稼ぎのために逮捕を遅らせたと認められる事情がある、⑤被疑者の同行拒否や退去希望を聞き入れず、あるいは、弁護人や家族との連絡希望を聞き入れない（被疑者が同行を拒否し、退去を希望したとしても、捜査官が説得して翻意を求めることは許されるが、その程度は事案の重大性等に応じた限界がある）、⑥被疑者が若年者や病者など、が考えられる。こうした具体的な事情を勘案し、

一般人の立場から常識的に判断して、**抵抗なく同行に応じていたと認められる状況**であったか否かを検討することになるであろう。

　ここでは**人身の自由（身体・行動の自由）**が問題となり、それ自体重要な権利・利益であるから、前記①〜⑥の客観的な事情に照らし、こうした自由が実質的に侵害・制約されていたと認められれば、任意同行ではなく**実質的な逮捕**であると判断され、**令状主義の遵守**がないと認められれば、違法捜査となる（→逮捕に違法があった場合の事後的措置については、19講）。

ウ　設問の検討

　【設問9】では、任意同行時に強制力が使われたとか、被疑者が同行を拒否したり退去を希望したという事情はないし、時間稼ぎのために逮捕を遅らせたとも認められない。しかし、同行後の取調べ時間が、早朝から翌日の午前0時過ぎまで16時間以上に及んでおり、その間は事実上の監視つきであったことからすると、Xが任意に取調べに応じていたという特段の事情でもない限り、Xの**人身の自由は実質的に侵害・制約**されていると言わざるをえない。そうすると、無令状での逮捕があったと認められ、裁判所は検察官の準抗告を却下すべきことになる（→一方、人身の自由の実質的な侵害・制約がないと判断された事例としては、前記**【設問4】**および次講5参照）。

（7）　同意・承諾と強制処分

> **【設問10】承諾捜索事例**
> 　警察官が被疑者Xを覚醒剤の被疑事実で取り調べていたところ、Xが「何もやましいことはないから、私の自宅だろうが自動車だろうが、すべての物を隅から隅まで確認してもらってかまわない」と言い出したので、Xの同意・承諾があるものとして、令状の発付を受けないままXの自宅、自動車およびXが所持していた鞄を捜索した結果、鞄の中から証拠品の覚醒剤を発見し、押収した。この覚醒剤の押収手続は適法か。

ア　問題の所在

　前述したように、相手方の同意・承諾があれば、守られるべき権利・利益は放棄され、任意処分と考えられることになる。もっとも、相手方の同意・承諾を得て留置施設に泊まらせる**承諾留置**については、**人身の自由**という重要な権利・利益を侵害する程度が大きいから、たとえ同意・承諾があっても許されるべきではないと考えられている。それでは**【設問10】**のように、相手方の同意・承諾を得て自宅等を捜索することは許されるか。

イ　承諾捜索に関する見解

　承諾捜索を認めると捜査機関が悪用するおそれがあるから、承諾捜索は許されないとする見解もあるが、相手方の自由な意思決定に基づく同意・承諾があれば、理論的には任意捜査として行えると考えられるし、特段の弊害がないのにすべて令状を必要とするとすればかえって捜査の非効率を招き、対象者の負担にもなりうるから、承諾捜索も許されると考えるべきであろう。

　問題は、どこまでの承諾捜索が許されるかである。理論的には任意捜査だとしても、対象者の自宅を捜索する**承諾家宅捜索**については、**私的領域に侵入されない権利といった重要な権利・利益を侵害する程度が大きい**から、たとえ同意・承諾があっても実施するべきではない（任意の承諾が得られると認められる場合であっても令状の発付を受けて行わなければならないとした犯捜規範108条参照）。女子を裸にする承諾捜索も同様である（これを禁止した犯捜規範107条参照）。

＊　承諾留置・承諾家宅捜索が許されない理由

　　こうした承諾家宅捜索や、前述した承諾留置が許されない理由としては、類型的に**強制処分**に該当するからという見解と、同意・承諾がある以上理論的には**任意処分**であるが、**政策的に令状主義の下で行うべきだから**という見解がある。この点につき最高裁の判例はないが、下級審の裁判例には、承諾家宅捜索も違法ではないとしつつも、完全な自由意思による承諾があったかどうかはより慎重に判断する必要があるとし、結論としては完全な自由意思による承諾があったとは認められないとして違法としたものがある（福岡高判平5・3・8判タ834号275頁）。

　他方、**自動車・所持品に対する承諾捜索**であれば、私的領域への侵入の度合いは家宅捜索ほど高くなく、職務質問に伴う所持品検査（→17講）や、証拠品として任意提出することさえ認められるのであるから、対象者の同意・承諾があれば、任意捜査として行うことも許されると考えられる。判例には、自動車に対する捜索につき、結論は違法としたものの、任意の承諾があれば適法であることを前提にしているものがある（最決平7・5・30刑集49巻5号703頁）。

ウ　設問の検討

　【設問10】では、Xの自宅を捜索したことは、たとえXの同意・承諾があったとしても違法と判断される。もっとも、証拠品である覚醒剤はXが所持していた鞄の中から出てきており、鞄については承諾捜索が認められるので、覚醒剤の押収手続自体に違法はないと考えられる。

第16講 捜査(2) ── 任意捜査の限界

◆学習のポイント◆

1　任意捜査であれば無制約に許容されるわけではなく、「具体的状況のもとで相当」と認められなければ、違法と判断される。この相当性の意味を正確に理解しよう。

2　任意捜査の相当性は、比例原則により、個別具体的な事情を考慮し、当該捜査による権利・利益の侵害・制約の程度と、捜査の必要性との権衡をみることで判断することになる。具体的な判断方法につき、代表的な事例で確認しておこう。

1　基本的な考え方

【設問1】
　　任意捜査の適法性を判断する基準は、どのように考えればよいか。

(1)　任意捜査の適法性判断基準──比例原則

　前講で説明してきたように、「強制の処分」とは、相手方の明示または黙示の意思に反して、**重要な権利・利益に対する実質的な侵害・制約を伴う処分**をいい、これに該当しないものは任意処分と判断される。しかし、任意処分を用いる任意捜査であっても、無制約に許容されるわけではない。

　前講で説明した昭和51年決定も、有形力の行使を伴う任意捜査につき「必要性、緊急性なども考慮したうえ、具体的状況のもとで相当と認められる限度において許容される」としている。最高裁が示したこの基準は、**比例原則**を具体化したものと考えられている。任意捜査の適法性を比例原則によって判断する法的根拠は、任意捜査も「**その目的を達するため必要**」（197条1項本文）な限度で許容されていることに求められている。なお、強制処分法定主義・令状主義が、強制捜査に対する**事前規制**として機能しているのに対

し、任意捜査はこうした事前規制に服さないため、比例原則による判断は、任意捜査の実施後に**事後規制**として機能することになる。

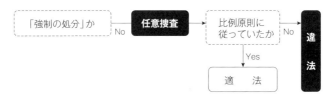

(2) 比例原則の理解

　もっとも、これから具体的な問題を検討していくと明らかになるが、最高裁および下級審は、すべての任意捜査の適法性を「必要性、緊急性なども考慮して、具体的状況のもとで相当」か否かにより判断しているわけではない。そのため、学説は、昭和51年決定を前提としながら、比例原則の内容をより理論的に分析して具体的な任意捜査の適法性を判断しようとしている。論者によって若干表現は異なるが、任意捜査の適法性を判断するための比例原則とは、**捜査対象者の権利・利益に対する侵害・制約の程度**と、**捜査の必要性とが権衡しているとき、当該捜査に相当性を認めて適法とする原則**と理解することができる。下の図のように、両者を天秤にかけて釣り合いがとれているかどうかを見て、相当性を判断するイメージになる。こうした比例原則の適用にあたっては、強制処分該当性のように類型的に判断されるのではなく、**個別具体的な事情を考慮**して判断されなければならない。以下、さらに詳しく見ていこう。

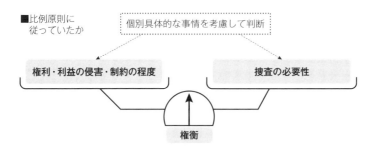

ア　捜査対象者の権利・利益に対する侵害・制約の程度

　手続理解編（→2講2(3)）でも見たように、比例原則とは、国家機関による個人の権利・利益の侵害・制約は、必要性に応じた相当なもの、言い換えれば、目的に対し必要最小限でなければならないという原則であり、捜査で

問題となる比例原則の前提には、**捜査機関による捜査対象者の権利・利益の侵害・制約**がある。昭和51年決定も「何らかの法益を侵害し又は侵害するおそれがある」としており、権利・利益に対する侵害・制約を前提にしていると読み取ることができる。そこで、まずは捜査機関によって侵害・制約される権利・利益が何であるのかを特定した上で、その侵害・制約の程度を検討する必要がある。

なお、前講で学んだとおり、こうした権利・利益の侵害・制約が、**重要な権利・利益に対する実質的な侵害・制約**に至っていれば、強制処分と判断されるので（→15講3）、任意捜査として問題になるのはその段階に至っていない場合に限られる。

●コラム● 捜査の違法と権利・利益の侵害・制約

　強制捜査においても任意捜査においても、捜査対象者の権利・利益の侵害・制約が問題となる。これは刑法における違法性の実質を法益の侵害（ないしその危険）の惹起だとする考え方（→基本刑法Ⅰ151頁）を参考にしてみると理解しやすいかもしれない。捜査によって対象者の権利・利益（法益）を侵害・制約すれば、本来は違法であるが、法令行為として違法性が阻却される（→基本刑法Ⅰ156頁）。しかし、強制処分は重要な法益を侵害・制約するため、刑訴法が定めた強制処分法定主義・令状主義という厳格な要件・手続を守らなければ、違法性は阻却されないし、任意処分でも法益の侵害・制約を伴う場合は、比例原則による相当性が認められなければ違法性は阻却されず、その結果、違法捜査と判断されるのだと理解することも可能であろう。いずれにしても、捜査の適法・違法を検討する上で、権利・利益（法益）の侵害・制約が出発点になることをよく理解しておく必要がある。

イ　捜査の必要性

　任意捜査における権利・利益の侵害・制約を正当化する目的は、捜査を遂げること、つまり**捜査の必要性**以外には考えられない。この点につき、昭和51年決定は、「必要性、緊急性なども考慮したうえ」としているが、このうち「緊急性」については、捜査の必要性が特に高いことを示すもので、広い意味での捜査の必要性に含まれるものと考えられる。

ウ　目的と手段の権衡（＝比例原則における相当性）

　任意捜査における比例原則では、捜査の必要性という目的に照らし、捜査機関による捜査対象者の権利・利益の侵害・制約の程度が必要最小限になっているかが問題となる。必要最小限になっていれば、目的と手段とが**権衡**しているということができる。昭和51年決定が任意捜査としての「相当」性を認めるのは、このように目的と手段とが権衡している場合だと考えられる。

エ　個別具体的な事情の考慮

　比例原則が充たされているかどうかは、強制処分該当性のように類型的に判断されるものではなく、**個別具体的な事情**を考慮して判断される。昭和51年決定が「具体的状況のもとで」と指摘しているのも、個別具体的な事情を考慮すべきことを意味しているものと考えられる。

(3)　比例原則の具体的な適用

　本講では、任意捜査としての写真撮影、秘密録音、おとり捜査、任意取調べについて、最高裁あるいは下級審で問題となった事例に基づいて検討していく。学習にあたっては、まず最高裁や下級審が示した適法性の判断基準について、正確に理解する必要がある。しかし、これらは個別事案についての事例判断とみられるものもあり、事実関係が異なる事案にそのまま適用できるのか明らかでない。最高裁や下級審の判断基準により解決できる問題は、その判断基準を用いて解決すれば足りるが、そうでない問題は、汎用性のある基準である比例原則を適用して解決する必要がある。その際には、具体的な事実関係を検討した上で、権利・利益の侵害・制約の程度と、捜査の必要性とが権衡しているかを論証していかなければならない。

> ＊　**比例原則の問題点**
>
> 　比例原則に基づく任意捜査の適法性判断は、個別具体的な事情をきめ細かく見ていく点で優れているが、一律に適用される明確な基準がないという問題もある。現場の捜査対象者・捜査官双方とも、即座に捜査の適法性を判断できず、事後的な適法・違法判断を待つしかない。捜査官としては、捜査の適法性を確保するため、常に捜査対象者の権利・利益の侵害・制約の程度を必要最小限にするよう留意するとともに、捜査の進展に応じて変化していく具体的状況を正確に把握し、捜査の必要性の大小を的確に判断する能力が求められる。

2　写真・ビデオ撮影

【設問2】京都カード強盗殺人事件
　強盗殺人事件が発生し、被害品のキャッシュカードを使ってATMから現金を引き出そうとした人物（＝甲）の容ぼうや腕時計などが防犯カメラに残されていた。警察官は、被疑者として浮上したAが甲と同一人物であるかを確認するため、令状がないまま、公道やパチンコ店内にいたAの容ぼうや、Aがしていた腕時計を密かにビデオ撮影した。これらの撮影画像は専門家の鑑定資料となり、「甲とAは極めてよく似ている」とされ、Aに不利な証拠の1つとなった。当該ビデオ撮影は捜査として適法か。

(1) 問題の所在

【設問2】は、前講【設問6】でも取り上げた最決平20・4・15刑集62巻5号1398頁をモデルにしたものである。

当該ビデオ撮影の適法性を判断するにあたっては、まず「強制の処分」に該当するかを検討しなければならない。前講でも検討したとおり、被撮影者の承諾がない無令状での写真・ビデオ撮影のうち、私的領域に侵入する方法での撮影は、**強制処分**と考えられる。他方、公道等での撮影である【設問2】のような事例では、「**通常、人が他人から容ぼう等を観察されること自体は受忍せざるを得ない場所**」（前掲・最決平20・4・15）と認められるから、こうした場所を被撮影者の承諾なく無令状で撮影しても重要な権利・利益に対する実質的な侵害・制約があるとはいえず（→15講4(3)参照）、**任意処分**と考えられる。

このように被撮影者の承諾のない無令状での撮影が任意処分だと考えられるとしても、その適法性が問題となる。

(2) 任意捜査としての適法性

ア　判　例

前掲・最決平20・4・15は、「捜査機関において被告人が犯人である疑いを持つ**合理的な理由**が存在していたものと認められ、かつ、……犯人の特定のための**重要な判断に必要な証拠資料**を入手するため、これに**必要な限度**において、公道上を歩いている被告人の容ぼう等を撮影し、あるいは不特定多数の客が集まるパチンコ店内において被告人の容ぼう等を撮影したものであり、いずれも、通常、人が他人から容ぼう等を観察されること自体は受忍せざるを得ない場所におけるもの」であるから、「**捜査目的を達成するため、必要な範囲において、かつ、相当な方法によって行われたものといえ、捜査活動として適法**」とした。

この判示からすると、最高裁は、①撮影する合理的な理由の存在、②目的を達するため必要な限度であること、③撮影方法の相当性があれば、被撮影者の承諾なく無令状で写真・ビデオ撮影をすることも適法と判断しているといえよう。

> **＊　撮影方法の「相当性」**
> 前述1(2)ウ記載のとおり、「相当性」とは目的と手段が権衡していることをいうとすれば、撮影方法の「相当性」とは、撮影の必要性という目的に照らして撮影方法という手段とが権衡していることだといえる。例えば、必要性がないのに漫然と写真撮影を継続する、情報の集積によって生活状

況が把握できるほど長期間にわたって撮影する、事件と無関係な通行人や通行車両も撮影するといった方法（さいたま地判平30・5・10判時2400号103頁）、長期間にわたり特定人をズームアップして監視したり、追跡するような方法（大阪地判平6・4・27判タ861号160頁）などは、撮影方法の「相当性」を欠くと判断される可能性が高いであろう。比例原則における「相当性」とは内容が異なるので、混同しないように注意が必要である。

＊　**裁判例の展開**

被撮影者の承諾がない無令状での写真撮影の適法性については、次のような裁判例の展開があった。

（ⅰ）　犯行現場の撮影

京都府学連事件判決（最大判昭44・12・24刑集23巻12号1625頁）や、自動速度取締機による写真撮影の適法性が争われた最判昭61・2・14刑集40巻1号48頁では、被撮影者の承諾がない無令状での写真撮影につき、**①現行犯または準現行犯人性**、**②証拠保全の必要性・緊急性**、**③撮影方法の相当性**を適法性の基準としてあげた。しかし、①および②の要件は、適法とされるために常に必要とされるのか、疑問も示されていた。

（ⅱ）　防犯ビデオによる撮影

街頭防犯カメラによって被撮影者の承諾なく無令状で犯行状況をビデオ撮影したことの適法性が争われた山谷ビデオカメラ事件判決（東京高判昭63・4・1判時1278号152頁）において、東京高裁は、前記①から③の要件につき「具体的事案に即して警察官の写真撮影が許容されるための要件を判示したものにすぎず、この要件を具備しないかぎり、いかなる場合においても、犯罪捜査のための写真撮影が許容されないとする趣旨まで包含するものではない」として、**①当該現場において犯罪が発生する相当高度の蓋然性**、**②あらかじめ証拠保全の手段、方法をとっておく必要性・緊急性**、**③撮影方法の相当性**があれば、現に犯罪が行われる時点以前から犯罪の発生が予測される場所を継続的、自動的に撮影、録画することも許されるとした。ここでは①の要件が、「現行犯または準現行犯人性」から、「当該現場において犯罪が発生する相当高度の蓋然性」に変更され、②の要件に「あらかじめ」が付加されており、（ⅰ）よりも撮影が適法となる場面が広げられている。

さらに、ある屋外駐車場で不審火が連続して発生していたため、その屋外駐車場と、その付近に住む容疑者Ｘの自宅前公道を捜査目的でビデオ撮影したことの適法性が争われた東京地判平17・6・2判時1930号174頁は、**①Ｘが罪を犯したと考えられる合理的な理由**、**②捜査の目的を達するための撮影の必要性・緊急性**、**③撮影方法の相当性**があれば、こうしたビデオ撮影も違法であるとはいえないとした。ここでは①の要件につき、「犯罪発生の相当高度の蓋然性」を要求するのはやや厳格にすぎるとされ、「合理的

な理由」で足りると判断されており、山谷ビデオカメラ事件判決よりも撮影が適法となる場面が広げられている。従前の裁判例と整合するように考えるならば、「現行犯人または準現行犯人性」や「犯罪発生の高度の蓋然性」は、撮影を行うことの「合理的な理由」が存在することを事案に応じて示したものにすぎず、適法とするための要件は「合理的な理由」で足りるということができるであろう。このように考えると、被撮影者が犯人以外の者であっても、捜査のために撮影をする「合理的な理由」があれば、撮影は適法となりうる。

(iii) 犯人の同一性特定のための撮影

その後に最高裁が示した判断基準が、前掲・最決平20・4・15である。ここでは①の要件につき、前掲・東京地判平17・6・2と同様に「合理的な理由」で足りるとされた上、②の要件につき、これまで要件とされていた「緊急性」への言及がない。緊急性は必要性が特に高いことを示すものにすぎず、撮影を適法とするための不可欠の要件ではないものということができる。

以上の裁判例の展開を見ると、(i)→(ii)→(iii)と撮影が許容される範囲が広くなっており、撮影の適法性を判断する上では、(iii)が最も汎用性のある基準ということができるであろう。

イ 学 説

被撮影者の承諾がない無令状での撮影につき、最高裁はそれが任意捜査であると明言していない。しかし、学説では一般に、これまで最高裁および下級審で問題になった撮影はいずれも**任意捜査**に当たり、**比例原則**によりその相当性が判断されるべきと理解されている。

比例原則に従えば、次のように考えることができる。まず、対象者の**権利・利益の侵害・制約の程度**については、公道等の公共の場所での撮影であれば、私的領域に侵入されない権利を害するものではないけれども、京都府学連事件判決が指摘したように、**みだりにその容ぼう・姿態を撮影されない自由**の侵害・制約は認められる。こうした自由は、プライバシーないし人格権の1つと考えられる。その侵害・制約の程度は、例えば公道等であっても撮影方法が執拗であったり、明らかに必要性が認められない場面まで撮影しているなど、①具体的な捜査手段としての**撮影方法**が不相当であると、程度が大きくなるといえるであろう。次頁の図でいえば、具体的な撮影方法が不相当であると認められれば、天秤の一方が重くなり、もう一方の捜査の必要性が大きくなければ、権衡がとれないことになる。

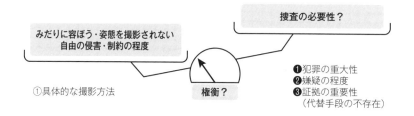

そこで、次に**捜査の必要性**はあるのかを検討する。捜査の必要性を検討するにあたっては、❶捜査の対象となっている**犯罪の重大性**（重大であれば必要性は大きい）、❷その時点での**嫌疑の程度**（嫌疑が大きければ必要性は大きい）、❸**証拠としての撮影の重要性**（捜査の目的を達成するために撮影が必要か、他に証拠を得るための代替手段がなければ、必要性はさらに大きい）などが考慮される。

　　＊　写真撮影とビデオ撮影

　　　　強制処分該当性の判断は、私的領域に侵入されない権利が実質的に侵害・制約されているかを類型的に判断するから、写真とビデオを区別する必要性は乏しいが、比例原則によって個別具体的に任意捜査の適法性を検討するときには、両者の区別が重要になりうる。ビデオは写真と異なり、**連続的な映像が記録され**、**音声も記録される**点で、プライバシー権ないし人格権の侵害・制約の程度を大きくする撮影方法であるといえる。したがって、写真で足りる場合は写真撮影をするべきであり、被撮影者の承諾なく無令状でビデオ撮影をする場合は、それを正当化しうるだけの捜査の必要性が求められよう。

（3）　設問の検討

【設問２】の撮影により X の**みだりに容ぼう・姿態を撮影されない自由**が侵害・制約されるが、本件では公道やパチンコ店での X の姿を X に気づかれないように密かに撮影するもので、①**具体的な撮影方法**が執拗であるとか、明らかに必要性が認められないとはいえないから、権利の制約・侵害の程度が大きくなっているとはいえない。他方、❶本件での捜査の対象になっているのは強盗殺人という**重大事件**であり、❷ X には**相応の嫌疑**がある。そして、❸防犯ビデオに残された犯人の容ぼう等と X との同一性を確認する上で、ビデオ撮影によって得られる**証拠は不可欠**であり、同一性確認を精密に行うためには、連続した映像を入手して防犯ビデオと対照する必要があって、写真撮影ではなく**ビデオ撮影をする必要性**もある。そうだとすると、本件の撮影には比例原則における相当性が認められ、適法と考えられるであろ

う。

3 秘密録音

【設問3】成田空港土地収用委員脅迫事件

　千葉県土地収用委員会委員Vは、自宅にかかってきた電話で「収用委員を辞めないと、どうなっても知らないぞ」などと害悪を告知され、職務強要（刑95条2項）の被害を受けた。Vは脅迫電話を録音していた。警察官は、過激派団体甲が成田空港建設阻止運動の一環として、空港用地を強制収容する職務にあったVを脅迫したものと考えた。そこで、甲の関係先を別件の捜索差押許可状によって捜索した際に、脅迫電話の音声と同一の音声を探知するため、数名の警察官がタイピン式マイクや小型録音機を装着し、捜索・差押えに立ち会うために同所にいた甲の構成員が警察官と会話する音声を秘密録音した。こうして得られた秘密録音の音声と脅迫電話の音声とを声紋鑑定した結果、甲の構成員であるAの声と「別人とは思えないくらいよく似ている」とされ、Aが職務強要により起訴された。当該秘密録音は捜査として適法か。

(1) 問題の所在

　【設問3】は、千葉地判平3・3・29判時1384号141頁〈百選9〉をモデルにしたものである。

　当該秘密録音の適法性を判断するにあたっては、まず「強制の処分」に該当するかを検討しなければならない。前講でも検討したとおり、通信の当事者のいずれの同意も得ないで電気通信を傍受すれば、通信傍受であって「強制の処分」に当たる（222条の2）。一方、秘密録音として問題になるのは、**会話の一方当事者が相手方の同意を得ないで秘密に会話を録音した場合**である。

　最高裁は、会話の一方当事者が私人である場合について、秘密録音を適法と認めている（新聞記者が取材のため被告人との会話を秘密録音した事例につき最決昭56・11・20刑集35巻8号797頁、詐欺の被害者が被告人との会話を秘密録音した事例につき最決平12・7・12刑集54巻6号513頁）。しかし、【設問3】では会話の一方当事者が捜査機関であり、こうした事案について最高裁は判断を示していない。

　学説には、こうした捜査機関による秘密録音は強制処分であると考える見解もある。しかし、秘密録音が相手方の**プライバシーないし人格権**を多かれ少なかれ侵害することは否定できないとしても、**相手方は会話の秘密性を一方当事者の支配に委ねて秘密性ないしプライバシーを放棄していると認めら**

れる以上、強制処分として保護する必要があるほどの重要な権利・利益に対する実質的な侵害ないし制約を伴うとまでは認められないとして、**任意処分**と考える見解が多数である。

　このように、捜査機関による相手方の同意を得ない秘密録音が任意処分であるとしても、その適法性が問題となる。

⑵　任意捜査としての適法性

ア　裁判例

　前掲・千葉地判平３・３・29は、「このような録音を刑事裁判の資料とすることは**司法の廉潔性**の観点からも慎重でなければなら」ず、「捜査機関が対話の相手方の知らないうちにその会話を録音することは、**原則として違法**であり、ただ録音の経緯、内容、目的、必要性、侵害される個人の法益と保護されるべき公共の利益との権衡などを考慮し、**具体的状況のもとで相当と認められる限度においてのみ、許容される**」とし、【設問３】と同様の事案につき、嫌疑が濃厚で録音が証拠として必要であったこと、被告人は警察官が捜索・差押えに来ていると了知した上で会話をしていること、会話の内容は捜索・差押えの立会いに関連することのみで会話にプライバシーないし人格権に関わるような内密性はないこと、被告人に発言させるために何ら強制、偽計等の手段が用いられていないことなどを考慮して、「**例外的に本件秘密録音を相当と認めて許容すべき**」とした。

＊　同種事案に関する裁判例

　　【設問３】と同種事案について、東京地判平２・７・26判時1358号151頁は、秘密録音によって「対話者の**人格権**がある程度侵害されるおそれを生じさせることは否定できないが、いわゆる盗聴の場合とは異なり、対話者は相手方に対する関係では自己の会話を聞かれることを認めており、**会話の秘密性を放棄しその会話内容を相手方の支配下に委ねたもの**」ということができるから、「会話録音の適法性については、録音の目的、対象、手段方法、対象となる会話の内容、会話時の状況等の諸事情を総合し、その手続に著しく不当な点があるか否かを考慮してこれを決めるのが相当」とし、千葉地判のように原則違法との判断を示さなかった。その上で、被告人は、相手方が捜索・差押えに来た警察官であることを認識して会話していたこと、警察官が被告人を挑発し、欺罔ないし偽計を用い、あるいは誘導するなど不当な手段を用いて無理に話をさせた事情がないことなどから、適法と認めた。このように裁判例の考え方が固まっているとは言いがたいが、いずれの考え方によるにしても、最終的な適法・違法の結論に大差はないであろう。

イ　学　説

　学説には、秘密録音を**原則として適法**とし、例外的に違法になる場合があるとする見解と、**原則として違法**であり、例外的に適法になる場合があるとする見解がある。後者の見解は、私的な会話における**会話の自由**（親しい人々との間で、気を遣わずざっくばらんに話すことができる自由と言ってもよいであろう）が個人の私生活にとって重要な価値を有するから、プライバシーの一内容を成すものとし、秘密録音を常に覚悟しなければならないとすれば、こうした会話の自由やプライバシーに対する期待が大幅に損なわれる点を指摘する。もっとも、この見解によっても、秘密録音をする必要性と、会話の自由を含む対象者のプライバシーないし人格権を侵害する程度とを利益考量して、例外的であるにせよ適法になる場合もあると認められている。前掲・千葉地判平3・3・29と同様の判断枠組みに立つものと理解してよいであろう。

　比例原則に従って、秘密録音が適法か否かを判断する際に考慮されるべき具体的な事情としては、次のようなものが考えられる。まず、①**具体的な録音方法**（強制、挑発、欺罔、偽計を用いていれば、侵害・制約の程度は大）、②**会話の内容**（会話の自由が期待されるような状況であったり、プライバシーや人格権に関わるような会話内容であれば、侵害・制約の程度は大）、③**対象者の対応**（状況を理解して自発的に会話しているのであれば、侵害・制約の程度は小）といった事情を考慮して、会話の自由を含むプライバシーないし人格権の侵害・制約の程度を検討し、次に、❶**犯罪の重大性**、❷**嫌疑の程度**、❸**証拠の重要性**といった事情を考慮して、侵害・制約の程度と権衡する捜査の必要性があるか否かを検討することになろう。

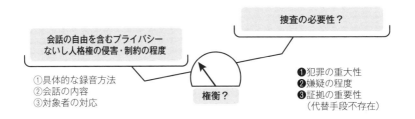

（3）　設問の検討

　【**設問3**】の秘密録音により会話の相手方である甲の構成員のプライバシーないし人格権が侵害・制約される。しかし、①警察官は、別件の捜索・差押えの際に、甲の構成員に気づかれないように会話を録音しているものの、

特段甲の構成員であるＡらに発言させるために強制、挑発、欺罔、偽計等の手段を用いた事実はなく、②甲の構成員も、**警察官が捜索・差押えに来ていると了知した上で**警察官の面前で会話をしていて、その内容は捜索・差押えの立会いに関するものに限られ、**会話の自由の侵害があるような場面ではなく**、③こうした**状況を理解して自発的に会話している**のであるから、プライバシーないし人格権の侵害・制約の程度は大きいとはいえない。一方で、❶問題となっているのは過激派団体による公務員に対する職務強要で**重大な犯罪**であって、❷Ａの構成員には**相当の嫌疑**があり、❸脅迫電話の犯人を特定する上で声紋鑑定をするには録音が**証拠として重要**であり、過激派団体から他の方法により証拠を得ることは容易でなく、**代替手段もなかった**と考えられる。そうだとすると、本件の秘密録音には比例原則における相当性が認められ、適法と考えられる。

　なお、①に関して、警察官が身分を隠すなど偽計の手段を用いたり、強制、挑発、欺罔により発言させて録音した場合や、②に関して、親しい人々との間で私的な会話をする会話の自由を侵害していると認められるような方法で秘密録音がなされた場合には、権利・利益の侵害・制約の程度が大きくなり、❶から❸によって認められる捜査の必要性が極めて大きい例外的な場合でない限り、相当性は認められず、違法と判断されることになるであろう。

4　おとり捜査

> **【設問4】警察官による覚醒剤注文事例**
> 　覚醒剤の密売人であるＡは、かつて刑務所で服役したときに知り合った甲に対し、覚醒剤を買う人を紹介してほしいともちかけた。甲は、以前に自分の弟がＡの下で密売に関与し逮捕されたことから、Ａを恨んでおり、密かに警察官Ｋに通報して、Ａが覚醒剤の密売をしていて、客を探していることを告げた。Ｋは、この情報だけではＡを検挙するのに不十分だったので、おとり捜査を実施することにし、Ｋが自ら客のふりをして、ホテルの１室でＡと会い、覚醒剤５ｇを注文した。Ａは、Ｋの注文に応じて、翌日覚醒剤５ｇを用意して、ホテルの１室でＫと再会したところ、Ｋは多数の警察官を連れてＡが逃げられないように取り囲んだ上、覚醒剤所持の事実でＡを現行犯逮捕した。当該捜査は適法か。

(1)　問題の所在

【設問4】は、最決平16・7・12刑集58巻5号333頁〈百選10〉をモデルに

したものである。

　おとり捜査とは、前掲・最決平16・7・12によれば、「捜査機関又はその依頼を受けた捜査協力者が、その身分や意図を相手方に秘して**犯罪を実行するように働き掛け、相手方がこれに応じて犯罪の実行に出たところで現行犯逮捕等により検挙するもの**」をいう。**【設問4】**であれば、Kが客のふりをして覚醒剤を注文する行為が「働き掛け」に当たり、こうした「働き掛け」がない場合にはおとり捜査とはいえない（例えば、スリ常習者を尾行して犯行に及んだところで検挙する場合など）。仮睡盗の犯人を検挙するため、警察官が酔客を装って自ら被害者となった場合には、「働き掛け」があるとする見解と、ないとする見解とに分かれる（同種事案に関する広島高判昭57・5・25判タ476号232頁は、警察官に占有の意思がなかったとはいえないとして被告人を有罪にしているものの、おとり捜査であるか否かについて判断していない）。

●コラム●　コントロールド・デリバリー

　コントロールド・デリバリーとは、薬物や拳銃等の不正取引が行われるとき、捜査機関がその事情を知りながらすぐに検挙することなく、その十分な監視の下に、薬物や拳銃等を運搬させて追跡し、不正取引に関与する人物を特定して検挙するための捜査手法をいう。**既に行われている犯罪**について関係者を確実に検挙するための「泳がせ捜査」であり、捜査機関の「働き掛け」によって犯罪を実行させているわけではない点で、おとり捜査とは区別される。監視・尾行・追跡という従来からの**任意捜査**の延長線上にあり、その適法性は一般の任意捜査と同様に判断されることになる。薬物や拳銃等をそのまま運搬させるライブ・コントロールド・デリバリーと、薬物や拳銃等を抜き取って入れ替えた無害な物を運搬させるクリーン・コントロールド・デリバリーがあり、前者を可能にするために麻薬特例法3条・4条（規制薬物を所持する外国人の上陸および規制薬物の通関等に関する特例）が、後者を可能にするために麻薬特例法8条、銃刀法31条の17（入れ替えた無害品を薬物や拳銃等として譲り受ける行為等の処罰）が定められている。

　刑訴法にはおとり捜査を許容する規定がないため、強制捜査であればもちろん許されないことになるが、任意捜査であれば許されるのであろうか。

　＊　**捜査機関による法禁物の譲受け**

　　　麻薬及び向精神薬取締法58条、あへん法45条は、麻薬取締官および麻薬取締員が、捜査にあたって麻薬、あへん、けしがらを譲り受けることができるとし、銃刀法27条の3は、警察官または海上保安官が、捜査にあたって拳銃等を譲り受けることができるとする。これらはおとり捜査を想定した規定であるとも考えられるが、捜査機関に犯罪が成立しないとするにとどまり、これらの規定から直ちにおとり捜査を許容することは困難であろ

う。なお、覚醒剤取締法には同様の規定はない。

　前掲・最決平16・7・12は、「少なくとも、直接の被害者がいない薬物犯罪等の捜査において、通常の捜査方法のみでは当該犯罪の摘発が困難である場合に、機会があれば犯罪を行う意思があると疑われる者を対象におとり捜査を行うことは、刑訴法197条1項に基づく任意捜査として許容される」とした。

　学説も、おとり捜査では、捜査機関から対象者への働き掛けがあるとはいえ、その働き掛けが強度で、否応なく犯罪を実行させられたというような場合を除き、対象者は自らの意思で犯罪を実行するのであるから、その意思に反して重要な権利・利益を実質的に侵害・制約するものとはいえず、任意捜査であると理解するのが一般である。

　このようにおとり捜査は任意捜査であると考えられるとしても、その適法性をどのように判断すべきかが問題になる。

　　＊　二分説
　　　学説では、かつては米国の「わなの抗弁」の考え方に準じ、捜査機関が犯意を有していなかった者に働き掛け、犯意を誘発し犯罪を実行させた場合（犯意誘発型）と、既に犯意を有していた者に犯行の機会を提供したにすぎない場合（機会提供型）とを区別し、犯意誘発型は違法で、機会提供型は適法であるという、いわゆる二分説が有力であった。
　　　しかし、両者の区別が明確でない場合も想定されるほか、程度の大小はあれ、いずれにしても捜査機関の働き掛けによって犯罪を実行しているのであるから、両者を区別することに意味があるのかという疑問も示され、現在では、犯意提供型か機会提供型かのみの基準でおとり捜査の適法性を判断することは、妥当でないと考えられている。

(2)　任意捜査としての適法性
ア　判　例
　前掲・最決平16・7・12は、「少なくとも」と限定を付しているが、①直接の被害者がいない薬物犯罪等の捜査であること、②通常の捜査方法のみでは当該犯罪の摘発が困難であること、③機会があれば犯罪を行う意思があると疑われる者を対象にすることを、おとり捜査が任意捜査として許容される要件として示した上、【設問4】と類似する大麻を所持した事案につき、他の捜査方法によって証拠を収集し、Aを検挙することが困難な状況にあったこと、Aは既に大麻の譲渡しを企図して買い手を求めていたことからすると、捜査機関が、取引の場所を準備し、Aに対し大麻を買い受ける意向を示し、Aが取引の場に大麻を持参するように仕向けたとしても、おとり捜査と

して適法というべきであるとした。

イ　学　説

　学説では、おとり捜査であっても、捜査対象者は自らの意思で犯罪を実行しているのであるから、その**権利・利益の侵害・制約は認められず**、捜査対象者の権利・利益の侵害・制約の程度と、捜査の必要性との権衡を考えて**比例原則により適法性を判断することはできない**のではないかという指摘がある。これに対して、おとり捜査においても、なお捜査機関による捜査対象者の**意思決定の自由の侵害・制約**が存在すると考え、比例原則に基づいて捜査の必要性との権衡により適法性を判断しようとする見解もあるが、対象者は自らの意思で犯罪を実行している以上、意思決定の自由の侵害・制約は認めがたいと批判されている。

　そのため、おとり捜査においては、捜査機関による捜査対象者の権利・利益の侵害・制約の程度を問題とするのではなく、おとり捜査によって国家が本来保護すべき法益、例えば薬物事犯であれば「公衆の健康」を、国家が自ら侵害し、あるいはその危険を惹起していることを問題にするべきであるという見解が有力である。この見解によれば、こうした法益侵害またはその危険を国家が創出するおとり捜査は原則として違法であるが、それを正当化するだけの捜査の必要性があり、法益侵害またはその危険を惹起することへの国家の寄与度と、捜査の必要性とが権衡しているときに、おとり捜査に相当性が認められ、例外的に適法と判断されることになる。以下ではこの見解により、おとり捜査の適法性を検討しよう。

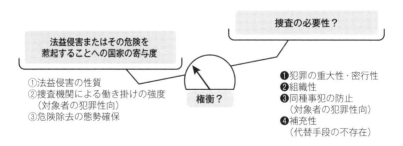

　まず、①おとり捜査によって実行される犯罪が**侵害する法益の性質**が問題になる。殺人・傷害・窃盗など、第三者の生命・身体・財産を侵害する犯罪である場合、直接の被害者を生じさせることになるから、おとり捜査は直ちに違法と判断される。おとり捜査が許容されるのは、実行される犯罪が直接の被害者のない薬物・銃器・わいせつ物関連のものに限られる。次に、②国

家の寄与度を判断するにあたって、**捜査機関による働き掛けの強度**が問題となり、その際には**対象者の犯罪性向**（同種事犯に及ぶおそれが大きいか）もあわせて考慮される。対象者の犯罪性向が大きければ、捜査機関による働き掛けの強度は一般に小さくなるであろう。さらに、③犯人検挙に失敗して薬物や銃器等の危険物が流出することがないように、そうした**危険を確実に除去できるだけの態勢**を確保していたかどうかも国家の寄与度を判断する上で考慮される。

　法益侵害の性質・程度を明らかにした後、これと権衡するだけの捜査の必要性があるかを検討することになる。❶**犯罪の類型**として、前述した薬物・銃器・わいせつ物関連といった犯罪のように**密行性が高い**もので、しかも**重大**なものと認められれば、必要性は大きくなる。❷犯罪に**組織性**があれば、犯罪の重大性を高めるであろう。❸前述した**対象者の犯罪性向**は、同種事犯に及ぶのを防止するという点で、捜査の必要性を検討する上でも考慮することができる。さらに、❹おとり捜査は捜査機関の働き掛けによって犯罪を実行させるものである以上、その実施は真に必要で、やむをえない場合に限られるべきで、おとり捜査以外の捜査手法がないという**代替手段の不存在**が必要とされる（補充性ともいう）。

(3) 違法なおとり捜査への対処

　違法なおとり捜査によって犯罪者に仕立て上げられた対象者を救済する方法として、かつては対象者に**無罪判決**を言い渡すべきとする見解もあったが、自らの意思で犯罪に出ている以上は犯罪の成立に疑いはなく（最決昭28・3・5刑集7巻3号482頁）、**おとり捜査**によって**得られた証拠の証拠能力を否定**することで対処するべきであるとする見解が多数である。

　無罪判決は困難であるとしても、公訴提起の手続に瑕疵があるとして**公訴棄却**、あるいは、違法なおとり捜査を行った国家には処罰適格を欠くので、公訴権が消滅した場合に準じて**免訴**により手続を打ち切るべきとの見解もあるが、対象者の犯罪性向が乏しいのに、捜査機関が強く働き掛けて犯罪を実行させたような場合など、違法が極めて重大な事案に限られるであろう（→前講1(2)**カ**＊参照）。

(4) 設問の検討

　【設問4】のおとり捜査は、①覚醒剤取締法違反という犯罪を実行させるものであるが、**直接の被害者を生じさせる**ものではなく、②既に覚醒剤を密売する相手を探していた、犯罪性向が強いAに対し、覚醒剤を注文するというもので、捜査機関による**働き掛けは強くない**。また、③Kは逮捕時に多数

の警察官を連れて確実にＡを検挙できる態勢を確保していたことも認められる。他方、❶対象となっている犯罪は覚醒剤の密売という**密行性**の高い犯罪で、社会に害悪を拡散する**重大**なものでもあり、❷背後に覚醒剤の密売組織が存在するのが通常であることからすれば、**組織性**も認められるであろう。❸甲の申告から、Ａの**犯罪性向**も認められ、同種事犯を防止する必要もある。❹甲の情報だけではＡを検挙できなかったのであるから、おとり捜査以外の捜査方法がないという**補充性**も認められる。以上からすれば、本件のおとり捜査には比例原則における相当性が認められ、適法と考えられる。

＊　おとり捜査等に関する裁判例

　　窃盗や風営法違反といった犯罪でおとり捜査を実施し、不適法あるいは不相当とされた裁判例がある（福岡地小倉支命昭46・5・1判タ264号349頁、大阪高判昭63・4・22判時1285号144頁）。また、窃盗の事案で、捜査機関が対象者に働き掛けはしないものの、犯罪を実行しやすい状況（車上荒らしをしやすい状況）を秘密裏に作出して、犯罪の実行に出たところを検挙する捜査を**なりすまし捜査**とし、前掲・最決平16・7・12と同様の判断基準を用いて違法とした裁判例がある（鹿児島地加治木支判平29・3・24判時2343号107頁）。

5　任意取調べ

(1)　宿泊を伴う任意取調べ

【設問5】高輪グリーンマンション事件
　警察官は、6月7日早朝、殺人事件の被疑者で虚偽のアリバイを主張していたＸを警察署まで任意同行して取り調べたところ、Ｘは、同日午後10時頃になって自白した。警察官は、同日午後11時に取調べを終えたが、Ｘからの申出もあり、「今日は自宅に帰りたくないので、どこかの旅館に泊めてほしい」旨が記載された答申書を作成させた上、警察署近くの宿泊施設にＸを宿泊させた。その際、警察官4〜5名も同宿し、うち1名はＸの隣室に泊まってＸの動静を監視した。警察官は、翌8日から10日までの間、朝は自動車でＸを迎えに行き、警察署で午後11時頃までＸを取り調べ、夜は近くのホテルにＸを宿泊させ、周辺に警察官が張り込んでＸの動静を監視することを繰り返した。その間、Ｘが退去や帰宅を申し出ることはなく、警察官が取調べを強行した状況もなかった。宿泊代は、最終日の10日を除いて、すべて警察が負担した。警察官は、Ｘの自白のほかに十分な証拠がないと判断し、11日にＸを一旦実母のところに帰宅させた上、裏づけ捜査を続け、約2カ月後にＸを殺人の事実で逮捕した。当該取調べは捜査として適法か。

ア　問題の所在

　【設問5】は最決昭59・2・29刑集38巻3号479頁〈百選6〉をモデルにしたものである。

　本件の取調べが適法かを判断するにあたっては、まず任意同行・任意取調べが「強制の処分」に該当しないか、すなわち実質的な逮捕と認められないかを検討する必要がある。

　任意同行が実質的な逮捕に当たるかは、類型的に判断すべきであり、その判断基準については既に説明した（→15講【設問9】）。【設問5】においても、被告人の取調べは既に実質的な逮捕と判断されるのではないかが問題になるが、前掲・最決昭59・2・29は、当初の任意同行の手段・方法は相当であったこと、被告人が自ら帰宅したくない旨の答申書を作成していること、任意同行から一連の取調べまでの間に、被告人が取調べや宿泊を拒否し、調べ室あるいは宿泊施設から退去し帰宅することを申し出たり、そのような行動に出た証拠がないこと、捜査官らが、取調べを強行し、被告人の退去、帰宅を拒絶したり制止したというような事実もないことから、結局、被告人がその意思によりこれを容認し応じていたものと認められるとして、**任意捜査に当たると判断している。被告人が取調べや宿泊に同意していたことを重視**し、**抵抗なく同行に応じていたと認められる状況**にあったと判断されたものと考えられる。

　任意捜査だとしても、その適法性が問題となる。とりわけ、4泊にわたる宿泊を伴って取調べを続けたことは、任意捜査として許容されるのであろうか。

イ　任意捜査としての適法性

　a　判　例

　前掲・最決昭59・2・29は、「任意捜査の一環としての被疑者に対する取調べは、……強制手段によることができないというだけでなく、さらに、**事案の性質、被疑者に対する容疑の程度、被疑者の態度等諸般の事情を勘案して、社会通念上相当と認められる方法ないし態様及び限度において、許容される**」とした上、【設問5】と同様の事案について、「宿泊の点など任意捜査の方法として必ずしも妥当とはいい難いところがある」が、「Xが任意に応じていたものと認められるばかりでなく、事案の性質上、速やかにXから詳細な事情及び弁解を聴取する必要性があったものと認められる」ことなど具体的状況を総合すると、社会通念上やむをえないもので、任意捜査として許容される限界を超えた違法なものであったとまでは断じがたいとした。

ｂ　学　説

　学説には、この最高裁の判断基準について、**比例原則による適法性判断を**したものと考える見解と、そうではなくて**捜査機関に対する行為規範を設定**したものと考える見解とがある。

　後者の見解は、任意の取調べでは、取調べに応じるか応じないかの**意思決定の自由**が問題になるが、被疑者が任意に取調べに応じている以上、こうした権利・利益の侵害・制約はなく、捜査の必要性と比較衡量する対象がないと考える。この見解からは、前掲・最決昭59・2・29がいう「社会通念上相当」との基準は、比例原則に従ったものではなく、**捜査機関に対する行為規範を設定**したものと理解される。

　前者の見解は、被疑者が任意に取調べに応じたとしても、なお権利・利益の侵害・制約はあると考える。具体的にどのような権利・利益の侵害・制約があるかについては、任意に取調べに応じたとしても、自発的な場合から渋々な場合までさまざまであるから、なお**意思決定の自由**に対する一定程度の侵害・制約が認められるという見解と、取調べに応じることで事実上の**行動の自由**が侵害・制約され、あるいは**心身の苦痛・疲労**といった**負担・不利益からの自由**が侵害・制約されていると考える見解がある。

　被疑者が任意に取調べに応じている以上は、仮に渋々の場合であっても、**意思決定の自由や行動の自由**の侵害・制約を考えることは困難であろう。もっとも、被疑者が任意に取調べに応じているとしても、**心身の苦痛・疲労といった負担・不利益からの自由**は、なお人格権の１つとして認められ（「生命・健康の維持」→基本憲法Ⅰ69頁参照）、こうした権利・利益の侵害の程度は、捜査の必要性に照らして必要最小限でなければならないという比例原則に従って、適法性を判断することができるように思われる。要するに、対象者が任意に取調べに応じているとしても、不必要あるいは過度な苦痛・疲労を与えてはならないという考え方に基づいて、適法・違法を判断するということである。

　東京高判平14・9・4判時1808号144頁〈百選73〉は、殺人事件の発生後、被害者と同棲していたＹ（外国人）を９泊10日にわたって、警察官宿舎やビジネスホテル等に警察官の監視の下に宿泊させ、連日取調べを行い、10日目に自白を得た事案について、「殺人という重大事件であり、……重要参考人としてＹから事情を緊急、詳細に聴取する必要性が極めて強く、また、通訳を介しての取調べであったため時間を要したこと、Ｙは自宅に帰れない事情があったことなどの点を考慮するとしても、**本件の捜査方法は社会通念に照**

らしてあまりにも行き過ぎであり、……**任意捜査として許容される限界を越えた違法なもの**」と判断したが、その理由として「事実上の身柄拘束に近い状況にあったこと、そのため被告人は、**心身に多大の苦痛を受けたこと**」をあげており、任意取調べによって侵害・制約される権利・利益を考える上で、参考になるであろう。

このように考えた場合、任意取調べの適法性を判断するにあたっては、まず①**具体的な取調べ方法**を検討し、次に②被疑者が自発的に取調べに応じているか、渋々応じているかという対象者の**応答状況**も考慮して、**心身の苦痛・疲労といった負担・不利益からの自由の侵害・制約の程度**を考える必要がある。自発的であれば侵害・制約の程度は小さく、渋々であれば大きくなるであろう。こうした権利・利益の侵害・制約の程度に対し、対象となっている❶**犯罪の重大性**、❷**嫌疑の程度**、❸**証拠を得るための取調べの重要性**（取調べ以外の方法で証拠を得ることができないか）、そして❹**直ちに取調べを実施しなければならない緊急性**等の事情を考慮して、任意取調べに相当性が認められるかを検討し、適法・違法を判断することになろう。

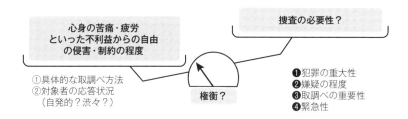

ウ　設問の検討

【設問5】では、①4泊5日の宿泊を伴って連日取調べを行っており、Xの**心身の苦痛・疲労といった負担・不利益からの自由の侵害の程度は相当に大きい**といわざるをえない。そのことからすると、捜査の必要性を考慮しても、こうした自由の侵害の程度と権衡しているとはいえず、本件の取調べは違法と判断することも可能と思われる。

もっとも、②Xが自ら宿泊・取調べに応じているという**応答状況**から、侵害の程度が小さくなるとともに、❶問題となっている犯罪は殺人という**重大事件**で、❷Xは虚偽のアリバイを主張しているなど**嫌疑**が大きく、❸速やかにXから詳細な事情および弁解を聴取するために取調べを行う**重要性**があったほか、❹逮捕の可否について十分に検討し結論を得るまで直ちに取調べを行う**緊急性**もあったことからすると、権利・利益の侵害・制約の程度と捜

査の必要性とは辛うじて権衡し、違法とは断じがたいと判断することも可能
であろう。

(2) 長時間・徹夜の任意取調べ

【設問6】神奈川約22時間不眠で取調べ継続事件
　2月1日午後8時48分頃、被害者が殺害されているのが発見された。警察官
は、被害者と同棲していたXから、詳しい事情を聞くため、その日のうちに任意
同行を求め、午後11時過ぎから警察署で取調べを開始した。Xは、「同棲してい
たので知っていることは何でも申し上げます。何とか早く犯人が捕まるように私
もお願いします」と協力を申し出たので、夜を徹して取調べが進められ、翌2日
午前9時半過ぎ、Xは被害者を殺害したことを自白した。警察官は、午前11時過
ぎ頃から、Xに被害者を殺害した状況についての上申書を作成させたが、その内
容は客観的事実と異なっているなど不審点があったため、さらに取調べを続け
た。その結果、Xは強盗殺人の事実を認め、午後4時頃から、その旨が記載され
た上申書を作成した。警察官は、午後7時50分頃、これらの上申書等を疎明資料
にして、強盗殺人で逮捕状を請求し、逮捕状の発付を得たので、午後9時25分、
Xを逮捕した。以上のXの取調べ時間は、途中に20〜30分の休憩をはさんで合計
約22時間に及んだが、このような取調べは捜査として適法か。

ア　問題の所在

　【設問6】は、最決平元・7・4刑集43巻7号581頁〈百選7〉をモデルに
したものである。

　本件の取調べが適法かを判断するにあたっても、まず「強制の処分」、す
なわち実質的な逮捕と認められないかを検討する必要がある。前掲・最決平
元・7・4は、同種の事案について「任意捜査として行われたものと認めら
れる」としながら、具体的な理由を述べていないが、【設問5】と同様、被
告人が自発的に取調べに同意していたことを重視して、**抵抗なく同行に応じ
ていたと認められる状況**にあったと判断されたものと考えられる。

　このように、本件の任意取調べが任意捜査だとしても、こうした長時間・
徹夜の取調べが任意捜査として許容されるのかが問題となる。

イ　任意捜査としての適法性

a　判　例

　前掲・最決平元・7・4は、高輪グリーンマンション事件で示された「社
会通念上相当」か否かという基準を引用した上、「一般的に、このような長
時間にわたる被疑者に対する取調べは、たとえ任意捜査としてなされるもの
であっても、**被疑者の心身に多大の苦痛、疲労を与えるものであるから、特**

段の事情がない限り、容易にこれを是認できるものではなく、ことに本件においては、被告人が被害者を殺害したことを認める自白をした段階で速やかに必要な裏付け捜査をしたうえ逮捕手続をとって取調べを中断するなど他にとりうる方途もあったと考えられるのであるから、その適法性を肯認するには慎重を期さなければならない」とした。もっとも、本件では、冒頭被告人から進んで取調べを願う旨の承諾を得ており、自白を強要するために取調べを続け、あるいは逮捕の際の時間制限を免れる意図の下に任意取調べを装って取調べを続けたものでもなく、被告人が取調べを拒否して帰宅しようとしたり、休息させてほしいと申し出た形跡はないといった事情に加え、**本件事案の性質、重大性**を勘案すると、**本件取調べは、社会通念上任意捜査として許容される限度を逸脱したものであったとまでは断ずることができず、その際になされた被告人の自白の任意性に疑いを生じさせるようなものであったとも認められない**とした。

なお、「本件の長時間、連続的な取調べが被告人の心身に与えた苦痛、疲労の程度は、極めて深刻、重大なものであった」などとして、違法と判断すべきとの反対意見が付されている。

b　学　説

学説には、こうした長時間・徹夜の取調べを適法とした多数意見の結論に疑問を示す見解もあるが、多数意見の結論を支持する見解であっても、この事案が任意取調べを適法としうる**限界事例**だと考えることでは、ほぼ一致している。

ウ　設問の検討

【設問5】と同様に比例原則に従って検討すると、**【設問6】**では、約22時間にも及ぶ長時間・徹夜の取調べが行われており、①Xの**心身の苦痛・疲労**といった**負担・不利益からの自由を侵害・制約する程度は相当に大きい**。そのため、捜査の必要性を考慮しても、こうした自由の侵害・制約の程度と権衡しているとはいえず、違法と判断することも可能と思われる。

もっとも、②Xが自ら進んで取調べを希望し、その後の取調べにも任意に応じているという**応答状況**からは、権利・利益の侵害・制約の程度が小さくなるとともに、❶本件で問題となっている犯罪は強盗殺人という**重大事件**で、❷Xは被害者と同棲していて、被害者の殺害を自白するなど**嫌疑**は深まっており、❸Xから詳細な事情および弁解を聴取するために取調べを行う**重要性**があったほか、❹逮捕の可否について十分に検討し結論を得るまで直ちに取調べを行う**緊急性**もあったことからすれば、権利・利益の侵害・制約の

程度と捜査の必要性とは辛うじて権衡し、違法とは断じがたいと判断することも可能と思われる。

●コラム● 任意取調べの限界と捜査環境の変化

任意取調べの限界が問題になる事案を学習すると、捜査機関はこのような取調べばかりしているのかと驚くかもしれない。しかし、平成16（2004）年以降、自白偏重の捜査への批判もあって、取調べの適正化を図るための各種の方策が講じられ、任意取調べの限界が問題になる事案は、捜査実務上は過去のものになりつつある。

こうした方策の第1は、平成16年4月から実施された**取調べ状況報告書制度**である。現在では在宅事件の被疑者・被告人を含め、取調べをした場合にはその日時・場所、休憩時間、取調べ担当官の氏名等を書面に記録し、被疑者・被告人にも確認させて署名押印を受けることになっている（犯捜規範182条の2）。

第2は、平成21（2009）年4月から公安委員会規則に基づき実施された**被疑者取調べ適正化のための監督制度**である。不適正な取調べにつながるおそれのある行為を監督対象行為とし、被疑者取調べに対する苦情等に基づき、警察本部長が指名する取調べ監督官や取調べ調査官が監督対象行為の有無を確認して、不適正な取調べを未然に防止しようとするものである。警察本部長または警察署長の事前承認を得ないで、午後10時から午前5時までの間に被疑者取調べを行うこと、1日当たり8時間を超える被疑者取調べを行うことは、監督対象行為の1つとしていた。現在は同趣旨の規定が犯捜規範168条3項に設けられている。

こうした方策に加え、被疑者の身体が拘束された場合には、平成20（2008）年5月から実務運用として実施された**弁護人等との接見に対する配慮**がなされ、被疑者から取調べ中に弁護人等に連絡を取ってほしいとの申出があれば、警察官・検察官は直ちに弁護人等に連絡することになっている。

さらに**被疑者取調べの録音・録画制度**がある。平成18（2006）年8月から検察庁で、平成20年9月から警察で、裁判員裁判での効果的な立証方法を探るために試行が開始されたが、その後の郵便不正事件も契機の1つとなって本格的な導入に向けた議論がなされ、平成28（2016）年改正により、裁判員裁判対象事件および検察官独自捜査事件のうち身体拘束中の被疑者の取調べについて、録音・録画が義務づけられた（刑訴301条の2）。

このように、平成16年以降は取調べをめぐる環境が大きく変化しており、それ以前の判例と同様の事案が再発することは考えにくくなっている。逆に言えば、こうした環境の変化は判例が基準とする「社会通念」にも影響する可能性があり、今後長時間にわたる取調べが問題になる事案があれば、そのような取調べをしなければならなかったという捜査の必要性が一層厳しくチェックされることが予想される。

第17講　捜査(3)—— 捜査の端緒

```
◆学習のポイント◆
1　捜査の端緒の論点では、警察官による職務質問を中心とする各種行
　政警察活動の適法・違法が問題となる。
2　捜査の端緒の論点の基本的な考え方は、捜査の論点の基本的な考え
　方と類似している。捜査の論点を復習しながら、その異同を確認して
　いこう。
3　職務質問を中心とする各種行政警察活動は、特定の犯罪の嫌疑を前
　提とする捜査とは異なり、未だ発生していない犯罪の予防等も含む点
　が捜査との最大の相違である。行政警察活動の必要性を考えるとき
　は、この点を忘れないようにしよう。
```

1　捜査との関係

【設問1】
　捜査の端緒の論点と、捜査の論点との異同は何か。

(1)　刑事手続上の位置づけ

　手続理解編（→2講3）で説明したように、捜査の端緒は捜査そのものではなく、**捜査を開始するきっかけであり、捜査に先行するものである**。そのため、本来の刑事手続の流れに従えば、まず捜査の端緒に関する論点を検討し、それから捜査の論点を検討するべきであり、実際にその順で解説している教科書も多い。しかし本書では、読者の理解に資するため、「強制と任意の区別」、「任意捜査の限界」を検討した後に、捜査の端緒の論点を検討することにした。以下ではその理由を説明しながら、捜査の端緒の論点を検討するための基本的な考え方を確認していくが、**事例問題を解くときは手続の流れに従い、捜査の端緒→捜査の順に論点を検討していくのが無難であるか**

ら、その点は誤解のないようにしてほしい。

(2) 行政警察活動における強制の禁止

　手続理解編（→２講３(2)）で見たように、捜査の端緒の１つとして職務質問がある。警察官は挙動不審者等に対し、停止させて質問をし、場合によっては任意同行を求めることができるが（警職２条１項・２項）、質問される者は刑訴法の規定によらない限り、身柄（身体）を拘束され、その意思に反して警察署等に連行され、答弁を強要されることはない（警職２条３項）。ここから、**職務質問はあくまで任意処分として行われなければならず、強制処分として行うことはできない**と理解される（なお、職務質問は捜査ではないから、任意捜査、強制捜査と区別して、任意処分、強制処分と呼ぶ必要がある→２講３(2)コラム）。

　ところで、警職法は「停止」（２条１項）させることは認めている。例えば挙動不審者等に職務質問をしたら突然逃げ出したような場合、警察官はどうすべきであろうか。

　この点、警職法（２条３項）が列挙している「身柄の拘束」、「連行」といった強制手段は、例示列挙にすぎず、これらに限定されてないと考えられている。そして、行政警察活動において禁止される強制処分は、警職法が「刑事訴訟に関する法律」（＝刑訴法）を基準としているのであるから、刑訴法上の強制処分（→15講３）と同様のものと考えることができる。すなわち、**警察官は、行政警察活動においても、相手方の明示の意思または黙示の意思に反して、重要な権利・利益に対する実質的な侵害・制約を伴う処分をしてはならない**ことになる。したがって、捜査の端緒の論点でも、警察官による行政警察活動がこうした強制処分に該当しないかをまず判断し、仮に該当するならば直ちに違法とすべきことになる。例えば、挙動不審者が突然逃げ出したからといって、警察官が**手錠をかける**などして**制圧**すれば、強制処分に該当するから違法と判断される。このように強制処分の考え方は同様であるが、行政警察活動での強制処分は直ちに違法とされる点で、強制処分が認められる場合がある捜査と異なる。

　他方で、捜査と同様に、こうした**強制処分に至らない限度であれば、行政警察活動においても有形力を行使できる**ことになる。最決昭29・7・15刑集８巻７号1137頁は、駐在所で職務質問を受けていた挙動不審者が突然逃げ出したため、警察官が追いかけて約130m離れた路上で追いつき、**背後から「どうして逃げるのか」と言いながら被告人の腕に手をかけた行為**について、強制または強制的手段であるとはとうてい考えられないとした原審の判断を

正当として是認した。被告人の腕に手をかける程度の有形力の行使であれば、人身の自由を一時的に侵害するものにすぎず、未だ重要な権利・利益を実質的に侵害・制約するには至っていないと判断されたものと考えられる。

＊　強制に当たる例

　　前掲・最決昭29・7・15が是認した原判決は、「逮捕は被逮捕者の意思如何に拘らず或る程度の時間的拘束を含む観念」としており、一時的な拘束であれば概ね強制に当たらないと判断できよう。ただし、前述した手錠の使用のように強度の有形力の行使は、一時的であっても強制と評価される可能性が高い。逃走する挙動不審者にタックルして倒したり、羽交い絞めにして動けないようにした場合、強制に当たるとする見解もあるが（例えば東京高判平28・4・15東高刑時報67巻1～12号28頁参照）、一時的な拘束と認められるのであればそれ自体は強制に当たらず、後述する比例原則に従って相当性を検討すべきであるように思われる。

●コラム●　権限創設規定か確認規定か

　行政警察活動においても有形力を行使することができる理由として、警職法2条1項を、強制処分に至らない限度での有形力の行使を警察官に授権した権限創設規定であると考える見解が多数である。すなわち、職務質問等は行政警察活動であるが、「法律による行政の原理」のうちの「法律の留保」の原理（→基本行政法37頁）から、個人の権利・利益を侵害する行政活動には法律の根拠が必要になると考えられるところ、警職法2条1項がその根拠規定であるとする。この見解でも、純粋な任意処分であれば個人の権利・利益を侵害する行政活動ではないので法律の根拠は不要であるが、相手方の承諾のない所持品検査（後述4）や一斉検問（後述5）については、相手方の権利・利益の侵害が伴う以上、法律の根拠なくして実施するのは「法律の留保」の原理に反して違法であると考える立場に結びつきやすくなる（ただし、「職務質問に付随する行為」まで許容されていると考えれば、「停止」以外の実力措置も認められる→後述3）。他方、警察・検察実務家を中心に、警職法2条1項は、警察官が当然に行うことができる行政活動を確認的に規定したにすぎない確認規定であると考える見解もあり、この見解からは警職法2条1項の要件を充たさない職務質問も当然に許容され、一斉検問については警察の職務について定めた警察法2条1項を根拠に許容されると考える立場に結びつく。後者の見解は、警職法2条1項ではなく、任意処分であっても一定の有形力の行使が認められること（最決昭51・3・16刑集30巻2号187頁）を根拠に行政警察活動における有形力の行使を認める。

（3）　行政警察活動における比例原則

　警察官による行政警察活動が強制処分に該当しないとしても、捜査の場合と同様、比例原則により相当性が認められる場合に限り、適法と判断される。というのも、警職法が規定する職務質問等の手段は、目的のため必要な最小の限度において用いなければならないとされているからである（警職1条2項）。これを警察比例の原則ともいう。そして、犯罪の嫌疑があるとき

に開始される捜査と異なり、行政警察活動は「犯罪の予防、鎮圧及び捜査、被疑者の逮捕、交通の取締その他公共の安全と秩序の維持」を広く責務とするから（警察2条）、比例原則を検討するにあたっても、捜査の必要性よりも広く、**公共の安全および社会秩序の維持という警察目的から当該行政警察活動の必要性**を検討することになる。

　前掲・最判昭29・7・15では、警察官が逃走する被告人の腕に手をかけるなどした行為につき、任意に停止をしない被告人を停止させるためにはこの程度の実力行使に出ることは真にやむをえないことであって、正当な職務執行上の手段方法であるとした原審の判断を是認しているが、こうした警察官の行為が任意処分だとしても、目的のため必要最小限であったかが検討された上で、最終的に適法とされたものと考えられる。

(4)　基本的な考え方――捜査との類似性

　以上のように、行政警察活動の適法性を判断するにあたっては、問題となっている活動が**強制処分**に該当しないかをまず検討し、強制処分に該当するのであれば警職法2条3項に違反するものとして直ちに**違法**と判断すべきことになる。次に強制処分に該当しない**任意処分**と認められたとしても、警職法1条2項の比例原則に基づき、対象者の権利・利益に対する侵害・制約の程度と、当該行政警察活動の必要性とが権衡しているとき、当該行政警察活動には比例原則における相当性が認められ、適法と判断されることになる。

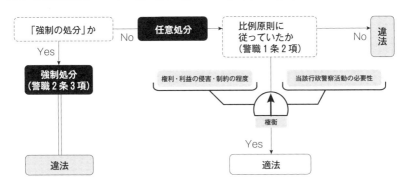

　「捜査の端緒」に先立ち、「強制・任意の区別」と「任意捜査の限界」を検討したのは、論点を検討する上での**基本的な考え方が同様**であるからである。さらに、警察官による行政警察活動では、特定の犯罪の嫌疑が明らかになった時点で、そのまま任意捜査に移行することも少なくなく、**明瞭に捜査と区別することが困難な場合も多い**。仮に区別可能だとしても、捜査に先行

する行政警察活動に違法があれば、それを前提に接着して行われた捜査も違法になると考えられる。以下では、こうした基本的な考え方を前提に、これまでの裁判例に基づいて捜査の端緒の具体的な問題を検討していこう。

2　職務質問のための停止

> **【設問2】福島エンジンキー引き抜き事件**
> 　Aは、自ら駐在所に電話をかけて、警察官に「シャブの関係で警察官が何人も動いているでしょう」などと意味不明の言動をしたため、警察官は、Aが覚醒剤を使用している疑いをもち、Aを探したところ、自動車を運転しているAを見つけたので、職務質問を開始した。現場は積雪で滑りやすい状況だった。Aは、目をキョロキョロさせ、落ち着きのない態度で、素直に質問に応じず、エンジンを空ふかししたり、ハンドルを切るような動作をしたので、警察官は車内に腕を差し入れて、エンジンキーを引き抜いて取り上げた。以上の警察官の行為は適法か。

(1)　問題の所在
【設問2】は、最決平6・9・16刑集48巻6号420頁〈百選2〉をモデルにした事案である。

　本件では、警察官はAが覚醒剤を使用している疑いをもっているものの、犯罪の嫌疑が不確実な状態のまま質問をしているから、**警職法上の職務質問**がなされたものと認められる。その際に、警察官は、Aの自動車の車内に腕を差し入れて、エンジンキーを引き抜いて取り上げているが、かかる措置は**職務質問のための「停止」**として許容されるのかが問題となる。

(2)　判例・学説
ア　判　例
　前掲・最決平6・9・16は、警察官がA運転車両のエンジンキーを取り上げた措置につき、Aに覚醒剤の嫌疑があったこと、覚醒剤中毒をうかがわせる異常な挙動が見受けられたこと、道路が積雪により滑りやすい状態にあったのに、Aが自動車を発進させるおそれがあったことから、警職法2条1項に基づく**「職務質問を行うため停止させる方法として必要かつ相当」**であるのみならず、道交法67条3項（現在は4項）に基づき**「交通の危険を防止するため採った必要な応急の措置に当たる」**とした。

> *　職務質問から任意捜査への移行
> 　　最高裁は、どの時点で職務質問から任意捜査に移行したのかを明確に示

してはいないが、本件のモデルになった事案では、Aは覚醒剤使用を疑わせる意味不明の言動をしていた上、警察官はエンジンキーを引き抜いて取り上げた後に、Aに覚醒剤の前科4犯があることを確認しており、客観的な状況から判断すれば、この頃にはAが覚醒剤を使用したとの嫌疑が具体化して行政警察活動から任意捜査に移行したと考えてよいように思われる（覚醒剤事犯の嫌疑の立証については、18講3⑴イ＊参照）。警察官はそのままAを約6時間半にわたって現場に留め置いたため、こうした任意捜査の適法性も問題になったが、その点については次講で改めて検討することにし（→18講3⑵）、本講では専ら職務質問の適法性のみを検討することにする。

イ 学 説

学説でも、【設問2】のように職務質問のためにエンジンキーを引き抜いて取り上げる行為自体は、強制処分には該当せず、**任意処分**であると考えるのが一般である。対象者の人身の自由（身体・行動の自由）という重要な権利・利益を制約するものではあるが、その制約の程度は一時的・限定的なものにとどまることから、実質的な侵害・制約にまでは至っていないといえよう。

もっとも、エンジンキーを引き抜いて取り上げ、対象者が移動できない状況を**長時間作出したような場合**には、逮捕と同視できるものとして**強制処分**に該当するという見解と、対象者が侵害・制約されているのは、自動車による移動の自由に限定されており、身体に対する直接の拘束である逮捕とはなお区別して考えることができるとして、**任意処分**としてその適法性を判断すべきとする見解とがある。

職務質問のための停止を任意処分と考えてその適法性を判断する場合、対象者の人身の自由の侵害・制約の程度を考える必要がある。人身の自由であっても、直接的に**身体の自由**を侵害・制約するようなものであれば制約の程度は大きく、それに比べると**行動の自由**を侵害・制約するようなものであれば、制約の程度はやや小さくなるであろう。このように①**権利・利益の種類**に加えて、②**侵害・制約された時間**なども、侵害・制約の程度に影響する事情として考える必要がある。こうした自由の侵害・制約の程度に対して、公共の安全および社会秩序の維持という警察目的から**職務質問のために停止を求める必要性**を考え、目的のため必要最小限度のものといえるかを検討することになる。職務質問をする必要性は、職務質問の前提となる❶**不審事由の内容・程度**（理由のある職務質問に対して不合理な対応に終始する場合、あるいは、繰り返し逃走を試みるような場合は、不審事由の程度は大きくな

る）、❷何らかの犯罪の嫌疑の有無・程度、❸疑われる犯罪の重大性、❹犯罪あるいは危険行為を予防するためであればその予防の必要性、❺当該状況下で職務質問のための停止を求める重要性（代替手段の不存在）などを考慮して、判断することになろう。

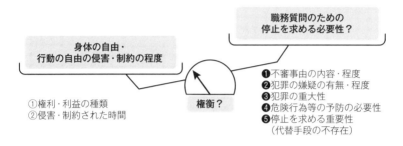

身体の自由・
行動の自由の侵害・制約の程度

①権利・利益の種類
②侵害・制約された時間

権衡？

職務質問のための
停止を求める必要性？

❶不審事由の内容・程度
❷犯罪の嫌疑の有無・程度
❸犯罪の重大性
❹危険行為等の予防の必要性
❺停止を求める重要性
（代替手段の不存在）

（3） 設問の検討

【設問2】のように、職務質問のための停止としてエンジンキーを引き抜き取り上げる行為は、それが一時的なものであれば**任意処分**と判断され、警職法2条1項の「停止」を求める行為として許容される。もっとも、任意処分であっても比例原則における相当性が必要とされるが、Aが制約されているのは①行動の自由（**自動車による移動の自由**）であり、②その時間も**長時間**にわたっていないのであれば、人身の自由の制約の程度は大きくないといえる。他方、❶Aには**覚醒剤使用をうかがわせる異常な挙動**が認められ、❷警察官の職務質問に対し、**目をキョロキョロさせ、落ち着きがない態度**をとるなど、覚醒剤使用の嫌疑は大きく、❸覚醒剤使用は重大な犯罪であるといえる上、❹積雪が残った路上でエンジンを空ふかしするなど**交通の危険を生じさせかねない行動**もしていたのであるから、❺エンジンキーを引き抜いて自動車を発進できないようにするほか**代替手段も存在しなかった**といえ、職務質問のために停止を求める必要性は大きかったといえる。そうすると、警察官の行為には比例原則における相当性が認められ、警職法2条1項に基づく「停止」として適法と考えられる。

なお、【設問2】とは異なり、例えば自動車の外に出ようとしたAのドアを警察官が押さえるなどして**車内に閉じ込める**など、身体の自由の侵害・制約があり、それが一時的なものではなく相当の時間にわたった場合には、逮捕と同視できる強制処分として違法とされる可能性が大きい。仮に任意処分だと考えても、当該処分の必要性が相当に大きい場合でなければ、相当性は認められないであろう。

3 職務質問のための停止以外の措置

【設問3】東京多摩ホテル客室内ドア押し開け事件

警察官は、ホテルの責任者から、「宿泊代金を支払わないまま客室に居座り、薬物使用の疑いがある客Aがいるので、退去させてほしい」との依頼を受け、職務質問をするためにAがいる客室に行った。警察官は客室の外ドアをノックして声をかけたが、返事がなかったため、無施錠の外ドアを開けて内玄関に入った。内玄関と客室の間には内ドアがあり、警察官は、内玄関から内ドアに向かって宿泊代金を支払うように声をかけたところ、Aが内ドアを少し開いて顔を出した。Aは、制服姿の警察官であることを確認すると、すぐに内ドアを閉め、さらに内ドアを押さえて開かないようにした。そのため、警察官は内ドアを押し開け、隙間に足を踏み入れて閉められないようにした。以上の警察官の行為は適法か。

(1) 問題の所在

【設問3】は、最決平15・5・26刑集57巻5号620頁〈百選3〉をモデルにした事案である。

本件では、警察官はAに無銭宿泊、不退去、薬物使用の疑いをもっているものの、いずれも犯罪の嫌疑が不確実な状態のままで質問をしているから、警職法上の職務質問をしているものと認められる。職務質問であれば、警察官は対象者を「停止」させることができるが、本件では警察官が内ドアを押し開け、隙間に足を踏み入れて閉められないようにしている。このように職務質問に際して、「停止」以外にも実力措置を講じることが認められるのかが問題となる。

(2) 判例・学説

ア 判 例

前掲・最決平15・5・26は、「一般に、警察官が……ホテル客室内の宿泊客に対して職務質問を行うに当たっては、ホテル客室の性格に照らし、**宿泊客の意思に反して同室の内部に立ち入ることは、原則として許されない**」が、被告人は、宿泊代金を支払わないまま客室に居座り、料金不払い、不退去、薬物使用の可能性があって、ホテルの責任者は警察官に被告人の退去を求めているなど、「**もはや通常の宿泊客とはみられない状況になっていた**」とした。

そして、被告人が、何ら納得しうる説明をせず、制服姿の警察官に気づくと、一旦開けた内ドアを閉めて押さえるなどの**不審な行動**に出たことからす

れば、警察官が被告人による無銭宿泊や薬物使用の疑いを深めるのは無理からぬところであり、警察官が**質問を継続しうる状況**を確保するため、内ドアを押し開け、隙間に足を踏み入れて閉められないようにしていることは、「**職務質問に付随するものとして、適法な措置**」と判断した。

イ 学 説

職務質問を実施・継続するため、警察官が内ドアを押し開け、隙間に足を踏み入れて閉められないようにした行為の適法性につき、警職法2条1項が「停止」のみを警察官の権限として認めたと考えるのであれば、職務質問に際して「停止」以外の実力措置を講じることは認められないことになる。しかし、学説では一般に、「停止」は例示されたものにすぎず、それ以外の措置であっても**質問の実施・継続に必要不可欠**なものであれば、**職務質問に付随する行為**として許容されると考えられている。最高裁が本件の警察官の行為を「職務質問に付随するものとして、適法な措置」と判断したのも、同様の理解によるものと考えられる。

(3) 設問の検討

学説の理解からすると、警職法2条1項の「停止」は例示にすぎないと考えられ、それ以外の措置であっても質問の実施・継続に必要不可欠なものである限り、**職務質問に付随する行為として許容される**といえる。

もっとも、適法というためには、さらに比例原則による検討が必要である。無施錠の外ドアを開けて内玄関まで立ち入る行為は、プライバシーの侵害・制約を伴う。しかし、Aは「もはや通常の宿泊客とはみられない状況」にあり、無銭宿泊、不退去、薬物使用という**重大な犯罪**に関する**不審事由**があるのに、制服姿の警察官を見るとすぐに内ドアを閉めて押さえて開かないようにするなど、**不合理な対応**に終始しており、不審事由の程度はさらに大きくなっている。客室内にAが立て籠もっている以上、内ドアを開けてAから話を聞くほか職務質問をするための**代替手段は存在しない**ともいえる。そうだとすると、職務質問のために【設問3】のような措置を講じる必要性は大きく、相当性が認められて適法と考えられるであろう。

4 所持品検査

【設問4】米子銀行強盗事件（チャック開披一べつ事件）
警察官K₁およびK₂は、猟銃および登山用ナイフを使用した銀行強盗事件が発生し、犯人が逃走中であるとの情報を得て緊急配備につき、犯人が通過する可能

性がある国道において検問を開始した。しばらくすると銀行強盗と人相の似た男
A_1と A_2が乗るタクシーが来たので、停止させて職務質問を開始した。しかし、
A_1も A_2も黙秘して何も答えず、タクシーの座席にあったアタッシュケースとボ
ーリングバッグの中を見せるように言っても拒否し続けた。K_1および K_2は、A_1
と A_2を警察署まで同行し、さらに職務質問を継続したが、A_1と A_2は黙秘を続け
た。そのため K_2は、A_2の承諾のないままボーリングバッグのチャックを開いた
ところ、大量の紙幣が無造作に入っているのが見えた。K_2は、引き続きアタッ
シュケースを開けようとしたが、鍵がかかっていて開かなかったため、ドライバ
ーを差し込んでこじ開けると中に大量の紙幣が入っており、被害銀行の帯封も確
認できたため、A_1および A_2を強盗の容疑で緊急逮捕した。以上の警察官の行為
は適法か。

(1) 問題の所在

【設問4】は、最判昭53・6・20刑集32巻4号670頁〈百選4〉をモデルに
した事案である。現行法上、職務質問の際に行われる所持品検査を一般的に
許容している規定はないため、所持品検査の可否が問題となる。

> * 所持品検査が認められる場合
> 　　警察官は、刑訴法により**逮捕されている者**について身体に凶器を所持し
> ているかどうかを調べることができ（警職2条4項）、また、**銃砲刀剣類等
> を携帯または運搬していると疑われる者**について一定の要件の下で提示・
> 開示の方法による調査等ができる（銃刀24条の2）が、それ以外に所持品
> 検査を認めた規定は現行法に存在しない。

職務質問の際に行われる所持品検査には、①所持品を**外部から観察**し、そ
の内容を質問する、②所持品を**任意に開披**するよう求め、承諾を得て開披さ
れた所持品を確認する、③相手方の承諾なしに、着衣・所持品に**外部から触
れて検査**する、④相手方の承諾なしに、バッグ等の携帯品のチャック等を開
被して検査する、⑤相手方の承諾なしに、バッグ等の携帯品に手を差し入れ
て内容物を検査する、⑥相手方の承諾なしに、**着衣のポケット等に手を差し
入れて内容物を検査**する、といった各段階がある。このうち、①および②の
段階であれば、職務質問の一環として許されると一般に考えられている。問
題になるのは、③から⑥の段階のように**相手方の承諾のない所持品検査**であ
る。

【設問4】では、警察官は A_1と A_2が銀行強盗の犯人ではないかという疑
いをもっているが、「人相が似ている」というだけで A_1と A_2が銀行強盗の
犯人であると断定できなかったため、警職法上の職務質問を開始したと考え
られる。その際、A_1と A_2が所持品の開披を拒み続けたことから、K_2は、A_2

の承諾がないまま所持品であるバッグのチャックを開けて在中品を確認するなどしている。こうした警察官の措置は、前述した④の段階の所持品検査に当たるため、許容されるのかが問題となる。

(2) 判例・学説

ア 判 例

前掲・最判昭53・6・20は、まず職務質問の際に行われる所持品検査の法的根拠について、「口頭による質問と密接に関連し、かつ、職務質問の効果をあげるうえで必要性、有効性の認められる行為である」から、警職法2条1項による職務質問に付随してこれを行うことができる場合がある、とした。

そして、所持品検査が許容される場合につき、「所持品検査は、任意手段である職務質問の附随行為として許容されるのであるから、所持人の承諾を得て、その限度においてこれを行うのが原則」であるが、「犯罪の予防、鎮圧等を目的とする行政警察……の責務にかんがみるときは、所持人の承諾のない限り所持品検査は一切許容されないと解するのは相当でなく、捜索に至らない程度の行為は、強制にわたらない限り、所持品検査においても許容される場合がある」とし、相手方の承諾のない所持品検査であっても許容される場合があることを認めた。

もっとも、相手方の承諾のない所持品検査が常に許容されると解すべきでもなく、「かかる行為は、限定的な場合において、所持品検査の必要性、緊急性、これによって害される個人の法益と保護されるべき公共の利益との権衡などを考慮し、具体的状況のもとで相当と認められる限度においてのみ、許容される」との判断を示した。

その上で、【設問4】と類似の事案につき、猟銃および登山用ナイフを使用した銀行強盗という重大な犯罪が発生し、犯人の検挙が緊急の警察責務とされていた状況の下で、A₁およびA₂に犯人としての濃厚な嫌疑が存在し、かつ、凶器を所持している疑いもあったのに、職務質問に対して黙秘するとともに所持品の開披要求を拒否するなど不審な挙動をとり続けたため、両名の容疑を確かめる緊急の必要上なされたものであって、所持品検査の緊急性、必要性が強かった反面、その態様はバッグの施錠されていないチャックを開披し内容を一べつしたにすぎないものであるから、これによる法益の侵害はさほど大きいものではなく、相当と認められる行為であるとして、警職法2条1項の職務質問に付随する行為として許容されるとした。

なお、アタッシュケースをこじ開けた行為については、「ボーリングバッ

グの適法な開披によりすでにA_2を緊急逮捕することができるだけの要件が整い、しかも極めて接着した時間内にその現場で緊急逮捕手続が行われている本件においては」、「A_2を逮捕する目的で緊急逮捕手続に先行して逮捕の現場で時間的に接着してされた**捜索手続と同一視しうるものである**」として、逮捕に伴う捜索・差押えとしてその適法性を認めた。この問題は次講の理解と関連するので、本講では主にボーリングバッグを開披した行為の問題について検討することにする。

イ　学　説

　学説では、**相手方が凶器・危険物を所持している蓋然性があり、警察官や近辺の者の生命・身体の安全を守る必要がある場合**には、警察官等の安全は質問する上で必要不可欠の前提であるから、質問の実施・継続に必要不可欠な行為として、相手方の承諾のない所持品検査も職務質問の付随行為として認められるとする見解が有力である。ただし、この見解からは、警察官等の安全を守るための検査に限られるから、認められるのは**対象者の衣服や所持品を外部から触れて検査する程度**（前述③の段階）までとされる。

　しかし、最高裁はさらに広く相手方の承諾のない所持品検査を認めた。とりわけ、所持品検査は、【設問3】で検討したような職務質問を実施・継続するために内ドアを押し開け、隙間に足を踏み入れる行為などとは異なり、質問の実施・継続に必要不可欠な行為であるとは言いがたいのに、最高裁が「密接な関連」や「必要性、有効性」を理由として職務質問の付随行為であるとした点で、学説からの批判も少なくない。

　このように批判も少なくないものの、学説では、相手方の承諾がない所持品検査が許容される場合の最高裁の基準を、次のように分析している。

　まず、「捜索に至らない程度の行為は、強制にわたらない限り」、許容されるのであるから、逆にいえば**捜索に当たる所持品検査、強制にわたる所持品検査**は、許されないことになる。所持品検査を職務質問の付随行為と考える以上、職務質問において強制処分が許されないのは前述したとおりであるから、こうした所持品検査は、強制処分として直ちに違法と判断されることになる。この「捜索」と「強制」について、両者を区別しない見解もあるが、「捜索」は、**刑訴法所定の強制処分としての捜索と同視しうるか**を意味し、「強制」は、こうした「捜索」に至らない行為であっても、それに伴って**相手方の意思を制圧するような強要的言動**や、**相手方の物理的抵抗を排除しようとする有形力の行使**があったと認められるかを意味していると区別して考えるべきであろう。例えば、警察官が自ら相手方の所持品を「捜索」しなか

ったとしても、強要的な言動により、あるいは、相手方の身体を押さえつけるなどの有形力の行使により、相手方に所持品を出させたような場合は、「強制」にわたるものと認められる。

　次に、任意処分であるとしても、比例原則により相当性を判断する必要がある。最高裁は、「所持品検査の必要性、緊急性、これによって害される個人の法益と保護されるべき公共の利益との権衡などを考慮し、具体的状況のもとで相当と認められる限度」で許容されるとした。最高裁は、所持品検査によって害される法益の具体的な内容を明言していないが、承諾なしの所持品検査によって侵害・制約される権利・利益は、所持品に対するプライバシーであろう。プライバシー侵害の程度は、①所持品検査の箇所・態様、②警察官の対応状況によって、侵害・制約の程度が異なる。前述した職務質問の各段階のように、外部からの検査→バッグ等の開披→バッグ等に手を差し入れる→対象者の着衣等に手を差し入れるの順に、プライバシーの侵害・制約の程度は大きくなっていくといえる。また、警察官がいきなり強権的な所持品検査を実施した場合は、説得から入って段階的に実力行為を強めていった場合に比較して、プライバシーの侵害・制約の程度は大きくなるといえるであろう。こうした権利・利益の侵害・制約の程度と、公共の安全および社会秩序の維持という警察目的から所持品検査を実施する必要性とが権衡しているかどうかを検討し、相当性を判断することになる。

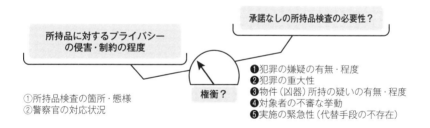

　所持品検査を実施する必要性は、❶何らかの犯罪の嫌疑の有無・程度、❷疑われる犯罪の重大性、❸物件（特に凶器）所持の疑いの有無・程度、❹対象者の不審な挙動、❺その場で所持品検査を実施しなければならない緊急性（代替手段の不存在）といった事情を考慮することになろう。このうち、❸凶器所持の疑いの有無・程度は、プライバシーの侵害・制約の程度が大きい所持品検査の相当性を認めるためには重要な要素として取り扱われており、後述するように、薬物など違法な物件を持っている疑いがあるにすぎない場

合には、プライバシー侵害・制約の程度が大きい所持品検査は相当性を欠くものとして違法と判断されることが多い。

(3) 設問の検討

最高裁の基準からすると、【設問4】でのK₂の行為は、バッグのチャックを開いて内容を一べつしただけであるから、直ちに捜索と同視しうるとは言いがたいし、その他の強制にわたる言動や有形力の行使があったとも認められないので、**任意処分**と考えられる。

次に比例原則により相当性を検討すると、本件では A₁および A₂の**所持品に対するプライバシーの侵害・制約**が問題になっているが、①その箇所・態様は、所持していたチャックを開披して内容を一べつする程度であれば、侵害・制約の程度は大きくないし、②K₁と K₂は説得を続け、段階的に実力行使を強めており、**対応状況にも問題はない**と考えることができる。他方で、❶猟銃および登山用ナイフを使用した銀行強盗が問題になっており、A₁および A₂は犯人と人相が似ているなど**嫌疑の程度**も大きく、❷銀行強盗は重大な犯罪であり、❸事案の内容からして凶器を所持している可能性も高い。❹ A₁および A₂は、警察官による正当な職務質問に対し、黙秘を続け、所持品の開披を拒み続けるなど**不審な挙動**を取り続けており、❺直ちに所持品検査を実施する**緊急性**があるのに、警察官が説得を尽くしても任意の開披に応じる見込みは乏しく、承諾のない所持品検査をするほか**代替手段も存在しな**かったといえるから、所持品検査の必要性は大きかったといえる。そうすると、本件で警察官がバッグのチャックを開いた行為には比例原則における相当性が認められ、適法と考えられる。

＊ エックス線検査に関する最高裁判例との整合性

前掲・最判昭53・6・20に対しては、その後のエックス線検査に関する最決平21・9・28刑集63巻7号868頁（→15講4(4)）との関係でも批判がある。すなわち、荷送人・荷受人の承諾がないまま、**外部からエックス線を照射して内容物の射影を確認する行為**は、検証としての性質を有する強制処分に当たるとされたのに、**承諾なしにバッグのチャックを開けて内容物を確認する行為**が強制処分に当たらないとするのは整合していないのではないかという批判である。これに対し、最高裁はエックス線検査につき「内容物によってはその品目等を相当程度具体的に特定することも可能」としており、チャックを開いて内容を一べつしたにとどまらず、**梱包を解いて内容物を確認したに等しいこと**を重視して強制処分と判断したのであり、最高裁の立場は整合しているという反論がある。

⑷ 所持品検査が違法とされた例

【設問5】大阪天王寺覚醒剤所持事件（上着の内ポケット事件）
パトロール中の警察官は、売春および覚醒剤の事案が多発していた連込みホテルの密集地帯で、遊び人風の男数名と話をしていたAを認め、売春の客引きの疑いをもって職務質問を開始した。Aの落ち着きのない態度、青白い顔色から、覚醒剤使用の疑いをもった警察官は、Aに所持品の提示を求めたが、Aは上衣の右側内ポケットに入っている物しか提示しなかった。さらに被告人と一緒にいた遊び人風の男数名が「お前らそんなことをする権利あんのか」と警察官に食ってかかってきた。そこで警察官は、「他のポケットも触らせてもらう」と言いながらAの上着とズボンのポケットを外から触ると、上着の左側内ポケットに、刃物ではないが何か固いものが入っていることがわかった。警察官が提示を要求したが、Aは黙ったままであったので、警察官は「それなら出してみるぞ」と言い、Aの明確な承諾がないまま、上着の左側内ポケットに手を入れて取り出したところ、ビニール袋入りの覚醒剤と注射器1本であったため、Xを覚醒剤所持の現行犯人として逮捕した。以上の警察官の行為は適法か。

ア　問題の所在
【設問5】は、最判昭53・9・7刑集32巻6号1672頁〈百選90〉をモデルにした事案である。同判例は、違法収集証拠排除の要件を定めた判例として重要であるが（→25講）、同時に所持品検査を違法とした事案としても重要である。

イ　判例の理解
前掲・最判昭53・9・7は、被告人の覚醒剤の使用ないし所持の**容疑は濃厚**で、また、被告人と一緒にいた遊び人風の男数名が「お前らそんなことをする権利あんのか」と警察官に食ってかかるなど、**職務質問に妨害**が入りかねない状況もあったから、右所持品を検査する**必要性**、**緊急性**はこれを首肯しうるところであるとしても、被告人の承諾がないのに、その上衣左側内ポケットに手を差し入れて所持品を取り出したうえ検査した警察官の行為は、「一般に**プライバシイ侵害の程度の高い行為**であり、かつ、その態様において**捜索に類するもの**であるから、……本件の具体的な状況のもとにおいては、**相当な行為**とは認めがたいところであって、職務質問に附随する所持品検査の許容限度を逸脱したものと解するのが相当である」とした。

この最高裁の判断は、ポケット内に手を差し入れる行為は「**捜索に類する**」ものにとどまって「捜索」ではなく、したがって強制処分ではなく**任意処分**であるものの、比例原則における**相当性**が認められなかったため、違法

と判断されたものと理解されている。学説では、こうした最高裁の判断につき、ポケット内に手を差し入れる行為は「捜索」そのものであるにもかかわらず、「捜索に類する」という曖昧な表現を用いたため、「捜索」に当たるか否かの基準が不明確になっているという批判がある。

他方、これまでに最高裁が「捜索」に当たると判断した事案としては、【設問4】で検討した最判昭53・6・20の事案における施錠されたアタッシュケースのこじ開け（ただし、前述のとおり逮捕に伴う捜索・差押えとして適法とした）のほか、覚醒剤の所持・使用の疑いが認められた自動車運転者に対する職務質問の過程で、警察官4名が、被告人の承諾がないまま、懐中電灯等を用い、座席を動かすなどして自動車の内部を丹念に調べた事案（最決平7・5・30刑集49巻5号703頁）がある（ただし、「捜索」に当たると明言はしておらず、「本件検索は、その態様、実質等においてまさに捜索に等しいものである」とした原審の判断を否定していないだけにすぎない）。このように、何が「捜索」に当たるかについての最高裁の立場は明確とは言いがたい。しかし、こうした事案の分析を通じ、①所持品が何であるかを確認するにとどまらず、何か証拠品があるのではないかと一つ一つ調べるような探索的な行為や、②解錠や開封を伴う場合は「捜索」に当たると考えられるとする見解があり、承諾のない所持品検査の適法・違法を検討する上で、参考になる。

＊　下級審の裁判例

　　　東京高判平30・3・2判タ1456号136頁は、警察官から職務質問を受けていた被告人が、現場に呼び出した知人に渡そうとして所持していたバッグを投げたが、地面に落ちたため、警察官がこれを拾い、被告人の承諾を得ずにバッグを開披し、すべての内容物を一つ一つ取り出し、取り出した封筒の中に入っていた覚醒剤を取り出して、その写真撮影をした事案について、「本件における無令状捜索の違法の程度は重大であって、将来の違法捜査の抑制の見地からしても、本件覚せい剤等の証拠能力は否定されるべき」と判示している。また、大阪高判平28・10・13判タ1439号127頁は、職務質問をした警察官が、いずれもチャックで閉じられていた財布およびポーチを被告人の承諾を得ずに開披して、その在中物を取り出し、ポーチ内から取り出した缶を被告人の承諾を得ずに開披して、その中から覚醒剤を発見した事案について、「個別的にみた場合……、いずれも捜索に類似する行為である上、一連のものとしてみた場合には、本件自動車内にある被告人の所持品を手当たり次第に無断で検索しようとするものであり、被告人のプライバシーを侵害する程度の高い行為というべき」として、「重大な違法が

あり、将来における違法捜査の抑制の見地からしても、本件覚せい剤の証拠能力は否定されるべき」と判示している。

ウ　設問の検討

　最高裁の立場を参考に検討すると、【設問5】の警察官の行為は、Aの所持品に対するプライバシーを侵害・制約するものであるが、外表から存在を認めた不審な所持品の内容を確認したにとどまり、未だ探索的な行為に及んでいるとは言いがたいから、「捜索」に当たるとはいえず、「捜索に類するもの」として任意処分と考えられる。

　次に任意処分であっても、比例原則における相当性を検討する必要があるが、①所持品検査の箇所・態様は、警察官がAの着衣ポケットに手を差し入れて物を取り出したというもので、②説得を続けていたという警察官の対応状況を踏まえても、【設問4】のようにバッグのチャックを開けて内容を一べつするよりも、所持品に対するプライバシー侵害の程度は大きかったといえる。これに対し、❶Aには覚醒剤の使用ないし所持の嫌疑が認められ、❷覚醒剤の使用・所持は重大な犯罪であり、警察官の正当な職務質問に対し、Aは一部しか所持品を提示しないなど、❸覚醒剤などの物件を所持している疑いは大きく、❹不審な挙動もある。しかし、❸本件ではAの所持している物が凶器である可能性は低く、❺周辺にAの仲間がいて職務質問を妨害する可能性があったとはいえ、覚醒剤の所持を疑ったのであれば、なお説得を続けて所持品の提示を求めるなど代替手段をとることもでき、緊急性も大きくなかったといえよう。そうすると、警察官がAの承諾がないまま、すぐに内ポケットに手を入れて物を取り出した行為は、Aのプライバシー侵害の程度に対して必要最小限度のものとは言いがたく、相当性を欠いて違法と考えられる。

5　自動車検問

【設問6】宮崎飲酒運転取締り一斉自動車検問事件
　警察官K₁およびK₂は、飲酒運転などの取締りを目的として、飲酒運転が多くなる夏休み前の時期に、飲酒運転者がよく通る橋の手前で、同所を通過する自動車のすべてに対し、走行上の外観などの不審点の有無にかかわらず、赤色燈を回して合図し停止を求める方法で、自動車検問を実施した。自動車で同所を通行したAは、K₁らの求めに応じて、自ら車両を停止させたが、酒の臭いがしたことから飲酒運転の疑いをもたれ、飲酒検知をした結果、酒気帯び運転で検挙された。以上の警察官の行為は適法か。

（1）　問題の所在

【設問6】は、最決昭55・9・22刑集34巻5号272頁〈百選A1〉をモデルにした事案である。

自動車検問とは、犯罪の予防あるいは検挙のため、警察官が走行中の自動車を停止させて、自動車を見分し、運転者等に必要な質問をすることをいう。自動車検問は、①交通違反の予防・検挙のための**交通検問**、②不特定の一般犯罪の予防・検挙のための**警戒検問**、③特定の犯罪が発生したため、その犯人を検挙するとともに情報を収集するための**緊急配備検問**に分類することができる。【設問6】は、このうち交通検問に関するものであるが、走行上の外観などから挙動不審と認め、警職法上の職務質問として自動車に停止を求めるのではなく、不審点の有無にかかわらず走行している自動車をすべて停止させる**一斉検問**が実施されている。こうした一斉検問については、明確な法的根拠がなく、そもそも許容されるのかが問題とされる。

（2）　判例・学説

ア　判　例

前掲・最決昭55・9・22は、警察法2条1項が「交通の取締」を警察の責務として定めていることからすると、「交通の安全及び交通秩序の維持などに必要な警察の諸活動は、強制力を伴わない**任意手段による限り、一般的に許容されるべき**」としつつも、「それが国民の権利、自由の干渉にわたるおそれのある事項にかかわる場合には、任意手段によるからといって**無制限に許されるべきものでない**」とした。その上で、「**自動車の運転者は、公道において自動車を利用することを許されていることに伴う当然の負担として、合理的に必要な限度で行われる交通の取締に協力すべき**」であるから、警察官が、①交通違反の多発する地域等の適当な場所において、②交通違反の予防、検挙のため、③不審な点の有無に関わりなく短時分の停止を求めて、運転者等に必要な質問をすることは、④それが相手方の**任意の協力を求める形**で行われ、⑤自動車の利用者の自由を不当に制約することにならない方法、態様で行われる限り、適法なものとした。

＊　一斉検問が違法になりうる場合

この最高裁の立場からは、①必要性が認められない**不適切な場所**、②迅速かつ適切でなく、不必要に長時分の停止を強いる、③通行帯に障害物を置くなどの**物理的障害**の使用、④**明確**に拒絶している相手方を検問に応じさせる、⑤相手方の承諾なく**トランク内部等**まで見分する、といった事情が認められれば、違法と評価されうる。

イ 学 説

　学説では、一斉検問が許容される根拠を、**警察法**に求める見解と、**警職法**に求める見解がある。前者は、警察法2条1項が定める警察の責務（「犯罪の予防、鎮圧及び捜査、被疑者の逮捕、交通の取締その他公共の安全と秩序の維持」）の一環として、一斉検問も認められるとし、後者は、自動車は停止させなければ職務質問の要件があるかどうかわからないので、すべてについて職務質問のための停止を求めうるとする。しかし、前者に対しては、警察法2条1項は警察の組織について定めた**組織規範**であって、権限行使の根拠規範にはなりえないとの批判があり、後者に対しては、「**挙動不審**」でないのに停止させることができる根拠が十分ではないとの批判がある。前掲・最決昭55・9・22でも、警察法に言及はしているものの、それを自動車検問の法的根拠にしているとまでは言いがたい。

　そのため、「相手方の任意の協力を求める形」で行われる一斉検問は、権利・利益の侵害・制約について**相手方の同意・承諾**があることが前提となっており、このような方法、態様の一斉検問は、**任意処分によるものとして法的根拠は不要**であると考える見解が有力である。この見解によれば、任意処分であっても無制約に許容されるものではないから、最高裁は前記のような**適法となるための要件**を明らかにしたものと理解されることになる。

⑶　設問の検討

　相手方の同意・承諾のある自動車検問であれば任意処分として法的根拠がなくても実施できると考えた場合、障害物を用いたり、明確に拒絶している相手に自動車検問を実施するなど、**強制にわたる**と認められる場合は直ちに違法と判断すべきことになる。【設問6】では、そのような事実は認められず、相手方の**任意の協力**を求める形で実施されているので、任意処分と考えられる。

　もっとも、任意処分であれば無制約に実施できるわけではなく、比例原則における相当性を判断する必要がある。最高裁が示した要件を参考に検討してみると、【設問6】のように不審点の有無にかかわらず一斉に停止を求める自動車検問では、対象者の**自動車により移動する自由**を侵害・制約することになるが、①任意の協力を前提にして、②短時分に限り、③自動車運転者等に対して**必要な質問**をする方法、態様で行われるのであれば、自動車運転者の移動の自由を制約する程度は大きくなく、他方、❶飲酒運転が多発する時期・地域という適当な時間・場所において、❷飲酒運転取締りという正当な取締り目的のためにこうした自動車検問を実施することには比例原則にお

ける相当性が認められ、適法と考えられる。

　なお、自動車検問に対するこうした考え方は、交通検問に限らず、他の目的での一斉検問にも同様に妥当すると考えてよい（集会に徒歩で参加しようとした労働組合員に対し、不審点がないまま警察官が一斉に検問したのは違法であるとした大阪高判平2・2・6判タ741号238頁参照）。

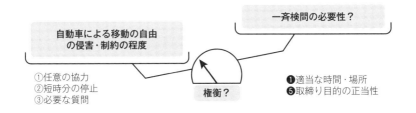

●コラム● 予測的警察活動

　科学技術の発展に伴い、警察活動にも大きな変化が生じている。その例の1つが、予測的警察活動（Predictive Policing）と呼ばれるものである。アメリカを中心に発展し、日本の警察においても一部で導入が進められている。予測的警察活動とは、過去の犯罪発生に関わるビッグデータをもとにして、犯罪の発生をコンピュータのアルゴリズムなどによって予測し、その結果を活用して犯罪を予防し、あるいは早期に摘発する活動を指す。アメリカにおいては、犯罪発生地域を予測するタイプ（場所予測型）と、対象者が犯罪に加害者または被害者として関わる可能性を予測するタイプ（人物予測型）が行われている。これにより、犯罪予防と早期摘発が効果的に行われるという評価がある一方で、予測が過去の法執行のデータをもとにして行われる結果として、予測そのものが過去の警察活動の内容に過度に規定されるとの懸念もある（アメリカでは差別的な法執行が再生産されるとの指摘もある）。少なくとも、行政警察活動と司法警察活動が従来以上に接近し、警察活動として一体化しつつあるといえよう。こうした科学技術の発展に伴う警察活動・捜査の変化は、今後も新しい論点を次々に生じさせることが予想される。

第18講　捜査⑷ —— 証拠の収集と令状主義

◆学習のポイント◆

1　証拠の収集の論点では、証拠物の押収手続が適法か違法かが主に問題となる。手続理解編で学んだ令状主義の重要性と、客観的証拠を確保する必要性とをどのように調整すべきかを考えながら、判例・学説を理解していこう。

2　捜索・差押えといった強制処分でも、比例原則による適法性判断がなされる場合があるが、任意処分の場合（→16講）と区別しながら理解しよう。

3　令状によらない捜索・差押えの問題では、代表的な判例・裁判例が批判的に検討されている。その理由を理解した上で、自己の見解を論証できるようにしよう。

4　強制採尿については判例の理解が重要である。学説が指摘する判例の問題点も理解しつつ、判例の考え方を正確に論証できるようにしよう。強制採血・嚥下物の押収との違いも整理しておこう。

1　令状による証拠物の収集

⑴　基本的な考え方

　令状主義の趣旨（→2講2⑵・3講1⑵ア）からすれば、令状による証拠物の捜索・差押えが許される範囲はできる限り厳格に制限すべきであり、さもないと捜査機関による権限の逸脱や濫用を招き、令状主義を形骸化させかねない。

　しかし、捜査対象者の権利侵害を生じさせやすい身体の拘束および取調べを中心とした捜査を避けるためには、捜査機関に証拠物を中心とした客観的証拠を重視する捜査を実施させる必要がある。捜索・差押えは、逮捕・勾留といった身体の拘束に比較すれば、対象者の権利・利益を侵害・制約する程度は大きくないから、身体の拘束に先行して捜索・差押えを実施させること

には合理性もある。そうすると捜索・差押えは、**捜査の初期段階**で行われることが多くなり、捜索を実施してみないと差し押さえるべき物があるか否かもわからない場合が多くならざるをえない。それにもかかわらずあまりに厳格な制限をすれば、**捜索・差押えによる証拠物の確保が困難になる**。

以上からすると、**令状主義により捜索・差押えが許される範囲を厳格に考えつつ、捜索・差押えによって証拠物を確保する必要性とどのように調整するか**が、本講での基本的な考え方といえる。

(2) 「捜索する場所および押収する物」の明示

【設問1】都教組事件
　捜索差押許可状の「罪名」欄に「地方公務員法違反」とのみ記載し、「差し押さえるべき物」欄に、「会議議事録、闘争日誌、指令、通達類、連絡文書、メモその他本件に関係あると思料される一切の文書および物件」と記載した場合、どのような問題が生じるか。

ア　問題の所在

最大決昭33・7・29刑集12巻12号2776頁〈百選A5〉をモデルにした事案である。この設問では、まず①**捜索差押許可状における目的物の特定の程度**が問題となる。令状主義の趣旨からすると、令状には「押収する物」が明示されていなければならない。「本件に関係あると思料される一切の物」といった概括的な記載は、この明示の要請を充たしているといえるのであろうか。これとも関連して、次に②**捜索差押許可状に「罰条」または「被疑事実」を記載する必要性**が問題となる。3講1(2)**ウ**で学習したように、捜索差押許可状には「罪名」を記載すればよく、「被疑事実」の記載は求められていない（219条1項）。しかし地方公務員法違反や覚醒剤取締法違反のような**特別法違反**では、多様な「罰条」があって（例えば覚醒剤であれば「所持」、「使用」または「譲渡」など）、「罪名」だけ記載しても「罰条」や「被疑事実」は不明である。特に①で「本件に関係ある……一切の物」といった概括的な記載を認めるならば、「本件」の内容を明らかにするためにも「罰条」や「被疑事実」の記載が必要になるのではないかが問題となる。

イ　判例の理解

前掲・最大決昭33・7・29は**【設問1】**のような記載について、具体的な例示に付加されたものであって、許可状に記載された事件に関係があり、かつ例示の物件に準じられるような闘争関係の文書、物件を指すことが明らか

であるから、同許可状が物の明示に欠けるところはないとした。そして、②につき、捜索差押許可状に「罰条」を記載することは憲法の要求するところではなく、捜索する場所および押収する物以外の記載事項はすべて刑訴法の規定するところに委ねられているから、令状に罰条まで示す必要はないとした。

　捜索・差押えは被疑者以外の者に対してなされることもあるから、「罰条」や「被疑事実」を必ず記載しなければならないとすれば、捜査の秘密や被疑者等の名誉を損なうおそれがある。また、捜索・差押えが捜査の初期段階で行われることからすると、あまりに厳格な特定を求めると客観的証拠である証拠物の確保を困難にするから、「本件に関係ある……一切の物」といった概括的な記載をすることもやむをえないと一般に考えられている。

　もっとも、捜査機関による権限の逸脱や濫用を防ぐという令状主義の趣旨からは、令状の記載は可能な限り特定されるべきである。特に「本件に関係ある……一切の物」といった記載がある場合、「本件」が不明だと差押えの目的物と被疑事実との間の関連性も不明なままである。「罰条」や「被疑事実」を記載しない趣旨が捜査の秘密や被疑者等の名誉に対する配慮だとすれば、そうした配慮をする必要がない場合は「罰条」や「被疑事実」を記載してもよいはずである。そこで実務では、「本件に関係ある……一切の物」といった概括的な記載をする場合、弊害がないと認められれば、「罰条」や「被疑事実」を記載するべきであるとして、「本件」の特定を図っている。例えば、書式22（手続理解編３講の書式2に同じ）のように令状に「請求書記載のとおり」と記載し、書式21（３講の書式1に同じ）の請求書を令状に添付する方法をとれば、請求書に「被疑事実」（犯罪事実の要旨）が記載されているので、「本件」が特定できることになる。

ウ　設問の検討

　最高裁の立場からは、【設問１】のような令状の記載であっても、「押収する物」を明示した令状と考えられる。ただし、捜査の秘密や被疑者等の名誉を損なうといった弊害がないのであれば、「罰条」や「被疑事実」も令状に記載して「本件」の特定を図るべきである。具体的な事案によるが、被疑者以外の者に対する捜索・差押えではこうした弊害が大きいと考えられる一方、被疑者に対する捜索・差押えであれば「罰条」や「被疑事実」を記載しても差し支えない場合が多いであろう。

捜　索
差 押 許 可 状 請 求 書
(~~検　証~~)

令和2年　2月10日

　F　地方裁判所
　　裁判官　　殿

F　県　中央　警察署
司法警察員　警部補　　　　　　K　　　　㊞

　下記被疑者に対する　　　　覚せい剤取締法違反　　　　被疑事件につき，捜索差押許可状の発付を請求する。

記

1　被疑者の氏名
　　　　S
　平成9年11月2日生（22歳）

2　差し押さえるべき物
　　本件に関係のある覚せい剤，覚せい剤使用道具，覚せい剤小分け道具，覚せい剤取引メモ，私製電話帳，アドレス帳，名刺，手帳，メモ類

3　捜索し又は検証すべき場所，身体若しくは物
　　F市中央区西2丁目3番4号　被疑者方居宅及び附属建物

4　7日を超える有効期間を必要とするときは，その期間及び事由
　　なし

5　刑事訴訟法第218条第2項の規定による差押えをする必要があるときは，差し押さえるべき電子計算機に電気通信回線で接続している記録媒体であって，その電磁的記録を複写すべきものの範囲
　　なし

6　日出前又は日没後に行う必要があるときは，その旨及び事由
　　なし

7　犯罪事実の要旨
　　被疑者は，みだりに，令和2年2月9日ころ，F市中央区西2丁目3番4号被疑者方において，覚せい剤であるフェニルメチルアミノプロパン又はその塩類若干量を所持したものである。

（注意）　1　被疑者の氏名，年齢又は名称が明らかでないときは，不詳と記載すること。

　　　　　2　事例に応じ，不要の文字を削ること。

捜 索 差 押 許 可 状

被 疑 者 の 氏 名 及 び 年 齢	S 平成 9年 11月 2日生 （22歳）
罪 名	覚せい剤取締法違反
捜索すべき場所， 身 体 又 は 物	別紙請求書記載のとおり
差し押さえるべき物	別紙請求書記載のとおり
請求者の官公職氏名	Ｆ県中央警察署 司法警察員警部補　　　　Ｋ
有 効 期 間	令和 2年　 2月　 17日まで

　有効期間経過後は，この令状により捜索又は差押えに着手することができない。この場合には，これを当裁判所に返還しなければならない。
　有効期間内であっても，捜索又は差押えの必要がなくなったときは，直ちにこれを当裁判所に返還しなければならない。

　被疑者に対する上記被疑事件について，上記のとおり捜索及び差押えをすることを許可する。

　　　　　令和 2年 2月 10日
　　　　　　　　Ｆ 地 方 裁 判 所
　　　　　　　　裁 判 官　　　　Ｊ　　　　㊞

(3) 捜索が許される範囲
ア 居合わせた者の所持品・身体

> **【設問2】大阪天王寺ボストンバッグ捜索事件**
> 　警察官は、A_1による覚醒剤取締法違反の被疑事実で、A_1方に対する捜索差押許可状の発付を受け、A_1方に向かったところ、A_1は不在であった。しかし、A_1の内縁の夫で、A_1方に同居している A_2がいたので、A_2に令状を示して立会人とし、A_1方の捜索を開始した。警察官は、捜索中、A_2がボストンバッグを抱えて離そうとしなかったので不審に思い、A_2にボストンバッグを任意提出するように言ったが応じなかったので、強制的に取り上げてその中身を捜索したところ、覚醒剤が発見された。当該捜索は適法か。

　a　問題の所在

　【設問2】は、最決平6・9・8刑集48巻6号263頁〈百選19〉をモデルにしたものである。「場所」に対する令状があれば、同一の管理権が及ぶ範囲で、そこにある「物」を捜索することができる（→3講1(2)**ウ**）。しかし、その場に居合わせた者の所持品・身体を捜索するのであれば、「各別の令状」を要するのではないかが問題になる。

　b　判例の理解

　前掲・最決平6・9・8は、**【設問2】**のような事実関係の下においては、A_1方を捜索場所とする捜索差押許可状に基づき A_2が携帯するボストンバッグについても捜索できるとしたが、特に理由は示さなかった。

　学説では、居合わせた者の所持品（＝「物」）と「身体」に分けて検討されている。「物」については、「場所」に対する令状があれば、同一の管理権が及ぶ範囲で捜索することが可能なのであるから、その「物」が捜索場所の床に置かれている場合と同様に、**同一の管理権が及ぶ限り、捜索場所に居合わせた者が携帯・所持していても、その「物」について捜索することができる**と考えられる。

　他方、居合わせた者の「身体」を捜索することは、「場所」とは別に、人身の自由や「身体」に対する私的領域の侵害が問題になるから、「場所」に対する令状で当然に許されると考えることはできない。しかし、一切許されないとなると、居合わせた者がその「場所」に存在する「物」を隠匿した場合も捜索できないことになり、捜索・差押えによる証拠物の確保が困難になる。そこで、令状により捜索・差押えの完遂のための権限が裁判官から捜査機関に授権されているのであるから、**捜索場所に居合わせた者が、捜索場所**

にあった差押目的物を所持していると認めるに足りる状況があれば、捜索・差押えの「必要な処分」として、妨害行為を排除して原状を回復し捜索・差押えを完遂するため必要かつ相当と認められる範囲で、その身体を捜索できるとする見解が有力である。

　　c　設問の検討

【設問2】では、A_2の所持品であるボストンバッグが問題になるが、A_2はA_1方の同居人であり、A_1方にあるA_2の「物」は、A_2個人の「物」であることが一見して明らかでない限り、すべてA_1の管理権も及んでいると認められ、A_1方に対する捜索差押許可状で捜索できると考えられるから、当該捜索は適法といえる。

イ　捜索場所に配達された物

【設問3】青森捜索中宅配便捜索事件
　警察官は、Aによる覚醒剤取締法違反の被疑事実でA方に対する捜索差押許可状の発付を受け、A方に向かい、Aに令状を示して立会人とし、A方の捜索を開始した。警察官が捜索中、A宛ての荷物が宅配便で届き、Aが受領した。警察官は、Aにその荷物を開封するように言ったが、Aは頑として応じなかった。そのため、警察官は、「令状をとっているから、権限で開ける」と言うと、Aは「好きなようにすればいい」と答えたので、荷物を開封したところ覚醒剤が発見された。当該捜索は適法か。

　　a　問題の所在

【設問3】は、最決平19・2・8刑集61巻1号1頁〈百選20〉をモデルにしたものである。「場所」に対する捜索差押許可状の提示後に、その「場所」に搬入された「物」についても捜索が許されるかが問題となる。

　　b　判例の理解

前掲・最決平19・2・8は、【設問3】のような事実関係を前提に、警察官はこのような荷物についても、**A方に対する捜索差押許可状に基づき捜索できる**としたが、特に理由は示さなかった。

　学説も、一般に判例の結論を支持し、A方に対する捜索差押許可状があれば、その「場所」に存在する「物」は同一の管理権が及ぶ範囲で捜索の対象になり、事後的に搬入された「物」であっても、**A方の管理権が及ぶ「物」**と認められる限り、新たな管理権の侵害は生じないから、当初のA方に対する捜索差押許可状で適法に捜索できるとする。裁判官は令状を発付する際、令状の有効期間にわたって「正当な理由」が存在すると判断したものと考え

られるが、令状の有効期間は通常7日間とされているから（規300条）、令状を提示した時点で捜索・差押えの目的物が固定されるとする理由は見出しがたい。

　　c　設問の検討

【設問3】では、令状執行後に捜索場所に配達された「物」であっても、Aが受領すればAの管理権が及ぶから、当初のA方に対する捜索差押許可状で捜索できる。ただし、Aが受領を拒否するなどして、Aの管理権が及ぶ状態にならなかった場合には、新たな令状を取得し、宅配便業者等から押収する必要があろう。

(4)　差押目的物と被疑事実との関連性

ア　別罪の証拠になりうる物

> **【設問4】大阪別件賭博場開張メモ押収事件**
> 　警察官Kは、暴力団員 A_1 による拳銃を使用した恐喝被疑事件を被疑事実として、「本件に関係ある、1．暴力団を標章する状、バッチ、メモ等、2．拳銃、ハトロン紙包みの現金、3．銃砲刀剣類等」を差し押さえるべき物とする捜索差押許可状で、A_1 が所属する暴力団事務所を捜索したところ、賭博に関するメモが多数見つかった。そこには暴力団組織による常習的な賭博場開張の模様が克明に記載されていたため、これを差し押さえ、別の暴力団員 A_2 による賭博開張図利事件の証拠として使用した。当該差押えは適法か。

　　a　問題の所在

【設問4】は、最判昭51・11・18判時837号104頁〈百選21〉をモデルにしたものである。手続理解編（3講1(2)ア）でも見たように、「正当な理由」（憲35条1項）があるといえるためには被疑事実と差押目的物との関連性が必要であるが、本件では恐喝の被疑事実で賭博に関する証拠品が差し押さえられており、関連性がないのではないかが問題となる。

　　b　判例の理解

　前掲・最判昭51・11・18は、憲法および刑訴法が、差押えは「差し押えるべき物」を明示した令状によらなければすることができないとしている趣旨からすると、「令状に明示されていない物の差押が禁止されるばかりでなく、捜査機関が専ら別罪の証拠に利用する目的で差押許可状に明示された物を差し押えることも禁止される」としつつ、本件メモについては、「別罪である賭博被疑事件の直接の証拠となるものではあるが、……同時に恐喝被疑事件の証拠となりうるものであり、……同被疑事件に関係のある『暴力団を標章

する状、バッチ、メモ等』の一部として差し押えられたものと推認すること
ができ、……捜査機関が専ら別罪である賭博被疑事件の証拠に利用する目的
でこれを差し押えたとみるべき証跡は、存在しない」として、適法とした。

　仮に裁判官が「差し押えるべき物」を特定して令状を発付しても、捜査機
関が恣意的に関連性を判断して差押えをすることが許されれば、捜索・差押
えの範囲を制限して捜査機関による権限の逸脱・濫用を防止するという令状
主義の趣旨は没却される。この点を重視して、前掲・最判昭51・11・18の結
論に反対する学説も少なくない。しかし、捜索・差押えは捜査の初期段階で
行われることが多く、関連性もその後の捜査の進展によって変化する可能性
があるのに、捜索・差押え時点で関連性の明確な証拠物のみしか押収できな
いとすれば、客観的証拠を確保することが困難になる。

　被疑事実との関連性は、罪体に関する事実（間接事実を含む）に限らず、
量刑上重要な情状（11講3⑷参照）に関する事実のいずれかと関連すれば肯
定されると考えれば、これらの事実と関連性が認められる以上、別罪の証拠
になりうる物であっても、捜査機関は適法に押収できるといえ、実務上もそ
のように運用されているといってよい。逆にいえば、いずれとも関連せず、
別罪とのみ関連するような証拠品であれば、「専ら別罪の証拠に利用する目
的」があったとして、違法と判断されることになろう。

　　c　設問の検討

　前掲・最判昭51・11・18は、本件被疑事実である恐喝が暴力団組織を背景
としたものであり、その組織的背景などを解明する必要があるところ、押収
されたメモは暴力団組織による常習的な賭博場開張の模様が克明に記載され
ていて、A₁と同暴力団との関係のほか、同暴力団の組織内容と暴力団的性
格を知ることができる証拠になるから、恐喝被疑事件の差押えの目的物に当
たると判断した。組織的背景は、恐喝の動機等を立証する間接事実になりう
るし、組織的な恐喝はそうでない恐喝より情状は悪質といえるから、少なく
とも重要な情状に関する事実にはなる。こうした恐喝被疑事件との関連があ
れば、「専ら別罪の証拠に利用する目的」があったとはいえないから、その
後に別罪の証拠に用いられたとしても、当該差押え自体は適法と考えられ
る。

　　＊　別件捜索・差押え

　　　広島高判昭56・11・26判タ468号148頁〈百選26〉は、警察官が、捜索の
　　　必要性に乏しい軽微なモーターボート競走法違反事件を利用して、捜索差
　　　押許可状を得てA方を捜索したところ、Aが所持していた預金通帳を発見

して任意提出を受け、これがAによる業務上横領事件の証拠となり、Aが同事件で起訴された事案につき、「違法の疑いが強い」としたが、任意に提出されているので重大な違法があるとまではいえないとした。**軽微な被疑事実による必要性に乏しい捜索・差押えで、別罪の証拠を押収した場合には、「専ら別罪の証拠に利用する目的」が肯定されうる**ことを示した事案と考えられる。なお、学説には、「別件捜索・差押え」として独立に論ずる必要はなく、この問題は**被疑事実と差押目的物の関連性**の有無を判断すれば解決できるとする見解もある。

イ　電磁的記録媒体の差押え

【設問5】宗教団体集団生活施設捜索事件
　警察官は、宗教団体による組織的な犯行の疑いがある電磁的公正証書原本不実記載・同供用事件を被疑事実とし、差し押さえるべき物を「磁気記録テープ、光磁気ディスク、フロッピーディスク、パソコン一式」等とする捜索差押許可状により、同教団の集団生活施設を捜索した。警察官は、パソコン1台およびフロッピーディスク約100枚を見つけたが、かねて同教団が記録された情報を瞬時に消去するコンピュータソフトを開発しているという情報を得ていたため、その内容を一切確認することなく、直ちに差し押さえた。当該差押えは適法か。

---

　a　問題の所在
【設問5】は、最決平10・5・1刑集52巻4号275頁〈百選22〉をモデルにしたものである。裁判官は、「正当な理由」があると認められた範囲に限って、「捜索する場所及び押収する物」を明示した「各別の令状」を発付するが（憲35条2項）、「正当な理由」があると認められるためには、差押目的物と被疑事実との間に関連性がなければならない（→3講1(2)ア）。しかし、パソコンやフロッピーディスク等の電磁的記録媒体が差押目的物となっている本件のように、目的物の内容に可読性・可視性がなく、被疑事実との間の関連性を現場で即時に判断できない場合には、関連性を確認しないで差押えをすることが許されるかが問題となる。
　b　判例の理解
　前掲・最決平10・5・1は、「令状により差し押さえようとするパソコン、フロッピーディスク等の中に被疑事実に関する情報が記録されている**蓋然性**が認められる場合において、そのような情報が実際に記録されているかをその場で確認していたのでは記録された**情報を損壊される危険**があるときは、**内容を確認することなしに右パソコン、フロッピーディスク等を差し押さえることが許される**」として、当該差押えを適法とした。

学説には、差押目的物と被疑事実との関連性は、捜索・差押えの時点で客観的に確実であることが要求されているわけではなく、その**蓋然性**があればよいとして、前掲・最決平10・5・1の結論を支持するとともに、同決定で問題となった①情報損壊の危険がある場合のほか、②捜索現場において関連性の確認に長時間を要する場合や、③確認が技術的に困難である場合などにも、蓋然性がある限り包括的に差押えをすることが許されるとする見解がある。捜索・差押えは捜査の初期段階で行われることが多く、関連性もその後の捜査の進展によって変化する可能性があるのに、**捜索・差押え時点で関連性の明確な証拠物のみしか押収できないとすれば、客観的証拠を確保することが困難になること**などがその理由とされている。

　一方、憲法35条1項の「正当な理由」を認めるために必要とされる関連性をあまりに緩やかに解釈して差押えを認めると、**捜索・差押えの範囲を制限して捜査機関の権限の逸脱・濫用を防止するという令状主義の趣旨が没却**されかねない。そこで、客観的証拠を確保する必要性も考慮しつつ、①から③のような場合には「必要な処分」として捜索の現場から一時的に持ち出すことを許容し、捜査機関が早急に関連性を確認した上、関連性のある物だけを差し押さえ、そうでない物は返却すべきとする見解もある。この見解によれば、内容を確認した上で差押えをすることが可能になるが、持ち出した後には立会権（222条1項・114条1項）が確保されず、押収品目録の交付（222条1項・120条）といった手続的保障がなされないと批判されている。

　c　設問の検討

　判例の立場からは、蓋然性の有無をどのように判断すべきかが問題となる。内容を確認できないのであるから、①捜索・差押えの理由となっている被疑事実の内容、②差押目的物の種類・形態、③それを管理する者と被疑事実とのつながりの強さ等の外部的事情に基づいて判断するほかない。本件のように被疑事実が組織的な犯行に関するものであれば、組織の事務所に置かれているコンピュータやフロッピーディスク等の電磁的記録媒体には、**組織的背景を解明するための証拠が存在しているのが一般**である。そうすると、管理者の私物など明らかに関連性がない物を除き、**蓋然性を認めることができる**であろう。加えて、データは大量であることが多く、捜査機関が内容を確認するのに長時間を要する一方、消去も容易で証拠隠滅のおそれも大きいことも考慮すると、当該差押えは適法と考えられる。

デジタル・フォレンジック（DF）とは、犯罪の立証のためのデータの解析技術およびその手続をいい、コンピュータやスマートフォン等の電子機器に保存されているデータを証拠化するため、電子機器からデータを抽出してコピーを作成した上で、文字や画像等の人が認識できる形に変換するとともに、その抽出・変換手続を正確に記録し、事後的な検証を可能にすることで適正化を図り、証拠能力・証明力の確保を図るものである。スマートフォンの普及に見られるように、電子機器が急速に普及し、そこに残された電磁的記録は客観的証拠として極めて重要になっており、DFが捜査の上で果たす役割も大きくなっている。DFの技術には消去されたデータの復元もあるから、一見すると何もデータが残っていない電子機器であっても、データ復元のために差押えをすべき場合がありうる。また、事案によっては捜索・差押え時に内容確認をすることで電子機器への最終アクセス日時等が自動的に更新され、データの原状が損なわれて証拠としての信用性が争われるおそれもある。こうしたおそれがあれば、前掲・最決平10・5・1と類似の「情報損壊の危険」があると考えられるので、内容確認をせずに差押えをすべき場合がありうる。そうすると、今後は内容確認をせずに外部的事情に基づいて蓋然性が認められ、電子機器を差し押さえる場合が増加することが予想される。一方で、処分を受ける者の不利益が大きくならないように、できる限り早急に電子機器のデータのコピーを作成して、現物を早急に還付するといった配慮が必要となろう。

(5) 「必要な処分」の範囲

【設問6】京都ホテルマスターキー使用捜索事件
　警察官は、かねて覚醒剤取締法違反の疑いで行方を追っていたAがホテルの1室に入室したとの情報を得て、裁判官から捜索差押許可状の発付を受け、ホテルに向かった。警察官は、当初ホテルの従業員を装い、「シーツの交換に来ました」などと声をかけてAの部屋のドアを開けさせようとしたが、Aはドアを開けようとしなかった。警察官は、Aには覚醒剤取締法違反の前科もあり、捜索・差押えに来ているとAに察知されれば覚醒剤などの証拠物件を破棄隠匿されると考え、ホテルの支配人からAの部屋のマスターキーを借り、これを使ってAの部屋のドアを開け、「警察や。ガサや」と言いながらAに捜索差押許可状を示し、捜索を実施した。その結果、室内から覚醒剤を発見したので、これを差し押さえた。当該捜索・差押えは適法か。

ア　問題の所在

【設問6】は、最決平14・10・4刑集56巻8号507頁〈百選A6〉をモデルにしたものである。司法警察職員等は、捜索差押許可状の執行については、「錠をはずし、封を開き、その他必要な処分」をすることができる（222条1項・111条1項→3講1(2)カ）。しかし、本件では捜索差押許可状の提示に先立ち、マスターキーを使用して、被疑者がいるホテルの1室に錠を開いて立

ち入っており、こうした措置が「必要な処分」として許容されるのかが問題
となる。

イ　判例の理解

　前掲・最決平14・10・4は、「捜索差押許可状執行の動きを察知されれば、
覚せい剤事犯の前科もある被疑者において、直ちに覚せい剤を洗面所に流す
など短時間のうちに差押対象物件を破棄隠匿するおそれがあった」とし、
「捜索差押許可状の呈示に先立って警察官らがホテル客室のドアをマスター
キーで開けて入室した措置は、捜索差押えの実効性を確保するために必要で
あり、社会通念上相当な態様で行われていると認められる」から、「必要な
処分」として許容されるとした。そして、令状の提示は「手続の公正を担保
するとともに、処分を受ける者の人権に配慮する趣旨に出たものであるか
ら、令状の執行に着手する前の呈示を原則とすべきである」が、「前記事情
の下においては、警察官らが令状の執行に着手して入室した上その直後に呈
示を行うことは、法意にもとるものではなく、捜索差押えの実効性を確保す
るためにやむを得ないところであって、適法」とした。

　学説では、前記の「社会通念上相当な態様」との指摘は、「必要な処分」
の適法性判断が比例原則に基づいてなされていることを示すものと理解され
ている。したがって、「必要な処分」が適法となるには、対象者の権利・利
益に対する侵害・制約の程度と、そうした処分をすることの必要性とが権衡
していなければならない。また、令状の提示については、憲法上の令状主義
そのものの要請ではなく、対象者が不在の場合には提示をしないで捜索・差
押えに着手できるとするのが多数説であり（「代わるべき者」や立会人がい
れば、その者に提示する→3講1(2)エ・オ）、本件のように証拠隠滅のおそ
れが大きかった事情を考慮すれば、直後に提示した場合であっても許される
と考えられている。

ウ　設問の検討

　【設問6】のように覚醒剤等の薬物犯罪の事案では、薬物等の証拠物を洗
面所に流すなどして破棄隠匿するおそれが大きく、直後に令状を提示するこ
とは捜索・差押えによって客観的証拠を確保する必要性からやむをえないと
考えられるし、こうした事情があるためにマスターキーを使ってドアを開け
る行為は、対象者の権利・利益の侵害・制約の程度と、捜査の必要性とが権
衡しているといえ、「必要な処分」として正当化されるから、当該捜索・差
押えも適法と考えられる。他方で、いきなりドアを破壊して入室したような
場合は、違法と判断される可能性が大きいであろう。

＊　捜索と欺罔行為

　【設問6】でも警察官が当初ホテルの従業員を装っているように、警察官が捜索差押許可状を執行する際、差押対象物件の破棄隠匿を防ぐため、**宅配便や郵便配達を装うなどの欺罔行為**を使うことがある。捜索の対象者は、捜査機関だと気づかずにドアを開けるので、そこで令状を提示して捜索の執行を開始する。宅配便を装った行為の適法性が争われた大阪高判平6・4・20判タ875号291頁は、薬物犯罪のように容易に**証拠隠滅の危険性**がある場合、「捜査官は、令状の執行処分を受ける者らに証拠隠滅工作に出る余地を与えず、かつ、できるだけ妨害を受けずに円滑に捜索予定の住居内に入って捜索に着手でき、かつ捜索処分を受ける者の権利を損なうことがなるべく少ないような**社会的に相当な手段方法**をとることが要請され」るとして、「**必要な処分**」として許容されるとした。ここでも「社会的に相当な手段」であることが求められており、**比例原則**によって適法性が判断されるものと考えられるが、一般的には、欺罔行為を用いることは強制力を行使するよりも対象者の権利・利益を侵害・制約する程度は小さいといえるであろう。

(6)　報道機関に対する捜索・差押え

> **【設問7】TBS 報道ビデオテープ差押事件**
> 　テレビ局が暴力団の実態を取り扱った番組で、暴力団組長Aが債権取立てと称し、組員多数と一緒になってVを脅迫・暴行している状況が放映された。Aらは、テレビ局が撮影・放映することを了承して、同犯行に及んでいた。これを端緒として、警察官が暴力行為等処罰に関する法律違反（集団的脅迫）・傷害事件として捜査を開始したが、Aや組員らの供述が一致しなかった。そこで、警察官は客観的な証拠が必要だと考え、裁判官から差押許可状の発付を得て、テレビ局から前記番組のビデオテープ（マザーテープ）を差し押さえた。テレビ局は、前記番組を報道済みで、もはや当該ビデオテープを使用する予定はなかった。この差押えは適法か。

ア　問題の所在

　【設問7】は、最決平2・7・9刑集44巻5号421頁〈百選18〉をモデルにしたものである。報道機関による**報道の自由**は、表現の自由を規定した憲法21条の保障の下にあり、報道のための**取材の自由**も、憲法21条の趣旨に照らし十分尊重されるべきである（いわゆる博多駅フィルム事件判決。最大判昭44・11・26刑集23巻11号1490頁→基本憲法 I 151頁）。それにもかかわらず、【設問7】のように捜査機関が報道機関の取材により得られたビデオテープを押収し、刑事裁判の証拠として使用することができるとすれば、報道機関

に対する国民の協力が得られなくなり、その後に自由な報道・取材をすることが困難になるおそれがある。他方で、**公正な刑事裁判の実現**も憲法上の要請であり（憲31条・37条1項→基本憲法Ⅰ242頁以下、252頁以下）、適正迅速な捜査の実施は公正な刑事裁判を実現するために不可欠のものといえるのに、一切押収を認めないとすることにも問題がある。そもそも報道機関には、業務上の秘密であることを理由とした**押収拒絶権**が認められているわけではない（刑訴105条）。そこで、報道・取材の自由と公正な刑事裁判の実現との調整をどのように図るかが問題となる。

イ　判例の理解

リーディングケースとなった博多駅フィルム事件判決は、裁判所が報道機関に対して取材フィルムの提出命令（99条3項）をした事案であったが、既に報道されたフィルムが対象となっていたので、報道の自由ではなく、将来の取材の自由との関係が主に問題とされた。そして、取材の自由も、公正な裁判の実現というような憲法上の要請があるときは、ある程度の制約を受けるとした上で、**犯罪の性質、態様、軽重、差し押さえようとしている物の証拠としての価値、ひいては公正な刑事裁判を実現するにあたっての必要性**の有無を考慮するとともに、証拠として提出させられることによって報道機関の**取材の自由**が妨げられる程度、これが**報道の自由**に及ぼす影響の度合い、その他諸般の事情を、**比較衡量**して決すべきであるが、刑事裁判の証拠として使用することがやむをえないと認められる場合においても、それによって受ける**報道機関の不利益**が必要な限度を超えないように配慮されなければならないとした。

前掲・最決平2・7・9も、この基準を引用しつつ、捜査機関による押収が問題となった事案であったため、「適正迅速な捜査の遂行」は「公正な刑事裁判を実現するために不可欠」のものとして、**適正迅速な捜査の実施と報道機関が受ける不利益**とを比較衡量するべきであるとした。

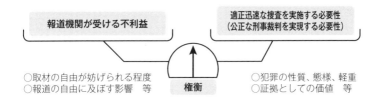

学説では、こうした比較衡量は、捜索・差押えをする「正当な理由」のうちの差押えの必要性（→3講1(2)**ア・ウ**）として審査されるべきであると考

えられている。ただし、報道・取材の自由の重要性からすると、報道機関が取材によって得た物については原則として証拠とするべきではなく、公正な裁判あるいは適正迅速な捜査の必要性が、報道機関が受ける不利益よりも明らかに優越する場合に限って、例外的に証拠とされるべきであるとする立場が有力である。特に報道の機会そのものを奪って報道の自由を害するような場合は、違法とされる可能性が大きいであろう。

ウ　設問の検討

【設問7】は捜査機関による差押えが問題になっているから、**適正迅速な捜査を実施する必要性**をまず検討する必要がある。本件は暴力団組長らによる集団的脅迫・傷害被疑事件であり、犯罪自体が軽微とはいえない上、捜査が難航しており客観的証拠であるビデオテープの証拠としての価値は大きい。他方、本件ビデオテープは**報道済み**で報道の機会そのものが奪われたわけではなく、取材の自由が問題になるところ、**暴力団員の了承の下**、目前で行われた犯行を止めずに撮影を続けた本件の取材方法は将来にわたって**保護されるべき必要性に乏しく**、捜査機関による差押えを認めても**報道機関が受ける不利益は小さい**。前掲・最決平2・7・9も同様の理由により、本件差押えは**適法**と判断している。

(7)　捜索・差押え時の写真撮影

【設問8】東京田端令状外写真撮影事件

　警察官は、被疑者Aによる建造物侵入未遂事件を被疑事実とし、差し押さえるべき物として「犯行を計画したメモ類、被疑者Aの生活状況を示す預貯金通帳、領収証、請求書、金銭出納帳、日記帳」と記載された捜索差押許可状により、Aの知人であるB方を捜索した。それにより、A名義の預金通帳を発見したので差し押さえたほか、B方室内にあった印鑑、ポケットティッシュ、電動ヒゲ剃り機、洋服ダンス内の背広を床に並べ、あるいは接写の状態で写真撮影した。Bは、被疑事実と関連性のない物を撮影した警察官の行為は違法であるとして、ネガおよび写真の廃棄あるいはBへの引渡しを求める準抗告を申し立てた。裁判所はどのように判断すべきか。

ア　問題の所在

【設問8】のモデルとした最決平2・6・27刑集44巻4号385頁〈百選32〉によれば、写真撮影は一般に**検証**としての性質を有する。したがって、写真撮影が任意処分として許容される場合（→16講）を除き、強制処分として実施するには**検証許可状**の発付を受けるのが原則である。

ただし、①捜索・差押手続の適法性を担保するため、相手方への令状の提示や捜索の実施状況、立会いの状況等を撮影する場合、②証拠物の発見時の状況や位置関係を明らかにするため撮影する場合には、捜索・差押えに随伴するものとして、捜索差押許可状により写真撮影をすることが一般に認められている。しかし、【設問8】では、印鑑等の撮影が①や②に該当するとはいえず、③捜索・差押えの場所にあった差し押さえるべき物とはいえない物を写真撮影した場合に当たる。こうした写真撮影は捜索・差押えに随伴するものとはいえないから、検証許可状なくして実施したことは違法ではないか、違法だとした場合に、どのような法的手段でそれを主張できるかが問題となる。

イ　判例の理解

　前掲・最決平2・6・27は、本件写真撮影の違法性について判断せず、「写真撮影は、……検証としての性質を有すると解されるから、刑訴法430条2項の対象となる『押収に関する処分』には当たらない」ので、Bによる準抗告は不適法と判断した。本件で問題となっている捜査機関の処分に対する準抗告は、「押収に関する処分」について申し立てることができるが（→15講）、これには文理解釈からして「検証」は含まれないと一般に考えられている。そうだとすると、本件写真撮影の適法・違法を判断する以前に、準抗告の申立ては不適法であるとして却下されることになる。

　学説は、写真撮影が実質的ないし価値的にみて当該対象物件を差し押さえるのに等しいといえる場合、具体的には、検証許可状がないまま、差し押さえるべき物ではない日記帳やメモといった記載内容が重要な文書を逐一写真撮影したようなときには、「押収に関する処分」に当たるとして準抗告を認めるべきとする見解が有力である。しかし、どのような場合に実質的に「押収」といえるのかの区別が困難であり、刑訴法が「押収に関する処分」に限って準抗告を認めた趣旨が、押収により物の占有を奪われるという財産上の不利益を被った者を特別に保護しようとしたものであるとすれば、写真撮影によって物の占有を奪うことはできないのであるから、「押収に関する処分」と同視することは困難であるという批判がある。

ウ　設問の検討

　前記①および②の場合には、捜索差押許可状により写真撮影が許容されるとしても、③のように差し押さえるべき物に当たらない物を撮影する場合には違法と考えるのが一般である。もっとも、こうした写真撮影に対する準抗告は、判例の立場からは「押収に関する処分」に当たらないから、裁判所は

不適法として却下するほかない。ただし、公判でこうした写真が証拠として提出された場合、違法収集証拠として排除される可能性がある。

2　令状によらない証拠物の収集

(1)　逮捕に伴う捜索・差押え

ア　基本的な考え方

「逮捕する場合」に「逮捕の現場」で、令状なくして捜索・差押え・検証ができる（220条1項2号）。これは憲法でも認められている令状主義の例外である（→3講1(4)）。こうした例外が認められた根拠につき、**逮捕の際には逮捕される者が抵抗、逃亡または証拠隠滅をするおそれが大きいので、こ**れを防止して証拠を保全する緊急の必要性があるからと考える見解（緊急処分説）と、逮捕の現場には証拠の存在する蓋然性が高く、令状を請求すれば「正当な理由」があると認められて令状が発付されるのが通常であるから、裁判官による事前の令状審査を行うまでの必要がないからと考える見解（相当説）との対立がある。

両説とも、逮捕に伴って捜索・差押えができるのは、**逮捕の理由となった被疑事実に関する物**に限定されるとすることに相違はない。したがって、暴行の事実で被疑者を通常逮捕し、現場で捜索を実施して覚醒剤を差し押さえたような場合は、いずれの見解からも違法な捜索となる（札幌高判昭58・12・26判タ544号265頁）。しかし、「逮捕する場合」および「逮捕の現場」の解釈については、両説に相違が生じるといわれている。

イ　「逮捕する場合」

【設問9】大阪西成被疑者不在ヘロイン所持事件
　麻薬取締官らは、路上でヘロインを所持していた A_1 を現行犯人として逮捕し、A_1 の自供により、A_1 にヘロインを譲り渡した A_2 を緊急逮捕するため、A_2 方に向かったが、A_2 は留守であった。しかし、麻薬取締官らは、A_2 が帰宅したら直ちに逮捕する態勢で、A_2 の17歳の長女を立会人として、A_2 方の捜索を開始し、ヘロインなどを発見して差し押さえた。捜索がほとんど終わる頃になって、A_2 が帰宅したので、A_2 を緊急逮捕した。当該捜索・差押えは適法か。

---

　a　問題の所在
【設問9】は、最大判昭36・6・7刑集15巻6号915頁〈百選A7〉をモデルにしたものである。「逮捕する場合」とは、現実に逮捕した場合に限ると考えれば、逮捕前に無令状で捜索・差押えを行った本件捜索・差押えは違法

と判断される。そこで、「逮捕する場合」の意味が問題となる。

　b　判例の理解

　前掲・最大判昭36・6・7は、「『逮捕する場合において』と……は、単なる時点よりも幅のある逮捕する際をいう……ものと解するを相当とし、……**逮捕との時間的接着を必要とするけれども、逮捕着手時の前後関係は、これを問わないものと解すべき**」として、【設問9】のように緊急逮捕に先行した捜索・差押えであっても、逮捕と時間的に接着してなされたものとして適法とした。

　「逮捕する場合」の意味につき、緊急処分説では、逮捕の際に逮捕される者が抵抗、逃亡または証拠隠滅するおそれが大きいことを理由とするから、現実に逮捕した場合に限る必要はないとしても、**逮捕との厳格な時間的接着性**が求められる。他方、相当説では、証拠が存在する蓋然性が高い逮捕の現場といえるのであれば、逮捕との時間的接着性は厳しく求める必要はなく、**逮捕の前後を問わず、より緩やかに考えてよい**ということになろう。前掲・最大判昭36・6・7は、相当説に基づくものだと説明される。

　学説上も、「逮捕した場合」ではなく「逮捕する場合」とされていることから、文理解釈からしても現実に逮捕した場合に限る必要はないとする見解が多数であり、**着手前でも逮捕に伴う捜索・差押えは認められる**とするのが一般である。問題になるのはその際の**逮捕の可能性**であって、相当説の立場からも、前掲・最大判昭36・6・7の事案では被疑者不在のまま逮捕に伴う捜索・差押えを開始しているが、被疑者が帰宅せず逮捕できなかった場合には捜索・差押えは違法と判断するほかないから、判例の基準は緩やかすぎるとの批判が強い。「逮捕する場合」とされている以上、**逮捕に着手する前後を問わないが、逮捕するべき者が現在していて確実に逮捕できる可能性があることを要する**と解するのが妥当であり、現在の実務もそのように運用されているといわれている。緊急処分説からも、証拠を保全する緊急の必要性が具体的に認められる場合に限られるであろうが、同様に逮捕の着手前であっても逮捕に伴う捜索・差押えは認められるという結論を導くことは可能と思われる。

　c　設問の検討

　【設問9】では、逮捕するべき者が現在しておらず、逮捕の可能性が確実ではない状況で捜索・差押えを開始している点で、相当説の立場からも緊急処分説の立場からも、違法と判断されることになろう。なお、承諾家宅捜索は認められないと考える立場からは、17歳の長女の承諾があったとして捜索

を適法とするのも困難である。

ウ 「逮捕の現場」

【設問10】横浜米兵大麻たばこ所持事件

警察官は、大麻らしきものを吸っている男がいるとの通報により、ホテル5階の待合所（ロビー）で米兵の A₁ に職務質問したところ、大麻たばこ1本を発見したので、大麻所持の現行犯人として逮捕した。警察官は、A₁ から「7階の714号室に所持品が置いてあるので持っていきたい」との申出を受けたため、A₁ を連れて714号室に向かい、同室の捜索を開始した。A₁ は同室に同じく米兵の A₂ と宿泊していたが、A₂ は外出していて不在であった。警察官が同室の洗面所を捜索したところ、洗面用具入れを発見した。A₁ は「その洗面用具入れは A₂ の物である」と説明したが、警察官が確認したところ、大麻たばこ7本が入っていたので、A₁ と A₂ が共同して所持していたものと判断して差し押さえた。その後、714号室に A₂ が帰ってきたので、警察官は A₂ も大麻所持の現行犯人として逮捕した。当該捜索・差押えは適法か。

a 問題の所在

【設問10】は、東京高判昭44・6・20判タ243号262頁〈百選23〉をモデルにしたものであり、「逮捕の現場」の意味が問題となる。前述した相当説と緊急処分説の相違が鮮明になるのは、この「逮捕の現場」の解釈である。

b 判例の理解

前掲・東京高判昭44・6・20は、A₁ を逮捕したホテル5階ロビーと714号室とは若干の隔りがあり、A₁ が洗面所のたばこを A₂ の物であると述べていたことからすると、捜索・差押えが適法であったかは疑いの余地が全くないわけではないとしつつ、① A₁ と A₂ には共同所持の疑いがあったこと、②逮捕と捜索・差押えとは時間的・場所的にそれほど離れていないこと、③ A₁ が自ら警察官を714号室に案内していること、④捜索・差押え後、1時間20分ないし1時間45分くらいのうちに A₂ も714号室に帰ってきて緊急逮捕されていること、⑤検挙が困難で、罪質もよくない大麻取締法違反の事案であることなどから、「直ちに……『逮捕の現場』から時間的・場所的且つ合理的範囲を超えた違法なものであると断定し去ることはできない」として、適法とした。

相当説では、証拠が存在する蓋然性を理由とするから、通常の捜索・差押えと同様、被疑者の身体・携帯品のみならず、逮捕した場所と同一の管理権が及ぶ範囲で捜索・差押えをすることが許容される（→3講1(1)ウ）。また、逮捕に着手した後、追跡し、逮捕した場合には、それらの場所すべてが「逮

捕の現場」といえる。ただし、逮捕に伴う捜索・差押えにも刑訴法102条が準用されているから（222条1項）、被疑者に属する場所・物を捜索・差押えするには「必要性」（102条1項）が、被疑者以外の者に属する場所・物を捜索・差押えするには「押収すべき物の存在を認めるに足りる状況」（同条2項）がなければならない。

他方、緊急処分説では、伝統的な理解によれば逮捕する際に逮捕される者が抵抗、逃亡または証拠隠滅することを防ぐための範囲内に限定されるから、その**身体および手の届く範囲**に限られると考えられるが、近時は被疑者のみならず**第三者による証拠隠滅等のおそれ**なども考慮し、緊急性が認められれば**同一管理権の範囲内**で無令状の捜索・差押えを認める見解も有力である。後者の見解は、個別具体的に無令状の捜索・差押えを正当化できる事由があるときに限り捜索範囲を広げる点で、一律に同一管理権の範囲で無令状の捜索・差押えを認める相当説と差異があることになる。

こうした緊急処分説の立場からはもちろん、相当説の立場からも、学説では前掲・東京高判昭44・6・20の結論には批判的なものが多数である。というのも、手続理解編でマンション等の集合住宅ではそれぞれの部屋に管理権があると説明したとおり（→3講【設問5】）、ホテル5階ロビーと714号室が**同一の管理権**にあるとはいえないからであり、また、A₂が**現在しておらず確実に逮捕する可能性がなかった**のに捜索・差押えを実施している点で、「逮捕する場合」の解釈としても無理があるからである。仮に同判決を理由づけるとすれば、「逮捕の現場」の範囲が**逮捕時の諸事情や逮捕後の時間の長短、罪質次第で変化する相対的な概念**と考える必要があろうが、令状主義の例外として認められる無令状捜索・差押えの範囲が不明確となり、妥当ではないと批判されている。

c　設問の検討

【設問10】では、714号室の捜索・差押えは「逮捕の現場」におけるものとはいえず、相当説の立場からも緊急処分説の立場からも、違法と判断すべき

であろう。A_1は逮捕済みで証拠隠滅のおそれはなく、A_2も不在であったのであるから、警察官としては早急に令状請求をして、令状により捜索・差押えを実施すべきであったと考えられる。

＊　違法とされた事例

　福岡覚醒剤営利目的所持事件（福岡高判平5・3・8判タ834号275頁〈百選24〉）は、逮捕に伴う捜索・差押えを違法とした。事案は次のとおりである。警察官は、暴力団組長であるAが大量の覚醒剤を自動車のトランク内に隠匿所持しているとの情報を得て、Aの行動を確認していたところ、Aが助手席にBを乗せて自動車を発進させ、B方に向かい、自動車のトランク内から荷物を取り出してB方に運び入れるのを確認した。そこで警察官は、その後に再び自動車に乗ろうとしたAに職務質問したところ、Aは全力で逃走し、持っていた荷物を放り投げた。警察官がAに追いつき、Aと共にB方に戻り、Bの承諾を得て中に入り、放り投げた荷物の中身を確認しようとしたところ、Aが「勝手にしろ」などと言ったので、承諾があったと判断して中身を確認した結果、覚醒剤1kgが入っていた。警察官は、Bに対し、「他に覚醒剤を隠していないか。あったら出しなさい」と告げると、Aは「見せんでいいぞ」と怒鳴ったが、Bが「いいですよ」と答えたので、警察官数人でB方を捜索し、台所から覚醒剤2kgを発見したため、AとBを覚醒剤所持の現行犯人として逮捕した。前掲・福岡高判平5・3・8は、「『逮捕の現場』は、逮捕した場所との同一性を意味する概念ではあるが、**被疑者を逮捕した場所でありさえすれば、常に逮捕に伴う捜索等が許される**と解することはできない」とし、本件のように、職務質問を継続する必要から、A以外の者であるBの住居内に、Bの承諾を得た上で場所を移動し、B方で職務質問を実施してAを逮捕したような場合には、逮捕に基づき捜索できる場所も自ずと限定されると解さざるをえないのであって、B方に対する捜索を逮捕に基づくものとして正当化できない、として違法とした（ただし重大な違法ではないとして証拠能力は肯定）。

　この判決に対しては、例えば捜査機関が令状主義を潜脱する目的で、意図的に被疑者を移動させて逮捕することにより、逮捕に伴う捜索・差押えができる状況を作出した場合であればともかく、本件ではそうした事実関係までは認められず、違法とした論拠が明確でないとの批判が強い。相当説の立場からは、AはB方で逮捕されており、B方は逮捕した場所と同一の管理権が及ぶから「逮捕の現場」と認められるし、被疑者以外の者の住宅であるが、本件の事実関係からは「押収すべき物の存在を認めるに足りる状況」（102条2項）も認められると考えられる。Aの逮捕も確実で「逮捕する場合」ともいえ、違法とすべき理由はなかったように思われる。

　なお、学説上は、被疑者の居宅で逮捕された場合と、第三者の居宅で逮捕された場合を分けて、前者については居宅全体において証拠物が存在す

る蓋然性が認められる限りで相当説により、後者については原則として被疑者の手の届く範囲において証拠物が存在する蓋然性が認められるので緊急処分説によるべきだとする見解も有力である。この見解からは、福岡覚醒剤営利目的所持事件の判決は、第三者宅での逮捕として、捜索範囲を制限したものとして説明しうる。

エ　被逮捕者の身体・所持品を捜索する場所

【設問11】和光大学内ゲバ事件
　警察官K₁は、被疑者A₁を凶器準備集合および傷害の準現行犯人として逮捕し、証拠品としてA₁が装着していた籠手を差し押さえようとしたが、同所は無関係な店舗の裏口付近で、逮捕直後のため興奮しているA₁から籠手を取り上げるのに適当ではなく、逃走を防止するため至急A₁を警察車両に乗せ、逮捕場所から約500m離れた警察署まで約5分かけて連行し、警察署に到着後間もなく籠手を差し押さえた。他方、警察官K₂は、共犯者A₂・A₃を道幅の狭い道路上で準現行犯人として逮捕したが、同所は車両が通る危険性等があった上、警察官K₂が最寄りの駐在所でA₂・A₃の所持していたバッグ等を取り上げようとしたところ、抵抗されたため、混乱を招くおそれがあるとして中止し、その後手配された警察車両にA₂・A₃を乗せ、逮捕場所から約3km離れた警察署にA₂・A₃を連行し、逮捕から約1時間後に、A₂・A₃のバッグ等を差し押さえた。これらの籠手、バッグ等の差押えは適法か。

　a　問題の所在
　【設問11】は、最決平8・1・29刑集50巻1号1頁〈百選25〉をモデルにしたものである。前述した「逮捕の現場」の解釈から、本件のように逮捕した場所から時間的・場所的に離れて、被逮捕者の身体・所持品を捜索し、差押えを実施することが許されるのかが問題になる。

　b　判例の理解
　前掲・最決平8・1・29は、「逮捕した被疑者の身体又は所持品に対する捜索、差押えである場合……は、逮捕現場付近の状況に照らし、被疑者の名誉等を害し、被疑者らの抵抗による混乱を生じ、又は現場付近の交通を妨げるおそれがあるといった事情のため、その場で直ちに捜索、差押えを実施することが適当でないときには、速やかに被疑者を捜索、差押えの実施に適する最寄りの場所まで連行した上、……実施することも、……『逮捕の現場』における捜索、差押えと同視することができ、適法な処分と解するのが相当」とし、【設問11】と類似の事案において、A₁、A₂およびA₃に対する各差押えの手続は、「いずれも、逮捕の場で直ちにその実施をすることが適当

でなかったため、できる限り速やかに各被告人をその差押えを実施するのに適当な最寄りの場所まで連行した上で行われたものということができ」として、適法とした。

　本件については、捜索・差押えの対象が**被逮捕者の身体・所持品である**ことに注意が必要である。相当説の立場からは、被逮捕者の身体・所持品は、逮捕した場所から移動しても、そこに**証拠が存在する蓋然性**に変化はない。また、緊急処分説の立場からも、具体的な事実関係によるが、被逮捕者の身体・所持品に対する**証拠保全の緊急の必要性**に変化がない場合があるであろう。そうであれば、被逮捕者の身体・所持品については、仮に場所を移動しても逮捕に伴う捜索・差押えをする必要性が認められるのであるから、**逮捕した場所で捜索・差押えをすることが、被逮捕者の名誉の保護や混乱を防止する必要があるといった事情により適当でない場合に、必要最小限度の移動をして捜索・差押えを実施することも許容される**と考えられ、学説もこのように考える立場が多数である。もっとも、それは「逮捕の現場」と「同視できる」からではなく、捜索の実効性を確保するための付随措置、すなわち捜索に「必要な処分」として、必要最小限度の移動が許容されると説明されている。

　　c　設問の検討

　相当説の立場からは、被逮捕者の身体・所持品は、逮捕した場所から移動しても証拠が存在する蓋然性があり、【設問11】のように、被逮捕者の名誉の保護や混乱を防止するために逮捕した場所での捜索・差押えが適当でない場合に、必要最小限度の移動をして捜索・差押えを実施することは、適法と考えられる。緊急処分説の立場からは、【設問11】の具体的な事実関係から、証拠保全の緊急の必要性があることを指摘できれば、同様に適法と考えられるであろう。判例の立場からは、こうした移動は「逮捕の現場と同視できる」と説明でき、反対説からは「必要な処分」として許容されると説明できよう。

●コラム●　逮捕に伴う捜索・差押えの実務

　例えば警察官が逮捕状の発付を受けて、被疑者を通常逮捕するために被疑者方に向かうとき、被疑者方を捜索・差押えする必要があれば、逮捕状と同時に被疑者方の捜索差押許可状の発付を受けておくことができる。逮捕状が発付されるほどの嫌疑があれば、捜索差押許可状も発付されるのが通常であろう。この場合、被疑者を通常逮捕しても、被疑者方の捜索・差押えは令状によって実施されることになり、「逮捕の際」に「逮捕の現場」で実施されたかどうかは問題にならない。

実務上、逮捕に伴う捜索・差押えによって押収されるのは、被疑者の所持品に限定されていることが多いように思われる。それ以上に被疑者方や被疑者の自動車などを捜索・差押えする必要があれば、捜索差押許可状の発付を受けて令状によって実施するのが、将来違法捜査と評価されるリスクを減らす望ましい捜査手法といえる。しかし、被疑者を現行犯逮捕・緊急逮捕した場合で捜索差押許可状がなく、令状の発付を待っていれば証拠が隠滅されるおそれがあるならば、逮捕に伴う捜索・差押えの要件を十分踏まえた上で、直ちに証拠物を押収しなければならない場合も出てくる。逮捕に伴う捜索・差押えが実務上問題になるのは、このような場合に限られるとすれば、証拠保全の緊急の必要性も認められることが多くなるであろう。

⑵　ごみの領置

【設問12】京都カード強盗殺人事件
　強盗殺人事件が発生し、被害品のキャッシュカードを使って ATM から現金を引き出そうとした人物（＝甲）の容ぼうや腕時計などが防犯カメラに残されていた。警察官は、容疑者として浮上したＡが甲と同一人物であるかを確認するため、Ａおよびその妻が自宅付近の公道上にあるごみ集積所に出したごみ袋を回収し、その中身を確認したところ、甲が着用していたものと類似するダウンベスト、腕時計等を発見したので、これを領置した。当該領置手続は適法か。

ア　問題の所在
　【設問12】は、写真・ビデオ撮影（→15講【設問６】、16講【設問２】）でも重要判例として紹介した最決平20・４・15刑集62巻５号1398頁〈百選８〉をモデルにしたものである。同事件では、密かにビデオ撮影された画像が専門家の鑑定資料として証拠とされたほか、【設問12】のようにごみ集積所から領置したダウンベストおよび腕時計が証拠として取り調べられた。捜査機関は、ごみ集積所からであれば無制約に遺留物として領置することができるのであろうか。

イ　判　例
　前掲・最決平20・４・15は、「ダウンベスト等の領置手続についてみると、Ａ及びその妻は、これらを入れたごみ袋を不要物として**公道上のごみ集積所に排出し**、その占有を放棄していたものであって、排出されたごみについては、通常、そのまま収集されて他人にその内容が見られることはないという期待があるとしても、捜査の必要がある場合には、刑訴法221条により、これを**遺留物として領置することができる**」とした。

ウ　設問の検討
　判例の立場からは、甲には排出したごみも他人に見られることはないとい

うプライバシーの期待があるといえるが、強盗殺人事件という重大な犯罪について捜査の必要性が認められる以上、【設問12】の領置手続も適法といえる。ただし、捜査の必要性がないのにごみを領置することは違法となる余地がある。さらに、捜査の必要性があっても、ごみ集積所に出されたごみはすべて遺留物として領置できると考えるべきではなく、**マンションや個人の敷地内にあるごみ**については、捜査機関による敷地内への無断立入りは違法となりうるから、**「所有者、所持者、保管者」といえるマンション管理会社や清掃会社、自治体の清掃事務所等の協力を得て任意提出を受けて領置するか、それが困難であれば令状を得て捜索・差押え**をするべきと考えられる。

＊　ごみの任意提出・領置

　　東京高判平30・9・5判タ1466号103頁は、オートロック式で部外者の出入りが禁止されているマンションの各階にあるゴミステーションに捨てられたごみから、被告人による侵入窃盗事件の証拠となりうる紙片等を発見したため、警察官がマンション管理会社の管理員を「所持者」として任意提出させ、領置した事案である。同判決は、遅くとも清掃業務の委託を受けた清掃会社がゴミステーションから回収した時点で、ごみの占有がごみを捨てた者から、マンション管理組合、管理会社および清掃会社に移転し、重畳的に占有しているものと解され、当時の被告人に対する嫌疑の高さや捜査の進捗状況から、このようなごみの捜査を行う必要性が高かった一方、警察官は約4カ月間にわたって同様のごみの捜査を行っていたものの、マンション管理会社等と事前に協議し、被告人が出した可能性があるごみ袋に絞り込み、領置して開封するごみ袋を極力少なくする配慮をしていたことなどから、相当性もあると判断し、任意提出・領置の手続は適法とした。同判決も前掲・最決平20・4・15と同様に、みだりに他人にごみの内容を見られることはないという期待があることを前提としており、ごみの領置であっても、比例原則に従った相当性の判断をしている点に留意が必要である。

3　証拠の収集に関するその他の論点

(1)　強制採尿

【設問13】愛知江南強制採尿事件
　警察官は、某日午前10時頃、覚醒剤譲渡しの事実でAを逮捕したが、Aの両腕に注射痕のようなものがあり、言語や態度からも覚醒剤を自己使用している嫌疑を抱いた。そこでAに尿を提出するように求めたが、Aは拒否し続けた。警察官は、同日午後4時頃、強制的に尿を採取するのもやむをえないと判断し、身体検査令状および鑑定処分許可状の発付を得て、医師に採尿を依頼した。医師は、A

に自然排尿の機会を与えたが、Ａは排尿しなかったので、同日午後7時頃、抵抗するＡの身体を警察官数名がベッドに押さえつけ、医師がＡの尿道にゴム製カテーテルを挿入して、約100ccの尿を採取した。当該採尿手続は適法か。

ア　問題の所在

【設問13】は、最決昭55・10・23刑集34巻5号300頁〈百選27〉をモデルにしたものである。学説には、強制採尿は被疑者に高度の精神的苦痛を与え、人格の尊厳を侵害するものとして、およそ許容されないとする見解も有力である。この見解によれば、本件の採尿手続は違法と判断される。強制採尿は許容されるのか、許容されるとしてもいかなる令状によるべきかが問題となる。

イ　強制採尿の可否

前掲・最決昭55・10・23は、強制採尿が身体に対する侵入行為であるとともに屈辱感等の精神的打撃を与える行為であるとしても、医師等によって適切に行われれば身体・健康上の障害をもたらす危険性は乏しく、検証としての身体検査でも同様の屈辱感等の精神的打撃を与える場合がありうるのであるから、強制採尿を絶対に許されないとすべき理由はないとし、「**被疑事件の重大性、嫌疑の存在、当該証拠の重要性とその取得の必要性、適当な代替手段の不存在等の事情に照らし、犯罪の捜査上真にやむをえないと認められる場合には、最終的手段として、適切な法律上の手続を経てこれを行うことも許されてしかるべきであり、ただ、その実施にあたっては、被疑者の身体の安全とその人格の保護のため十分な配慮が施されるべき**」とした。

＊　強制採尿が許容される場合

一般に覚醒剤事犯では事件の重大性を充たす。**嫌疑の存在**については、①注射痕（覚醒剤を使用した形跡）、②覚醒剤を使用していると疑わせる言動、③覚醒剤使用の前科・前歴、④家族・知人の供述、⑤覚醒剤あるいは注射器その他覚醒剤を使用する道具等の所持の事実等があれば、立証できる。覚醒剤使用事犯については、尿以外に適切な客観的証拠は存在しないので、一般に証拠の重要性と取得の必要性、代替手段の不存在も認められ、こうした事情から犯罪の捜査上真にやむをえないといえる。**最終手段**として実施されたと認められるには、警察官が被疑者への説得を尽くしたものの、採尿に応じなかったことも必要とされる。なお、**被疑者が錯乱状態に陥っていて尿の任意提出を期待できない場合**にも「犯罪の捜査上真にやむを得ない」として強制採尿が認められるとした判例がある（最決平3・7・16刑集45巻6号201頁）。また、被疑者の身体の安全と人格の保護にも十分

な配慮が必要であるから、【設問13】のように、強制採尿に際して被疑者の身体を押さえつけるといった**実力を行使**することは、**比例原則に従った**ものとなるように配慮しなければならない。

ウ　強制採尿の令状

かつては強制採尿をするための令状として身体検査令状と鑑定処分許可状を併用するのが実務の大勢であり、【設問13】でもそのような方法がとられている。強制採尿では身体の内部への侵襲を伴うから、医師などの専門家による鑑定処分としてなされるべきであるが、鑑定処分許可状だと鑑定受託者の場合に直接強制ができないので（→3講4⑵エ）、被疑者が採尿を拒否した場合に直接強制を可能とする身体検査令状を併用していたものであった。学説は、現在も両者の併用により強制採尿を実施すべきという見解が有力である。

しかし、前掲・最決昭55・10・23は、「適切な法律上の手続」として、「体内に存在する尿を犯罪の証拠物として強制的に採取する行為は**捜索・差押の性質**を有するものとみるべきであるから、捜査機関がこれを実施するには**捜索差押令状を必要とする**と解すべきである。ただし、右行為は人権の侵害にわたるおそれがある点では、一般の捜索・差押と異なり、検証の方法としての**身体検査と共通の性質**を有しているので、**身体検査令状に関する刑訴法218条5項**〔現在は6項〕が右捜索差押令状に準用されるべきであって、令状の記載要件として、**強制採尿は医師をして医学的に相当と認められる方法により行わせなければならない**旨の条件の記載が不可欠である」とした。この条件付捜索差押許可状は、「**強制採尿令状**」とも呼ばれる（→ 書式23 ）。最高裁は明言していないが、尿は血液等とは異なり、やがて体外に排出される**無価値な「物」**であることから、「捜索・差押えの性質を有する」と判断されたものと考えられる。捜索・差押えであるから、被疑者が拒否しても直接強制できる。この判例に対しては、立法によらず判例によって強制採尿を可能とする令状を作り出したもので、**強制処分法定主義に違反する**という批判も強い。しかし、現在の実務では判例に基づく運用が定着しており、まずは判例の考え方を正確に理解しておく必要がある。

エ　設問の検討

判例に従えば、Aに対する説得を尽くした上、なおAが任意に尿を提出しないのであれば、**条件付捜索差押許可状により強制採尿を実施する**ことになる。

捜 索 差 押 許 可 状

被 疑 者 の 氏 名 及 び 年 齢	S 平成 9年 11月 22日 生

被疑者に対する 　覚せい剤取締法違反(同法第41条の3第1項第1号,第19条) 　被疑事件
について，下記のとおり捜索及び差押えをすることを許可する。

捜 索 す べ き 場 所, 身 体 又 は 物	被疑者の身体
差 し 押 さ え る べ き 物	被疑者の尿
捜 索 差 押 え に 関 す る 条 件	1　強制採尿は，医師をして医学的に相当と認められる方法 　　により行わせなければならない。 2　強制採尿のために必要があるときは，被疑者を 　　F 市 H 区 Y町12番34号　F総合病院 　　又は採尿に適する最寄りの場所まで連行することができる。
有 効 期 間	令 和 　2年 2月 　17日まで

　有効期間経過後は，この令状により捜索又は差押えに着手することができない。この場
合には，これを当裁判所に返還しなければならない。
　有効期間内であっても，捜索又は差押えの必要がなくなったときは，直ちにこれを当
裁判所に返還しなければならない。

　令 和 　2 年 2 月 10 日
　　F 　地 方 裁 判 所
　　　　裁 判 官 　　　J

請 求 者 の 官 公 職 氏 名	F県中央警察署 　　司法警察員警部補 　　　　K

　　強制採尿は「最終的手段」であるから、仮に強制採尿令状の発付を受けたとしても、それを知った**被疑者が翻意して自ら尿を提出する旨申し出た場合**には、強制採尿を実施せずに尿を提出させるべきである。ただし、この場合も任意提出・領置の手続によるのではなく、あくまで捜索・差押えとして押収したものと取り扱う必要がある。実務上はこうした例も少なくないが、被疑者が時間稼ぎのために尿を提出すると申し出ているような場合にまで、捜査機関側が強制採尿を控えて自ら提出する機会を与え続ける必要はない（東京高判平24・12・11判タ1400号367頁）。

(2)　採尿場所までの連行

【設問14】　福島採尿のための連行事件
　　警察官は、自動車を運転しているAに覚醒剤使用の疑いがあったため、停止させて職務質問をしたところ、Aがエンジンを空ふかしするなどしたことから、車内に腕を差し入れて、エンジンキーを引き抜いて取り上げた（17講【設問2】参照）。職務質問を開始してから約20分後、警察官はAに覚醒剤の前科4犯があることを確認したため、警察署までの任意同行を求め、警察車両に乗るように説得したが、Aは「自分で自動車を運転させてくれるのでなければ行かない」と言って拒否し続けた。
　　職務質問開始から約4時間30分が経過した後、警察官はAに対して令状を請求する旨告げて、令状請求の準備を開始し、裁判官に対してAの身体および自動車に対する捜索差押許可状と強制採尿令状の発付を請求し、その約1時間30分後に令状が発付された。令状発付から約40分後、警察官がAの身体に対する捜索を開始するとともに、強制採尿令状を示したところ、Aは興奮して激しく抵抗して暴れ、その後も収まらなかったため、その約45分後、警察官2名がAの両腕を制圧した状態で警察車両に乗車させて病院に向かい、医師により強制採尿を実施した。
　　当該採尿に至るまでの手続で問題になりうる点を検討せよ。

ア　問題の所在
　　【設問14】は、「職務質問のための停止」でも検討した最決平6・9・16刑集48巻6号420頁〈百選2〉をモデルにしたものである（→17講【設問2】）。最高裁は、本件の具体的状況に照らして、エンジンキーを取り上げた措置を適法と判断したことは、前述した。引き続き問題となるのは、①警察官が職務質問開始から約6時間半にわたってAを現場に留め置いた行為と、②強制採尿をするためにAを病院まで連行した行為の適法性である。

イ　判例の理解

a　現場への留め置き行為

前掲・最決平6・9・16は、当該留め置き行為について「被告人に対する任意同行を求めるための説得行為としてはその限度を超え、被告人の移動の自由を長時間にわたり奪った点において、**任意捜査として許容される範囲を逸脱したものとして違法**」（ただし、違法の程度は令状主義の精神を没却するような重大なものとはいえない）とした。前述したとおり、被告人は覚醒剤使用を疑わせる意味不明の言動をしていた上、警察官は職務質問を開始してから約20分後には、Aに覚醒剤の前科4犯があることを確認していた事実が認められ、こうした客観的状況からは、この頃にはAが覚醒剤を使用したとの嫌疑が具体化して**行政警察活動から任意捜査に移行**したと考えてよいように思われる。

もっとも最高裁は、警察官の行為は強制処分としての実質逮捕（→15講4(6)）には至っておらず、**任意処分**と判断した上、**比例原則**によりその適法性を判断したと考えられている（→16講5）。しかし、学説にはAの行動の自由という重要な権利・利益を実質的に侵害・制約したものとして、実質逮捕に当たると判断すべきであったとの批判もある。後述するように、強制採尿令状の効力により被疑者を採尿場所まで連行できるとする実務の運用を前提とすれば、警察官が令状請求して裁判官の司法審査を仰ぎ、令状が発付されれば被疑者を留め置かずに連行して強制採尿を実施できる。それにもかかわらず、早急かつ適切な令状請求を怠り、長時間にわたって任意同行に応じるよう説得する行為は、令状主義を軽視していると判断されかねない。

●コラム●　強制採尿令状の請求と留め置き

裁判例には、令状請求準備に着手する前の**純粋任意段階**と、令状請求準備に着手した後の**強制移行段階**とを区別し、後者の段階に至ればその後の令状執行に備えて被疑者の所在確保の必要性は非常に高くなるから、令状請求が行われていることを対象者に伝えることを条件として、純粋任意段階に比し、**所在確保のために必要最小限度であれば、被疑者の意に反する場合であっても、相当程度強くその場にとどまるよう被疑者に求めることも許される**とする立場（二分論）によって、留め置きを適法と判断したものがある（取調べ室から再三退出しようとする被疑者の前に立ち塞がったり、背中で押し返したり、被疑者の身体を手で払うなどした有形力を行使しながら、令状請求準備から令状執行まで約3時間留め置いた行為を適法とした東京高判平21・7・1判タ1314号302頁、被疑者車両を警察車両および警察官で取り囲み、約3時間20分留め置いた行為を適法とした東京高判平22・11・8判タ1374号248頁）。他方、こうした考え方を正面から否定した裁判例もあり（札幌高判平26・12・18判タ1416号129頁）、二分論が実務上定着しているとは言いがたい。任意捜査としてその適法性を比例原則に従って判断する場合でも、強制移行段階に入れば被疑

---

　b　強制採尿のための連行

　前掲・最決平6・9・16は、強制採尿をするためにAを病院まで連行した行為について「身柄を拘束されていない被疑者を採尿場所へ任意に同行することが事実上不可能であると認められる場合には、**強制採尿令状の効力として、採尿に適する最寄りの場所まで被疑者を連行することができ**」、「**その際、必要最小限度の有形力を行使することができる**」と判断した（令状効力説）。その理由は、①そのように解しないと、強制採尿**令状の目的**を達することができないし、②令状を発付する裁判官は、**連行の当否を含めて審査**し、令状を発付したものとみられるから、とされている。つまり、強制採尿令状は「医師をして医学的に相当な方法により実施させなければならない」という条件が付されているから、それに適した場所に対象者を連行することも強制採尿の本来的な内容に含まれているとしたものである。なお、同決定は、令状に「**被疑者を採尿に適する最寄りの場所まで連行することを許可する**」旨を記載することもできるとし、それ以降の実務では強制採尿令状にこの許可文言も記載されるのが通例となっている（→ 書式23 ）。

　学説には、強制採尿と強制連行とは別個の法益を侵害する強制処分であって、強制連行を認める法律上の根拠規定がないのに、強制採尿令状の効力として連行を認めることはできないとの批判もある。他方で、強制採尿令状の執行のために「必要な処分」（222条1項・111条1項）として、強制採尿のための連行を認める見解もある（必要な処分説）。

　＊　令状効力説と必要な処分説との差異
　　　両者には実質的な差異はないとする見解がある一方、令状効力説では強制連行の当否を含めて裁判官による事前の司法審査が必要であるのに対し、必要な処分説では強制採尿の当否さえ審査すれば、連行の必要性は現場の捜査官の判断に委ねられる差異があるとする見解がある。実務では連行の当否を含めて裁判官による事前の司法審査がなされているのが通常であるが、これに対しては連行を強制採尿とは別個の強制処分として裁判官が審査し捜査官に授権していることになりかねず、刑訴法がこのような連行を明文で認めていない以上、強制処分法定主義との関係で疑問があるとの批

判がある。

ウ　設問の検討

　まず留め置きの適法性を検討すると、長時間にわたる留め置きによりＡの人身の自由（身体・行動の自由）が実質的に侵害されていたと考えれば、**無令状による逮捕**と同視でき、違法の程度は重大でその後に収集された証拠も排除されるべきと結論づけることも可能である。他方、Ａは結局のところ最後まで任意同行に応じておらず、人身の自由が実質的に侵害・制約されていたとまではいえないと考えれば、なお**任意捜査**の枠内にあって、その適法性は**比例原則**に基づいて判断することになる。そこで比例原則に基づいて適法性を検討すると、前述した二分説が指摘するように令状請求準備に着手した後は捜査の必要性が大きくなるとしても、本件では職務質問後約20分間でＡに覚醒剤の前科4犯があることが判明しており、こうした事実を疎明資料として**早期に令状請求が可能**であったのに、令状請求準備に着手するまで約4時間30分が経過していることからすると、Ａの人身の自由の侵害・制約の程度に比べて、長時間にわたる留め置き行為が権衡していたとは認めがたいことになり、相当性を欠き違法と判断せざるをえないように思われる。もっとも、Ａが頑なに任意同行を拒んでいたこと、警察官が最終的には令状請求していることなどを考慮すれば、令状主義を潜脱する意図があったとまではいえず、**違法の程度は重大でない**と結論づけることはできるであろう。

　次に強制採尿のための連行は、判例によれば**令状の効力**として許される。Ａは興奮して暴れていたため、警察車両内でＡの両腕を制圧することも、**比例原則に従った必要最小限度の有形力の行使として適法**と認められるであろう。

(3)　強制採血・嚥下物

【設問15】強制採血事例
　警察官K₁は、物損事故を起こしたA₁から事情を聞いたところ、酒の臭いがしたため、酒気帯び運転の疑いをもち呼気検査に応じるように求めたが、A₁は頑として応じなかった。K₁はどうすればよいか。

【設問16】証拠物嚥下事例
　警察官K₂は、A₁の同乗者であったA₂から事情を聞いたところ、A₂の言動が不審であり、薬物を使用している疑いをもったため、所持品を見せるように求めたが、A₂はポケットの中からビニール袋に入った白い粉のような物を取り出すと、ビニール袋ごといきなり飲み込んでしまった。K₂はどうすればよいか。

ア　問題の所在

　飲酒運転や飲酒の影響による危険運転致死傷では、被疑者の飲酒酩酊の程度が重要な証拠となる。一般には呼気検査により被疑者の呼気アルコール濃度を測るが、【設問15】の A_1 のように、呼気検査は拒否されると直接強制が困難であるため、代替手段として採血をし、血中アルコール濃度を測る必要がある。また、覚醒剤等の薬物事犯（特に密輸入）では、【設問16】の A_2 のように、薬物を飲みこんで嚥下物として体内に隠匿し、あるいは陰部や肛門に挿入する事例が少なくなく、こうした薬物を証拠として収集する必要があるが、捜査として許されるのか、許されるとしてどのような令状によればよいかが問題となる。

イ　強制採血等の令状

　強制採血は、強制採尿に比較すると屈辱感等の精神的打撃を与える程度が低く、許容されると一般に考えられている。ただし、たとえ僅かな採血であっても対象者の任意の承諾の下に提出を受けることはできず、強制処分として令状が必要とされる（失神状態にある被疑者からアルコール濃度測定のため鑑定処分許可状なしに採血したことが違法とされた仙台高判昭47・1・25刑月4巻1号14頁参照）。実施する際の令状について、学説には、血液の生成プロセスも尿と変わらないとして、強制採尿と同様に条件付捜索差押許可状によるべきとする見解もあるが、やがて体外に排出される無価値な「物」である尿とは異なり、**血液は人体の一部**であって「物」とは言いがたく、**身体検査令状と鑑定処分許可状の併用**によるべきとする見解が有力であり、実務でも強制採血については両者を併用して実施している。

　なお、**毛髪**や**唾液**の中の成分を鑑定する目的でこれらの強制採取を行う場合も同様である。

　体内の嚥下物については、通常は自然排出を待って差し押さえれば足りるため、**差押許可状**があればよい。問題となるのは自然排出が困難だったり、証拠保全の必要性・緊急性が高いため、医療措置（レントゲン照射等で証拠物の場所を確認し、下剤や吐剤を用いる）を講じて早急に体外に排出させる必要があるときである。**嚥下物は「物」**であるから、**捜索差押許可状**によるべきだが、医療措置は医師等の専門家により実施される必要があるので、**鑑定処分許可状を併用**すべきと考えられる。被疑者が拒否しても捜索差押許可状で直接強制できる。これに対して、強制採尿と同様に「医師をして医学的に相当と認められる方法より行わせなければならない」との条件を付せば、条件付捜索差押許可状でよいとする見解もあるが、医療措置は強制採尿以上

に身体への強い侵襲を伴うことから、相当ではないとされている。

ウ　設問の検討

　【設問15】の K_1 は、A_1 が引き続き呼気検査に応じないのであれば、身体検査令状および鑑定処分許可状の発付を受け、強制的に A_1 の血液を採取し、血中アルコール濃度を明らかにすることができる。

　【設問16】の K_2 は、差押許可状の発付を受け、A_2 の体内からビニール袋が自然に排出するのを待って差し押さえるか、早急に体外に排出させる必要があるときには、捜索差押許可状および鑑定処分許可状の発付を受け、医師等の専門家による医療措置を実施して、体内からの排出を促進して差し押さえることができる。

第19講　捜査(5) ── 身体の拘束

```
◆学習のポイント◆
1　手続理解編で学んだ逮捕・勾留の要件を再度確認しながら設問を検
　　討しよう。
2　逮捕の違法がその後の手続にどのように影響するかは、違法収集証
　　拠排除法則・自白法則の論点（25講・26講）とも関連づけながら理解
　　しよう。
3　同一被疑事実については原則として逮捕・勾留が1回しか許されな
　　い理由を理解した上で、例外である再逮捕・再勾留、重複逮捕・重複
　　勾留が認められるのはどのような場合かを、具体的な事例に基づいて
　　説明できるようにしよう。
4　別件逮捕・勾留の問題は、学説・裁判例も錯綜している刑訴法学習
　　の難所である。ここでは実務で有力な立場を基本とし、反対説を理解
　　しておこう。
5　別件逮捕・勾留の意義と問題点について理解したら、別件逮捕・勾
　　留と余罪取調べとの関係、違法な別件逮捕・勾留があった場合の法的
　　効果について説明できるようにしよう。
```

1　現行犯逮捕の適法性

(1)　現行犯人であることの認定

【設問1】京都恐喝未遂現行犯逮捕事件
　某日午後8時55分頃、恐喝未遂の被害に遭ったという110番通報が入り、警察
官Kがその10分後に現場に臨場した。Kは、被害者Vから「犯人は、うぐいす色
のジャンパーを着て酒の臭いがする30歳過ぎの男」と聞き、直ちに付近を巡回し
た。すると、同日午後9時15分頃、現場から約20m離れた路上において、Vの
申立てによく似たAを見つけた。AはKによる職務質問に対して犯行を否認した
が、KがVとAとを対面させて確認したところ、Vは「犯人に間違いない」と供

述したため、KがAを現行犯逮捕した。当該逮捕は適法か。

ア　問題の所在

　京都地決昭44・11・5判時629号103頁〈百選11〉をモデルにした事案である。現行犯人は私人でも逮捕できるが（→4講1(2)イ）、現実には私人から通報を受けて現場に臨場した警察官が逮捕する場合の方が多い。その場合も、現場の状況等の客観的状況から「現に罪を行い終った」（212条1項）と認められれば、比喩的に言い換えれば、「犯罪の生々しい痕跡が残り、犯罪が終わったばかりの状況」（→4講1(2)イ）があれば、警察官が犯人を現行犯逮捕することは特に問題ない。

　しかし本件では、犯行から約20分後、犯行場所から約20m離れた場所において、被害者であるVの供述がなければAを犯人と認めることができない状況で、KがAを現行犯逮捕している。こうした現行犯逮捕も適法とすることができるのであろうか。

イ　裁判例の理解

　前掲・京都地決は、「被疑者を現行犯人として逮捕することが許容されるためには、被疑者が現に特定の犯罪を行い又は現にそれを行い終った者であることが、逮捕の現場における客観的外部的状況等から、逮捕者自身においても直接明白に覚知しうる場合であることが必要」であって、本件のように「被害者の供述によること以外には逮捕者においてこれを覚知しうる状況にないという場合」には現行犯逮捕することは許されないとして、本件逮捕を違法とした。

　4講1(2)イで見たように、無令状の現行犯逮捕が認められた趣旨は、現に犯罪が行われ、または行い終わった直後であれば、逮捕者にとって犯罪と犯人が明白で誤認逮捕のおそれが少なく、かつ、緊急に逮捕する必要性があるからであり、現行犯逮捕が許されるには、犯行から逮捕までの時間的・場所的接着性と、逮捕者にとって犯罪と犯人の明白性がなければならない。このうち犯罪と犯人の明白性は、現場の状況等の客観的状況のみから判断すべきとする見解がある。この見解からは、現行犯人の認定にあたり、被害者・被疑者等の供述を考慮することは許されないことになる。しかし、前述したように私人から通報を受けて現場に臨場した警察官が逮捕する場合、被害者等の供述を考慮せずに的確な判断をすることは困難であるから、客観的状況のみに限定せず、被害者・被疑者等の供述も客観的状況を補充する限りで考慮してよいとする見解が、実務的には多数説と思われる。ただし、後者の見解

でも、被害者・被疑者等の供述のみで現行犯逮捕することは許されないと考えるべきであろう。現行犯逮捕は緊急逮捕と異なり、事後的な令状請求も必要とされないため、現行犯逮捕が許容される範囲は厳格に制限されるべきであるからである。

ウ　設問の検討

　本件では、犯行から約20分後、犯行場所から約20m 離れた場所で逮捕されているから、**時間的・場所的接着性**は認められる。しかし、Ｖの供述を考慮して客観的状況を検討しても、Ａの容姿にさしたる特徴はないし、犯罪の生々しい痕跡もなく、誤認逮捕のおそれがないほど**犯罪と犯人の明白性**があるとは言いがたい。準現行犯逮捕の要件（212条2項）を検討しても、これを充たしていないことは明らかであるから（→4講1(2)**イ**）、本件で**現行犯逮捕したことは違法**と判断せざるをえない。なお、緊急逮捕としては適法であったと考えられるが、その後の展開については、**【設問3】** ＊および**【設問5】**を参照されたい。

　　＊　現行犯逮捕できる者に協力する場合

　　　　別途検討を要するのは、現行犯人を直接覚知した被害者等が自ら逮捕すれば適法に現行犯逮捕できる場合に、警察官あるいは別の私人が被害者等に協力して現行犯逮捕したときである。この場合は、**被害者自身によって現行犯人であるという認定がなされ、逮捕者はその認定に従って、事実行為としての逮捕に協力するにすぎないから、現行犯逮捕は適法**と考えられる（痴漢の被害に遭った被害者に代わって、駆けつけた父親が犯人を現行犯逮捕したのを、実質的な逮捕者は父親と女子高校生であるから適法とした東京高判平17・11・16東高刑時報56巻1~12号85頁）。しかし、本件ではＶが現行犯逮捕しようとしていた事情も認めがたいから、この理論構成でも適法とすることは困難であろう。

(2)　準現行犯人であることの認定

【設問2】共謀共同正犯準現行犯逮捕事例
　某日午後10時、某公園で2人組の男による殺人事件を目撃したとの110番通報があった。それによると、犯人1は、「身長約190cm、痩せ型、20歳くらい、上下とも青色の着衣」、犯人2は、「身長約170cm、小太り、30歳くらい、上が白色の着衣、下が黒色の着衣、短髪」で、犯人2が犯人1に「やれ」と言った直後に、犯人1が被害者Ｖの胸を包丁で2回突き刺し、Ｖの胸に包丁が刺さったまま、犯人2が犯人1に「逃げるぞ」と叫んでその場から北西の方向に逃げた、とのことであった。
　警察は目撃状況や犯人の特徴を無線通報した。警察官 K_1 および K_2 は、無線通

報を受けて現場付近を検索中、同日午後10時20分、現場の公園から北西の方向に約800m離れた路上において、犯人1の特徴と一致するA₁と、犯人2の特徴と一致するA₂を発見した。そのうちA₁の着衣および靴には、一見して血とわかる液体が付着していた。

そこでK₁らが職務質問し、「なぜ血がついているのか」と尋ねたところ、A₁は黙っていたが、A₂が「20分前に公園でVを殺したからだ。2日前に俺がA₁に報酬を約束してVの殺害を頼んだ。そして今日の午後10時、俺が公園にVを誘い出し、『やれ』と言ってVを殺すように指示すると、A₁がVの胸を包丁で2回刺して殺した。早く逃げようと思い、俺がA₁に『逃げるぞ』と呼びかけて一緒に逃げた。俺はA₁が殺すのを見ていただけだが、俺にも責任があるのは間違いない」と供述した。

そこで、同日午後10時30分、K₁は、A₂と共謀の上Vを殺害した事実で、A₁を準現行犯逮捕し、K₂は、A₁と共謀の上Vを殺害した事実で、A₂を準現行犯逮捕した。当該逮捕の適法性について、具体的事実を適示しつつ論ぜよ。

ア　問題の所在

司法試験平成25年第2問をモデルにした事案である。4講1(2)イで見たように、準現行犯逮捕が適法であるためには、①「罪を行い終ってから間がないと明らかに認められるとき」（212条2項）として、犯行から逮捕までの時間的・場所的接着性があること、②同項1号から4号の客観的事由に該当する事実があること、③現行犯逮捕と同様に、逮捕者にとって犯罪と犯人が明白であること、④緊急な逮捕の必要性があること、が必要である。【設問2】では、A₁およびA₂にこうした要件が認められるかを検討していくことになる。

イ　設問の検討

まず、A₁から検討していこう。① A₁は、犯行から20分後、約800m離れた場所で職務質問を受け、その10分後に準現行犯逮捕されており、時間的・場所的接着性は問題ない。② A₁の着衣および靴には、一見して血とわかる液体が付着しており、「身体又は被服に犯罪の顕著な証跡があるとき」（3号）という客観的事由に該当する事実も認められる。なお、現行犯・準現行犯逮捕も特定の犯罪を前提とするものであるから、ここで「証跡」とは当該殺人事件と関連するものであることが必要であるが、包丁で刺せば着衣および靴に血が付着することは通常ありうることであり、関連性も認められる。

もっとも、③逮捕者にとっての犯罪と犯人の明白性につき、逮捕者のK₁は殺人事件を直接覚知していたわけではなく、無線通報によって犯行の時間、場所、態様、犯人の特徴、犯人が逃げた方向を覚知している。また、

A_1はK_1らの職務質問に対し黙っており、A_2の**詳細な供述**により明らかになっている。このような資料に基づいて準現行犯逮捕ができるのかが問題になる。

　準現行犯逮捕においては、「罪を行い終ってから間がない」とされ、時間的・場所的に隔たりがあることが当然の前提になっているから、逮捕者が逮捕時に直接覚知した客観的状況のみで直ちに準現行犯人かどうかを認定することは困難な場合が多い。そのため、準現行犯人の認定にあたっては、**被害者、被疑者等の供述**のほか、**逮捕者が逮捕前に得ていた情報、知識等**を補助的な資料として判断してよいと一般に考えられている（最決平8・1・29刑集50巻1号1頁〔和光大学内ゲバ事件〕参照）。

　そうだとすると、K_1が無線通報により把握した犯人1の特徴とA_1の特徴は一致し、とりわけ身長190cmというかなり特徴的な事実があり、A_1と同行していたA_2の詳細な供述により、目撃状況と犯行の時間、場所、態様は一致し、A_1が殺人の実行行為者であると認められ、逮捕した時間、場所は犯行の時間や犯人が逃げた方向とも矛盾しないことから、K_1にとってA_1が殺人事件の犯人であることは明白といえる。

　④**逮捕の緊急な必要性**については、殺人事件という重大事件で**逃亡のおそれ**があり、共犯事件で、A_1は明確な供述をしておらず、その場に共犯者だというA_2がいることからすると、それぞれの事件への関与の有無や程度などについて直ちに通謀することも可能であり、単独事件と比較して**罪証隠滅**を図るおそれも大きいと認められる（→4講1(4)**イ***参照）。

　次に、A_2について検討しよう。**【設問2】**の事実関係からすると、A_2は、実行行為を分担しておらず、A_1に依頼・指示してVを殺害させた**共謀共同正犯**と認められる。共謀共同正犯、教唆犯、幇助犯といった実行行為をしない犯罪でも、「罪を行い」として準現行犯逮捕ができるかが問題になる。

　準現行犯逮捕は、犯罪と犯人が明白で誤認逮捕のおそれが少なく、かつ、緊急に逮捕する必要があるから認められるのであり、共謀共同正犯、教唆犯、幇助犯であっても、犯罪と犯人が明白で、緊急に逮捕する必要があれば、準現行犯逮捕を認めてよいと考えられる。法文からも実行行為者に限ると読むことはできない。ただし、共謀共同正犯の成立要件は、㋐**共謀**、㋑**実行行為に準ずる重大な寄与**、㋒**共謀に基づく実行行為**であるから（→基本刑法Ⅰ322頁）、例えば**【設問2】**のような**現場共謀**の事案のように、これらの㋐から㋒のすべての事実が逮捕者にとって明白である場合に限って、準現行犯逮捕が認められると考えるべきである（現行犯逮捕でも同様に考えられ

る）。

逮捕者である K₂ は、無線通報での目撃状況および A₂ の詳細な供述から、㋐ A₂ が A₁ に依頼・指示していること、㋑自己に代わって A₁ に V を殺害させていること、㋒ A₁ が実行行為に及んだことをそれぞれ覚知し、A₂ が「罪を行い終ってから間がない」者だと明らかに認めることができる。そして、A₂ は A₁ と同じ場所で準現行犯逮捕されているのであるから、①犯行と逮捕との時間的・場所的接着性は認められる。

②212条2項各号の客観的事由については、目撃状況および A₂ の詳細な供述、逮捕時にも両名が一緒にいたことから、A₁ と A₂ が行動を共にしている共犯者であることは明らかであり、このような場合には A₁ に同項3号に該当する事由があれば、A₂ にも同号に該当する事由があると認められる（和光大学内ゲバ事件参照）。

③犯罪と犯人の明白性については、目撃された犯人2にはあまり特徴がないものの、A₂ と矛盾していない上、目撃状況および A₂ の詳細な供述が犯行の時間、場所、態様と一致し、逮捕した時間、場所は犯行の時間や犯人が逃げた方向とも矛盾しないことからしても、認められる。また、④緊急な逮捕の必要性については、A₁ と同様の理由により、認められる。

以上からすると、本件の準現行犯逮捕はいずれも適法である。

2　逮捕の違法と勾留

【設問3】長野買い物袋窃盗事件

某月14日午後3時24分頃、預金通帳等が入った買い物袋の窃盗事件が発生し、犯人が自動車で逃走した。目撃者から犯人の人相・服装、車両の色・ナンバー等が通報され、車両は同日午前9時過ぎに別の場所で盗まれた盗難車と判明した。

警察は緊急手配により車両検問を行った。車両検問に従事していた K₁ 巡査らは、午後6時20分頃、A が運転する手配車両を発見し、停止するよう合図した。しかし A はこれに従わず、走り去った上、車両を放置して山林内に逃げ込んだ。

そのため警察は山林内の捜索および付近の張込みを実施したところ、午後8時5分頃、K₂ 巡査部長らが A を発見し、その人相・服装や、ズボンが泥で汚れているなど山林を逃げ回った形跡があったことから、手配犯人と認め、付近の駅待合室まで任意同行して職務質問を開始した。A は犯行を否認し、住所・氏名についても答えなかったが、所持していた期限切れの運転免許証、刑務所からの出所証明書により、本籍・氏名・生年月日、約1週間前に刑務所を出所したばかりであることなどが判明した。

K₂ 巡査部長は A が窃盗事件の犯人である容疑が濃いと判断し、A の承諾を得

て、午後 8 時30分頃、Aを最寄りの駐在所まで同行して事情聴取を続けたが、A
は犯行を否認し続けた。

　2 時間ほど駐在所での事情聴取が続いた午後10時30分頃、K₃警部補は、Aの
容疑は濃厚だが、まだ緊急逮捕はできないと判断し、さらに警察署への任意同行
を求めた。Aは、半ば自棄的になり勝手にしろといった調子で「どこにでも行っ
てよい」旨述べたため、午後11時頃、覆面パトカーの後部座席中央にAを座ら
せ、その両側に警察官 2 名が挟むように座り、午後11時50分頃、警察署に同行し
た。

　警察署でもAは否認を続け、午前 0 時過ぎ頃、「既に逮捕しているなら遅いか
ら留置場で寝かせてほしい。まだ逮捕していないなら帰らせてもらう」と述べて
椅子から立ち上がったが、警察官がこれを制止した。

　結局Aは否認のまま逮捕状が発付され、翌15日午前 2 時18分に執行された。A
は、16日午後 1 時に検察官に送致され、すぐに勾留請求された。裁判官はこの勾
留請求を認めるべきか。

(1)　問題の所在

東京高判昭54・8 ・14判タ402号147頁〈百選14〉をモデルにした事案であ
る。

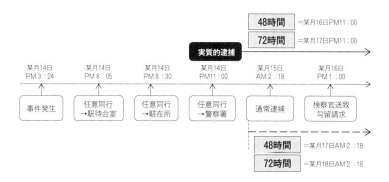

　本件では、前提としてまず逮捕の適法性が問題になるが、前掲・東京高判
は、Aを駅の待合室へ、さらに駐在所へと同行した一連の行為は、その経
過・態様に照らし、警職法 2 条 2 項の任意同行に該当し、何ら違法の点は認
められないが、少なくとも駐在所から警察署に向かうべくAをいわゆる覆面
パトカーに乗せてからの同行は、被告人が「どこにでも行ってよい」旨述べ
たとはいえ、その場所・方法・態様・時刻・同行後の状況等からして、逮捕
と同一視できる程度の強制力を加えられていたもので、実質的には（令状が
ないまま）逮捕行為に当たる違法なものといわざるをえない、とした。

このように逮捕手続に違法がある場合、その後に得られた自白に証拠能力が認められるかは、自白法則や違法収集証拠排除法則とも関連して問題になるが、その論点は別に検討する（→26講）。

(2) 裁判例の理解

　前掲・東京高判は、前記のとおり警察署への任意同行は実質的逮捕に当たり違法としつつ、当時、K_3警部補は緊急逮捕できないと判断していたものの、本件の諸事情、特に、預金通帳等を窃取した犯人が乗って逃走した自動車をその2〜3時間後にＡが運転しており、しかも警察官の停止合図を無視して逃走したこと、約1週間前に遠隔地の刑務所を出所したばかりで、しかも有効な運転免許を持たないＡが数時間前に盗まれた自動車を運転していたことなどからすると、**実質的逮捕の時点において緊急逮捕の理由と必要性はあった**と認めた上で、**実質的逮捕の約3時間後には令状による通常逮捕の手続がとられ、48時間以内に検察官への送致手続がとられていて、勾留請求の時期についても違法の点は認められないことも考えると、実質的逮捕の違法性の程度はその後になされた勾留を違法ならしめるほど重大なものではない**と判断した。

　逮捕と勾留はそれぞれ別個の手続であるから、逮捕の違法が何故勾留に影響するのかという理論的な問題がある。かつては、逮捕前置主義（207条1項）は、適法な逮捕を前提とするから、違法な逮捕は当然に勾留に影響すると考えられていた。しかし、4講1(4)アで見たように、逮捕前置主義の趣旨を逮捕の間に捜査を尽くさせて長期間の勾留をできる限り避けることにあると考えるならば、逮捕が違法であってもそれが直ちに勾留に影響するということはできない。逮捕の間に捜査を尽くすという要請は、逮捕が違法であっても一応充たされているからである。そのため、現在の学説では、逮捕の違法が勾留に影響する実質的な理由として、①逮捕手続の違法性を判断するための準抗告が認められていない（→12講4）のは、逮捕の違法を勾留の段階で審査することを前提にしているためである、②逮捕に重大な違法があれば被疑者は釈放されなければならないので、逮捕を継続する処分としての勾留は許されないからである、③違法な逮捕による勾留請求を認めないことで、将来の違法逮捕を抑止するという政策的な理由からである、といった説明がなされている。

　いずれの説明によるとしても、逮捕状のささいな誤記など軽微な違法があるにすぎない場合にも勾留請求を一切認めないとするのは、捜査の必要性を考慮すると適切ではなく、**令状主義の精神に反するような重大な違法が先行**

する逮捕に認められる場合に限って、勾留請求を却下するべきだと考えるのが一般である。問題は、どのような場合に重大な違法が認められるかである。

　＊　重大な違法があるとして勾留請求を却下した裁判例

　　　いずれも勾留請求を却下された検察官の準抗告に対する判断である。まず、15講【設問9】で検討した富山地決昭54・7・26判時946号137頁（富山任意同行違法事件）は、検察官の勾留請求は、実質逮捕とされた午後7時から起算しても勾留請求までの制限時間を遵守していたが、**約5時間にも及ぶ逮捕状によらない逮捕という令状主義違反の違法**は、それ自体重大な瑕疵であって、制限時間遵守によりその違法性は治癒されないとし、逮捕手続に**重大な違法**があるとして、勾留請求を却下した裁判官の判断を支持した。次に、【設問1】で検討した京都恐喝未遂現行犯逮捕事件は、警察官が被害者の供述に基づいて被疑者を「現行犯逮捕」した時点においては、被疑者について緊急逮捕をなしうる実体的要件は具備されていたと認められるけれども、現行犯逮捕ないしは準現行犯逮捕をなしうるまでの実体的要件が具備されていたとは認められず、このような場合にあっては、警察官がその時点で被疑者を逮捕したこと自体には違法はないとしても、**直ちに事後的措置として裁判官に対して緊急逮捕状の発布請求の手続をとり、裁判官の司法審査を受けるべきであったのに、そのような手続をとらずに漫然と被疑者の逮捕を継続したという点において、本件逮捕手続には重大な違法があるとして、**勾留請求を却下した裁判官の判断を支持した。

　勾留請求を却下するほど重大な違法があったかどうかは、裁判例の考え方も分かれていて一律の基準で示すことは困難とされているが、①任意同行といいながら実質的逮捕をした場合、②現行犯逮捕の要件を欠いているのに現行犯逮捕をした場合、③緊急逮捕の要件を欠いているのに緊急逮捕をした場合、④その他逮捕手続に根本的な瑕疵がある場合（例えば、【設問6】の後掲・仙台地決昭49・5・16参照）は、原則として重大な違法と考えられる。ただし、前掲・東京高判昭54・8・14のように、①の場合であっても緊急逮捕の要件を事実上具備していたと認められ、その時点から勾留請求までに法定の制限時間（→4講【設問14】【設問15】参照）が遵守されていれば、勾留請求を却下するほどの重大な違法はなかったとするのが、裁判例の大勢ともいわれている。

　学説では、違法な実質的逮捕が先行している以上、その時点で緊急逮捕の要件が事実上具備していたとしても、重大な違法があるとして裁判官は勾留請求を却下すべきとする見解も有力である。こうした見解は、緊急逮捕は違

憲の疑いもあるので手続を厳格に解すべきところ、緊急逮捕手続では「直ちに」逮捕状を請求しなければならず、事後的な司法審査では、緊急逮捕時の事情に基づいて緊急逮捕の適法性が審査され、逮捕状発付時の事情に基づいて通常逮捕の要件、すなわち逮捕の理由と逮捕の必要性があるかを二段階で審査しなければならない（→4講1(2)**ウ**）など、事後的に通常逮捕状について司法審査を受けただけの場合と同視できず、**令状主義違反**と考える。これに対し、実務では、実質的逮捕の時点で緊急逮捕の要件を具備していたのに、その後に通常逮捕したのは逮捕手続の選択を誤った**形式的な過誤**にすぎないと考えるところに違いがあるといえよう。

(3) 設問の検討

任意同行が実質的逮捕に当たるかは、①**任意同行を求めた時間・場所**、②**同行の方法・態様**、③**同行後の取調べ時間・監視状況**、④**逮捕の準備状況**、⑤**被疑者の同行拒否・退去希望の有無・内容**、⑥**被疑者の属性**といった事情を総合的に考慮することが必要であるが（→15講【設問9】）、本件で違法とされた駐在所から警察署までの任意同行は、既に2時間以上取調べが続いた後、深夜の午後11時に、警察官が取り囲む形で警察車両によりAを同行しており、同行後の取調べも午前0時を過ぎて翌日午前2時過ぎまで続き、Aが退去を申し出ても受け入れられなかったなどの事実関係からすると、午後11時には逮捕状がないままAを実質的に逮捕しており、違法と考えられる。

もっとも、窃盗は**長期3年以上の懲役**に当たる罪であること、犯人が逃走する際に乗っていた自動車を数時間後にAが運転していた上、Aが現に山林に逃亡するなどしていたことからすれば、充分な嫌疑が認められ、直ちに逮捕する**緊急性**があったこと、事実を否認しているなど罪証隠滅のおそれもあったことからすれば、実質的逮捕の時点では緊急逮捕の要件が事実上具備されており、その数時間後には通常逮捕状ではあるものの、**逮捕状が発付**され、勾留請求まで**法定の制限時間も遵守**されていたことも考慮すると、**実質的逮捕の違法は勾留を違法とするほど重大ではない**と考えられる。

これに対して、緊急逮捕の要件が事実上具備されていたとしても、実質的逮捕の違法は重大で令状主義違反があると考えるならば、次に逮捕手続の違法によりAの自白の証拠能力が否定されるかにつき、自白法則および違法収集証拠排除法則との関係も踏まえながら、論じることになる（→25講・26講）。

なお、実務上は、勾留請求の段階で検察官が先行する逮捕の違法に気づき、被疑者を一旦釈放して直ちに再逮捕した上、勾留請求する場合がある。

その場合の問題については、【設問5】で検討する。

3 再逮捕・再勾留

(1) 同一被疑事実での再逮捕・再勾留

【設問4】交番等爆弾再逮捕・再勾留事件
　A₁は、過激派の連続爆弾闘争として、①警視庁機動隊寮、②甲交番、③乙交番、④丙交番、⑤東京地検にそれぞれ爆弾を仕掛けたという5件の爆発物取締罰則違反により逮捕され、20日間勾留されたが、嫌疑不十分で釈放された。しかし、その後に警察官がA₂を取り調べたところ、②の事件でA₁と共謀して犯行に及んだ旨の供述が得られたことから、警察官はA₁を②の事実で再逮捕し、検察官が勾留請求した。裁判所はこの勾留請求を認めるべきか。

ア　問題の所在

　東京地決昭47・4・4判タ276号286頁〈百選15〉をモデルにした事案である。本件では、既に同一の被疑事実で逮捕・勾留された A₁ について、検察官が再勾留しようとしている。仮に無制限に再逮捕・再勾留が許されるとすれば、手続理解編で見た厳格な身体拘束期間の制限（203条〜208条→4講1(3)・(4)エ・カ）は無意味となるから、同一の被疑事実について再逮捕・再勾留することは、原則として禁止される（**再逮捕・再勾留禁止の原則**）。しかし、この原則も全く例外を許されないものではないとされており、今回の検察官の勾留請求がこうした例外に当たるのかが問題となる。

イ　裁判例の理解

　前掲・東京地決昭47・4・4は、①先行の勾留期間の長短、②その期間中の捜査経過、③身体拘束からの釈放後の事情変更の内容、④事案の軽重、⑤検察官の意図、⑥その他の諸般の事情を考慮し、**社会通念上捜査機関に強制捜査を断念させることが首肯しがたく、また、身体拘束の不当な蒸し返しでないと認められる場合**には、例外的に再勾留が認められるとした。

　もっとも、本件のように20日間の勾留期間が先行しているような場合には、**同一の被疑事実について通じて20日間を超える勾留をすることになる**から、再逮捕・再勾留は認められず、検察官の勾留請求を却下すべきとの見解もある。しかし前掲・東京地決は、このような場合には「より一層限定的に」例外を認めるべきであるが、「慎重に判断した結果再度の勾留を許すべき事案だということになれば、その勾留期間は当初の勾留の場合と同様に解すべき」として、通じて20日間を超える勾留も許されるとし、先行した勾留

期間は「後の勾留期間の延長、勾留の取消などの判断において重視されるにとどまる」とした。

　その上で、本件では先の勾留が併合罪の関係にある①から⑤の事実でなされたもので、②の事実のみでなされたものではなかったこと、本件のような**重大事犯**につき捜査機関に**十分な捜査**を尽くさせずにこれを放置することは**社会通念**上とうてい首肯できず、本件について被疑者を再勾留することが**身体拘束の不当な蒸し返し**にはならないというほかなく、前記の極めて例外的な場合に該当すると認めるのが相当であるとして、検察官の準抗告を認め、勾留請求を却下した原裁判を取り消した。

　通説は、199条3項および刑訴規則142条1項8号が同一の被疑事実について前に逮捕状の請求・発付があったことを裁判官に了知させることを求めているのは、**同一の被疑事実での再逮捕を前提にした条文**であることを理由として、**例外的な場合には再逮捕を認める**。再勾留については何ら規定がないが、再逮捕を認めながら再勾留は認めないとする合理的な理由もないので、**再勾留も認められる**と考えられている。具体的に再逮捕・再勾留が認められるのは、**事情変更**があったことにより、再逮捕・再勾留を認めたとしても、それが単なる蒸し返しとはいえない場合で、**再逮捕・再勾留の必要性の程度**と、**被疑者が被る不利益の程度**とを比較衡量して、再逮捕・再勾留を認めることが相当と認められるかどうかを基準に考える見解がある。この見解によれば、これまでに学習してきた比例原則の考え方と同様の検討をすることができる。

　被疑者が被る不利益を考える上では、①**先行した勾留期間**が重要である。例えば、被疑者が逃亡した場合、あるいは20日間の勾留期間満了前に勾留の理由がなくなったとして被疑者を釈放した後、新たな証拠が発見された場合には、被疑者が被る不利益の程度は大きくないから、必要性がある限り、再逮捕・再勾留は認められるであろう。問題は、本件のように20日間勾留して釈放された後、新たな証拠が発見された場合であるが、被疑者が被る不利益の程度は大きいので、❶**犯罪の重大性**、❷**新しく発見された証拠の重要性**、

❸被疑者の逃亡・罪証隠滅のおそれの程度等を考慮し、必要性の程度と権衡する場合にのみ、再逮捕・再勾留が認められることになろう。

　なお、再勾留の期間につき、先行した勾留と通じて20日間を超えてはならないと考える見解は、結局のところ法定の身体拘束期間の超過を認めないものであって、例外的に再勾留を認める意味に乏しいと批判されている。再勾留の期間に制限は設けず、勾留期間の延長や勾留取消しにおいて考慮されるとする前掲・東京地決の考え方が妥当であろう。

ウ　設問の検討

　①先行して20日間勾留されていたことから、Aが被る不利益は大きいが、❶爆発物取締罰則違反のうち爆発物の使用（同罰則1条）は、法定刑が死刑または無期もしくは7年以上の懲役という**重大犯罪**であること、❷A_1を釈放後に得られたA_2の供述は、A_1との共謀が明らかになったという**重要な新証拠**であること、❸重大犯罪かつ過激派による組織的背景がある事案で、**逃亡および罪証隠滅のおそれも大きい**と認められることなどからすれば、裁判所は例外的に勾留請求を認めるべきと考えられる。

(2)　先行する逮捕が違法な場合の再逮捕・再勾留

> **【設問5】違法逮捕釈放・再逮捕事例**
> 　【設問1】の事案で、現行犯逮捕が違法であるとして裁判所から勾留請求を却下された検察官あるいは検察事務官は、一旦Aを釈放した後、直ちにAを緊急逮捕して、再び勾留請求することはできるか。

ア　問題の所在

　再逮捕・再勾留では、先行する逮捕が違法な場合に、一旦被疑者を釈放して、再逮捕・再勾留することが認められるかも問題となる。

イ　裁判例の理解

　前掲・京都地決昭44・11・5の事案でも、現行犯逮捕が違法であるとして勾留請求を却下された後、検察事務官が同一の被疑事実で被疑者を緊急逮捕し、違法とされた当初の現行犯逮捕から72時間以内に再度の勾留請求したところ、**再度の勾留請求は認められた**という経緯をたどっている。

　学説には、先行する逮捕が違法な場合、再逮捕は一切認められないとする見解もあるが、違法の程度を問わずその後の強制捜査を一切不可とすることは妥当でないとして、**例外的な場合に再逮捕を認める**のが通説である。どのような場合に再逮捕・再勾留が認められるかについても、前述した**被疑者が**

被る不利益の程度と、再逮捕・再勾留の必要性の程度とを比較衡量して決することができる。例えば、犯罪の嫌疑が極めて薄いのに逮捕したとか、検察官送致までの制限時間を遵守しなかったなど、**違法の程度が極めて重大である場合**には、被疑者が被る不利益の程度が非常に大きいので、再逮捕は認められないが、【設問1】のように緊急逮捕すべきところを誤って現行犯逮捕したなど、**逮捕手続の種類の選択を誤ったにすぎない場合**には、再逮捕・再勾留の必要性の程度に照らし、例外的な場合として再逮捕・再勾留が認められることになろう。

　実務では、警察官から送致を受けた検察官あるいは検察事務官がこうした違法を発見した場合、勾留請求前に一旦被疑者を釈放し、検察官あるいは検察事務官が改めて通常逮捕または緊急逮捕して、勾留請求する例もある。このような取扱いを認めると、204条により再逮捕から48時間以内に勾留請求すればよいことになり、被疑者の身体拘束時間が長くなって被疑者に不利になるのではないかが問題になるが、検察官は再逮捕後、直ちに勾留請求することにより、**当初の違法逮捕時から起算**して、203条・205条に基づき72時間以内に勾留請求し、被疑者の不利益の程度が大きくならないように配慮している。

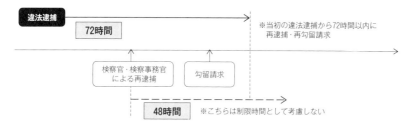

ウ　設問の検討

　【設問1】の事案であれば、【設問3】＊で見たように裁判所も緊急逮捕の要件は事実上具備されていたと認めており、**逮捕手続の種類の選択を誤ったにすぎず**、違法の程度が重大とまではいえない場合である上、被疑者の身体拘束が当初の違法逮捕時から72時間以内のうちに勾留請求がなされており、被疑者が被る不利益の程度が大きいとまではいえず、他方で**恐喝未遂という重大な犯罪**で、被疑者は犯行を否認していて**逃亡のおそれや罪証隠滅のおそれも認められる**から（→4講1(4)イ）、再逮捕・再勾留の必要性の程度は大きいといえ、再逮捕・再勾留を例外的に認めてよいと考えられる。

4　一罪一勾留の原則

【設問6】仙台常習賭博再逮捕・再勾留事件
　Aは、某年1月1日から3日までの間に常習として賭博をした事実（常習賭博罪）により、同年4月1日に逮捕され、同月2日から20日間勾留された後、同年4月21日に起訴された。Aは起訴後の4月23日に保釈されたが、その後に関係者の供述により、同年1月4日にも賭博をしていた事実が判明したため、警察は同事実によりAを逮捕し、引き続き検察官が勾留請求をして、裁判官も勾留を認めた。これに対して弁護人は、一罪一勾留の原則に反する逮捕・勾留であるとして、裁判所に勾留の取消しを申し立てた。裁判所は、どのように判断するべきか。もしAが保釈後の5月1日に賭博をしていた事実が判明した場合は、考え方に違いがあるか。

(1)　問題の所在

仙台地決昭49・5・16判タ319号300頁〈百選17〉をモデルにした事案である。

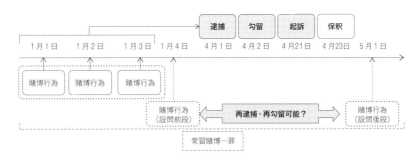

　逮捕状・勾留状の請求には被疑事実が必要とされ、被疑事実を単位として逮捕・勾留の可否について裁判官が審査する令状主義・事件単位の原則に基づき、同一の被疑事実につき逮捕・勾留は1回しか認められないという原則を一罪一逮捕一勾留の原則という。実際には逮捕ではなく勾留が問題になることが多いことから一罪一勾留の原則ともいわれる。この一罪一勾留の原則には、前述したように同一の被疑事実での逮捕・勾留の繰返しを許さないという再逮捕・再勾留の禁止のほか、同一の被疑事実について同時に複数の逮捕・勾留を許さないという重複逮捕・重複勾留の禁止が含まれる。例えば、傷害の事実で逮捕・勾留中、強盗目的であることが明らかになったため、傷

害と一罪の関係にある強盗致傷の事実で再逮捕・再勾留はできず、重複逮捕・重複勾留もできない。

　しかし、【設問6】のように、実際には数個の被疑事実（各賭博行為）があるのに、実体法（刑法）上は包括して「一罪」とされる常習犯の場合（→基本刑法Ⅰ421頁）には、「一罪」の基準をどのように考えるかが問題になる。

（2）　裁判例の理解

　「一罪」の基準を令状に記載された被疑事実とし、常習犯の場合には被疑事実ごと（【設問6】なら賭博行為ごと）に何度でも逮捕・勾留ができるとする見解もあるが、通説は「一罪」の基準を実体法上の罪数に求める。その根拠は、①実体法上の一罪に対しては一個の刑罰権のみが発生するのであるから、刑罰権を実現するための逮捕・勾留も1回しか許されない、②実体法上の一罪を分割して逮捕・勾留することを認めると、実質的に逮捕・勾留の蒸し返しになるおそれが高く、それを予防するため、とされる。この見解からは、常習犯も「一罪」であるから、【設問6】で賭博行為ごとに逮捕・勾留することは許されないし、例えば科刑上一罪である住居侵入・窃盗の事案で、住居侵入で逮捕・勾留し、さらに窃盗で逮捕・勾留することも許されない。しかし【設問6】の後段のように、保釈後にAが新たな賭博行為に及んだような場合にこの考え方を徹底すると、新たな賭博行為も実体法上の一罪となる上、保釈中も勾留の効力は継続しているから重複逮捕・重複勾留となって、一罪一勾留の原則から逮捕・勾留できないことになり、捜査の不当な制限となりかねない。そこで、検察官は同時処理が可能であった被疑事実について同時処理義務を負うが、同時処理の可能性がない場合にはこのような義務を負わせることはできないし、実質的に逮捕・勾留の蒸し返しともいえないと考え、こうした場合には一罪一勾留の原則は適用されず、新たな事実で逮捕・勾留することも許されるとする見解が多数説である。前掲・仙台地決もこの立場に立つ。

　もっとも、保釈後に新たな犯罪行為に及んだ場合はともかく、当初の逮捕・勾留前の犯罪行為が発覚した【設問6】の前段のような場合には、同時処理が可能であったか否かを判断することは容易でない。前掲・仙台地決は、捜査機関に犯罪自体が発覚していれば同時処理の可能性があったと判断したが、判断基準を明確にするべく、当初の逮捕・勾留の前の犯罪であれば直ちに同時処理の可能性があったとして、一罪一勾留の原則が適用されると考える見解が有力である。

なお、一罪一勾留の原則に該当するとしても、再逮捕・再勾留の禁止に例外が認められたのと同様、**重複逮捕・重複勾留の禁止にも例外が認められる**と考えられている。例外に当たるか否かは、再逮捕・再勾留の禁止の例外が認められる場合と同様、**被疑者が被る不利益の程度**と、**再逮捕・再勾留の要性の程度との比較衡量により決する**ことになろう。

(3)　設問の検討

　通説の立場からは、常習賭博は包括一罪であるから、各賭博行為を分割して逮捕・勾留することは許されない。しかし、後段の５月１日の賭博行為については、保釈後の新たな事実であって検察官に**同時処理の可能性**がなかったのであるから、一罪一勾留の原則は適用されず、再逮捕・再勾留が許される。

　問題となるのは前段の１月４日の賭博行為であるが、**当初の逮捕・勾留の前の犯罪であれば直ちに同時処理の可能性があったと考えれば、一罪一勾留の原則が適用される**。もっとも、重複逮捕・重複勾留禁止の原則にも例外が認められる場合があるから、被疑者が被る不利益の程度と再逮捕・再勾留の必要性の程度を比較衡量する必要がある。本件では、被疑者は**先行した勾留で20日間勾留されており**、被疑者の被る不利益の程度が大きい一方、**単純賭博の法定刑は50万円以下の罰金または科料で重大な犯罪とは言いがたく**、被疑者が実際に罪証隠滅を図ったとか、逃亡を企てたといったような事実があって**被疑者の逃亡・罪証隠滅のおそれが相当に大きいといえるような場合**でない限り、再逮捕・再勾留は認められないと考えられる。

　なお、前掲・仙台地決の事案では、再逮捕の際の逮捕状請求書に199条３項および規則142条１項８号に基づく記載がなかったため、**逮捕状も違法無効であり、逮捕の前置を欠くことになるので勾留も違法無効である**という理由から、勾留が取り消された。２(2)で見た重大な違法がある場合のうち、④その他逮捕手続に根本的な瑕疵がある場合に当たる（→勾留の取消しについては５講６(1)**イ** b 参照）。

＊　併合罪関係にある被疑事実と同時処理義務

　　いわゆるクリーン・コントロールド・デリバリー（→16講４(1)コラム）が行われたことにより、大麻が代替物と差し替えられ、その代替物を受け取ったＡを、薬物犯罪を犯す意思をもってその代替物を所持した被疑事実（麻薬特例８条２項）で逮捕・勾留し、その後に当該大麻を営利目的で輸入した被疑事実（大麻取締24条２項）で勾留することができるかが問題になった事案がある。

後の勾留を認めた裁判に対して弁護人が準抗告したところ、準抗告審は、両事実の実質的な同一性や、両事実が一罪関係に立つ場合との均衡等を考慮し、捜査機関は前の被疑事実での勾留中に後の被疑事実についても同時に処理することが義務づけられていたと解するのが相当であるとして、弁護人の準抗告を認め、後の勾留請求を却下した。そのため検察官が特別抗告（433条→12講1(1)）をしたが、最決平30・10・31判時2406号70頁は、同条の抗告理由に当たらないとして棄却した。しかし、同決定は、準抗告審が考慮した理由のみから、同時処理が義務づけられていた旨説示した点は是認できないとし、補足意見は、両事実は併合罪の関係にあり、両事実の捜査に重なり合う部分があるといっても、後の被疑事実では罪体や重要な情状事実について相当幅広い捜査を行う必要があると考えられ、準抗告審による同時処理が義務づけられていた旨の説示は刑訴法の解釈適用を誤ったものであるなどと指摘した。

「一罪」の基準を実体法上の罪数に求める通説の基準からは、併合罪の関係にあれば「一罪」とはいえないので、原則として同時処理義務はないと考えられる。しかし、併合罪の関係にある複数の被疑事実であっても、同時処理の可能性があったのに実質的に逮捕・勾留を蒸し返していると認められれば、後の勾留請求が制限されることもありうる。前掲最高裁決定が、準抗告審が考慮した理由「のみ」では同時処理義務が認められないとしたのは、このような趣旨を含むと理解することもできる。

5　別件逮捕・勾留と余罪取調べ

【設問7】別件逮捕・勾留事例

　V女に対する殺人、死体遺棄事件の犯人として A_1 および A_2 が浮上したが、同事件で両名を逮捕するだけの証拠がなかったため、警察は A_1 および A_2 が他の犯罪を犯していないかを調べた。

　すると、A_1 が他1名と2人組でコンビニ強盗をしている疑いが浮上し、強盗の被害者から A_1 が犯人の1人に間違いないとの供述が得られたため、警察は強盗の被疑事実で A_1 に対する逮捕状の発付を受け、A_1 を逮捕した。A_1 は「身に覚えがない」と否認したが、検察官は A_1 の勾留を請求し、認められた。

　他方、警察が A_2 を尾行していたところ、A_2 がスーパーで500円相当の刺身パック1個を万引きするのを現認し、A_2 を呼び止めたところ突然逃走したので、窃盗の被疑事実で現行犯逮捕した。なお、A_2 には1年前に同種の窃盗により起訴猶予となった前歴があった。A_2 は黙秘したが、検察官は A_2 の勾留を請求し、認められた。

　A_1 の取調べを担当した警察官 K_1 は、勾留3日目、A_1 に「他に何かやっていないか」と余罪の有無を確認したところ、A_1 はV女に対する死体遺棄事件を自白した。そこで K_1 は、同日と翌日の2日間にわたり、V女が死亡した経緯やV女

の死体を遺棄した状況を聴取したところ、A₁が既に証拠として押収されていた
メールに沿う供述をして、殺人、死体遺棄の事実を認めたので、A₁の上申書
（供述書の一種→10講2⑶参照）または供述調書を作成しようとしたが、A₁はこ
れを拒否した。そのため K₁は、その後は強盗について取調べを継続しつつ、毎
日約30分間ずつ、A₁に対して上申書または供述調書の作成に応じるよう説得し
たが、A₁は拒否し続けた。

　他方、A₂の取調べを担当した警察官 K₂は、勾留2日目、A₂に「他に何かやっ
ていないか」と余罪の有無を確認したが、A₂は余罪がないと供述したので、そ
の後は殺人、死体遺棄事件について一切聴取しなかった。

　勾留満期日になり、A₁は嫌疑不十分で、A₂は示談成立による起訴猶予で釈放
されたが、その日のうちに殺人、死体遺棄事件で通常逮捕され、勾留された。こ
れらの逮捕とそれに引き続く身体拘束の適法性および取調べの適否について論ぜ
よ。

(1)　問題の所在

　司法試験平成23年第2問をモデルにした事案である。別件逮捕・勾留と
は、「本件」（【設問7】では殺人、死体遺棄）について逮捕するだけの証拠
が揃っていない場合に、「本件」について取り調べる目的で、証拠の揃って
いる「別件」（【設問7】では強盗あるいは窃盗）で被疑者を逮捕・勾留し、
その身体拘束期間を利用して「本件」の捜査（主に取調べ）をする捜査手法
をいう。別件逮捕・勾留が問題となる事案では、【設問7】のように、①
「別件」による逮捕・勾留（第一次逮捕・勾留）、②その間の「本件」に関す
る取調べと自白の獲得（余罪取調べ）、③獲得された自白を疎明資料とした
「本件」による逮捕・勾留（第二次逮捕・勾留）という経過をたどるのが一
般であることから、問題点を検討する際にも、①第一次逮捕・勾留の適法
性、②余罪取調べの限界、③第二次逮捕・勾留の可否、の順序で検討してい
く必要がある。

(2)　別件逮捕・勾留に関する諸見解

ア　第一次逮捕・勾留の適法性

　実務の大勢は、「別件」に逮捕・勾留の理由と必要性（→4講1⑵ア・
イ・ウ・⑷イ）があれば、第一次逮捕・勾留は適法と考える（別件基準説）。
【設問7】では、強盗あるいは窃盗の事実について逮捕・勾留の理由と必要
性がある限り、第一次逮捕・勾留は適法となる。この立場からも、「別件」
に逮捕・勾留の理由と必要性がない場合は違法となるが、それは当然である
から（→4講【設問2】【設問18】参照）、わざわざ別件逮捕・勾留の問題と
して論じる必要はないことになる。

これに対し、学説の多数は、「別件」に逮捕・勾留の理由と必要性があったとしても、捜査機関においてこれを「本件」の捜査のために利用する意図がある場合には、当該逮捕・勾留を違法と考える（**本件基準説**）。その根拠として、①実質的には「本件」で逮捕・勾留しているのに、裁判官は「別件」についてのみ司法審査をしており、司法審査のない「本件」での逮捕・勾留を認めることによって、**令状主義を潜脱する**、②第一次逮捕・勾留の期間中に「本件」の捜査を行い、さらに「本件」で第二次逮捕・勾留を認めれば、**厳格な身体拘束期間の制限も潜脱される**、などがあげられる。

本件基準説は、「別件」での第一次逮捕・勾留が請求された時点で、裁判官が「本件」の捜査のために利用するという捜査機関の「意図」を見抜いて、令状請求を却下するという**事前抑制**を重視するものである。しかし、裁判官が捜査機関のこうした意図を見抜くのは容易でないし、「別件」について客観的な逮捕・勾留の理由と必要性があるのに、捜査機関の意図という**主観的な事情**で違法となる根拠が明らかでないとの批判がある。

イ　余罪取調べの限界

第一次逮捕・勾留が適法だと判断されたとしても、その期間中に「本件」について無制限に取調べをしてよいのか、【設問7】では、強盗あるいは窃盗での逮捕・勾留中に、殺人、死体遺棄事件の取調べをすることが許されるのかが、次に問題となる。

なお、用語が混乱しやすいので改めて整理しておくと、第一次逮捕・勾留の被疑事実は「別件」を基礎とするものであるから、ここでは「**別件**」取調べが「**本罪**」取調べとなり、「**本件**」取調べが「**余罪**」取調べとなるので、注意しよう。

実務でも有力になっているのは、第一次勾留期間中の余罪（＝本件）取調べを含む客観的な捜査状況を踏まえ、**本罪（＝別件）の勾留としての実体を喪失していたか**を検討し、その違法性を判断する見解である（**実体喪失説**）。この見解は、勾留期間の定めは被疑者の身体拘束を不必要に長期化させないための期間制限であり、第一次勾留期間中は本罪について適正な処分のための捜査活動（取調べ）を行うべきであるのに、**専ら余罪についての捜査活動（取調べ）が行われていた**と認められる場合には、第一次勾留は**本罪による勾留としての実体を喪失**し、実質上、余罪のための身体拘束と評価され、余罪については裁判官による司法審査を受けていないのであるから、当該**身体拘束は令状主義に違反し違法**であるとともに、余罪取調べも違法な身体拘束を利用したものとして違法になると考える。このように実体を喪失していた

か否かは、①捜査機関の意図、②本罪および余罪それぞれの取調べの程度、③余罪と本罪との関係（法定刑の軽重、密接な関連性の有無など）、④取調べの態様および供述の自発性、⑤捜査全般の進行状況等を総合的に考慮して決することになる。そして、**実体を喪失したと認められる時点から、勾留は違法とされる**ので、第一次勾留は全部違法になるわけではなく、**一部が違法**と判断されることになる

　実体喪失説は、現実に行われた客観的な捜査状況を踏まえ、事後的に違法と判断することで事後抑制を重視するものといえる。本件基準説が意図したように、第一次逮捕・勾留が請求された時点で事前抑制を図ることはできないものの、その後に違法な余罪取調べが行われたことを理由として、①第一次勾留執行中であれば**勾留取消しにより釈放する**、②第一次勾留が延長前であれば**延長を認めず釈放する**、③**第二次逮捕・勾留請求を却下する**、④起訴後に公判廷で**自白調書の証拠能力を否定する**（→26講1）、といった方法で事後抑制を図ることが考えられる。

　　＊　**本件基準説・別件基準説と実体喪失説との関係**

　　　本件基準説の立場から主張される実体喪失説は、捜査機関の「意図」を重視して事前抑制を図る本件基準説とは一線を画しており、「新しい本件基準説」ともいわれる。この見解は、起訴前の勾留期間の趣旨を「被疑者の逃亡および罪証隠滅を防止した状態で、身体拘束の理由とされた被疑事実につき、起訴・不起訴の決定に向けた捜査を行うための期間」と位置づけ、そうした捜査を継続する必要性がないのに本件を理由に勾留することは**実質的に本件による勾留**であって違法と考えるところに特色がある。なお、この見解からも、実体を喪失しているとまではいえない比較的短時間の本件の取調べを繰り返したような場合、勾留が違法といえなくても、違法な余罪取調べと評価する余地がある。起訴・不起訴の決定に向けた捜査として必要性を欠く余罪取調べも違法と評価されるからである。

　　　他方、別件基準説に立ちつつ、余罪取調べが違法になるにとどまらず、実体が喪失することによって**別件による逮捕・勾留の理由と必要性が失われる**ので勾留が違法になるとする見解もあり（東京地決平12・11・13判タ1067号283頁）、「新しい別件基準説」ともいわれる。前者はあくまでも本件を、後者はあくまでも別件を基準にしている違いはあるが、結論に大差はないとされている。

　　●**コラム**●　取調べ受忍義務との関係

　　従来の別件基準説では、第一次勾留は適法としつつも、余罪取調べを違法とすることによって事後抑制を図ろうとしてきた。その際には、逮捕・勾留されている被疑者に取調べ

受忍義務があるのかという問題と関連づけて議論されてきた。被疑者は、「逮捕又は勾留されている場合を除いては」、出頭を拒み、または出頭後何時でも退去することができる（198条但書）とされるが、この反対解釈から、実務では、逮捕・勾留されている被疑者については、出頭義務および取調べ受忍義務（取調べ室への出頭と、出頭後に自由に退去できない義務）があると考えられている。これに対して学説では、こうした取扱いは黙秘権の侵害につながるとして、逮捕・勾留されている被疑者も取調べ室への出頭を拒むことができるし、出頭後に自由に退去できるとする見解が通説である。しかし、取調べ受忍義務を認めることが直ちに黙秘権の侵害につながるわけではないと反論され、実務では今後も取調べ受忍義務が否定されることはないであろうとの予想もなされている。

　この取調べ受忍義務は本罪についてのみ認められるとする見解（限定説）からは、余罪については取調べ受忍義務がないので、同義務を負わせたような余罪の取調べは許されず、違法となる。具体的には、被疑者に対し、①余罪の被疑事実、②余罪についても供述拒否権および弁護人選任権があること、③余罪の取調べについては受忍義務がないこと（「取調べを受けたくなければいつでも退去してよい」）を告げた上、④それでもなお被疑者が任意に供述した場合であれば適法であるが、さもなくば違法とされる。もっとも、余罪が本罪と密接な関連を有し、余罪の取調べが本罪の捜査を進めていく上で重要な意味をもつ場合（例えば、死体遺棄と殺人、覚醒剤の使用と所持、多数にわたる窃盗など、余罪を解明することにより本罪の全体的な犯罪計画や意図が明らかになる場合）には、本罪についての取調べの一環と考えられるから、受忍義務を負わせた余罪取調べも許される。これに対し、198条但書から限定説がいうような制限を読み取ることができないといった理由から、取調べ受忍義務は本罪のみならず余罪についても認められるとする見解（非限定説）がある。この見解からは、余罪について受忍義務を課した取調べをしても適法となる。捜査実務の立場とされているが、嫌疑が極めて薄い余罪についてまで受忍義務を課して取調べを認めることは妥当でないと批判されている。

ウ　第二次逮捕・勾留の可否

　第一次逮捕・勾留が適法であったと認められる場合、逮捕・勾留の理由と必要性がある限り、第二次逮捕・勾留も適法である。

　第一次逮捕・勾留が違法であった場合、第二次逮捕・勾留は逮捕・勾留の蒸し返しと考えられ、再逮捕・再勾留の禁止から原則として違法と判断される。この場合でも例外（→本講3）を認める余地はあるが、違法な第一次逮捕・勾留による被疑者側の不利益の程度は大きく、犯罪が極めて重大で、それまでの捜査と無関係に客観的な証拠が新たに発見されたような、再逮捕・再勾留の必要性の程度が極めて大きい場合に限られるのではないかと考えられる。

　他方、コラムで見た従来の別件基準説のように、第一次勾留は適法であるが、余罪取調べのみ違法と考える場合、それによって得られた自白調書の証拠能力は否定される（→26講1）。第二次逮捕・勾留の理由を認めた証拠が自白調書のみである場合には、第二次逮捕・勾留は理由のないものとなるか

ら、**違法**と判断される。ただし、当該自白調書以外の証拠でも逮捕・勾留の理由が認められるのであれば、**適法**と判断される。

以上の別件逮捕・勾留に関する考え方を整理すると、下の図のようになる。

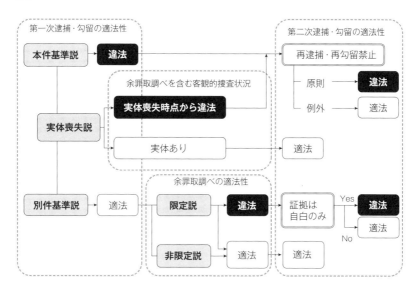

(3) 設問の検討

本件基準説からは、捜査機関が「本件」である殺人、死体遺棄事件の捜査のために利用する意図があると認められる以上、A₁および A₂の逮捕はいずれも違法となろう。

しかし、実務の大勢である別件基準説からは、「**別件**」での逮捕の理由と必要性を検討することになる。A₁については被害者から犯人であるとの供述が得られていて、**逮捕の理由**がある上、共犯事件でA₁も否認しているなど罪証隠滅のおそれが大きく、強盗という重大事件で逃亡のおそれも大きいから、**逮捕の必要性**も認められる。A₂については現行犯人で**逮捕の理由**が明らかで、黙秘していて罪証隠滅のおそれがある上、起訴猶予になった前歴があり、実際に現場から逃亡しているなど逃亡のおそれも大きいから、**逮捕の必要性**も認められる。そうすると、A₁および A₂の逮捕は適法であるし、これに引き続く勾留請求についても、同様に**勾留の理由と必要性**が認められるから、適法といえる。

引き続き、実体喪失説の立場をとるならば、その後の余罪取調べを含む客

観的な捜査状況を踏まえ、A_1およびA_2の**第一次勾留が強盗ないし窃盗の勾留として実体を喪失していたか**を検討する必要がある。A_1の殺人、死体遺棄事件に関する自白は自発的なもので、その後は強盗の取調べを継続しつつ、毎日約30分間ずつ上申書や供述調書に応じるように説得したにすぎないし、A_2については余罪を否認したらそれ以上の余罪取調べをしていないのであるから、**いずれの勾留も実体を喪失したとまではいえない**と考えられる。

　そうすると、**第一次勾留は適法である**から、**第二次勾留についても適法**と考えることができる（なお、【設問7】では第一次勾留の満期日に、A_1については嫌疑不十分、A_2については起訴猶予となっているが、いずれの見解においても**起訴できなかったというだけの理由で事後的に勾留が違法になることはない**ので、注意を要する）。

　勾留が適法だとしても、別件基準説からは、余罪取調べの適否は別途検討する必要がある。限定説では、余罪については取調べ受忍義務がないので、同義務を負わせたような余罪の取調べは許されず、違法となるところ、**【設問7】**ではK_1らが、①余罪の被疑事実、②余罪についても供述拒否権および弁護人選任権があること、③余罪の取調べについては受忍義務がないこと（「取調べを受けたくなければいつでも退去してよい」）を告げたとは認められないので、余罪取調べは違法と考えられるであろう。他方、非限定説では、余罪取調べも適法と考えられる。

　本件基準説の立場から主張される実体喪失説では、実体を喪失しているとまではいえない比較的短時間の本件の取調べを繰り返したような場合、勾留が違法といえなくても、違法な余罪取調べと評価する余地がある。起訴・不起訴の決定に向けた捜査として必要性を欠く余罪取調べも違法と評価されるからである。【設問7】では、K_1が説得を繰り返しているが、こうした取調べが本件の起訴・不起訴の決定に向けた捜査として必要性を欠くと考えれば、違法な余罪取調べと評価する余地があろう。

　余罪取調べは違法だと考える場合には、第二次逮捕・勾留を認めた証拠が自白調書のみであれば、第二次逮捕・勾留も違法と判断されるほか、自白調書の証拠能力は否定されることになろう。

第20講　接見交通権

◆学習のポイント◆
1　接見指定の要件について、39条3項の合憲性を支える理由を意識しつつ、「捜査のため必要があるとき」の意義について、具体的事例に即して理解しよう。
2　接見指定のための措置をとる際に、捜査機関が考慮すべき事項について、判例を踏まえて理解しよう。
3　起訴後に当該被告人に対して余罪の捜査が行われる場合における、接見指定の可否を理解しよう。
4　秘密交通権として保障される内容について、具体的事例に即して理解しよう。

1　接見指定

(1)　接見指定の適否と指定時の措置を検討する視点

接見指定（39条3項本文）について、判例は、接見交通権が憲法34条の弁護人選任権に「由来」するものだとした上で、39条3項の合憲性を認めた。その論理は、憲法上の権利に「由来」する権利にとどまるから、刑罰権の行使の前提となる捜査権との衡量が可能になるというものである。それゆえ、判例は、捜査権と接見交通権との間に「合理的」な調整を図らなければならないと説示した。すなわち、接見交通権といえども絶対ではなく、捜査の必要性による合理的な制限に服するとされたのである（→5講5(2)、最大判平11・3・24民集53巻3号514頁〈百選33〉、以下「平成11年判決」という）。

しかし、具体的な接見指定の場面・態様はさまざまである。どのような場合に「捜査の必要性」があり、どのような指定方法が「防御の準備をする権利を不当に制限」しない合理的な制限といえるのか、が問題となる。

捜査の必要性の観点からは、捜査の進捗状況や収集された証拠状況、被疑者の供述態度などが考慮の対象となると考えられ、一方、防御権保障の側面

からは、被疑者等の心身の状態のほか、即時に弁護人による助言を受ける必要性が高い場面か、などが検討される必要がある。また、条文解釈の観点からは、これらの利益の衡量が39条3項の「捜査のため必要があるとき」の解釈として行われているのか、同条3項但書の「被疑者が防禦の準備をする権利を不当に制限するようなもの」の解釈として行われているのかを、意識すべきである。

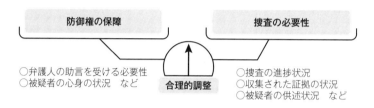

(2) 「捜査のため必要があるとき」の意義

【設問1】取調べ予定を理由とした接見指定事例
　《事例1》において、弁護士甲は、1月11日午前10時に当番弁護士としてXと接見し、弁護人に選任された。翌12日にXに対して勾留決定がされたことから、甲は13日午後3時に改めて勾留場所となった警察に赴き、Xとの接見を求めたところ、司法警察員Kは、甲に対し、まもなくXの取調べを行う予定であり、直ちに接見を認めると、予定どおり取調べを開始することができないとして、接見を認めなかった。そこで甲は、翌14日午前中できるだけ早い時間の接見を希望する旨申し入れたが、Kは14日も午前中から取調べを予定しているので、14日午後4

時からの接見とするよう、接見を指定した。この司法警察員Kによる接見指定は適法か。

ア　問題の所在

　平成11年判決は、接見指定に際しては、接見交通権の行使と捜査権の行使との間に合理的な調整が図られなければならない旨を判示していた。しかし、個別具体的な接見指定の場面において図られるべき合理的な調整の在り方は、事件の性質や捜査の進捗段階などに応じて異なり、一様ではない。客観的証拠が不十分で、被疑者の供述が重要だと捜査機関が判断している場合、捜査機関にとっては取調べを適時に行うことが重要になる。他方で、そのような場合には、取調べを受ける被疑者にとっても、自白をとられるか否かが事件の帰趨に影響するため、適時に弁護人の助言を受ける必要性が高まる。このような場合に、接見交通権と捜査権はどのように調整されるべきか。

イ　判例の理解

　検察官、検察事務官または司法警察職員が接見を指定する要件である、「捜査のため必要があるとき」（39条3項本文）の意義については、議論がある。

　かつては、捜査機関を中心として、罪証隠滅の防止を含めて、広く捜査の遂行に支障が生じるおそれがある場合がこれに当たるとする考え方（**捜査全般説**）が主張された。他方で、被疑者の取調べや実況見分への立会いの最中であるなど、被疑者の身体を現に利用した捜査が行われている場合に限るとする考え方（**物理的限定説**）も主張された。前者は被疑者の身体拘束状態を捜査機関が優先的に利用できるものと解する点で、被疑者を証拠方法として考え、捜査の必要性の価値をより高いものとする理解が根底に存在する。他方で、後者は捜査段階の被疑者についても防御を行う必要性が高いことを前提として、弁護人を通じた防御権の保障の価値をより高いものとして理解していた。

　平成11年判決は、39条3項にいう「捜査のため必要があるとき」の意義について、「取調べの中断等により捜査に顕著な支障が生ずる場合」だとした上、弁護人等から接見等の申出を受けた時に、①捜査機関が現に被疑者を取調べ中である場合、②実況見分、検証等に立ち会わせている場合、③間近い時に右取調べ等をする確実な予定があって、弁護人等の申出に沿った接見等を認めたのでは、右取調べ等が予定どおり開始できなくなるおそれがある場合などは、原則として取調べの中断等により捜査に顕著な支障が生ずる場合

に当たると説示した。

　この説示において、判例は、「捜査のため必要があるとき」に罪証隠滅の防止など被疑者の身体の利用と関係しない事由を含める考え方はとっていない。つまり、捜査全般説は採用されていない。他方で、③のように取調べが予定どおり開始できなくなるおそれがある場合を、原則として「捜査のため必要があるとき」に含めるとしていることから、厳格な物理的限定説に立っているものともいえない。

　また、①のように現に取調べ等を行っている場合や、③のようにその間近い確実な予定がある場合が、「原則」として「捜査のため必要があるとき」に当たるとした点からすると、例外がありうることを読み取れる。例えば、現に行われている取調べ等を一時中断したり、その開始を遅らせたりするなどして接見を認めたとしても、捜査に顕著な支障が生じないような事情が認められるときは、接見指定の要件がないとする趣旨と理解しうる（最判平3・5・10民集45巻5号919頁の坂上裁判官補足意見参照）。実務上も、接見申出がなされた時点の具体的状況に応じて、例えば取調べを中断することが可能な場合であれば取調べを中断して弁護人との接見を認めるなど、柔軟な対応がなされている。

ウ　設問の検討

　【設問1】では、司法警察員Kは、間もなくXの取調べを行う予定であり、即時の接見を認めると、予定どおり取調べを開始することができない、としている。そのため、判例の判断枠組みによれば、原則として39条3項にいう「捜査のため必要があるとき」に当たる。

　ただし、次項で触れるとおり、指定要件が充たされていても、必ずしも適法と即断できるわけではない。平成11年判決は、接見指定要件が認められる場合であっても、「**捜査機関は、弁護人等と協議してできる限り速やかな接見等のための日時等を指定し、被疑者が弁護人等と防御の準備をすることができるような措置を採らなければならない**」としている。したがって、捜査の必要性の要件が認められる場合でも、指定された接見の日時場所が合理性を欠き、弁護人および被疑者の防御の権利を不当に制限する場合には（39条3項但書）、接見指定は違法となる。

　【設問1】の場合、翌日午前中の接見を希望するという弁護人の要望に対して、接見の開始を半日近く経過した午後4時とするような指定方法は、できる限り速やかな接見等の日時等を指定したものとは言いがたく、後述する39条3項但書の観点から違法な接見指定とされる可能性がある。

＊　弁護人との調整ないし捜査機関による配慮

　　検察官や司法警察職員が間もなく被疑者の取調べを行う予定であること
　を理由に接見指定を行った場合で、弁護人が、「取調べ前にごく短時間の接
　見をしたい」と申し出た場合はどうか。申出がなされた時点の具体的状況
　によっても捜査機関の対応は異なりうるが、通常は取調べ開始予定時刻を
　若干遅らせたとしても、捜査に顕著な支障が生じることは稀である。実際
　の運用でも、捜査機関において、上記のような場合にすら、即時の接見を
　認めないという取扱いは極めて稀だと思われる。

(3)　「防御の準備をする権利」への「不当」な制限の意義

【設問2】弁解録取時の初回接見指定事例

　《事例1》において、Ｘは逮捕の翌12日午前9時に検察庁に送致され、午前9
時20分から検察官による弁解録取が開始された。弁解録取に対し、ＸはＡに対す
る暴行は認めたが、Ｙとの強盗の共謀を否認した。Ｘの家族に弁護人として選任
された乙は、午前9時30分に検察庁を訪れて、Ｘとの初回の接見を求めた。検察
官は、弁解録取手続中だったため、乙に対し「現在弁解録取中なので、接見は午
前9時50分からにしてほしい」と伝えた。乙は「直ちにＸ本人に会いたいが、既
に弁解録取が始まっているのであればやむをえない」と回答して待合室で待機し
た。ところが、検察官が弁解録取調書を作成し、Ｘに内容を確認しようとしたと
ころ、検察官はＸの様子からここで取調べを行えばＸが強盗の共謀の事実につい
ても自白をするかもしれないと考えた。そこで、午前9時47分、待機中の乙に対
し、事務官を通じて「引き続き取調べを行うことにしたいと思います。正午に休
憩に入らせますので、Ｘとの接見は正午からにしてください」と連絡した。乙は
「予定どおり接見を行いたい」と主張したが、事務官からその旨を聞いた検察官
は、そのままＸに対する取調べを開始した。取調べは午前11時30分に終了し、Ｘ
は直ちに乙と接見した。検察官の接見指定は適法か。

ア　問題の所在

　条文上は、「捜査のため必要があるとき」（39条3項本文）でも、接見指定
は、被疑者が防御の準備をする権利を不当に制限してはならない（39条3項
但書）。平成11年判決も、「捜査機関は、弁護人等と協議してできる限り速や
かな接見等のための日時等を指定し、被疑者が弁護人等と防御の準備をする
ことができるような措置を採らなければならない」として、**39条3項但書に
より、捜査機関が防御権に対する配慮義務を負う**ことを説示しているのは、
前述したとおりである。

　【設問2】でも、検察官は、弁解録取直後のＸの言動から、引き続き取調
べを行う必要があると考えており、現に取調べ中ないし取調べを行う間近い

確実な予定がある場合に該当し、39条3項本文の「捜査のため必要があるとき」に当たる。他方で、被疑者Xは、逮捕後1度も弁護人の助言を受けておらず、防御すべき事項を把握できないまま取調べを受け続けることは、Xの防御権の保障にとって極めて不利な状況とも考えられる。弁護人としても、選任後速やかに被疑者と接見し、弁護人の役割を被疑者に認識させ、防御方針を検討することは、重要な職責である。したがって、防御権の保障を重視すれば、当初の指定からさらに接見開始を遅らせるような指定方法は受け入れがたい状況である。

このように、本問は、捜査の必要性が高い一方で、接見を通じて防御権の保障を実現する必要性も高い場合に検察官がとるべき措置、防御に関する配慮義務の要否とその内容を問うものである。

イ 判例の理解

最判平12・6・13民集54巻5号1635頁〈百選34〉は、弁護人となろうとする者が、逮捕後警察署に引致されて間もない被疑者との接見を求めたのに対し、捜査責任者が取調べ中であることを理由に即時の接見をさせず、接見の日時を翌日に指定した事案について、次のように判断している。

弁護人となろうとする者と被疑者との間の「逮捕直後の初回の接見」は、「速やかに行うことが被疑者の防御の準備のために特に重要」である。なぜならば、身体を拘束された被疑者にとって初回接見は「弁護人の選任を目的とし、かつ、今後捜査機関の取調べを受けるに当たっての助言を得るための最初の機会」であり、「直ちに弁護人に依頼する権利を与えられなければ抑留又は拘禁されないとする憲法上の保障の出発点を成す」からである。

そのため、39条3項が定める接見指定の要件が具備された場合でも、捜査機関はその指定の際には、弁護人となろうとする者と協議し、「即時又は近接した時点での接見を認めても接見の時間を指定すれば捜査に顕著な支障が生じるのを避けることが可能かどうか」を検討すべきだと判示した。そして、これが可能なときは、「留置施設の管理運営上支障があるなど特段の事情」がない限り、被疑者の逮捕引致後に直ちに行うべきとされる手続（犯罪事実の要旨の告知等）や、それに引き続く「指紋採取、写真撮影等所要の手続」を終えた後において、「たとい比較的短時間であっても、時間を指定した上で即時又は近接した時点での接見を認めるようにすべき」だとした。取調べが本格的に開始される前の調整しやすい時間であることを考慮したといえよう。

以上の説示をした上で、本件のように逮捕直後に接見を拒否するような指

定をし、初回接見の機会を遅らせることは、「被疑者が**防御の準備をする権利を不当に制限するものといわなければならない**」とした。そして、当該事案において、警察官が一方的に接見の日時を翌日に指定したことは、39条3項但書にいう防御権への配慮義務に違反すると判断した。

　判例は、逮捕直後の初回接見が防御の準備のために特に重要だとして、捜査機関の慎重な配慮義務を求めた。そして、捜査権と防御権との合理的調整の方法について、接見時間を制限するなどの方法によって、即時または近接した時点での接見を認めることが可能かどうかを具体的に検討する義務を、捜査機関に課したのである。ここで意識したい点は、①「捜査のため必要があるとき」に該当するか否かを判断し、これに該当する場合であっても、②「防御の準備をする権利」への「不当」な制限に当たるかという2段階目の判断を要する場合があるということである。

ウ　設問の検討

　　a　意識すべき点

　【設問2】の場合、①検察官は、弁解録取直後のXの言動から、引き続き取調べを行う必要があると考えており、現に取調べ中ないし取調べを行う間近い確実な予定がある場合に該当し、39条3項本文の「捜査のため必要があるとき」に当たる。しかし、②39条3項但書の「防御の準備をする権利」への「不当」な制限に当たるかが問題である。

　【設問2】では、検察官は弁解録取に引き続き、取調べを行う必要があると考えたのであるから、捜査の必要性は一応認められる。しかも、Xは弁解録取で一部犯行を否認していたところ、その供述に動揺が生じている。検察官としては、否認事件について自白を得られる可能性がある場面である。ここで取調べを断念して、弁護人との接見を認めるならば、捜査の中断による支障は大きいと捜査機関側は考えるだろう。【設問2】は、上記判例（前掲・最判平12・6・13）の事案とは異なり、逮捕引致後速やかに実施されなくてはならない諸手続を終えた後の接見しやすい時間ではなく、検察庁に送致された後の、弁解録取とそれに引き続く取調べを行おうとする場面である。このため上記判例の場面とは異なり、捜査の必要性が高い局面と言える。

　他方で、【設問2】では、防御権保障の必要性も高い。本問の甲の接見申出は、身体拘束を受けたXにとって、取調べに対する助言を得るための最初の機会であり、弁護人としては自白をとられることを回避したい場面でもある。そのため、上記判例の事案以上に接見をする必要性が高いと評価しうる。

b 弁護人・検察官の視点

弁護人としては、【設問2】の初回接見については、これを速やかに行うことが防御の準備のために特に重要であることを考慮し、即時またはできる限り近接した時期に、接見を行うことができるよう、検察官が弁護人と調整する義務があったと主張すべきである。それにもかかわらず、弁護人との協議調整の試みもしないまま、当初指定した接見開始時刻を2時間近く遅らせた検察官の再度の指定は、違法と評価すべきだと主張することになろう。

さらに弁護人の観点からすれば、検察官がとるべき措置として次のような主張をできるだろう。本問では、弁解録取手続は当初は予定どおり終了する見込みであった。また、当日の検察官の執務時間が相当程度残されており、今後関係者の供述や客観的証拠の収集状況によって、被疑者自身の自白の重要性や位置づけも変化しうる。これらの事情に照らせば、当初の予定どおりXとの接見を開始することを認めた上で、取調べを再開する時刻なども視野に入れて、接見時間を一定時間内に制限することが可能か等の調整を行うことが考えられる。

他方、検察官としては、前述のとおり、取調べを行えば自白を得られるかもしれない点で、捜査の中断による支障は大きい場合であった上、弁護人との調整を試み、当初指定した接見開始時刻から2時間後という「近接」した時点での接見を指定しているのであるから、再度の指定は適法と評価すべきだと主張することが考えられる。

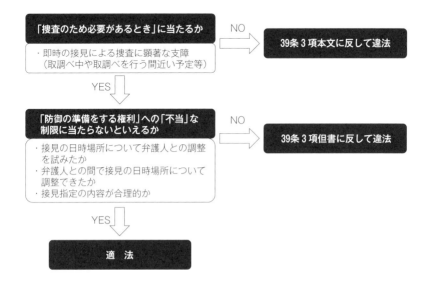

(4)　起訴後の余罪捜査の必要性を理由とする接見指定

【設問3】起訴後接見指定事例

　被告人は、平成30（2018）年３月15日に収賄事件（Ａ）で勾留されたまま起訴され、約１カ月後の４月７日に別件の収賄事件（Ｂ）で追起訴された。その後、４月８日に、被告人は、余罪である収賄事件（Ｃ）で逮捕され、４月10日に勾留された。ABC すべての事件について、同一の弁護人が選任された。弁護人は、４月16日に被告人（Ｃ事件については被疑者）との面会申入れをし、接見指定を受けた。起訴されていないＣ事件について、指定要件が認められる場合、接見指定は適法か。

　また、起訴済みの AB 事件と起訴されていないＣ事件にそれぞれ別の弁護人がついており、AB 事件の弁護人に対して、Ｃ事件の捜査の必要性を理由に接見指定がされた場合はどうか。

ア　問題の所在

　39条3項本文は、「公訴の提起前に限り」捜査機関が接見指定を行うことを許容している。そのため、被告人に対する接見指定はできない。しかし、【設問3】のように、起訴された被告人が同時に別事件の被疑者として勾留される場合がある。この場合には、被告人が被疑者としての身分も同時に有することになる。そこで、起訴前である被疑事件についての捜査の必要性を理由として、接見指定をすることが許されるのかが問題になる。特に被告事件にのみ選任されている弁護人にとっては、余罪事件の捜査の必要性を理由として接見を制限されることは、不当であるようにも考えられる。そこで、起訴後は一切接見指定ができないのかが問題になる（なお、起訴後の捜査については、21講6参照）。

イ　判例の理解

　この問題に対しては、公訴提起後の接見交通権について、明文規定で制限する旨の定めがないことを重視して、当事者としての被告人の地位に抵触する接見指定を許すべきでない、という考えもある。公訴提起後は訴訟の当事者として訴訟準備を行う必要性が高まり、接見交通権をより一層保障する必要があるからである。

　しかし、判例は被告事件と被疑事件を同一の弁護人が担当している事案において、「同一人につき被告事件の勾留とその余罪である被疑事件の逮捕、勾留とが競合している場合」について、検察官等は「被告事件について防禦権の不当な制限にわたらない限り、刑訴法39条3項の接見等の指定権を行使することができる」とした（最決昭55・4・28刑集34巻3号178頁〈百選35〉）。被疑事件に関する捜査の必要性を理由として、被告人に対する接見指定を容認したことになる。

　さらに、被告事件と被疑事件の弁護人を異にする場合についても、判例は同様に判示して、被告事件の弁護人に対する接見指定を適法とした（最決平13・2・7判時1737号148頁）。

　これら判例の前提にあるのは、被告人の身分となったという事情をもって、余罪について、いかなる捜査の必要性が生じても、一切接見指定を認めないとすることは、余罪捜査の必要性に対する弊害が大きいとの価値判断である。他方で、「被告事件について防御権の不当な制限にわたらない限り」との留保を付けて、防御権の保障と調整をすることで、被告人への実質的な不利益は回避できると考えたのだろう。

ウ　設問の検討

　以上の判例の枠組みの下では、【設問3】のいずれの場合も余罪捜査上の必要性が認められ、被告事件の防御権を不当に侵害しない限り、接見指定は適法である。

　もっとも、被告事件について例えば公判期日が近く、その準備に支障を生じる場合や、被告事件が裁判員裁判対象事件で、その公判前期日のための打ち合わせを早急に行う必要があるような場合には、被告人に対して余罪捜査を理由として接見指定を行うことが、被告事件における防御権の不当な制限になる可能性がある。

　なお、起訴後、被告人が余罪による身体拘束を受けていない事案については、公訴提起後は余罪について捜査の必要がある場合であっても、接見指定は許されない（最決昭41・7・26刑集20巻6号728頁）。余罪について身体の拘束を受けていない以上、身体拘束をされた被疑者への適用が想定される39条3項は、適用できないからである。実務上、起訴後も本罪についての勾留が継続し、保釈の可能性が低い被告人に対しては、余罪について逮捕・勾留がなされないまま捜査が進められている場合も少なくない。この場合には、接見指定は一切許されない。

＊　任意同行中の被疑者と弁護人の面会

　捜査機関からの任意同行に応じて、取調べを受けている被疑者に対して、面会を申し出た弁護人がいる場合、捜査機関はどうすべきか。39条1項は身体を拘束された被疑者・被告人の接見について定めており、39条3項の接見指定も身体拘束されている被疑者を想定している。他方で、任意同行とはいえ、一旦捜査機関に出頭したあとは、被疑者が自由に行動することは困難であり、事実上外部との連絡も制限されてしまうなど、実質的には捜査機関の管理下に置かれる。したがって、任意同行中の被疑者にとっても、弁護人と面会をして助言を受ける必要がある。福岡高判平5・11・16判時1480号82頁〈百選A12〉は、被疑者の弁護人等は「当然のことながら、その弁護活動の一環として、何時でも自由に被疑者に面会することができる」のであり、「被疑者が任意同行に引き続いて捜査機関から取調べを受けている場合においても、基本的に変わるところはない」と説示した。その上で、「弁護人等と面会時間の調整が整うなど特段の事情がない限り、取調べを中断して、その旨を被疑者に伝え、被疑者が面会を希望するときは、その実現のための措置を執るべき」だとしている。少なくとも任意同行中の接見の場合には、捜査機関側に弁護人の申出を被疑者に伝達する義務と、面会の実現のための措置をとる義務を課したものといえよう。

2　秘密交通権

⑴　秘密交通権の制約の適否を検討する視点

　秘密交通権とは、身体の拘束を受けている被疑者が、弁護人と立会人なく
して接見し、書類・物の授受をすることができる権利である（39条1項）。
ここから派生して、**被疑者と弁護人の間の接見内容を把握されない利益、被
疑者と弁護人の間で授受された書類や物の差押えや検閲を受けない利益**も保
障されるべきだと理解されている。つまり、秘密交通権は、弁護人と被疑
者・被告人との自由な意思疎通を保障するものであるから、現に行われてい
る接見が、捜査機関等の第三者によって見聞きされないというだけでなく、
事後的にもその内容を第三者に知られないことをも保障している。

　このように秘密交通権が保障されるのはなぜか。接見内容が捜査機関に知
られることになれば、これを慮って、被告人らと弁護人の情報伝達が差し控
えられるという萎縮的効果が生じる。その結果、被告人らが実質的かつ効果
的な弁護人の援助を受けることができなくなる。このような事態を回避する
ために、秘密交通権は保障されるべきだと考えられている（鹿児島地判平
20・3・24判時2008号3頁参照）。

　もっとも、秘密交通権に対する制約が一切許されないのか、例えば、捜査
機関は被疑者等から弁護人との接見内容を聴取すること等の行為が一切許さ
れないのかについては、議論がある。そのような行為は一切許されないとす
る見解がある一方で、接見内容の秘密を保護する必要性と捜査機関側が接見

内容を聴取する必要性を衡量すべきだとする見解もある。後者の見解の例として、「捜査妨害的行為等接見交通権の保護に値しない事情等特段の事情」の有無の考慮を挙げる理解もあるが、秘密交通権が制約されるのが、そのような極限的な場合に限定されるのかが問題になる。

＊　面会接見と秘密交通権の制約

　　留置施設等に設置された接見室は、通常四方を窓のない壁に囲まれた個室で、外部から接見中の会話が聞かれないように配慮されていると同時に、施錠方法や出入りの方法などに逃走防止のための措置がとられている。他方で、検察庁内での接見申入れに対して、検察庁舎内に接見に適した設備がない場合に、接見を拒否して指定することができるかが問題となった事例がある（最判平17・4・19民集59巻3号563頁〈百選A11〉）。最高裁は、接見に適した設備がないことを理由として接見の申出を拒否したとしても、違法ということはできないとしつつ、「弁護人等がなお検察庁の庁舎内における**即時の接見**を求め、〔その〕**必要性**が認められる場合」には、検察官は、例えば「立会人の居る部屋での短時間の『接見』などのように、いわゆる秘密交通権が十分に保障されないような態様の短時間の『接見』（以下、便宜『**面会接見**』という。）であってもよいかどうかという点につき、弁護人等の意向を確かめ、弁護人等がそのような面会接見であっても差し支えないとの意向を示したときは、面会接見ができるように**特別の配慮**をすべき義務がある」とした。弁護人の承諾に基づく秘密交通権の放棄と引き換えに、接見に適した設備がない場所における即時の接見を実現するよう求めたといえる。もっとも、立会人を同席させる場合に誰を立会人とすべきか、腰縄を付けた状態での面会でも良いかなど、面会接見の具体的実施方法についても、争いがある。立会人の人選や人数、立会方法について検察官の裁量とする裁判例（名古屋高判平19・7・12判時1997号66頁）と、「秘密交通権に近づくように努め、そのような配慮の下で、面会接見の実現に配慮する義務」を検察官に求める裁判例（広島高判平24・2・22判タ1388号155頁）がある。

●コラム●　検察庁にいる被疑者との面会

　　留置施設において身体拘束中の被疑者に対し検察官が取調べを行う場合、都市部を中心として、当日取調べが予定されている被疑者全員を各警察署の留置施設からバスに乗せ、一斉に検察庁まで押送して順次取調べを行う「集中押送」の方式がとられるのが原則である。集中押送の場合、被疑者は検察庁内の同行室で自分の取調べの順番を待ち、取調べが終わっても、他の被疑者の取調べが終了して全員を乗せた戻りのバスが出発するまでは、同行室で待機することになる。このため、被疑者が検察庁に集中押送されている日は、警察署の留置施設での面会は事実上困難であるし（検察庁から留置施設に戻ってくるのはたいてい夜であるから、その日のうちに接見するとなると就寝時間を過ぎてから行う、とい

うことも少なくない)、勾留されている警察署が遠方で、接見のための往復時間がとれない場合などは、検察庁内にいる時間を利用して被疑者と接見ができれば、弁護人としても便利であるだけでなく、検察官の取調べを控えた時点において、事前に取調べへの対応等について被疑者に助言をすることができ、必要かつ有益である。このため検察庁内での接見を希望する弁護人は少なくないのであるが、かつては接見室が整備された検察庁は限られていた。その後、検察庁内での接見室の整備も進んできたが、本庁が中心で、設置室数も1〜2室程度であること、検察庁には集中押送によって多数の被疑者が押送されてくる上、戻りの押送準備との関係で利用時間も限定されているため、面会接見の需要は今もあり、その実施方法は今後も問題となりうると思われる。

(2) 取調べにおける接見内容の聴取

【設問4】佐賀接見内容聴取事件

Aは、自動車運転中に通行人Vと衝突事故を起こし、重症を負ったVを自車に乗せて出発したが、その後Vを路上に降ろして逃走した。Vはその後一命を取り留めた。警察は、Aが事故を隠蔽するために、Vを人目につかない山中に置き去りにして殺害しようと企てた、として殺人未遂でAを逮捕した。Aは、逮捕当初から、弁護人甲に対し、接見の際には死体を遺棄したという認識だった旨を説明していた。しかし、捜査機関に対しては、殺意を認める供述をした。報道機関は、Aが殺意を認める供述をしたと報じていたため、甲はAの同意を得て、上記甲に対するAの説明内容を公表した。検察官の(1)〜(3)の行為は適法か。
(1) 検察官は、甲が報道機関に公表したAの弁解内容を知って、Aを取り調べ、接見の際に弁護人に死体遺棄の認識だった旨を話した事実の有無とその理由を尋ねた。
(2) さらに、死体遺棄の認識だったというのは虚偽である旨をAが弁護人に話したことを聴き出し、これを供述調書に記載した。
(3) 検察官は、Aに対する殺人未遂被告事件の公判において、上記Aの供述調書の取調べを請求した。

ア 問題の所在

【設問4】では、検察官が被疑者Aから、弁護人との接見内容を聴取している。これは公判ですると予想されるAの供述の信用性を減殺する目的で行われており、現に検察官はAから聴取した接見での弁護人とのやりとりを供述調書にして公判で証拠調べ請求している。

第1に、接見内容の聴取が秘密交通権を保障した39条1項に反して違法となるのではないかが問題となる。第2に、接見内容を聴取した結果を供述調書にして、証拠調べ請求すること自体が、被告人と弁護人の間の信頼関係を損なう点で、弁護人の固有権や弁護人選任権の侵害にならないかが問題となる。なお、【設問4】は、福岡高判平23・7・1判時2127号9頁〈百選36〉

を単純化したものである。

イ　裁判例の理解

【設問4】について判断した裁判例は、捜査の必要性に照らし、捜査権の行使が秘密交通権を制約することが許される場合があることを認めた上で、以下のように判断した。

a　秘密交通権の性質

まず、被疑者が秘密性を自ら放棄して、接見内容を検察官に供述している場合に、そもそも秘密交通権として保護に値するのかが問題となりうる。この点裁判所は、秘密交通権保障の趣旨から、捜査機関は「**被疑者等と弁護人等との自由な意思疎通ないし情報伝達に萎縮的効果を及ぼすことのないよう**留意することが肝要」だとした上で、「原則として、弁護人等との接見における供述について聴取することは禁止されているというべきである」と判示した。

そして、取調べの過程で被疑者が自発的に弁護人との意思疎通の内容を供述し、秘密交通権を放棄したとみえる場合でも、秘密交通権を弁護人の固有権と位置づけて、「取調べの際に被疑者等が自発的に接見内容を供述したとしても、そのことをもって、**弁護人固有の秘密交通権を保護する必要性が低減**したということはできない」とした。被疑者が接見内容の秘密性を放棄したとしても、弁護人の固有権としての秘密交通権を侵害しうることを認めたといえる。

b　捜査機関に課される義務

次に、秘密交通権を保護するための措置として、捜査機関は被疑者等が弁護人等との接見内容の供述を始めた場合には、刑訴法39条1項の趣旨を損なうおそれに鑑みて、接見内容の聴取を「原則としてさし控えるべき」だとした。具体的には、「弁護人との接見内容については話す必要がないことを告知するなどして、**被疑者等と弁護人等との秘密交通権に配慮すべき法的義務を負っている**」と説示している。このことは、捜査機関は積極的に接見内容を聴取することを禁止されているのみならず、被疑者が接見内容にわたる供述を開始したときには、それを制止するなどして、秘密交通権に配慮する義務を負っていることを意味する。

その上で、接見内容の聴取については、検察官が聴取した具体的な内容に即して、秘密交通権としての保護の必要性と検察官が聴取する必要性を衡量する枠組みで判断を行った。

ウ　設問の検討

前掲・福岡高判平23・7・1の判断を参考に、設問を検討する。

a　接見内容の聴取の適否

まず、検察官による①②の行為について、【設問4】では、Aの甲に対する供述の一部が報道機関に公表されている。しかし、このことから類型的に、秘密交通権全体の保護の必要性が低下するわけではなく、個々の意思疎通内容に関する秘密の保護の必要性を具体的に判断する枠組みを採用する必要がある。

具体的には、【設問4】の接見内容のうち、(1)に関して、報道機関に公表された事実（接見の際に甲に死体遺棄の認識だった旨を話した事実）は、**報道機関への公表により保護の必要性が低下**している。また、甲に死体遺棄の認識だった旨を供述した理由を尋ねた点については、供述の変遷理由を確認する趣旨だと理解できる（**検察官による聴取の必要性**）。そのため、Aが報道内容と同様の供述を弁護人甲に対して行ったか否かの確認をしたことと、Aの供述が変遷した理由を弁護人との接見内容に触れずに尋ねることは、直ちに違法・不適切とまでは言えない。

他方、【設問4】の(2)に関して、死体遺棄の認識だったというのは虚偽である旨をAが甲に話したことを、検察官が聴き出した点は違法だと考えられる。この聴取方法は、供述が変遷した理由を弁護人との接見内容に絡めて聴取している点で、単なる事実の確認を越えて弁護人との打ち合わせの詳細に至る内容を尋ねることになるから、被疑者等と弁護人等との自由な意思疎通ないし情報伝達に萎縮的効果を及ぼすおそれがある。そしてこのことから、仮に検察官からの質問は単純な事実確認にとどまっていたのに、Aが自発的にその理由を含めた詳細な供述を始めた場合でも、それが弁護人との意思疎通の詳細に及ぶことが判明した時点で、検察官としては、弁護人との接見内容については話す必要がないことを告知するなどの配慮を行うべきだといえる。

b　接見内容の証拠化およびその証拠調べ請求の適否

【設問4】の(3)の行為に関しては、まず、聴取内容を調書化する行為そのものは、「聴取行為によっていったん侵害された接見内容の秘密」が、調書化・証拠化することによって「新たに侵害されたと解することは困難」だと考えられる。接見内容を調書化した行為は、聴取行為そのものと一体の違法行為だと判断できるということである。

他方で、接見内容を記載した供述調書を証拠調べ請求する行為については

弁護人と被告人の「信頼関係を破壊するおそれのある行為」であり、弁護人が今後の公判における審理準備のため弁護活動をなす際においても、「実質的弁護権としての秘密交通権を行使する機会を持つことについて、心理的な萎縮効果を生じさせた」として、聴取行為それ自体とは別個の違法行為と考えることができる。

＊　接見内容の聴取が問題となりうる場面

　　　被疑者供述調書は、証拠調べ請求されない場合でも、弁護人からの類型証拠開示請求（316条の15→8講1⑶キ）があれば、確実に開示される書証である。そのため、証拠開示を通じて、接見内容が聴取されていた事実が明らかとなり、被疑者と弁護人との信頼関係が破壊され、その後の防御活動に萎縮的効果を生じさせるおそれがある。このように、接見内容を聴取した供述調書については、証拠開示によっても萎縮的効果が生じうる以上、弁護人との接見の内容に関する被疑者供述を調書化する行為そのものも、聴取行為とは別個の違法行為となると考える余地もあるだろう。また、公判での被告人質問（→7講6⑸）において検察官が弁護人との接見内容について質問をすることが、秘密交通権の侵害になるか、という問題も生じうる。被告人と弁護人との意思疎通に萎縮効果をもたらすことを防止するという秘密交通権保障の趣旨を徹底すれば、取調べの場に限らず、公判での被告人質問においても接見内容に関わる質問を行うことは違法と考える余地もある。しかし、弁護人が立ち会う公判においては、不相当な質問に対する異議（309条1項→8講2⑶）、黙秘権の適切な行使により、質問を阻止することが可能であること等の理由から、弁護人との接見内容に関わるような質問を検察官が行ったとしてもそれ自体が違法とまでは言えないという理解が多数と考えられる。

●コラム●　再審請求権者と弁護人との秘密交通権

　再審請求権者である有罪判決の言渡しを受けた者（→12講5⑶）も、再審請求のために弁護人と接見する場合がある。しかし、再審請求権者は、刑が確定した既決の被拘禁者であるため、未決勾留中の被疑者・被告人に対する39条1項の規定は直接適用されない。再審に関する規定上、秘密交通権を定めた規定もない（440条は弁護人を選任することができる旨を規定するにとどまる）。したがって、再審請求権者と弁護人との秘密交通権は保障されていないのかが問題となる。この問題について、最判平25・12・10民集67巻9号1761頁は、死刑確定者が再審請求をするためには、再審請求のために選任された弁護人（再審請求弁護人）から援助を受ける機会を実質的に保障する必要があるとした。このため死刑確定者と再審請求弁護人との秘密交通権は、刑事収容施設法121条但書に定める「正当な利益」に該当すること、したがって、秘密面会を許さない刑事施設の長の措置は、特段の事情がない限り、裁量権の範囲を逸脱またはこれを濫用して死刑確定者の秘密面会をする利益を侵害するものと説示した。そして、刑訴法39条1項で秘密交通権が保障されていることに鑑みて、刑訴法440条1項が再審請求権者に弁護人選任権を保障している

(3) その他、秘密交通権が問題となりうる場面

ア 弁護人と被疑者・被告人の間の信書等の押収

　弁護人と被疑者・被告人との間の意思疎通は、接見においてのみ行われる
わけではない。信書などにより行われる場合もある。この信書を捜査機関が
押収することが、秘密交通権の違法な侵害に当たらないかが問題となる。

　大阪高判平28・4・22判時2315号61頁では、弁護人が差し入れた書面等
を、期日間整理手続（→8講1(2)）後に検察官が拘置所内の被告人居室に対
する捜索差押許可状により差し押さえた事案について、「防御方法の内容は、
基本的には、捜査機関に対して秘匿されるべき」だとしつつ、「防御方法の
内容の秘密といえども絶対的に保障されるものではなく、捜査権の行使とい
う国家の権能との間で合理的な調整を図る必要」があり、「捜索差押えの必
要性と被差押者である被告人の被る不利益とを考慮して、必要かつ合理的な
範囲の制約に服する」と説示した。

　その上で、期日間整理手続後においては、「居室内には防御の準備が相当
程度集積していることが容易に想定できる」から、このような時期における
拘置所内の被告人居室の捜索・差押えによって被告人が被る不利益は大き
く、捜索・差押えの必要性を欠くとして、検察官による上記場所の捜索・差
押えを違法とした。

　　＊　被疑者・被告人による任意提出と秘密交通権
　　　捜査機関が被告人等に対し、弁護人との接見内容が記載されている可能
　　性のある文書（日記や信書、メモ）の任意提出を求めてこれらを領置す
　　る場合（→3講1(1)）もその適法性が問題になる。東京高判平28・7・14
　　判例集未登載は、秘密交通権といえども、捜査の必要性に基づく合理的な
　　制約に服するという判断枠組みを維持した上で、被疑者等の自由な意思に
　　基づく真摯な同意があるか、捜査機関が任意提出を受ける行為が、社会通
　　念上相当と認められるか、を個別の事例に応じて判断すべきだとした。弁
　　護人宛信書の草稿を記載した便箋を、検察官が被告人に任意提出させた行
　　為を国賠法上違法と判断している。

イ 弁護人と被疑者・被告人の間の信書等の検閲

　刑事収容施設法127条は、刑事施設の長が信書の検査をすることができる
旨を定めている。この規定に基づいて弁護人との信書の検閲を行うことが許

されるのかが、秘密交通権との関係で問題になる。この問題は、施設法によって訴訟法上の権利を制約できるのかという問題だといえる。

　判例は、旧監獄法および同施行規則の下での弁護人と被疑者との間の信書検閲について、違法はないとしている。ただし、信書の中に、被勾留者等の逃亡、罪証の隠滅の具体的危険性がうかがわれる等の特段の事情がないにもかかわらず、一般的、抽象的なおそれがあるというだけの理由で、拘置所長が一律に信書を検閲することは、「障害防止のために必要かつ合理的制限の範囲を超えるものというべき」であり、一律の信書の検閲ではなく、より抑制的な確認方法がとられるべきだとする指摘もある（最判平15・9・5判タ1146号218頁、裁判官梶谷玄、同滝井繁男による反対意見）。下級審の裁判例には、弁護人が接見の際に証拠物として採用されたビデオテープを再生しようとしたところ、刑事施設職員が事前検査を求めたという事案について、施設職員による証拠物たるビデオテープの内容確認を違法と判断したものがある（大阪高判平17・1・25訟月52巻10号3069頁）。

●コラム● 接見室への再生機の持込み

　裁判員裁判対象事件については、被疑者の取調べが録音・録画される（301条の2→16講5⑵コラム）。この録音・録画媒体は、公判前整理手続において、類型証拠として弁護人に開示され（→8講1⑶キ）、証拠の検討や公判での被告人質問の準備などにも利用される。そのため、弁護人のみならず被告人も録画データを視聴する必要がある。録画データを視聴するためには、DVDや再生機器を被告人に差し入れ、あるいは接見室に持ち込んで被告人と一緒に視聴する方法が考えられる。しかし、これらの差入れや持込みが禁止されたり、刑事施設職員が事前に内容をチェックしてからでないと差入れや持込みが許可されなかったりする場合がある。録画データの差入れや持込みが一律に禁止されるとすれば、防御権の保障に支障を生じるおそれがある。また、刑事施設職員による事前のチェックを条件とする場合には、弁護人が差し入れる信書の検閲と同様、秘密交通権侵害の問題が起こりうる。

　接見室への電子機器の持込みの制限については、このほか、証拠資料をデータ化して保存したパソコンやタブレットを利用した接見でも同様の問題があり、実際にパソコンを使いながら接見をしている最中、機器の利用を制限された事例、接見の様子が監視された事例なども報告されている。情報技術の革新が進む中、証拠収集方法について新たな問題が生じているが（→14講3⑵）、接見交通権・秘密交通権の保障の場面でも同様の問題が生じている例といえよう。裁判例として、弁護人が事前に拘置所職員に申告することなく、証拠資料等の情報が保存されているDVDを再生用のパソコンとともに接見室に持ち込み、被告人と接見していたところ、拘置所職員がパソコンでの音声再生等の一時中断を求めたことの適否が争われた事例に関するものがある（広島高判平31・3・28裁判所ウェブサイト）。この裁判例においては、弁護人が証拠資料の情報を含む電磁的記録媒体をパソコン等とともに持ち込み、これを再生しながら被告人と打ち合わせることについて、書類等を閲覧しながらの打合せと区別する理由はなく、秘密交通権として保障されると判断さ

れた。他方で、事前にこれらの物を持ち込むことを申告するよう求められることについて
は、被告人等の身体の撮影や被告人等との間の会話の録音が「接見」に含まれない以上、
録音・録画機能の有無を申告させる限りでは許される旨を説示した。

第21講　公訴の提起

◆学習のポイント◆

1　公訴権濫用論の意義と判例の立場を理解しておこう。

2　一罪の一部起訴が許される根拠と、その限界について、判例の立場および主要な考え方を踏まえ、具体的事例に即して説明できるようにしよう。また、一罪の一部起訴を許容すると、どこまでが審判の範囲になるのかを理解しておこう。

3　訴因の明示・特定が要求されている趣旨と、訴因が明示・特定されているか否かの基準について、判例の立場および主要な考え方を踏まえ、具体的事例に即して説明できるようにしよう。

4　予断排除の原則に違反するかについて、判例の立場を踏まえ、具体的事例に即して説明できるようにしよう。

5　親告罪制度の趣旨と、親告罪における告訴の効力の及ぶ範囲（告訴不可分の原則）について説明できるようにしよう。

6　被告人の取調べの可否について、判例の立場および主要な考え方を踏まえて説明できるようにしよう。

1　公訴権の濫用

【設問1】公訴権濫用事例

　弁護人が公判で次のような理由を述べ、「本件起訴は無効であるから公訴棄却または免訴の判決によって手続を打ち切るべき」と主張したとき、裁判所はどのように対処するべきか。

(1)　「犯罪の嫌疑は訴訟条件と解すべきところ、検察官は犯罪の嫌疑がないのに本件を起訴している」

(2)　「検察官は通常であれば起訴猶予とすべき事案を起訴しており、検察官の訴追裁量を定めた刑訴法248条に違反する」

(3)　「本件の捜査には重大な違法がある」

(1) 問題の所在

　公訴権とは、裁判所に対して公訴を提起する権限をいい、6講1⑶アで見たとおり、わが国では国家機関である検察官がこれを有する（247条）。さらに起訴便宜主義をとるわが国では、検察官は公訴権の行使について裁量をもつ（→6講1⑶イ）。**検察官による公訴権の行使が権限の濫用といえる場合には、当該公訴は無効であって、公訴棄却の判決という形式裁判で手続を打ち切るべきとする主張を、公訴権濫用論という。**

　公訴権濫用論は、実務において、①犯罪の嫌疑が不十分であるのに起訴された場合（【設問1】⑴）、②起訴猶予相当であるのに起訴された場合（同⑵）、③**違法捜査に基づいて起訴された場合**（同⑶）に、実体審理（有罪か無罪かの審理）に先立って、訴訟条件が欠ける場合と同様、早期に手続を打ち切って終了させることをめざして弁護人から主張されるようになったもので、学説にもこれを支持する見解がある。以下、①から③の類型ごとに検討していこう。

(2) 判例・学説

　①の犯罪の嫌疑が不十分であるのに起訴された場合に公訴権濫用論を適用することについては、学説にもこれを支持する見解は少ない。というのも、①犯罪の嫌疑がないのであれば、**実体審理**を行って**無罪判決**を言い渡せばよい、②犯罪の嫌疑を訴訟条件と考え、その有無を実体審理に先立って行うというのは、**審理の重複**を招き、かえって**訴訟を遅延**させる、③公訴棄却の判決には**一事不再理効**がないので、検察官は捜査をやり直して**再起訴**することも可能となってしまい、無罪判決よりも被告人に不利益な結果になる、といった批判があるからである。実務で弁護人が【設問1】⑴のような主張をしても、裁判所は実体審理を開始して犯罪の嫌疑の有無を判断しているのが通常である。

＊　無罪判決と国賠請求

　　実体審理の結果、無罪判決が出されれば**捜査や公訴提起が違法**であったことを理由に国賠請求をすることが可能である（→15講1⑵オ）。例えば、強盗事件についての知的障害者の自白が虚偽であったのに、その信用性を吟味せず、むしろ迎合的な特性を利用して、取調べで虚偽の自白を維持させたこと、そのような自白の信用性を慎重に吟味しないで公訴提起したことを違法として国家賠償を認めた宇都宮地判平20・2・28判時2026号104頁がある。もっとも、無罪判決がなされれば直ちに捜査や公訴の提起が違法とされるわけではなく、最判昭53・10・20民集32巻7号1367頁（〈百選37〉は、「逮捕・勾留はその時点において犯罪の嫌疑について相当な理由があ

り、かつ、必要性が認められるかぎりは適法であり、公訴の提起は、……起訴時あるいは公訴追行時における各種の証拠資料を総合勘案して合理的な判断過程により有罪と認められる嫌疑があれば足りる」とし（→基本行政法416頁）、さらに最判平元・6・29民集43巻6号664頁は、「公訴の提起時において、検察官が現に収集した証拠資料及び通常要求される捜査を遂行すれば収集し得た証拠資料を総合勘案して合理的な判断過程により有罪と認められる嫌疑」があれば、公訴の提起は適法としている。

　②の起訴猶予相当であるのに起訴された場合、言い換えれば**訴追裁量の逸脱・濫用を理由とする公訴権濫用論**については、学説にも支持する見解が多い。**不当な不起訴**（本来起訴すべき事案を不起訴にした場合）については、検察審査会や付審判請求といった救済制度（→6講3）がある。しかし、**不当な起訴**（本来不起訴とすべき事案を起訴した場合）については、特に起訴猶予相当の事案だと犯罪事実の存在は認められるため有罪判決は避けられないが、現行法上これを救済する制度がない。そこで公訴権濫用論によりこうした起訴を無効とし、手続を打ち切って被告人を救済しようとするものである。

　もっとも、最決昭55・12・17刑集34巻7号672頁〈百選38〉は、「検察官は、現行法制の下では、公訴の提起をするかしないかについて広範な裁量権を認められているのであって、公訴の提起が検察官の裁量権の逸脱によるものであったからといって直ちに無効となるものでないことは明らかである。……検察官の裁量権の逸脱が公訴の提起を無効ならしめる場合のありうることを否定することはできないが、それはたとえば**公訴の提起自体が職務犯罪を構成するような極限的な場合に限られるものというべきである**」とし、訴追裁量の逸脱・濫用を理由とする公訴権濫用論が適用される場合がありうることは認めたものの、その場合を極めて限定的なものとした。そのため、その後は弁護人からの公訴権濫用論の主張も容易に排斥されるようになっている。これまでに極限的な場合に当たるとして公訴権濫用論の主張が認められた事案も存在しない。

　③の違法捜査に基づいて起訴された場合については、前述した（→15講1(2)＊）。違法捜査があったとしても、先行手続の違法が当然に後行手続を違法とするものではないから、公訴提起が直ちに違法となるわけではない。判例・実務では、違法捜査に基づく起訴に対して公訴棄却により手続を打ち切るのではなく、実体審理において証拠排除または証拠能力を否定することによって対処するのが一般であるが、最判昭44・12・5刑集23巻12号1583頁が

言及しているように、捜査機関側に「極めて重大な職務違反が認められる場合」には、公訴権濫用論により公訴が棄却されることも考えられる。しかし、これまでにそのような場合に当たるとして確定した事案は存在しない。

(3) 設問の検討

裁判所は、(1)については、犯罪の嫌疑は訴訟条件ではないことを理由に、弁護人の主張を認めずに実体審理に入るべきであろう。犯罪の嫌疑が不十分であることが明らかであれば、できる限り早期に無罪判決を言い渡して被告人の救済を図るべきである。

(2)については、公訴の提起自体が職務犯罪を構成するような極限的な場合、例えば検察官が被疑者を貶めたいと考えている人物から賄賂を収受して、起訴猶予とすべき被疑者を起訴したような場合でない限り、弁護人の主張を認めずに実体審理に入るべきであろう。

(3)については、捜査機関側に極めて重大な職務違反が認められる場合でない限り、弁護人の主張を認めずに実体審理に入り、その過程で違法捜査を理由に証拠排除あるいは証拠能力を否定することで対処すべきであろう。

2　訴因の設定と審判の範囲

【設問2】親告罪の一部起訴事例
　　Aは、未成年者であるVを略取したという事実で逮捕・勾留された。検察官は捜査を遂げた結果、Aを未成年者略取で起訴できると判断したが、同罪は親告罪であり、Vをはじめとする告訴権者から告訴が得られなかったので、略取の手段として行われた暴行罪でAを起訴した。この起訴は有効か。また、起訴を受けた裁判所は、暴行罪のみで審判をすべきか。

(1) 問題の所在

検察官の訴追裁量に関連して、**一罪の一部起訴**の問題がある。一罪の一部起訴とは、実体法上あるいは科刑上一罪とされる犯罪について、その全部を起訴できるにもかかわらず、その一部のみを起訴する場合をいう。【設問2】では検察官が未成年者略取で起訴できると判断しているのに、その一部である暴行で起訴しているので、一罪の一部起訴に当たる。他方で、例えば6講5(2)イで説明したように、Vが死亡しているが殺意や因果関係の立証が困難であるため、傷害罪で起訴する場合のように、嫌疑が十分でないため、全部を起訴できないから一部を起訴するのは、ここで問題とする一罪の一部起訴には当たらないので、注意を要する。こうした一部起訴は、刑訴法が目的と

する**実体的真実主義との矛盾**をはらむため、そもそも許されるのかが問題とされる。

　　＊　一罪の一部起訴の例

　　　　①行為または結果の一部を除外する場合（例えば、多数回行われた暴行行為のうち一部だけを起訴したり、多数の被害品のうち、価値の高いものだけを起訴する）、②法条競合のうち軽い罪で起訴する場合（例えば、強盗が成立するが、恐喝で起訴する）、③既遂を未遂として起訴する場合（窃盗が成立するが、窃盗未遂で起訴する）、④結合犯の一部を起訴する場合（強盗致傷が成立するが、強盗だけ起訴する）などが考えられる。

(2)　判例の理解

　現行法が**起訴便宜主義**（248条）によって検察官に広汎な訴追裁量を認めている以上、**一罪の一部起訴も許される**と考えるのが判例・通説である。例えば、最大判平15・4・23刑集57巻4号467頁〈百選39〉は、他人の土地に抵当権を設定し、その後に売却して所有権移転登記手続を了して横領した事案につき、「検察官は、**事案の軽重、立証の難易等諸般の事情を考慮し**、先行の抵当権設定行為ではなく、後行の所有権移転行為をとらえて公訴を提起することができる」とした。

　　＊　一部起訴に関するその他の判例

　　　　被害者が死亡していて、裁判所が因果関係も認められると判断したにもかかわらず、検察官が自動車運転過失致傷の訴因を維持した例（名古屋高判昭62・9・7判タ653号228頁）、公職選挙法違反事件において、A_1とA_2が共謀して選挙人に金銭を供与した疑いがあるにもかかわらず、A_1がA_2に金銭を交付した行為のみをとらえて起訴した例（最決昭59・1・27刑集38巻1号136頁）などがある。

　　　　なお、一罪の一部起訴とは異なるが、被告人1人の行為により犯罪構成要件の全てが満たされる場合において、他に共謀共同正犯が存在するときに、検察官が単独犯、共同正犯のいずれかで起訴することも訴追裁量として許される。この場合に生じうる問題については、30講2(4)参照。

　もっとも、検察官の訴追裁量といっても無制約ではなく、合理的な裁量の範囲を逸脱することはできないから、一部起訴を行うには**合理的な理由**が存在する場合でなければならないと考えられる。最判平4・9・18刑集46巻6号355頁も「一罪を構成すべき事実のうちどの範囲の事実について公訴を提起するかは、**検察官の合理的裁量に委ねられ……**」としている。こうした合理的な理由としては、①起訴後の公判立証を踏まえ、**立証上の難点や法律上の問題点を回避**するため、②被告人に対する**特別予防上の考慮**から、過重と

考えられる刑を避けるため、③特に公職選挙法違反の百日裁判事件（公選253条の2）などにおいて、**迅速な裁判や争点の解消を実現**するため、といったものが考えられる。

こうした合理的な理由があると認められれば、検察官の一部起訴は適法であり、その法的効果として、**裁判所の審判の範囲は検察官が起訴した事実、すなわち訴因に限定され、訴因外の事実につき審判する義務も権限もない**ことになる。前掲・最大判平15・4・23は、先の判示部分に続けて、「そのような公訴の提起を受けた裁判所は、所有権移転の点だけを審判の対象とすべきであり、犯罪の成否を決するに当たり、売却に先立って横領罪を構成する抵当権設定行為があったかどうかというような訴因外の事情に立ち入って審理判断すべきものではない」とした。

* 「横領後の横領」

前掲・最大判平15・4・23は、その理由として、被告人が訴因となっている所有権移転行為について無罪の判決を受けるために、訴因外の犯罪行為である抵当権設定行為の存在を主張・立証し、逆に検察官がそうした訴因外の犯罪行為は成立しないと主張・立証することになって、当事者双方に不自然な訴訟活動を行わせることになりかねず、訴因制度をとる訴訟手続の本旨に沿わないことを挙げている。この理由づけを理解する前提として、「横領後の横領」の問題（→基本刑法Ⅱ307頁）につき、同判決がそれまでの最高裁判例を変更したことを理解しておく必要がある。それまで「横領後の横領」は**不可罰的事後行為**とされていたため、抵当権設定行為が横領罪となれば、その後の所有権移転行為は処罰できなかった（最判昭31・6・26刑集10巻6号874頁）。そのため被告人が抵当権設定行為を横領罪であると主張する不自然な訴訟活動を招いたのである。しかし、現在では抵当権設定行為と所有権移転行為のそれぞれに横領罪が成立し、両者は包括一罪の関係にあって、一方を処罰すれば他方も共に処罰されることになると考えられている（**共罰的事後行為**）。その場合に両者を二罪として処罰することはできないから、検察官はどちらかを選択して起訴しなければならず、ここに一罪の一部起訴の問題が生じるのである。

このように合理的な理由があれば一罪の一部起訴が認められるとしても、【設問2】については、さらに親告罪の一部起訴の可否という問題がある。こうした一部起訴を認めると、**未成年者略取を親告罪とした趣旨が損なわれ、被害者の利益を害するから、不適法・無効と解すべきであり、公訴棄却の判決**によって手続を打ち切るべきという見解が、学説では多数と思われる。これに対して、検察官はこうした一部起訴をすべきではないとしつつ

も、実際に起訴がなされてしまった場合には、被告人が公訴棄却の判決を受けるために公判で未成年者略取であったことを主張・立証することになり、かえって被害者の不利益になって不合理であるから、起訴自体は有効と考え、裁判所の審理の範囲を暴行に限定し、被告人にそのような主張・立証を認めるべきではないとする見解も有力である。

(3) 設問の検討

以上のとおり、合理的な理由があれば検察官は一罪の一部を起訴することができ、その場合には裁判所の審判の範囲は検察官が設定した訴因に限定されると考えられるが、親告罪の一部起訴については違法・無効と考える立場からは、【設問2】の起訴は違法・無効であって、裁判所は公訴棄却の判決（338条4号）によって手続を打ち切るべきことになる。ただし、公訴棄却の判決をするために必要不可欠な限度で、裁判所は未成年者略取であったことを確認する必要があるから、審判の範囲は暴行に限定されないことになろう。有力説の立場からは、起訴は適法・有効で、審判の範囲は暴行に限定されることになろう。

3 訴因の明示・特定

【設問3】訴因特定事例

次の公訴事実が訴因の記載として罪となるべき事実を特定したものといえるかについて論じよ。

(1) 「被告人は、甲と共謀の上、令和2年5月21日午後10時頃、H県I市J町1丁目2番3号先路上において、Vに対し、殺意をもって、甲がサバイバルナイフでVの胸部を1回突き刺し、よって、その頃、同所において、同人を左胸部刺創による失血により死亡させて殺害したものである」

(2) 「被告人は、法定の除外事由がないのに、令和2年9月下旬頃から同年10月3日までの間、東京都内、埼玉県内またはその周辺において、覚醒剤であるフェニルメチルアミノプロパンまたはその塩類若干量を自己の身体に摂取し、もって覚醒剤を使用したものである」

---

(1) 問題の所在

手続理解編（→6講5(2)イ）で見たとおり、公訴事実は、訴因を明示して記載しなければならず、訴因を明示するには、できる限り、日時、場所および方法をもって罪となるべき事実を特定しなければならない（256条3項）。訴因は、社会的事実を特定の犯罪構成要件に当てはめて法律的に構成した具

体的事実であるから、裁判所が見て特定の犯罪構成要件に該当することが明らかな程度に記載される必要があり、通常は「六何の原則」に基づいて記載されるが、事案によっては公訴を提起する段階で詳細な事実の特定を要求することが困難な場合もあるため、刑訴法も「できる限り……特定」しなければならないとしている。では、具体的にどのような場合に、どの程度まで事実を特定すれば「できる限り」の要請を充たすことになるのであろうか。

(2) 判例の理解

ア 訴因の明示・特定が求められる趣旨

訴因の明示・特定に関するリーディングケースとなっているのは、いわゆる白山丸事件に関する最大判昭37・11・28刑集16巻11号1633頁〈百選 A17〉である。未だ日本との国交がなかった中国への密出国の事案で、犯行の日時、場所、方法が明らかになっていない公訴事実の記載につき、同判決は、訴因の明示・特定が求められる趣旨は「裁判所に対し審判の対象を限定するとともに、被告人に対し防禦の範囲を示す」ことにあるとした。その上で、「犯罪の日時、場所及び方法は、……本来は、罪となるべき事実そのものではなく、ただ訴因を特定する一手段として、できる限り具体的に表示すべきことを要請されているのであるから、犯罪の種類、性質等の如何により、これを詳らかにすることができない特殊事情がある場合には、前記法の目的を害さないかぎりの幅のある表示をしても」、直ちに違法とはいえないとした。その上で、国交のない外国への密出国の具体的てん末を確認することは極めて困難であるという特殊事情がある一方、審判の対象は明らかで、被告人の防御の範囲も限定されているから、訴因の明示・特定はなされていると結論づけた。

イ 共謀共同正犯における公訴事実の記載

【設問3】(1)は、平成29年司法試験予備試験の問題をモデルにしたものである。前述した訴因の明示が求められる趣旨のうち、裁判所に対して審判の対象を限定することを重視すれば、裁判所が他の犯罪事実と区別できる程度に訴因が明示・特定されていることを要するが、その程度に特定されていれば被告人が防御活動をすることも可能であると考えられる（識別説）。他方、被告人の防御の範囲を示すという目的を重視すれば、他の犯罪事実と区別できるというだけではなく、被告人の防御権の行使に支障がない程度にまで具体化される必要があることになる（防御権説）。

この両説の対立が最も明確になるのが、共謀共同正犯における公訴事実の記載であるとされている。実務上は、識別説の立場から、【設問3】(1)のよ

うに、実行共同正犯であろうが共謀共同正犯であろうが、公訴事実には「共謀の上」とのみ記載することが定着している。その場合でも、共犯者甲による実行行為は、日時、場所、方法が特定され、殺人罪の構成要件要素がもれなく具体的に記載されており、検察官は**甲による実行行為と結びついた被告人と甲との共謀を「罪となるべき事実」として起訴したのだとすれば**、他の犯罪事実と区別できる程度に訴因が明示・特定されているといえる。これに対して、防御権説の立場からは、**具体的な共謀の日時、場所、方法が明示・特定されなければ、共謀の事実を争うにも反証ができない**とされる。

　しかし、**共謀は密かに行われるのが通常**で、被告人らが黙秘・否認すれば具体的な共謀の日時、場所、方法等が明確にならない事案も多い。また、共謀共同正犯でも明確な謀議行為があるとは限らず、共謀が徐々に醸成される事案もあるから、共謀は実行時点における犯罪の共同遂行に関する合意と考えられ、謀議行為は不可欠のものではない（→基本刑法Ⅰ322～324頁）。被告人の防御権の保障は、公訴事実の記載のみによるのではなく、その後の公判前整理手続の証明予定事実や公判手続での冒頭陳述等に対し、裁判長から検察官に**求釈明**を行うなど、**手続の全体を通じて図る方が実際的**であり、実務でもそのような取扱いがなされているといってよい（→23講1⑵コラム「争点顕在化措置」参照）。

　なお、実務では、裁判所に求釈明が義務づけられる（義務的釈明）のは、識別説の立場からも訴因が特定されていない場合、すなわち、他の犯罪事実と区別できる程度に訴因が明示・特定されていない場合に限られ、それ以外については求釈明するか否かを裁判長の自由裁量に委ねる（任意的釈明）と考える見解が多数である。したがって、具体的な共謀の日時、場所、方法について求釈明するか否かは、裁判長の自由裁量に属することになろう。

　　＊　包括一罪における訴因の明示・特定

　　　識別説の立場からは、例えば暴行1と暴行2とが併合罪関係にあるとき、暴行1を暴行罪で起訴するのであれば暴行2と区別できる程度に訴因が明示・特定されている必要があるが、暴行1と暴行2とが包括一罪の関係にあれば、一罪を構成する個々の犯罪行為にすぎない暴行1と暴行2を区別できるように特定する必要まではなく、全体として特定する包括的記載（例えば、「令和2年1月1日から同月3日までの間に、暴行1および暴行2が行われた」といったもの）で足りると考えられる。同一の被害者に対して一定の期間に多数回にわたる暴行が繰り返され、傷害を負わせた所為を包括一罪として起訴した事案につき、最決平26・3・17刑集68巻3号368頁〈百選44〉は、「……その共犯者、被害者、期間、場所、暴行の態様及び

傷害結果の記載により、他の犯罪事実との区別が可能であり、また、それが傷害罪の構成要件に該当するかどうかを判定するに足りる程度に具体的に明らかにされているから、訴因の特定に欠けるところはない」とした。識別説の立場に立つことを明らかにしたものと考えられている。もっとも、包括一罪であれば常に包括的な記載で足りるとまでは言えず、特定するに足りる証拠があるのであれば、「できる限り」特定して記載すべきであろう。

　なお、訴因の明示・特定につき、特定の犯罪の構成要件に該当する事実がもれなく記載されていることに加え、その事実が裁判所に対して合理的な疑いを超える心証を抱かせうる程度に具体的でなければならないとする見解がある。有罪判決のために必要とされる「罪となるべき事実」（335条1項）と同程度の具体性が、訴因として記載される「罪となるべき事実」にも必要と考える立場であり、ここでは**「罪となるべき事実」**説と呼ぶことにする。例えば、「被告人は、不詳の日時・場所において、不詳の方法により、Ｖを殺害した」という訴因では、識別はできても裁判所が合理的な疑いを超える心証を抱くことは通常困難であるから、訴因の特定に欠けると考える。防御権説とは異なる立場から識別説よりも具体的な記載を求める立場であるが、この説によっても、共同正犯について、共謀を客観的な謀議行為ではなく、実行時の犯罪の共同遂行に関する合意と考えれば、識別説と同様に「共謀の上」との記載で足りるとの結論になる。

　＊　「罪となるべき事実」説と識別説の差異
　　東京高判平20・9・25判例集未登載は、「被告人は、平成○○年○月○日午前3時30分頃から同日午前9時30分頃までの間、岐阜県、愛知県ないしそれらの周辺地域において、殺意をもって、不詳の方法により、Ｖ（当時○○歳）を殺害したものである」との公訴事実について、識別説の立場から、「被害者が既に死亡し、遺体の損傷がひどく、また、犯行の目撃者もいない上、被告人も捜査の当初から一貫して犯行を否認又は黙秘しており、殺害の日時、場所、方法及び死因をつまびらかにすることができない特殊な事情」があり、「検察官において、当時の証拠に基づいて、できる限り、犯行の日時、場所、方法等を特定したものと認められ」、「他の犯罪と十分に識別されて限定されている上、被告人の防御の範囲を示しており、訴因の特定を欠いているとまではいえない」とした。他方で、「罪となるべき事実」説の立場からは、裁判所に対して合理的な疑いを超える心証を抱かせうる程度に具体的な記載であるかが問題になるから、前記のような公訴事実の場合、裁判所から検察官に求釈明をして、その結果により裁判所が合理的な疑いを超える心証を抱かせうる程度に具体的な記載とはいえないと

判断すれば、訴因は特定されていないと考えることになろう。

ウ　覚醒剤使用の訴因の特定

【設問3】(2)は、最決昭56・4・25刑集35巻3号116頁〈百選43〉をモデルにしたものである。覚醒剤使用は、**単独で密かに行われるのが通常**であり、被告人が黙秘・否認している場合や、不合理な供述に終始している場合には、日時、場所、方法を特定することがほぼ不可能になるという**特殊事情**がある。他方、被告人から採取された尿から覚醒剤反応が出れば、覚醒剤の体内残留期間に関する科学的経験則から、**尿を採取した日から最長で2週間以内に少なくとも1回は覚醒剤を体内に摂取したことを合理的に推認できる**ことになっている。そこでの争点は、そうした期間内に1回は覚醒剤を体内に摂取した事実の有無であって、日時、場所、方法の特定が被告人の防御に重要な意味をもつとは考えられない。

そこで、実務では【設問3】(2)のように、犯行日時を「**尿を採取した日から最長で2週間遡らせた期間**」とし、犯行場所を被告人の供述等から「**その期間内に被告人が立ち寄った場所**」として特定し（被告人はこの点については供述することが多く、そのことからもアリバイ主張等が重要な意味をもたないことが理解できるであろう）、犯行方法を注射、飲用、吸引、塗布といった想定される全ての方法を含む「摂取」として、公訴事実を記載するとともに、検察官が冒頭陳述において、同公訴事実は**尿から検出された覚醒剤の最終使用行為を起訴した趣旨である**旨を釈明して（いわゆる最終行為説）、他の覚醒剤使用事実との識別を図っている。

前掲・最決昭56・4・25においても、これと類似する公訴事実につき、「日時、場所の表示にある程度の幅があり、かつ、使用量、使用方法の表示にも明確を欠くところがあるとしても、**検察官において起訴当時の証拠に基づきできる限り特定したものである以上、覚せい剤使用罪の訴因の特定に欠けるところはない**」と判断されている（同決定当時からすると覚醒剤使用の公訴事実の記載方法は若干変遷しており、【設問3】(2)の公訴事実は、最近の公訴事実の記載方法に修正したものである）。

(3)　設問の検討

(1)については、識別説の立場からすると、共犯者甲の実行行為については日時、場所、方法が特定されていて、被告人はこれと結びついた甲との共謀について起訴されたものと認められるから、他の犯罪事実との識別は可能であり、当該公訴事実は訴因の記載として罪となるべき事実を特定したものと

いえる。

　(2)については、被告人から覚醒剤自己使用について信用できる供述が得られない以上、事案の特殊性から詳細な事実を特定することはほぼ不可能であり、起訴当時の証拠に基づきできる限り特定したものであると認められ、かつ、尿から検出された覚醒剤の最終使用行為を起訴した趣旨であれば**他の覚醒剤使用事実との識別も可能である**から、当該公訴事実は訴因の記載として罪となるべき事実を特定したものといえる。

4　起訴状における余事記載──予断排除の原則との関係

> **【設問4】余事記載・証拠引用事例**
> 　検察官は、起訴状の公訴事実に次のような記載をすることができるか。
> (1)　「被告人は、○○の前科がある者であるが……」
> (2)　「被告人は、○○の余罪がある者であるが……」
> (3)　「被告人は、指定暴力団○○組の組員であるが……」
> (4)　「被告人は、かねて短気で粗暴であった者であるが……」
> (5)　便せんに約600字に及ぶ脅迫文言を記載し、これを郵送する方法によって害悪を告知した脅迫罪の事案において、証拠として請求する予定の同文書に記載された脅迫文言の全文

(1)　問題の所在

　これまで見てきたとおり、起訴状の公訴事実としての訴因の記載は「できる限り」特定されなければならない一方で、起訴状には「裁判官に事件につき予断を生ぜしめる虞のある書類その他の物を添附し、又はその内容を引用してはならない」（256条6項）とされ、**予断排除の原則**も要請されている（起訴状一本主義→6講5(3)）。予断排除の原則に違反した場合にも、「公訴提起の手続がその規定に違反したため無効であるとき」（338条4号）として、公訴棄却の判決を受ける。最大判昭27・3・5刑集6巻3号351頁は、「**裁判官に予断を生ぜしめるおそれのある事項……を起訴状に記載したときは、これによってすでに生じた違法性は、その性質上もはや治癒することができない**」として、公訴棄却の判決をした原判決を支持している。では、具体的にどのような記載をすると予断排除の原則違反とされるのであろうか。

(2)　判例の理解

ア　基本的な考え方

　前述したとおり、訴因とは、検察官が社会的事実を特定の犯罪構成要件に

当てはめて法律的に構成した具体的事実であり、裁判所が見て特定の犯罪構成要件に該当することが明らかな程度に記載される必要がある。したがって、特定の犯罪構成要件に該当することを明らかにするための事実またはこれと密接不可分の事実は、訴因の明示・特定に必要である限り、起訴状に記載しても256条6項に違反しないと考えることができる（最判昭26・4・10刑集5巻5号842頁参照）。

イ　余事記載

【設問4】のうち、(1)前科、(2)余罪、(3)暴力団員であること、(4)被告人の性癖等については、一般に余事記載と言われ、通常は特定の犯罪構成要件に該当することを明らかにするための事実またはこれと密接不可分の事実とはいえないから、256条6項に違反し、記載することは許されないと考えられる。

他方、例えば常習累犯強窃盗（盗犯3条）の事件では、その犯罪構成要件に前科が含まれている。すなわち、今回の行為の前10年以内に、窃盗または強盗により、3回以上、6月の懲役以上の刑の執行を受けていることが構成要件要素になっているから、当該構成要件に該当することを明らかにするために公訴事実にも前科を記載することが必須となっており、当然に許されている。

また、被告人が、前科や余罪があること、あるいは、暴力団員であることやその性癖を誇示して恐喝や脅迫をしたような事件では、被告人に前科や余罪があること、暴力団員であることやその性癖が、特定の犯罪構成要件に該当することを明らかにするための事実またはこれと密接不可分の事実になっていて（例えば、その記載がないと被害者が畏怖したことが理解できないなど）、訴因を明示・特定するのに必要であれば、起訴状に記載することが許される場合もある（最判昭26・12・18刑集5巻13号2527頁、最判昭27・4・8判タ20号61頁）。もっとも、こうした事実は証拠調べに入ってから冒頭陳述でも明らかにできるので、予断排除の原則違反と判断されることがないように、起訴状の公訴事実に記載するか否かは慎重に検討し、できるだけ避ける方が望ましいと思われる。

ウ　証拠の内容の引用

(5)は、平成10年旧司法試験第1問をモデルにしたものである。ここでは、「証拠」である脅迫文書の内容を全文にわたって起訴状の公訴事実に記載するのは、証拠書類・証拠物の内容を起訴状に引用することで起訴状一本主義を潜脱することを防止しようとした256条6項に違反するのではないかが問

題となる。

　最判昭33・5・20刑集12巻7号1398頁は、本問と類似した事案において、結論としては256条6項に違反しないとした。ただし、その前提として、起訴状に脅迫文書の内容を引用するときは少しでもこれを要約して記載すべきとされており、本件では脅迫文書の趣旨が婉曲暗示的であって、相当詳細に要約しないと文書の趣旨が判明しない場合であったことが指摘されている点には注意を要する。

　同様の問題は名誉棄損事件においても問題になるが、最決昭44・10・2刑集23巻10号1199頁は、名誉棄損文書の原文の約3分の1、約3500字を公訴事実に記載した事案について、「検察官が同文章のうち犯罪構成要件に該当すると思料する部分を抽出して記載し、もって罪となるべき事実のうち犯罪の方法に関する部分をできるかぎり具体的に特定しようとしたものであって、刑訴法256条3項に従って本件訴因を明示するための方法として不当とは認められ〔ない〕」とし、256条6項に違反しないと判断した。

　こうした判例に対し批判的な学説も少なくない。しかし、簡単な文言ならそのまま記載できるが、長い文言になると許されないのは首尾一貫しない、仮にこうした記載が許されないとすれば犯罪を構成すべき具体的事実を公訴事実として記載することが困難となり、「脅迫状を送りつけ」などといった抽象的な記載しかできなくなる、といった反論がなされている。

(3)　設問の検討

　(1)から(4)については、原則として256条6項に違反する余事記載として許されないが、例外として常習累犯強窃盗事件や、こうした記載が犯罪の方法を特定する上で必要である事件など、特定の犯罪構成要件に該当することを明らかにするための事実またはこれと密接不可分の事実であると認められる場合には、記載することが許される場合があると考えられる。

　(5)については、脅迫文書の全文を記載しないと文書の趣旨が明らかにならず、脅迫罪の構成要件に該当することが明らかにならない場合であれば、記載することは許されるであろう。

5　親告罪の告訴

(1)　問題の所在

　親告罪においては、「告訴がなければ公訴を提起することができない」とされ（例えば、刑244条2項）、告訴がないのに起訴すれば「公訴提起の手続がその規定に違反したため無効であるとき」（刑訴338条4号）として、公訴

棄却の判決により手続が打ち切られることになる。そのため、検察官は親告罪を起訴しようとするとき、告訴の有無に留意し、点検しなければならないことは、前述した（→6講4(3)ウ）。しかし、**複数の共犯者がいる場合、複数の犯罪事実がある場合**には、告訴の有無を判断することが容易でない場合がある。以下では、どのような場合に告訴が「ある」といえるのか、事案に即して見ていこう。

なお、以下の議論は告発が訴訟条件となっている場合（→2講3(5)参照）でも同様に考えることができる。

(2) 告訴の主観的不可分

まず、**複数の共犯者がいる場合**である。親告罪について、共犯の1人または数人に対してした告訴は、他の共犯に対しても、その効力を生じる。告訴の取消しの場合も、同様に他の共犯に対してその効力を生じる（238条1項）。これを**告訴の主観的不可分**という。まず、原則から見ていこう。

【設問5】主観的不可分原則事例

　器物損壊の被害者Vが、「A_1に器物を損壊されたので処罰してほしい」という告訴をしたが、その後の捜査によって、犯人はA_1、A_2、A_3の3人であることが判明した。検察官は前記Vの告訴によってA_2とA_3を起訴してよいか。

告訴の主観的不可分により、A_1に対する告訴の効力は共犯であるA_2とA_3にも及ぶので、**A_1に対する告訴があればA_2とA_3に対しても有効な告訴がある**ことになる。したがって、検察官はA_2とA_3を起訴してよい（ただし、実務上はVの意思を確認した上、A_2とA_3についても告訴を受理してから起訴するのが望ましい）。

【設問6】告訴取消事例

　器物損壊の被害者Vが、「A_1に器物を損壊されたので処罰してほしい」という告訴をしたが、A_1から被害弁償を受け、当該器物損壊の被害については処罰を望まないとして告訴を取り消した。しかし、その後の捜査によって、犯人はA_1、A_2、A_3の3人であることが判明した。検察官は、新たにVからA_2とA_3に対する告訴を受理して、A_2とA_3を起訴してよいか。

【設問6】とは逆に、**【設問6】**では、A_1に対する告訴取消しの効力がA_2とA_3にも及ぶので、Vが当該犯罪事実について処罰を望まないとして告訴を取り消した以上、その後に同じ事実でA_2とA_3を告訴することはできなく

なる。

このように告訴の主観的不可分が認められているのは、告訴は、**犯罪事実に対して行われるもの**であって、特定の犯人に対して行われるものではないからである。したがって、告訴における犯人の特定は意味がないことになり、【設問6】において、実はA₁は犯人ではなく、A₂とA₃のみが犯人だったと判明した場合にも、告訴とその取消しの効力は当然にA₂とA₃にも及ぶ。

次に、告訴の主観的不可分の**例外**を見てみよう。

【設問7】 親族相盗例事例
　宝石を盗まれたVが、親族ではないA₁を窃盗で告訴したが、その後の捜査の結果、Vと同居していない親族であるA₂がA₁の共犯であったことが判明した。検察官は、前記Vの告訴で、A₂も起訴してよいか。

A₂は同居していないVの親族であるから、窃盗であっても**親告罪**となって（刑244条2項）、A₂について公訴を提起するには告訴が必要となる。主観的不可分の原則からすると、A₁に対する告訴の効力はA₂に対しても及ぶはずであるが、そうすると親族間の犯罪について処罰するか否かを被害者の意思に委ねた**親族相盗例の趣旨**が失われることになるから、例外として、親族関係のないA₁に対する告訴の効力は、**親族関係にあるA₂に当然には及ばない**ものと考えられている。したがって、検察官はVから、A₂に対する告訴を改めて受理しなければ、A₂を起訴することはできない。

(3) 告訴の客観的不可分

次に、**複数の犯罪事実がある場合**である。前述したように、告訴が犯罪事実に対して行われるものであれば、1個の犯罪事実に対してなされた告訴または告訴の取消しは、その全部について効力が及ぶ。これを**告訴の客観的不可分**という。1個の犯罪事実といえるか否かは、刑法の罪数論に照らして判断する（→基本刑法I412頁以下）。単純一罪の場合はもちろん、包括一罪および科刑上一罪（観念的競合および牽連犯）の場合も、1個の犯罪事実として客観的不可分が適用されるのが**原則**である。以下の設例で見てみよう。

【設問8】 客観的不可分原則事例
　Vは、同居していない親族のAから、現金を盗まれたために告訴したが、その後の捜査の結果、Aは同一の機会に宝石も盗んでいたことが判明した。検察官は、前記Vの告訴で、宝石の窃盗についても起訴してよいか。

同一の機会の窃盗は接続犯として**包括一罪**となる（→基本刑法Ⅰ420頁）から、**現金の窃盗について告訴があれば宝石の窃盗についてもその効力が及ぶ**。したがって、検察官は宝石の窃盗についても起訴してよい。

　もっとも、告訴の客観的不可分にも**例外**がある。

【設問9】牽連犯事例

　Vは、同居していない親族のAから、住居に侵入された上、現金を盗まれたが、窃盗については処罰を求めない意思を明らかにして、ことさらに住居侵入だけで告訴した。検察官は、住居侵入・窃盗について起訴してよいか。

　告訴の客観的不可分の例外その1である。住居侵入と窃盗は**牽連犯の関係**にあるから、原則からすると住居侵入についての告訴は窃盗にも及ぶ。しかし、被害者はことさらに非親告罪である住居侵入に限定して告訴しており、親族間の犯罪について処罰するか否かを被害者の意思に委ねた**親族相盗例の趣旨**からすれば、**告訴の効力は窃盗に及ばない**と解される。したがって、検察官は住居侵入のみであれば起訴できるが、住居侵入・窃盗について起訴することはできない。

　他方で、**被害者がことさら非親告罪に限定して告訴をしているわけではない場合**であれば、原則に戻って告訴の効力は窃盗に及ぶと解してよい。このように、被害者の意思が告訴の効力を左右することがあるから、検察官または司法警察員は、告訴を受理する際、あるいは起訴する際に、こうした被害者の意思を十分に確認しないと、その後に無用な紛議を招くおそれがある。

【設問10】包括一罪事例

　V_1は、同居していない親族のAから、現金を盗まれたために告訴したが、その後の捜査の結果、Aは同一の機会に、同じく同居していない親族であるV_2の宝石も盗んでいたことが判明した。検察官は、V_1の前記告訴により、V_2の被害についても起訴してよいか。

　告訴の客観的不可分の例外その2である。同一の機会に複数の被害者から財物を窃取していることから**包括一罪**と考えれば、V_1の告訴があればV_2の被害についても告訴があると考えることもできそうである。しかし告訴は、被害者が自己の被害について処罰を求めるものであって、**複数の被害者がいる場合、1人の被害者がした告訴は他の被害者の被害には及ばない**。したがって、V_1が現金の被害について告訴しても、その効力はV_2の宝石の被害に

は及ばないから、検察官は V_2 から改めて告訴を受理しない限り、V_2 の被害について起訴することはできない。

【設問11】観念的競合事例
　雑誌記者のAは、同一の記事で V_1 と V_2 の名誉を棄損した。V_1 がAを告訴したが、話し合いで和解が成立し、当該名誉棄損の事実については処罰を望まないとして告訴を取り消した。その後に V_2 がAを告訴した場合、検察官はAを起訴してよいか。

　同様に、この設問では1つの行為で複数の被害が発生しているから、**観念的競合**として一罪であり、原則からすれば V_1 の告訴の取消しの効力が V_2 にも及ぶと考えられそうである。しかし、**複数の被害者がいる場合**であるから、例外として V_1 の告訴の取消しの効力は、V_2 の被害には及ばない。したがって、V_2 がAを告訴すれば、その告訴は有効であり、検察官は V_2 の被害についてAを起訴できる。

(4)　告訴の追完

【設問12】告訴の追完事例
　検察官は器物損壊の訴因で起訴した後、告訴を得ていないことに気がつき、被害者Vから告訴状を得て、同告訴状を証拠調べ請求した。裁判所はどう対応すべきか。

　告訴の追完とよばれる問題である。親告罪について公訴提起時に有効な告訴がなければ、裁判所は公訴棄却の判決を言い渡すのが原則であるが、公訴棄却の判決には一事不再理効はなく、検察官は再起訴ができるから、訴訟経済を考えれば告訴の追完を認め、当該手続を続行させてもよいようにも思われる。しかし、起訴後に示談成立等の事情変更があれば、再起訴されるとは限らない。また、被告人が公訴棄却の判決を望んでいるような場合に、裁判所が告訴の追完を待って手続を続行させるようなことは、公正な措置とは言いがたい。そこで、告訴の追完を待って手続を続行させることに被告人の同意が得られるのであれば、追完を認めても差し支えないと考えられる。逆に、被告人が追完に同意しないのであれば、裁判所は公訴棄却の判決を言い渡すべきであろう。

　なお、当初の訴因は親告罪ではなかったものの、審理の結果、親告罪であることが判明した場合は、訴訟条件を判断する基準時と訴因変更の可否等が

問題となる（→22講 4 (1)・(2)）。

6　起訴後の捜査

> **【設問13】被告人の取調べ事例**
>
> 　検察官Ｐは、A_1の自白に基づき A_1を殺人および窃盗で起訴した。しかし、A_1の起訴後に別件の窃盗事件で逮捕・勾留されていた A_2を警察が取り調べたところ、窃盗の真犯人は A_2であり、A_1は A_2から盗品等を無償で譲り受けたのではないかという疑義が生じた。そこでＰは、第 1 回公判前整理手続期日前に、A_1が勾留されている拘置所に行き、A_1に対し、「君が起訴されている事件につき、もう一度取調べを行うが、嫌なら取調べを受けなくてもよいし、取調べを受けるとしても、言いたくないことは言わなくてよい」と告げたところ、A_1は取調べに応じる旨述べたので、弁護人を立ち会わせることなく、A_1を取り調べた。この取調べは適法か。

(1)　問題の所在

　【設問13】 は、平成26年新司法試験の問題をモデルにしたものである。検察官は、公訴提起後、その**起訴事実**について（**余罪**についてであれば、別途捜査を進めることに特段の問題はない）、捜査をすることができるか。とりわけ問題となるのは、被告人を取り調べることの可否である。というのも、①刑訴法198条 1 項は「**被疑者**」を取り調べることができるとしている、②公訴の提起によって被告人は検察官と対立する一方当事者となっているのに、捜査機関が取り調べることができるとすれば**当事者主義**に反する、③既に公訴の提起によって刑事事件が裁判所に係属している以上、その真相解明は公判期日に公判で行うべきであるという**公判中心主義**に反する、といった問題があるからである。

　*　被告人の取調べ以外の起訴後の捜査

　　　①**任意捜査**（被告人以外の者の出頭要求・取調べ、任意提出または遺留物の領置、実況見分、公務所等への照会、鑑定等の嘱託）は、必要性が認められれば実施することができる。②第 1 回公判期日前までであれば、**検察官による証人尋問請求**（226条・227条）をすることができる。③**捜索・差押え**については、裁判所による捜索・差押え（102条・99条）が認められているのであるから、第 1 回公判期日後であれば、「裁判所による捜索・差押えではその目的を達することができない」例外的な場合のみ許容されるが、第 1 回公判期日前までであれば予断排除の原則により裁判所による捜索・差押えを実施できないから、起訴前と同様の要件により裁判官の令状発付により許容されると考えられる。

(2) 判例の理解

学説は、前述した①から③を理由に、被告人の取調べは許されないと考えるのが多数とされている。もっとも、被告人から「取り調べてほしい」という申出があった場合や、弁護人が立ち会う場合に限り、被告人の取調べを認める見解もある。

これに対して最決昭36・11・21刑集15巻10号1764頁〈百選 A16〉は、起訴後第1回公判期日前に、検察官が起訴後勾留中の被告人を取り調べた事案につき、「刑訴197条は、捜査については、その目的を達するため必要な取調をすることができる旨を規定しており、同条は捜査官の**任意捜査**について何ら制限をしていないから、同法198条の『被疑者』という文字にかかわりなく、**起訴後においても、捜査官はその公訴を維持するために必要な取調を行うことができる**」とした。ただし、「起訴後においては被告人の当事者たる地位にかんがみ、捜査官が当該公訴事実について被告人を取り調べることは**なるべく避けなければならない**」とも付言されており、実務上は、あくまでも197条に基づく任意捜査として、被告人の意思に反しない限りで、起訴後の取調べを行っている。ただし、弁護人の立会いは認めていない。

(3) 設問の検討

以上のとおり、起訴後に起訴された事実について被告人を取り調べることも認められると考えられるが、**任意捜査**であることを明らかにする必要があるから、取調べの冒頭で被告人に対し、**黙秘権**のみならず、**意思に反して取調べに応じる必要はない**旨を告げ、**被告人の同意**が得られた場合にのみ取調べを実施する必要がある。**【設問13】**では、Pは任意捜査であることを明らかにした上、A_1の同意を得てから取調べを行っており、当該取調べは適法と考えられる。なお、このように被告人が任意に取調べに応じた状況については、録音・録画するなり、供述調書に記載するなりして、事後の立証に備えておく必要があろう。

第22講　審判・防御の対象とその変動(1)
── 訴因変更の可否

◆学習のポイント◆
1　訴因の変更において問題となる場面を整理しよう。
2　訴因変更の可否に関わって、公訴事実の同一性の判断基準を理解しよう。
3　公訴事実の同一性が認められるとしても、訴因変更が許容されないのはどのような場合かを理解しよう。
4　訴訟条件と訴因変更の関係について、問題の所在を理解しよう。

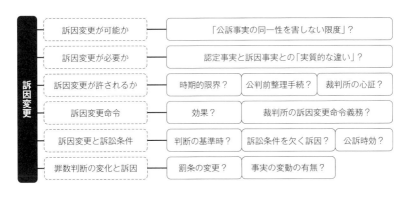

1　訴因変更が問題となる場面

訴因変更に関するさまざまな議論を混同しないよう、訴因変更についてどのような問題が生じうるのかを、以下の【設問1】で整理したい。

【設問1】
　検察官は《事例1》のXに対する強盗致傷被告事件の起訴状において、Yと共謀の上、X自らがAの財物の取取とAに対する傷害を行った旨の事実を記載していたところ、審理が進むにつれて、Xは現場において強取行為や傷害行為を行わず、Yに対して指示を出してこれらの行為を行わせていた可能性が出てきた。
(1)　検察官は、起訴状記載の訴因を、「Yと共謀の上、XまたはYあるいは両名

において」強取と傷害が行われたとの訴因に変更しようとした。この請求は認められるか。

(2) 裁判所は、検察官の訴因変更を経ずに結審し、判決における罪となるべき事実として、「Yと共謀の上、XまたはYあるいは両名において」強取と傷害が行われたと認定した。この手続は適法か。

(1) 訴因変更の可否──可能性

　検察官が訴因変更請求を検討する場面として、以下の例を挙げられる。第1に、起訴後、公判前整理手続（→8講1）の段階や、同手続に付されていない事件で証拠調べを開始した段階において、検察官が起訴状記載の訴因とは異なる事実を意識的に主張・立証しようとする場合が考えられる。例えば、公判前整理手続において被告人側の予定主張を受けて、立証の難易等諸般の事情を勘案して、検察官が公判の証拠調べに先立って訴因変更を請求するという場合を挙げられる。

　第2に、証拠調べが一定程度進行した後の段階である。裁判所の心証と起訴状に記載された訴因の間に、齟齬があることを察知した検察官が、有罪判決の獲得を維持しようとする場合である。具体的には、証拠調べの結果を受けて、裁判長から求釈明（規208条→7講6(2)）や、訴因変更の示唆・勧告がなされ、検察官が訴因変更を請求すべきだと考えるに至る場合がありうる。

　【設問1】(1)は、上記第2の場合において、検察官が訴因変更を請求しようとしている。この場合、**検察官の訴因変更請求を受けた裁判所が、訴因変更が可能か否かを判断すべき場面**だといえる（**訴因変更の可否**）。刑訴312条1項は、「公訴事実の同一性を害しない限度」で訴因変更の請求が認められる旨を定めているため、検察官が請求する変更後の訴因が「公訴事実の同一性を害しない限度」といえるか否かを検討することになる。詳しくは後述するが、この議論は、訴因変更をした結果、起訴された当初の犯罪事件とは全く別の犯罪事件の審理になってしまったという事態を回避するためのものである。

　なお、**【設問1】**(1)において訴因変更が許可され、そのことを被告人側が控訴審において争う場合には、訴訟手続の法令違反（379条）か、審判対象になりえない訴因について審判したことを重くみて、絶対的控訴事由である不告不理原則違反（378条3号）に当たる旨を主張することになる（→12講2(2)）。一般に、公訴事実の同一性を欠く訴因変更である場合や、裁判所が

検察官の設定した審判対象の枠を逸脱した認定をした場合には、不告不理原則違反に当たると理解されている。

(2) 訴因変更の要否——**必要性**

これに対して、検察官は訴因変更請求をしなかったものの、裁判所が起訴状に記載された訴因と異なる事実を、判決において、罪となるべき事実として認定する場合がある。【設問1】(2)のように、訴因変更を経ずに訴因と異なる事実を認定することが適切だったのかが問題となる場面である。典型的には、上訴審において、原審が訴因変更を経ずに訴因と異なる事実を認定したことの適否が争われることになる。このように、**訴因変更が必要だったか否か、訴因変更手続を経るべきだったか否かを判断する場面も存在する（訴因変更の要否）**。この議論は、訴因には、審判対象を画定し、防御すべき範囲を明確にする機能があるところ（→21講3）、それらの機能を損なうような審理を回避するためのものである。

なお、【設問1】(2)について控訴審で争う場合の控訴理由は、訴因変更の要否に関する判例の理解と密接に関連するため、後述する。

(3) 訴因変更の許否——**許容性**

さらに、【設問1】(1)について、訴因変更が可能だと判断された場合であっても、ときには時機的な限界が存在しないかが議論になりうる。【設問1】(1)の検察官の訴因変更請求が、検察側・被告人側双方の証拠調べがほぼ終わった段階で行われた場合、それでも訴因変更を認めて、証拠調べをやり直すべきか。また、【設問1】の事案が公判前整理手続に付されていた場合、公判前整理手続によって策定された審理計画に沿って証拠調べが行われたところで、検察官が訴因変更請求をすることは、許容されるであろうか。

このように、**訴因変更請求の内容が312条1項にいう「公訴事実の同一性を害しない限度」に収まっていたとしても、なお訴因変更が許容されるか否かを判断する場面が存在する（訴因変更の許否）**。この議論は、訴訟当事者および裁判所の労力・負担や、公判前整理手続の趣旨といった観点から、訴因変更制度を調整しようとするものだといえる。また、起訴状の訴因のままであれば有罪判決になるところを、検察官の訴因変更請求をそのまま認めると、かえって無罪判決になってしまう場合のように、実体的真実の究明のために訴因変更を認めるべきではない場合もありうる。控訴審で、原審の訴因変更の許否に係る判断を争う場合には、その控訴理由は、訴訟手続の法令違反（379条）になるだろう（→12講2(2)）。

以下、上記各問題について、具体例を通じて検討しよう。

2　訴因変更の可否——可能性

(1)　問題の所在

　検察官は、312条1項にいう「公訴事実の同一性を害しない」範囲で訴因の変更・追加・撤回をすることができる（→6講6）。検察官が新旧両訴因の関係について、「公訴事実の同一性」があると評価される場面については、講学上は**公訴事実の単一性**が認められる場合と、**狭義の同一性**が認められる場合に分けて議論されてきた。それぞれの意味について確認した上で、判例を確認しよう。

(2)　公訴事実の単一性

【設問2】住居侵入窃盗事例

　検察官は、AがV宅においてV所有の財物を窃取したという窃盗の訴因（旧訴因）で起訴したが、審理の結果、AはV宅に不法に侵入した上で上記窃盗をしていたことが判明したので、窃盗の訴因に住居侵入の訴因（新訴因）を追加する請求をした。裁判所は、この請求を認めるべきか。

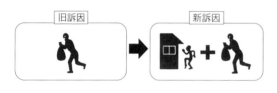

　【設問2】の住居侵入と窃盗は、別個の事実であり、おのおのの行為も結果も異なる。しかし、実体法（刑法）の罪数論によれば、「一罪」であれば1個の刑罰権の下で処理することが想定されている。この「一罪」には、（本来的）一罪である①単純一罪、②法条競合、③包括一罪のほか、数罪であるが科刑上一罪として扱われる④観念的競合、⑤牽連犯も含まれる（→基本刑法Ⅰ27講416～430頁）。【設問2】の場合は、窃盗とその手段である住居侵入は牽連犯の関係にあるため、刑法上は科刑上一罪の関係にあり、1個の刑罰権の下でまとめて処理するべきことになる。そのため刑事訴訟でも、公訴事実として1個にまとめて審理し、刑罰権を行使するか否かを審理することになる。

　このように、新旧両訴因が実体法上一罪を構成する事実か否かを問うのが、**公訴事実の単一性**である。【設問2】の場合は、上述したように窃盗の訴因と住居侵入の訴因が牽連犯の関係にあり、科刑上一罪だと評価できる。そのため、公訴事実の単一性が認められ、検察官が住居侵入の訴因を追加することは認められる。公訴事実の単一性は、刑罰権の個数の観点から、1つ

の事件にまとめて同時に処理すべき事実か否かを問う概念だといえよう。以上のように、公訴事実の単一性が認められるか否かは、刑法上の罪数の議論と実質的に連動する。

* 観念的競合

　　１個の投石行為により建物の窓ガラスを割って建物内の人を傷つけた場合は器物損壊と傷害の観念的競合になるが、検察官は被告人に人を傷つける犯意があったとして傷害（旧訴因）で起訴したものの、その後の審理で傷害の犯意を立証することが困難になったと判断すれば、公訴事実の単一性がある器物損壊（新訴因）へと訴因を変更することができる。

* 集合犯

　　常習性を有する行為者が実行行為を反復することを予定した構成要件（常習犯）や、業として実行行為を反復することを予定した構成要件（営業犯）など、はじめから数個の同種類の行為の反復を予定している構成要件を集合犯といい、各実行行為は包括して一罪となる（→基本刑法Ⅰ27講421頁）。集合犯においても、検察官は各実行行為について特定できる証拠があれば、できるだけ日時、場所、方法を特定して起訴するのが通常である。例えば検察官が、①某年４月１日の窃盗、②同月２日の窃盗、③同月３日の窃盗、④同月４日の窃盗の４回の実行行為に基づく常習累犯窃盗一罪で起訴したが、その後の審理で、②の窃盗につき立証が困難になったとする。しかし、さらに⑤同月５日の窃盗が判明した場合、⑤の窃盗も行為者の「常習性」の現れ（「常習性の発露」ともいう）としてなされたものと認められれば、包括一罪として公訴事実の同一性が認められるから、②の窃盗から⑤の窃盗へと訴因変更することができる。集合犯でこのような公訴事実の単一性が認められることは、一事不再理効が及ぶ範囲と関連して特に問題になる（→30講３(3)）。

　なお、「12月30日頃銅板の窃盗犯Ｘから依頼されこれを運ぶリアカーを貸与した」という窃盗幇助の旧訴因に対して、「12月31日頃Ｘから盗品である銅板を買い受けた」という盗品等有償譲受けの新訴因を追加する請求をした場合に、公訴事実の単一性は認められるか。この場合、**窃盗幇助と盗品等有償譲受けとは併合罪の関係にあり、科刑上一罪の関係にはなく、公訴事実の単一性は認められない。**したがって、「公訴事実の同一性」は認められず、検察官の訴因追加請求は認められない（最決昭33・２・21刑集12巻２号288頁参照）。この場合は、盗品等有償譲受けの訴因については、訴因の追加ではなく、追起訴の手続によるべきことになる。

(3) 狭義の同一性

　検察官は、Aが某年5月23日午前2時頃にV宅においてV所有の携帯電話を窃取したという窃盗の訴因（旧訴因）で起訴したが、審理の結果、Aは同月24日午後8時頃に電車内でVの上衣ポケットから上記携帯電話を窃取したことが判明したので、後者の窃盗の事実（新訴因）を予備的訴因として追加する請求をした。裁判所は、この請求を認めるべきか。

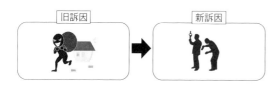

　【設問3】の旧訴因と新訴因の間では、窃取された財物は同じ携帯電話であるものの、日時や場所が異なっている。このように、新旧両訴因は実体法上一罪を構成するわけではないものの、同一事件を訴追・審理していると評価できるか否かが問題になるのが、**狭義の同一性**の有無である。

　狭義の同一性が、新旧両訴因の間でどの程度の事実の違いがあっても認められるのかについては、長らく議論と判例が積み重ねられてきた。その基本的なアプローチは、旧訴因として記載されている事実と新訴因として記載される事実を比較して、訴因変更を許すことができる程度の相違か否か（事実が共通していると評価できるか）を判断するというものである。後に説明する判例の判断枠組みによれば、**【設問3】**における検察官の請求する予備的訴因（新訴因）は、旧訴因との間に狭義の同一性があると評価できる。そのため、請求は認められることになろう（→予備的訴因の追加については6講6(1)*「訴因の変更・追加・撤回」参照）。以下では、なぜ**【設問3】**がそのような結論となるのかを理解するためにも、判例の判断枠組みを確認する。

　Aは、「自動車運転免許の試験官である公務員Bと共謀の上、Bの職務行為に対する謝礼の趣旨で、自動車運転免許取得者であるCから金品を収受した」という収賄の訴因（旧訴因）で起訴された。その後、公判において、検察官が「Cと共謀の上で、Bの職務行為に対する謝礼の趣旨で、金品を公務員Bに対して供与した」という贈賄の予備的訴因（新訴因）の追加を請求した。裁判所は、検察官の予備的訴因の追加を認めるべきか。

判例は、訴因変更の可否を判断する場面においては、伝統的に**基本的事実関係が同一**といえるか否かという判断枠組みを

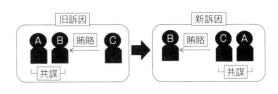

用いてきた。基本的事実関係が同一か否かは、**犯罪の日時や場所の同一性や近接性、行為、客体や被害者等の共通性**を斟酌して判断されてきた。これら諸要素をみることによって、同一事件の審理だといいうるか否かを検討するというわけである。

【設問4】においては、収賄の共同正犯（旧訴因）から贈賄の共同正犯（新訴因）への訴因変更について、基本的事実関係が同一といいうるのかが争点となった。Aは賄賂をもらう側から賄賂を贈る側に立場が変更されており、行為態様に対照的な違いがあるように感じられるからであろう。この問題について、最決昭53・3・6刑集32巻2号218頁〈百選46①〉は「収受したとされる賄賂と供与したとされる賄賂との間に事実上の共通性」がある場合には、「**両立しない関係**にあり、かつ、一連の同一事象に対する法的評価を異にするに過ぎない」ので、基本的事実関係が同一だと説示し、【設問4】の訴因変更は可能だと判断した。このように判例は、事実の共通性だけでは基本的事実関係が同一だと評価しにくい場合に、しばしば新旧両訴因の**非両立性**に着目した説示をしている。

仮に【設問4】の事例とは異なり、被告人が1回目は賄賂100万円を収賄の側に立って受領し、2回目は賄賂300万円を贈賄の側に立って供与するというのであれば、収賄事件と贈賄事件は両立し、被告人には2つの犯罪が成立する（両者は法的には対向犯〔基本刑法Ⅰ301頁〕の関係にない）。この場合、賄賂100万円の事件と賄賂300万円の事件は別事件であり、賄賂100万円をめぐる収賄の訴因を、賄賂300万円をめぐる贈賄の訴因に変更することは許されないであろう。

しかし、【設問4】の事例は同一賄賂をめぐる事件である以上、収賄行為と贈賄行為は対向犯の関係にあり、法的評価としては、**収賄罪が成立すれば贈賄罪は成立しない**という非両立の関係にある。要は、被告人Aは、収賄側Bと贈賄側Cのどちら側の共同正犯として犯罪が成立するかが問題であるにすぎない。したがって、判例が説示しているとおり、「一連の同一事象に対する法的評価を異にするに過ぎ」ず、訴因変更を許可したとしても、同一事件をめぐって審理をしていることには変わりない。以上のような理解からす

れば、【設問4】における新旧両訴因について基本的事実関係が同一だと評価して、訴因変更を認めることができる。

なお、【設問3】は、旧訴因と予備的訴因（新訴因）のいずれにおいても、窃取された客体が「V所有の携帯電話」である。旧訴因と新訴因の間の時間・場所の違いを勘案しても、（ごく短期間にAによって2回にわたり「V所有の携帯電話」が窃取されたとは考えられず）「V所有の携帯電話」の窃取は両立しない関係にあるといえよう。そのため、【設問3】における新旧両訴因は、基本的事実関係において同一であり、予備的訴因の追加請求は認められる。

* 訴因変更が可能だとされた事例

被告人が静岡県内のホテルでA所有の背広1着等を窃取したという窃盗の訴因（旧訴因）から、被告人が自称Aから背広1着の処分を依頼され、贓物（盗品等）であることを知りながら、東京都内で金を借り受け、その担保に上記背広1着を質入れしたとの贓物牙保（盗品等有償処分あっせん）の訴因（新訴因）へと変更したことについて、一方の犯罪が認められるときには他方の犯罪の成立が認められない関係にあり、基本的事実関係を同じくすると説示して、訴因変更を認めた判断を妥当としたものがある（最判昭29・5・14刑集8巻5号676頁）。

また、被告人は、昭和60（1985）年10月26日午後5時30分頃に栃木県内の被告人方においてAをして自己に覚醒剤を注射させたとの訴因（旧訴因）から、同日午後6時30分頃に茨城県内のスナック店舗内で自己の左腕部に覚醒剤を注射したとの訴因（新訴因）に変更したことについて、「いずれも被告人の尿中から検出された同一覚せい剤の使用行為に関するもの」であり、「事実上の共通性があり、両立しない関係にあると認められる」から、「基本的事実関係において同一」だと説示して、訴因変更を認めている（最決昭63・10・25刑集42巻8号1100頁〈百選46②〉）。

【設問5】身代わり運転訴因変更事件

被告人Aは、Vに対する過失運転致死の訴因で起訴された。審理の結果、Vを死亡させた自動車を運転していたのは、AではなくBであり、AはBの身代わりとして犯人のふりをしていただけであることが明らかになった。そこで、検察官はAについて、犯人隠避の訴因に変更する請求をした。裁判所はこの訴因変更請求を許可すべきか。

【設問5】では、被告人Aが自ら過失運転を行ってVを死亡させることと、Vを死亡させたBの身代わり犯人となることの双方を両立させることはできない。Aは、自らVを死亡させたか、Bの身代わりだったかのいずれかであ

り、事実は非両立だといえる。この場合でも、基本的事実関係は同一だといえるか。

旧訴因 → 新訴因

東京高判昭40・7・8高刑集18巻5号491頁は、当時の罪名である業務上過失致死（現在の過失運転致死）と犯人隠避の関係について、罪質、被害法益、行為客体や行為態様等の主要な構成要件要素が全く異なることを指摘し、事実上非両立であるとしても公訴事実の同一性が認められない旨を説示した。

このように、事実が非両立であれば、基本的事実関係が同一だと評価されるわけではない。では、非両立性をどのように考慮して、基本的事実関係の同一性を判定すればよいのだろうか。

ここにいう非両立性とは、**新旧両訴因が実体法上両立せず、いずれか一方でしか処罰できないことを指す**という理解が、有力に主張されている。新旧両訴因が実体法上、いずれか一方でしか処罰できないときには、いずれも1個の刑罰権の対象であり、1回の刑事手続内で処理されるべきだといえる。その場合には、訴因変更が可能だとされる。

この見解によれば、仮に新訴因と旧訴因とがそれぞれ別訴にされて十分な証拠により立証されたならば（別事件として起訴したならば）、共に有罪とされるような関係か否かを確認する。そして、別訴にしても二重起訴（→6講4(3)**ア・イ**）にならず、共に有罪になるならば、新旧両訴因は別事件だったと評価すべきであり、訴因変更が可能な基本的事実関係が同一とは言えない。逆に、別訴にしたら二重起訴の関係にある場合には、新旧両訴因は1個の刑罰権の下で処理されるべき同一事件だといえ、このような場合には「公訴事実の同一性」を認めるべきことになる。これにより、新旧両訴因に一事不再理効が及び、訴因変更を認めない場合に新訴因に当たる事実で別訴されて、実質的に二重処罰状態が生じることを回避することができる。この見解は、**二重起訴の可能性の有無**という観点から、新旧訴因が法的に非両立か否かを、行為や結果その他の事実の共通性を通じて判定するものだといえる。

【設問5】では、過失運転致死と犯人隠避とは、併合罪の関係にあるため実体法上両立する関係にある。そのため、二重起訴の関係にはならず、別訴が可能である。過失運転致死の訴因で被告人が無罪になったとしても、一事不再理効が犯人隠避の事実に及ぶわけではない。このように、法的な観点からすれば、旧訴因と新訴因は両立する（＝別訴が成立する）ため、裁判所は

【設問5】の訴因変更請求を許可すべきではない。むしろ、検察官がAの過失運転致死の訴因について公訴を取り消すか、あるいは裁判所が過失運転致死の訴因について無罪判決を言い渡すかした上で、検察官が犯人隠避の訴因で改めてAを起訴する措置をとることになろう。

＊　公訴事実の単一性と狭義の同一性

二重起訴の観点から説明する見解からは、公訴事実の単一性と狭義の同一性は、同一の判断枠組みに収斂できると主張されている。いずれも「1個の刑罰権の対象か否か」という観点から検討することができ、区別する意味がないと考えるからである。これに対しては、刑罰を科するべきか否かの関心について、両訴因間で択一的な関係か（狭義の同一性）、併存関係が認められる場合か（単一性）で問題状況が異なり、両者を分けて分析すべきだとの批判もある。

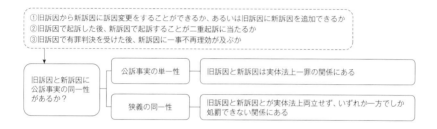

①旧訴因から新訴因に訴因変更をすることができるか、あるいは旧訴因に新訴因を追加できるか
②旧訴因で起訴した後、新訴因で起訴することが二重起訴に当たるか
③旧訴因で有罪判決を受けた後、新訴因に一事不再理効が及ぶか

旧訴因と新訴因に公訴事実の同一性があるか？

公訴事実の単一性　　旧訴因と新訴因は実体法上一罪の関係にある

狭義の同一性　　旧訴因と新訴因とが実体法上両立せず、いずれか一方でしか処罰できない関係にある

●コラム● 非両立性の判断方法

判例の下でのありうる理解として、新旧両訴因が法的に非両立か否かを検討する見解を紹介した。しかし、審判対象を訴因としつつも、訴因の背景に社会的事実（実体）が存在することを想定して、非両立性を説明する見解も有力である（→6講6⑵コラム参照）。

例えば、【設問4】のように、訴因の記載だけみると、贈賄と収賄という2つの別個の事実があったようにみえる場合については、次のように説明する。収賄と贈賄は、証拠調べの結果として裁判所が抱いた心証を勘案すると、CからBに対して賄賂が受け渡される過程でAが立ち回っていたという社会的事実が想定される。Aは収賄側として関与したか、贈賄側として関与したかの違いにとどまり、別の機会にそれぞれの行為を行ったわけではないことになる。そして、裁判所は、収賄側か贈賄側かを認定しなければ、罪となるべき事実を特定して有罪とすることはできない。このような見解からすれば、非両立とは、社会的事実が非両立か否かという意味であり、法的に非両立か否かという意味ではない。

この見解からは、【設問5】の過失運転致死と犯人隠避とは訴因だけを比較すると非両立だと言わざるをえないが、その背景にある社会的事実は同一とはいえないから、基本的事実関係は同一ではなく、狭義の同一性が認められないと判断することになる。この見解からすれば、基本的事実関係が同一か否かを判断する際には、訴因の背景にある社会的事実まで見なければならず、非両立か否かは判断するときの要素の1つにすぎず、本質的な基準ではないということになるだろう。

3　訴因変更の許否──許容性

(1)　訴因変更の時機的な限界

【設問6】沖縄復帰要求デモ事件
　被告人は、数名の者と共謀の上、警察官Ｖを殴打し、足蹴りにして顔面を踏みつけた上、火炎瓶を投げつけて焼く等の暴行を加え、よってＶを死亡させて殺害したという殺人の共同正犯の訴因で起訴された（①）。公判の冒頭陳述において、弁護人から暴行の行為態様についての求釈明があり、検察官は被告人の具体的行為は、「炎の中からＶを引きずり出して顔を2回踏みつけ、脇腹を1回蹴るなどの行為である」と釈明した。これを受けて被告人は、炎の中からＶを引きずり出してその身体周辺の火を踏み消して救助するための行為であった旨を主張した（②）。2年6カ月後、訴訟の結審が間近になった第18回公判期日において、検察官は当初主張していなかった事実である、「Ｖの腰部付近を足で蹴り路上に転倒させた上」を従前の具体的行為の前に訴因として追加的に変更する請求をした（③）。裁判所はこの請求を認めるべきか。

ア　問題の所在

　【設問6】では、①当初の訴因において暴行の態様に曖昧さがあったところ、②弁護人からの求釈明を受けて検察官から具体的な暴行態様が釈明され、③訴訟が結審間近になった段階において、検察官が当初の訴因事実になかった事実を訴因として追加する請求をしたという経緯をたどっている。追加された訴因の被害者は同一であり、日時・場所も近接しており、基本的事実関係は同一といえるため、公訴事実の同一性は認められる。公訴事実の同一性という観点からみれば、訴因変更が可能であるが、時機的に訴因変更請求に限界がないかが、問題となる。**【設問6】**は、福岡高那覇支判昭51・4・5判タ345号321頁〈百選A21〉を単純化したものである。

イ　裁判例の理解

　刑訴法上、「訴因又は罰条の追加又は変更により被告人の防禦に実質的な不利益を生ずる虞があると認めるとき」には、被告人または弁護人の請求により、裁判所は決定で、被告人に十分な防御の準備をさせるため必要な期間公判手続を停止しなければならない（312条4項→6講6(1)、8講4(2)）。裁判所は、この規定を足がかりとして、検察官の訴因変更権限は、「被告人の防禦に実質的な不利益を生ぜしめないこととの適正な釣合いの上に成り立っていることが明らか」だとした。

　その上で、被告人の防御上の不利益を生ずるおそれが著しく、「延いて当

事者主義の基本原理であり、かつ、裁判の生命ともいうべき公平を損うおそれが顕著な場合」には、裁判所は、公判手続の停止措置にとどまらず、「検察官の〔訴因変更〕請求そのものを許さないことが、例外として認められると解するのが相当」だと説示した。つまり、訴因変更請求には、時機的な限界があり、公訴事実の同一性が認められる場合であっても、訴因変更請求を許さない場合がありうるとしたのである。

ウ　設問の検討

　裁判所は【設問6】について、(a)検察官が弁護人の求釈明によって自ら明瞭に訴因から除外することを確認した事実（Ｖの腰部付近を足で蹴り路上に転倒させた事実）を、改めて復活させるに等しい訴因変更請求であること、(b)上記(a)の事実を訴因に追加すれば、被告人は本件殺人について防御範囲の拡大を強いられるばかりでなく、暴行、傷害、傷害致死等の実行行為としても独立に評価され、処断される危険にさらされること、(c)約2年6カ月間にわたり、一貫して検察側が維持してきた訴因事実の証明が、成り立ちがたい情勢となった結審段階であること、(d)被告人側は、追加請求されている訴因事実について、明確に審判の対象から外されたため、何ら防御活動をしてこなかったこと、(e)当初の訴因事実については、殺害行為ではなく救助行為としての消火活動だったという、被告人側の一貫した主張が成功したかにみえる段階だったことを指摘し、検察官の訴因変更請求が不意打ちであり、誠実な訴訟上の権利の行使（規1条2項）とは言いがたいとした。

　また、検察官の追加しようとする事実を新たに争点とする場合には、新たな証拠調べと被告人側の新たな防御活動が要請され、訴訟はさらに相当期間継続するため、迅速な裁判を実現する趣旨（規1条1項）に反し、被告人の防御に実質的な著しい不利益を生ぜしめ、公平な裁判の保障を損なうおそれが顕著だと説示し、訴因変更請求は認められないとした。

　以上のように、単に審理期間が長いのみならず、具体的な審理経過や被告人の不利益の程度、新旧両訴因の関係を考慮した上で、時機的限界を超えた訴因変更請求か否かを判断するという枠組みを採用している。

(2)　公判前整理手続と訴因変更

【設問7】狛江タクシー過失運転致死事件
　　被告人は、自動車を運転していた際、「前方左右を注視し、進路の安全を確認しながら左方に進路変更すべき注意義務」があったのにこれを怠り、漫然と時速60kmで進路を変更した過失でＶ運転の原動機付自転車に自車を衝突させ、Ｖを死亡させたという、過失運転致死等の訴因で起訴された。公判前整理手続に付さ

れ、弁護人は「本件交通事故は被告人によるものではない」などと主張したため、被告人が本件交通事故を引き起こして逃走した犯人であるか否かという争点が設定され、公判審理の計画が策定された。公判での証拠調べの結果、交通事故の目撃者等によれば、交通事故の態様が当初の訴因とは異なることが明らかになった。そのため、検察官は、第6回公判期日で結審予定であるところ、第5回公判期日前に、「前方左右を注視し、進路の安全を確認することはもとより、折から同車前方を同方向に進行していたV運転の原動機付自転車の動静を十分注視し、安全な側方間隔を保持して同原動機付自転車との安全を確認した上で左方に進路変更すべき注意義務」があったとの訴因変更を請求した。裁判所は請求を認めるべきか。

ア 問題の所在

【設問7】では、事件が公判前整理手続（→8講1）に付されている。公判前整理手続は、「充実した公判の審理を継続的、計画的かつ迅速に行うため」の手続であり（316条の2）、公判審理における訴因変更は、公判前整理手続において策定した審理計画を変更させ、あるいは訴訟を当初計画よりも長期化させる可能性もある。そこで、公訴事実の同一性が認められる場合であっても、訴因変更請求を認めない場合がありうるかが問題となる。【設問7】は、東京高判平20・11・18判タ1301号307頁を単純化したものである。

イ 裁判例の理解

裁判所は、公判前整理手続の趣旨が「事件の争点を明らかにし、証拠を整理することによって、充実した公判の審理を継続的、計画的かつ迅速に行うことができるようにするため」である点を確認した上で、その趣旨に照らして、公判前整理手続を経た後の公判では、「充実した争点整理や審理計画の策定がされた趣旨を没却するような訴因変更請求」は許されないと説示した。つまり、公訴事実の同一性が認められる場合であっても、公判前整理手続の趣旨から、訴因変更請求が制限されることがありうるということである。

ウ 設問の検討

上記説示に基づいて、裁判所は【設問7】について、①本件で被告人側が設定した争点は被告人の犯人性であり、本件被告人に業務上の注意義務違反があったかどうかではなかったこと、②訴因変更に伴って追加的に必要とされる証拠調べは、検察官立証については極めて限られており、弁護側立証を含めても1期日で終了しうる程度であることを指摘し、訴因変更は認められるとした。

つまるところ、①公判前整理手続では争点とされていなかった事項に関し、公判の証拠調べの結果明らかとなった事実関係に基づいて、訴因を変更する必要が生じたものであること（**公判前整理手続で整理された争点を変えるものではないこと**）、②仮に検察官の訴因変更請求を許可したとしても、追加的に必要な証拠調べはかなり限定されていて、審理計画を大幅に変更しなければならなくなるようなものではなかったこと（**策定された審理計画を大きく変えるものではないこと**）が考慮されている。

4　訴訟条件と訴因変更

(1)　訴訟条件を判断する基準時と訴因変更

【設問8】江戸川自動車鍵窃盗事件
　被告人Aは、Vの自動車の鍵を窃取したという窃盗の訴因で起訴された。しかし、公判における証拠調べの結果、裁判所は、AはVに対して嫌がらせをする目的で、自動車の鍵を持ち出し、投棄したという心証を得た。そこで、裁判所が検察官に対して窃盗の訴因について求釈明をしたところ、検察官はAに不法領得の意思がなかった可能性を勘案して、器物損壊の訴因を予備的に追加する請求をした。なお、器物損壊は親告罪であるため、検察官は訴因を追加する時点で告訴を得た。裁判所は、検察官の上記請求を認めるべきか。

ア　問題の所在

【設問8】では、非親告罪の窃盗で起訴された後、親告罪である器物損壊の事実に訴因変更する請求をしている。裁判所の心証を基準とすれば、器物損壊の心証を抱いた時点では、器物損壊についての告訴を欠いており、したがって訴訟条件が欠けていると評価しうる。他方で、訴因を基準とする場合には、検察官が現に器物損壊の訴因変更を請求した時点においては、告訴が存在している以上、訴訟条件に欠けるところはないと評価しうる。いずれの理解によるべきだろうか。なお、**【設問8】**は、東京地判昭58・9・30判時1091号159頁〈百選48〉をもとにした事例である。

イ　裁判例の理解

【設問8】のように、非親告罪として起訴された後にこれが親告罪と判明した場合について、裁判例は「本件のように、訴訟の進展に伴ない訴因変更の手続等によって親告罪として審判すべき事態に至ったとき」は、「その時点で初めて告訴が必要となったにすぎない」として、「現行法下の訴因制度のもと」では、訴因変更手続の「時点において有効な告訴があれば訴訟条件

の具備につきなんら問題はなく実体裁判をすることができる」と説示した。

この説示は、審判対象を訴因とする現行法の下では、**訴訟条件を具備しているか否かは、訴因を基準として判断すべきだ**ということを、明らかにしたものと読める。

ウ　設問の検討

【設問8】の場合、訴因変更請求時に器物損壊の告訴を得ていたのであるから、訴因を基準として考える場合には、訴訟条件を具備していたと判断できる。変更前の訴因も、変更後の訴因も、訴因を基準とする限りでは一貫して訴訟条件を具備しているというわけである。したがって、裁判所は検察官の訴因変更請求を許可すべきことになる。なお、器物損壊の事実について、検察官が告訴を得られず、訴因変更請求を行わなかった場合には、次項の問題となる。

(2)　訴訟条件を欠く訴因と訴因変更

> **【設問9】墨田区速度違反事件**
> 　被告人Aは、法定制限速度を時速40km 超過していたという、道交法の速度制限違反の訴因で起訴された。公判での証拠調べの結果、超過速度は時速20km にとどまることが明らかになった。時速20km 超過の場合、交通反則通告制度が適用されるため、反則金納付の通告を受けた上で、一定期間にわたり反則金を支払わない場合に、初めて公訴提起できることになっている。裁判所は、どのような措置をとるべきか。

ア　問題の所在

【設問9】では、時速20km 超過の事実について訴訟を行う場合には、交通反則金に係る手続を先行して実施することが、訴訟条件となっている（→6講4(3)ア）。当初の訴因は訴訟条件に欠けるところがなかったところ、裁判所が抱いた心証によって事実を認定すると、訴訟条件が欠ける状態になるというわけである。

この場合に裁判所は、訴因事実をそのまま基準として、時速40km 超過の訴因に対して、そのような事実は認定できないものとして無罪判決を宣告すべきか。それとも、時速20km 超過の事実を基準として、訴訟条件を欠くものとして公訴棄却判決を言い渡すべきか。無罪判決ならば一事不再理効が発生するのに対して、公訴棄却判決ならばそれが発生しない点で、議論の実益がある。なお、【設問9】は、最判昭48・3・15刑集27巻2号128頁を単純化したものである。

イ　判例の理解

　判例は、裁判所が法定の最高速度を時速20km 超過する速度で運転したものと認定した以上は、338条4号により「公訴を棄却すべき」だと説示した。この判断は、裁判所が心証として抱いている社会的事実（→6講6(2)コラム）を基準とした上で、時速20km 超過の事実をもとに公訴棄却をしたようにも読める。

　しかし、訴因を基準として訴訟条件の存否を判断する理解からも説明はできる。通説的な見解は、検察官が設定した訴因である時速40km 超過の制限速度違反には、時速20km 超過の事実を訴追する意思も黙示的に包含されていたとする。そうだとすれば、判例は訴因を基準とする考え方の下で、時速20km 超過の事実をもとに公訴棄却判決をしたと解することが可能だとされている。判例は、いわば縮小認定（→23講1(3)）を行った上で、公訴棄却判決をしたというわけである。

　また、判例の中には、起訴時には名誉毀損の訴因であったところ、裁判所の心証に基づく認定事実は侮辱罪であり、侮辱罪で認定する場合には公訴提起時に既に公訴時効が完成していた場合の措置が争われた事案がある（最判昭31・4・12刑集10巻4号540頁）。判例は、侮辱罪の事実を前提とした上で、公訴提起時に公訴時効が完成していたとして、免訴の言渡しをすべきだとした（→6講4(4)）。これについても、裁判所の心証として抱かれている社会的事実を基準としたものだと評価する見解があるが、名誉毀損の訴因に侮辱の事実は包含されており、縮小認定を前提として免訴としたのだとすれば、訴因を基準とした判断として説明することも可能である。

ウ　設問の検討

　以上を前提とすると、【設問9】における裁判所は、時速40km 超過の事実を認められないとして無罪とするのではなく、時速20km 超過の事実をもとに公訴棄却判決を下すべきことになる。

　なお、関連して【設問8】において、設問の事例とは異なり、器物損壊の告訴を検察官が得られず、窃盗の訴因を維持した場合には、窃盗が器物損壊の事実を包含しているわけではないので、【設問9】と異なり、縮小認定は困難である。したがって、窃盗の事実について、無罪判決を宣告するほかない。器物損壊の事実について告訴がないにもかかわらず、検察官があえて器物損壊の訴因に変更した場合には、裁判所は器物損壊の訴因を基準として、公訴棄却判決を宣告することができる。

＊　訴訟条件が欠如した訴因と訴訟条件を具備する事実の認定

　　検察官が設定した訴因では訴訟条件が欠けているところ、証拠調べの結果、裁判所としては訴訟条件を具備した事実を認定しうるとの心証を抱いた場合、裁判所はどのような措置をとるべきだろうか。例えば、同居していない親族間の恐喝で告訴がなかった事件を起訴した上で（刑251条・244条2項参照）、恐喝から脅迫に訴因変更を請求する場合、裁判所はどうすべきか。検察官が、訴訟条件を欠く訴因を維持した場合には、裁判所は公訴棄却することになる。しかし、検察官が適法な訴因への変更を請求した場合には、本来は無効・違法当初の訴因を訴因変更によって有効にしようとするものであり、許容されるかが問題になる。判例は、訴因の特定に関する事例であるが、訴因特定が不十分で「その記載に瑕疵がある場合」には、「その瑕疵の内容」を勘案して、「訴因変更と同様の手続を採って訴因を補正すべき場合」があるとした上で、「瑕疵を補正しようとした」訴因変更請求は許可すべきだと説示している（最判平21・7・16刑集63巻6号641頁）。この判例と同じく理解するのであれば、裁判所は訴訟条件を具備する訴因への変更を許可すべきことになろう（→告訴の追完が認められるかにつき、21講5(4)）。

(3)　公訴時効の成立時期と訴因変更

ア　問題の所在

　公訴時効は、公訴提起によって停止する（254条1項→6講4(5)エ）。訴因変更をした場合に、訴因変更後の訴因については、公訴時効は起訴の時点で停止するのか、それとも訴因変更時に停止するのか。言い換えれば、起訴の時点で、公訴事実の同一性が及ぶ範囲で公訴時効が停止するのか、それとも起訴時点の訴因事実についてのみ公訴時効が停止するのか、という問題である。

イ　判例の理解

　判例上は、起訴時に詐欺の訴因だったところ、横領への訴因・罰条の変更が請求され、この訴因変更請求の時点に着目すると横領の事実について公訴時効が成立していた旨を被告人側が主張した事案がある（現在でいえば、詐欺の公訴時効は7年で、横領の公訴時効は5年である〔→6講4(5)ウ〕）。判例は、「訴因罰条の変更によって起訴状記載の公訴事実の同一性に何等消長を来たすことのない本件」では、「本件起訴の時を基準として公訴時効完成の有無を判断すべき」であり、「訴因罰条の変更の時を基準とすべきでない」と説示した（最決昭29・7・14刑集8巻7号1100頁）。

　この説示からは、詐欺の訴因で起訴された時点で、訴因・罰条の変更後の横領事実についても、公訴時効の進行が停止していたことが読み取れる。こ

れは、当初の訴因である詐欺の事実と、**公訴事実の同一性が及ぶ範囲内で、公訴時効の進行が停止する**という考え方を前提としたものだと解することができる。

　そもそも、審判対象は訴因ではあるものの、二重起訴禁止の効果や一事不再理効は公訴事実の同一性の範囲に及ぶものと解されている（→30講 3（1））。そうだとすれば、検察官の訴追意思は、公訴事実の同一性が及ぶ範囲内に及ぶものと解するべきだといえる。したがって、公訴時効の進行は、公訴事実の同一性が及ぶ範囲について停止することになると考えられる。

　　＊　訴因変更と公訴時効の停止

　　　　公訴時効は公訴提起によって停止するが、公訴事実の同一性を欠く訴因変更請求を行い、それが却下されたことを受けて、後に当該事実について追起訴を行った場合、先行して行われた公訴事実の同一性を欠く訴因変更請求の時点で、公訴時効は停止するであろうか。次のような事案に関する判例がある。出資法 5 条 2 項違反（制限超過利息受領）被告事件において、検察官が、当初訴因 1 件を起訴して、さらに当初の訴因事実と同時期に反復累行された同条項違反20件は当初の訴因と実体法上一罪の関係に立つとの理解に基づき、この20件を追加する訴因変更請求をしたが、裁判所はこれらが併合罪の関係に立つと解すべきであるとして、公訴事実の同一性を欠くとして違法と判断したため、検察官は追起訴に切り替えた事案で、追起訴事実について訴因変更請求時に公訴時効が停止せずに公訴時効が成立したか否かが争いとなった。判例は、上記訴因変更請求時に、検察官が訴追意思を表明したと認められるため、公訴時効は訴因変更請求時に進行を停止したと説示し、公訴時効の完成は否定された（最決平18・11・20刑集60巻 9 号696頁〈百選 A14〉）。公訴時効は、公訴提起された訴因と公訴事実の同一性が及ぶ範囲で停止するが、公訴事実の同一性を欠く事実であっても、訴因変更請求を通じて検察官の訴追意思が表明されれば、公訴時効は停止するということになると解しているように読める。

第23講　審判・防御の対象とその変動(2)
── 訴因変更の要否

```
◆学習のポイント◆
1　訴因変更の要否を判断する基準について理解しよう。
2　裁判所が訴因変更を促し、または命じる義務が生じる場合について
　理解し、訴因変更命令の効力を確認しよう。
3　罰条変更がいかなる場合に必要とされるか、起訴状記載の訴因にお
　ける罪数評価と裁判所の罪数判断が異なった場合にどのような処理が
　なされるべきかを理解しよう。
```

1　訴因変更の要否──必要性

(1)　訴因変更の要否を考える視点

　起訴状に記載された訴因と、検察官が立証しようとする事実や裁判所が認定しようとする事実との間に、齟齬が生じる場合には、訴因変更の必要性が問題となりうる。通説は、適用される法律構成（罰条等）が変わった場合に限らず、**訴因事実と認定事実との間に実質的な違いが生じる場合には、訴因変更が必要となると理解している**（**事実記載説**）。

　既に確認したように、刑事裁判における審判対象は訴因であり、訴因は審判対象の画定と防御範囲の限定という2つの機能を果たすよう期待されている（→21講3）。このような2つの機能を訴因が営むという立場を前提とするならば、審理・判断の範囲の画定や被告人側が防御すべき対象の設定は、訴因に記載されている事実を基礎として行われることになる。したがって、訴因に記載されている事実とは実質的に異なる事実が認定される場合には、裁判所の審理の範囲や被告人側の防御の対象に影響するために、訴因変更が必要になる。もっとも、上にいう訴因事実と「実質的に異なる事実」が認定される場合とは、どの程度の相違を意味するのかを、明らかにする必要がある。

⑵　訴因変更の要否に関する判例の判断枠組み

【設問1】青森保険金目的放火・口封じ殺人事件

　被告人 A₁は、「被告人は、A₂と共謀の上、某年7月24日午後8時頃から午後9時30分頃までの間、青森市〇〇付近に停車中の普通乗用自動車内において、被告人が、Ｖの頸部を絞めつけるなどし、同所付近で窒息死させて殺害した」という訴因で起訴された。公判審理において、実行行為者が被告人であったか A₂であったのかが争点として激しく争われた結果、裁判所は訴因変更手続を経ることなく、「被告人は、A₂と共謀の上、某年7月24日午後8時頃から翌25日未明までの間に、青森市内またはその周辺に停車中の自動車内において、A₂または被告人あるいはその両名において、扼殺、絞殺またはこれに類する方法でＶを殺害した」という事実を認定して A₁を有罪とした。訴因変更を行わずに裁判所が上記事実を認定したことは適法か。

ア　問題の所在

　最決平13・4・11刑集55巻3号127頁〈百選45〉（以下「平成13年決定」という）をモデルにしたものである。【設問1】において検察官が起訴した訴因と、裁判所が認定した事実の間には、さまざまな相違がある。特に、殺人の実行行為を行った者が「被告人」であったところを「A₂または被告人あるいはその両名において」とされている。裁判所のこのような認定については、①訴因変更を経ずに認定することが許されるか、②択一的・概括的に認定することが許されるかが、それぞれ問題となる。ここでは、①を検討する（→②については、30講2⑵＊）。なお、以下の記述は、訴因記載の事実と当事者の設定する争点の関係を理解できていることが、前提となる（→6講5・8講1）。

イ　判例の理解

　平成13年決定は【設問1】の事案に関し、訴因変更の必要性について以下のような判断枠組みを示した。まず、訴因に記載された事実について、**審判対象の画定の見地から必要とされる事項**と、**被告人の防御上重要な事項**の2つに分別する。訴因の明示・特定に関する事案において、判例は訴因の機能は「裁判所に対し審判の対象を限定するとともに、被告人に対し防禦の範囲を示す」ことにあるとしていた（最大判昭37・11・28刑集16巻11号1633頁〈百選 A17〉→21講3⑵ア）。平成13年決定は、このような訴因の2つの機能に即して、訴因変更の必要性に関する判断枠組みを説示したといえる。つまり、審判対象の画定の観点から訴因変更が必要となる場合と、防御対象を

明確にする観点から訴因変更が必要となる場合がそれぞれあるとした。

　具体的には、訴因に記載された事実のうち、①**審判対象の画定に必要な事項**が変動し、裁判所が当該訴因事実と異なる事実を認定する場合、**一律に訴因変更手続を経る必要**がある。審判対象の画定に必要な事項は、訴因として起訴状への記載が必要な事項であるとともに、他の犯罪事実との識別をする性質を有する事実であり、これが変動するということは審判対象が変動することを意味する。

　審判対象が変動したにもかかわらず、検察官が掲げる訴因を変更せずに裁判所が認定してしまうと、裁判所が審判の請求を受けている事件について判決をせずに、審判の請求を受けていない事件について判決をしたに等しい状態に陥ってしまう。つまり、**不告不理原則**（→6講5(1)）**に違反する状態**になりうる。したがって、審判対象の画定に必要な事項が変動した場合には、一律に訴因変更が必要となるのである。このように審判対象の画定に必要な事項として、構成要件該当事実や、他の事件との識別に関わる事実が該当すると指摘されている。この①のレベルで訴因変更が必要であるにもかかわらず、裁判所が訴因変更を経ずに訴因に記載されていない事実を認定した場合には、控訴理由としては、絶対的控訴理由である不告不理原則違反（378条3号→12講2(2)）に該当する。

　他方で、訴因に記載された事実のうち、②**被告人の防御にとって重要な事項**について、（訴因として記載が不可欠ではないものの）検察官がそれを訴因に明示していたところ、裁判所が当該訴因事実と異なる事実を認定する場合がある。平成13年決定によれば、この場合に、判決で訴因と実質的に異なる認定をするには、「**原則として、訴因変更手続を要する**」。しかし、「**被告人の防御の具体的な状況等の審理の経過**」に照らして、「**被告人に不意打ちを与えるものではない**」と認められ、かつ、判決の認定事実が訴因記載事実と比べて「**被告人にとってより不利益であるとはいえない場合**」には、例外的に訴因変更手続を経ずに訴因と異なる事実を認定できる。要は、審判対象の画定に不可欠とはいえない事実であっても、訴因に記載された事実と異なる事実を裁判所が被告人に不利益な形で認定する場合には、きちんと争点化させて、被告人側に争う機会を与えるべきだとの発想に基づく。この②のレベルで訴因変更が必要であるにもかかわらず、裁判所が訴因変更を経ずに訴因に記載されていない事実を認定した場合には、控訴理由としては、相対的控訴理由である訴訟手続の法令違反（379条→12講2(2)）に該当する。

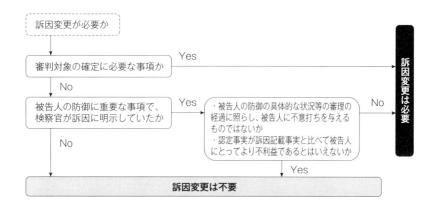

＊　訴因の明示・特定との関係

　　訴因の明示・特定のために不可欠な事実の範囲について、判例は識別説
（ないし罪となるべき事実説）を採用していると解されている（→21講3
(2)）。上に述べた審判対象の画定に必要な事項は、識別説（ないし罪となる
べき事実説）にいう訴因の明示・特定に不可欠な事実と対応すると考えら
れている。これに対して、上に述べた防御上重要な事項は、争点を明確化
して被告人への不意打ちを防止する観点に基づいて必要とされる訴因変更
だとする見解と、訴因の識別機能とともに判例上示されてきた、被告人に
対して防御範囲を明示するという訴因の防御機能に基づいて必要とされる
訴因変更だとする見解がある。具体的な帰結に違いはないが、前者の見解
は、訴因が識別機能に純化すべきだとの理解が出発点となっているのに対
し、後者の見解は、訴因が識別機能と防御機能の双方を有することが出発
点となっている。そのため、訴因変更の判断枠組みの理由づけが異なると
いえる。本文は、後者の見解に基づく説明である。

ウ　設問の検討

【設問1】の場合、訴因と認定事実とを対比すると、犯行の態様と結果に
実質的な差異がない上、「共謀をした共犯者の範囲」にも変わりはなく、そ
のうちの「誰が実行行為者であるか」という点が異なるといえる。

　まず、①審判対象の画定に必要な事項の変動か否かを検討すると、殺人罪
の共同正犯の訴因の場合、その実行行為者が誰であるかが明示されていなく
ても、訴因の記載として罪となるべき事実の特定に欠けるものとはいえない
（→21講3(2)参照）。共謀に関与している時点で、被告人が実行行為を行おう
が、共犯者が実行行為を行おうが、いずれにせよ殺人罪の共同正犯は成立す
るからである。そのため、審判対象の画定という見地からは、訴因変更が必

要となるとはいえない。

　次に、②被告人にとって**防御上重要な事項**の変動か否かを検討すると、殺人罪の共同正犯において誰が実行行為を行ったかは、犯情として量刑に影響するなど、防御上重要である。また、当該訴因の成否について争いがある場合等においては、争点の明確化などのために、検察官が実行行為者を明示するのが望ましい。そして、実際、【設問１】では、検察官が訴因においてその実行行為者の明示をした以上、判決でそれと実質的に異なる認定をするには、原則として訴因変更手続が必要となる。しかし、【設問１】では、実行行為者が誰であったかが争点化されており、その争点で争われた範囲内において、裁判所が訴因と異なる実行行為者を認定したとしても、被告人には防御の機会があったため、不意打ちの問題は生じない。また、実行行為者がA₂のみである可能性も含めて認定しており、被告人よりもA₂の犯情が重い可能性を認めている点で、犯情等の観点から被告人に不利益な認定だともいえない。

　したがって、【設問１】において、裁判所が訴因変更を経ずに訴因と異なる事実を認定したことは違法とはいえない。

　　＊　放火の方法と訴因変更の必要性

　　　検察官が起訴した訴因では、被告人がガスに引火、爆発させて爆死しようと企てて、焼損・延焼しうることを認識しながらガスコンロの点火スイッチを作動させて点火し、同ガスに引火、爆発させて火を放って被告人方を全焼させて焼損させた等の事実が記載されていたところ、控訴審裁判所の判決は、訴因変更を経ないまま、「何らかの方法」で上記ガスに引火、爆発させたと認定した事案がある。最決平24・２・29刑集66巻４号589頁は、被告人がガスに引火、爆発させた方法は、「本件現住建造物等放火罪の実行行為の内容をなすものであって、一般的に被告人の防御にとって重要な事項」だとした上で、第１審裁判所も控訴審裁判所も、点火スイッチを作動させた行為以外の行為で引火、爆発させた具体的可能性について、求釈明や証拠調べにおける発問もしないまま「何らかの方法により」引火、爆発させた旨を認定しており、これは被告人に不意打ちを与えるものだとして、違法だと説示した。放火のために行われた、ガスを引火、爆発させるための具体的な手段は、防御上重要な事項であり、審判対象の画定に必要な事項ではないと評価したことになる。ガスを利用して放火したという限りでは、事実に変動がなく、ガスをどのように引火させたかという、より具体的なレベルでの方法の変動であったため、実行行為に係る事実とはいえ防御上重要な事項にとどまると判断されたのだろう。

＊　過失犯における訴因変更の必要性

　過失犯においては、過失内容が実体法上具体的に定められていない。そのため、過失の内実は訴因において具体的に事件に即して設定される。過失運転傷害罪を例にとると、「被告人は、○年○月○日午後○時頃、普通乗用自動車を運転して××方面から△△方面に向けて進行して□□先路上にさしかかった際、自車の前方には数台の自動車が１列になって一時停止していたのであるから、前車の動静に十分注意し、かつ発進に当ってはハンドル、ブレーキ等を確実に操作し、もって事故の発生を未然に防止すべき自動車運転上の注意義務があるのに、前車の前の車両が発進したのを見て自車を発進させるべくアクセルとクラッチペダルを踏んだ際、当時雨天で濡れた靴をよく拭かずに履いていたため、足を滑らせてクラッチペダルから左足を踏みはずした過失」によりＶに傷害を負わせた、などと記載される（最判昭46・6・22刑集25巻4号588頁〈百選A18〉参照）。この記載の構成は、①注意義務を課す根拠となる前提事実（上記の例では「○年○月○日……一時停止していたのであるから」）、②注意義務の内容（上記の例では「前車の動静に十分注意し、……もって事故の発生を未然に防止すべき」）、③注意義務違反すなわち過失の態様（上記の例では「前車の前の車両が……踏みはずした」）となっている。

　前掲・最判昭46・6・22は、第１審判決が「クラッチペダルから左足を踏みはずした過失」と認定していたところ、控訴審判決が訴因変更を経ずに「ブレーキをかけるのを遅れた過失」を認定したことについて、両者は「明らかに過失の態様を異にして」いると評価した。その上で、「起訴状に訴因として明示された態様の過失を認めず、それとは別の態様の過失を認定するには、被告人に防禦の機会を与えるため訴因の変更手続を要する」と説示した。同決定は、被告人の防御の観点から、訴因変更が必要だと説示しているように読める。

　ただ、この判例は、平成13年決定が出る前の判例である点で注意を要する。平成13年決定以前は、学説の影響もあったのか、判例は専ら被告人の防御の観点から、訴因変更の要否を判断していた。しかし、平成13年決定が審判対象の画定に必要な事項については、特に一律に訴因変更が必要だと説示した結果、審判対象の画定に必要な事項か否かという観点も意識して判例を検討する必要がある。平成13年決定の判断枠組みの下では、③の過失の態様が変動した場合に、これが審判対象の画定に必要な事項が変動したと評価すべきか否かが問題である。少なくとも、過失の態様に関する事実の変動は、過失犯の構成要件要素の変動として審判対象の画定に必要な事項の変動に当たり、一律に訴因変更が必要だという理解が主張されている（実際、昭和46年判決は、訴訟の具体的な審理経過に着目しておらず、過失の態様は類型的に防御上重要な事実だと考えていた可能性がある。平

成13年決定の判断枠組みの下では、審判対象の画定に必要な事項だとされる可能性を見出せよう）。

　これに対して、①の注意義務を課す根拠となる前提事実や、②の注意義務の内容が変動する場合は、過失の態様の変動を伴わない限りは、防御上重要な事実の変動にとどまり、被告人に不意打ちかつ不利益がない限りは訴因変更を要しないとする見解が有力である（最決昭63・10・24刑集42巻8号1079頁、最決平15・2・20判時1820号149頁等参照）。

●コラム● 　争点顕在化措置

　平成13年決定は、防御上重要な事項が変動した場合については、訴因に明示されている場合であっても、具体的な審理経過を勘案して、被告人側に不意打ちかつ不利益がない場合には、訴因変更が不要とされる旨を判示していた。防御上の重要な事項について、このように個別具体的な事案ごとの判断をする背景には、被告人側への不意打ちを回避して争点化させるための措置（争点顕在化措置）が、訴因制度以外にも複数存在し、それらによっても防御上の利益を守ることが可能だと考えられていることがある。

　具体的には、①公判前整理手続に付された事件であれば、同手続で争点が顕出される（316条の5・316条の31→8講1参照）。②通常の手続においては、冒頭陳述等において争点を顕在化しうる（→7講6(4)ア）。③審理の経過に伴って争点が変化する場合には、裁判所の訴訟指揮権に基づいて、裁判長から検察官に対して求釈明や発問がなされ、争点に関する主張を確認できる（→7講6(2)）。この点に関連して、共謀共同正犯の成否に関し共謀の有無が争われた事案において、被告人側がアリバイの成立を主張して争っていた日ではなく、何ら防御活動を行っていない日に謀議が行われた旨を裁判所が認定したことの適否が争われた判例がある（最判昭58・12・13刑集37巻10号1581頁）。判例は、「争点として顕在化させたうえで十分の審理を遂げる必要があると解される」として、そのような措置をとることなく、被告人主張の日のアリバイの成立を認めながら、卒然として、別の日に謀議があったと認めて被告人の関与を肯定することは、「被告人に対し不意打ちを与え、その防禦権を不当に侵害するものであって違法」だと判示した。

　このように、争点を明確にするための措置は、訴因変更制度に尽きるわけではない。なお、実務上は、争点を明確化させる手段として訴因変更が行われる場合もある。「争点を顕在化させないまま被告人に不意打ちとなる事実を認定することは許されない」という趣旨から、争点を顕在化・明確化させるために行われる訴因変更は、任意的訴因変更と呼ばれる。

●コラム● 　具体的防御説と抽象的防御説

　平成13年決定より以前の学説においては、具体的防御説と抽象的防御説が有力に主張された。具体的防御説とは、訴因事実と異なる認定事実について、具体的な訴訟の経過に照らして被告人に防御する機会が与えられていた場合には、訴因変更を要さずに事実が認定されるのに対し、被告人に防御する機会が与えられていなかった場合には訴因変更が必要になる、とする見解である。つまるところ、この見解は、被告人の防御の状況や立証の状況を個別具体的に訴訟の経緯に照らして考慮して、訴因変更の要否を判断する。

これに対して、抽象的防御説とは、具体的な防御状況を考慮せずに、検察官が設定した訴因事実と裁判所による認定事実とを比較して、訴因変更をせずに訴因と異なる事実を認定してしまうと、被告人に防御上の不利益が一般的・類型的に生じうる場合には、訴因変更が必要だと考える見解である。具体的防御説によると、訴因変更が不要とされる事案が多くなるとして、抽象的防御説の方が被告人の防御の保障にも手厚いと主張された。しかし、これら諸見解に対して、そもそも訴因の識別機能を意識した議論が必要だとの批判が出され、平成13年決定に至った。平成13年決定以前の判例は、かつては具体的防御説か、抽象的防御説かという観点から分析されていたが、平成13年決定が出た現在、かつての判例を平成13年決定の判断枠組みの下でどのように位置づけるかが、問題となっている。

(3)　縮小認定

【設問2】殺人未遂・傷害事例
　被告人は、Vに対する殺人未遂の訴因で起訴された。証拠調べの結果、裁判所は被告人に殺意はないとの心証を抱いた。裁判所が、訴因変更を経ることなく、傷害の事実を認定することは許されるか。

ア　問題の所在

　【設問2】では、訴因が殺人未遂であるところ、裁判所の認定しようとする事実は傷害である。殺人未遂と傷害とを比較すると、殺人未遂には殺意の存在が要求される点が異なるのみで、両者の行為態様は重なり合い、殺人未遂の事実の中に、より程度の軽い行為態様である傷害が包含される関係にある（→基本刑法Ⅱ30〜33頁参照、基本刑法Ⅰ123頁）。
　このような場合に、殺人未遂の訴因から傷害の訴因への変更を行わずに、裁判所が傷害の事実を認定できるか。いわゆる**縮小認定**の可否の問題である。

イ　判例の理解

　判例は、強盗の訴因から恐喝の事実を縮小認定できるか否かが争われた事案において、「強盗の起訴に対し恐喝を認定する場合」のように、裁判所が「その態様及び限度」において訴因事実よりも縮小された事実を認定する場合については、「被告人に不当な不意打を加え、その防禦権の行使を徒労に終らしめる」おそれがなく、「敢えて訴因罰条の変更手続を経る必要がない」と説示した（最判昭26・6・15刑集5巻7号1277頁）。強盗の訴因に対して、**強盗と構成要件事実が重なり合い、かつ、より**

軽い犯罪である恐喝の事実が認定されるのであれば、類型的に被告人側に不意打ち等の防御上の不利益がないことを理由としている。

　もっとも、この判例も、平成13年決定以前のものであるため、専ら被告人の防御の観点に依拠して検討している。平成13年決定の判断枠組みの下での説明が必要となる。

ウ　設問の検討

　平成13年決定の下であれば、【設問2】はどのように解決されるべきか。

　殺人未遂の訴因の下で、殺意を認定せずに、傷害の事実を認定することは、訴因に記載するための不可欠な事項の変動を伴う（→6講5(2)イ参照）。そのため、審判対象の画定に関する事実の変動がある。しかし、殺人未遂の訴因事実の中に、傷害の事実が包含されているという関係にある以上、検察官の主張する訴因の中に、黙示的に傷害の事実も主張されているといえる。そのため、検察官が傷害についても審判を求めている以上、裁判所が傷害の事実を認定しても、検察官が審判を求めていない事実について判断したということにはならない（不告不理原則違反にはならない）。以上のとおり、**審判対象の画定に関する事実の変動という観点からは、訴因変更は不要である**。また、被告人側の防御の結果として、殺意が否定されて傷害が認定されるのであれば、被告人側への不意打ちはなく、かつ防御上の不利益もないため、**防御上の観点からも訴因変更は不要である**（→なお、択一的認定との関係については、30講2(3)ア参照）。

　もっとも、【設問2】とは異なり、縮小認定される結果の行為が、非常に軽微であり、公訴権の濫用（→21講1）等の防御上の主張を考えうる事案であれば、さらに防御上重要な事項の変動として訴因変更を要するか否かは、なお問題とする余地もある。

＊　酒気帯び運転と酒酔い運転

　　判例上、アルコールの影響で正常な運転ができないおそれのある状態で運転をした、いわゆる酒酔い運転（道交117条の2第1号）で起訴された被告人に対して、訴因変更を経ずに、政令で定める程度以上にアルコールを身体に保有した状態で運転をしたという、いわゆる酒気帯び運転（現在の道交117条の2の2第3号）を認定できるかが争われた事例がある（最決昭55・3・4刑集34巻3号89頁〈百選A19〉）。判例は、通常の場合は酒酔い運転に対する防御対象が酒気帯び運転に対する防御対象を「包含」し、法定刑の上でも後者は前者よりも軽く、本件では被告人側が身体内のアルコール保有量について防御を尽くしていることが記録上明らかであるとして、防御権侵害がないとして訴因変更を不要とした。縮小認定を認めたかのよ

うな説示であるが、アルコールに極度に弱い者の場合は、酒気帯び運転が成立しないようなごく少量のアルコールでも、正常な運転ができなくなって酒酔い運転が成立しうるため、被告人の体質によっては、酒酔い運転の防御対象が酒気帯び運転に対する防御対象を常に包含するわけではない。判例は、当該事案について、被告人の具体的な防御の状況を勘案して縮小認定に当たるとして訴因変更を不要としたのだろう。実務上は、酒気帯び運転に至らないごく少量のアルコールを身体に保有した状態で運転した行為を酒酔い運転で起訴することは稀有である。そのため、検察官の訴追意思として、酒酔い運転の訴因中に検察官の酒気帯び運転の主張が黙示的に含まれているという理解もある。

2　訴因・罰条変更命令

(1)　裁判所の心証と訴因変更

> **【設問3】旧訴因有罪心証事例**
> 　裁判所は、公判での証拠調べの結果、起訴状記載の訴因でも有罪判決を言い渡すことが可能だとの心証を抱いていた。しかし、検察官が公訴事実の同一性を害さない範囲で交換的に訴因変更を請求した。
> (1)　新訴因によっても、有罪判決を言い渡せる場合に、裁判所は訴因変更を認めるべきか。
> (2)　新訴因によれば、無罪判決を言い渡さざるをえない場合に、裁判所は訴因変更を認めるべきか。

ア　問題の所在

　【設問3】では、(1)(2)とも、旧訴因でも有罪判決を言い渡せる心証を裁判所が抱いているにもかかわらず、検察官が訴因変更請求をした場合、公訴事実の同一性があれば裁判所は訴因変更を認めなければならないのかが問題となる。これは、訴因変更の許容性の一場面だといえる（→22講3参照）。

イ　判例の理解

　判例は、**【設問3】**(1)の場合について、刑訴法312条1項が訴因の「変更を許さなければならない」と規定していること、起訴便宜主義が採用され（248条）、検察官に公訴取消しの権限を認めていること（257条→6講1(3)イ）を指摘し、仮に起訴状記載の訴因について有罪の判決が得られる場合であっても、検察官から訴因変更の請求があれば、「公訴事実の同一性を害しない限り、これを許可しなければならない」とした（最判昭42・8・31刑集21巻7号879頁〈百選A22〉）。

(1)の場合は、新旧両訴因のいずれでも有罪判決だという点に、変わりはない。そのため、裁判所が、自らの心証を基礎として訴因変更の許否を判断するといった形で、当事者である検察官が訴因を設定すべきだという、当事者追行主義を損なうまでのことをする必要はないと考えているのだろう。

　他方で、(2)の場合は、訴因変更を認めると無罪判決となる。このような事案についても、(1)の場合に関する判例がそのまま妥当するかは、判例上明らかではない。もっとも、裁判所が、訴因変更の結果として無罪判決となる場合に、検察官の訴因設定権限に対してどこまで介入できるかが、やはり問題になりうる。この場合、後述する訴因変更命令（312条2項）も関わって議論されるため、次項で検討する。

ウ　設問の検討

　【設問3】(1)については、判例上、裁判所は訴因変更を許可すべきことになる。(2)は、後述する訴因変更命令をどのように用いて、裁判所はどこまで検察官の訴因設定権限に対して介入すべきかを検討することになる。

(2)　訴因変更命令の意義と効果

ア　訴因変更命令の意義

　裁判所からみて、検察官の主張する訴因のままでは有罪判決を言い渡すことが難しいが、訴因変更さえ行えば有罪判決を宣告できる事案において、裁判所の心証に合わせる形で訴因変更を検察官に求めることができるだろうか。実務上、裁判所は**求釈明**や**発問**を検察官に行うことを通じて、あるいは証人尋問における裁判所の補充尋問や被告人質問を通じて、検察官に訴因変更が必要であることを気づかせることもある（→本講1(2)**ウ**コラム「争点顕在化措置」参照）。

　しかし、これらの手段を用いても検察官が訴因変更を請求しない場合について、刑訴法は、「**裁判所は、審理の経過に鑑み適当と認めるときは、訴因又は罰条を追加又は変更すべきことを命ずることができる**」と定めている（312条2項）。これが、**訴因変更命令**である。裁判所は検察官主張の訴因のままでは有罪判決を言い渡すことが難しい場合に、検察官に対して、自分の心証に合う訴因を設定するよう、訴因変更命令をすることができる。

イ　訴因変更命令の効果

　検察官が裁判所の訴因変更命令に従って訴因変更を請求する場合は、裁判所はその請求を許可すれば足りる。しかし、検察官が訴因変更命令に従わない場合は、どうなるであろうか。裁判所の訴因変更命令は、自動的に起訴状の訴因の内容を命令どおりに変更させる効果（**形成力**）を有するだろうか。

この問題について、次のような判例がある（最大判昭40・4・28刑集19巻3号270頁〈百選A23〉）。検察官が幇助犯の訴因で起訴した事案で、第1審裁判所が共同正犯の訴因にするよう訴因変更命令を出したが、検察官がこれに従わなかった。そこで、裁判所は訴因変更命令に形成力があるかのように訴訟を進めて、検察官の維持した訴因とは異なる、共同正犯の事実を認定して有罪を宣告した（控訴審もこれを維持した）。このように訴因変更を経ずに、訴因変更命令の内容どおりの有罪判決を宣告したことの適否について、判例は、「検察官が裁判所の訴因変更命令に従わないのに、裁判所の訴因変更命令により訴因が変更されたものとすること」は、裁判所に「直接訴因を動かす権限を認めること」になると指摘する。このようなことを認めると、「訴因の変更を検察官の権限としている刑訴法の基本的構造に反する」ので、**訴因変更命令に形成力を認めること**は「到底できない」と説示した。その上で、裁判所が訴因変更を経ずに共同正犯を認定したことを違法とした。

　以上のような判例の理解は、当事者追行主義の下で、検察官に訴因設定権限があるという理解を重視し、裁判所が審判対象の設定を職権・変更について権限を行使するとしても、補充的なものにとどまるべきだと考えていることを示す。

（3）　裁判所の訴因変更命令義務

ア　問題の所在

　裁判所は検察官に対して、訴因変更を行わないことについての求釈明をするのみで、訴因変更命令を出すといった、検察官に訴因変更を積極的に促す措置をとらない場合もある。この場合、裁判所が、訴因変更命令のような措置をとらないことが、違法となるか。つまり、裁判所に**訴因変更命令義務**や**訴因変更勧告義務**があるか。

　訴因変更命令に形成力を認めなかった理由が、当事者追行主義の重視にあり、かつ裁判所の中立・公平性を重視するならば、裁判所に、訴因変更命令義務を認めるべきではないといえる。他方で、裁判所の心証と検察官の設定した訴因事実との間に齟齬があることを、裁判所が認識しているにもかかわらず十分な措置をとらず、無罪とすることが適切ではないと解するならば、裁判所に訴因変更命令義務を認めるべきだという理解もありうる。この義務を肯定する理解の下では、裁判所がこれらの義務を果たさない場合に、裁判所に審理不尽の違法があると評価することになる。いずれの理解が妥当か。

イ　判例の理解

　判例は、殺人の訴因に対して、裁判所が重過失致死の心証を抱いた事例に

おいて、「殺人の訴因についてはその犯意に関する証明が充分でない」ため、無罪とするほかない場合であっても、「審理の経過にかんがみ、これを重過失致死の訴因に変更すれば有罪であることが証拠上明らかであり、しかも、その罪が重過失によって人命を奪うという相当重大なものであるような場合」には、「例外的に、検察官に対し、訴因変更手続を促しまたはこれを命ずべき義務がある」としている（最決昭43・11・26刑集22巻12号1352頁）。この説示からは、証拠関係や事案の重大性を勘案して、裁判所に訴因変更命令義務が生じる場合がありうるように読める。

　他方で、検察官の訴因が現場共謀による傷害致死の事実だったところ、事前共謀の事実に訴因を変更すれば、有罪判決を言い渡しうると考えた裁判長が、検察官に対して共謀の日時、場所について求釈明を行った事案について、最高裁は、裁判所に訴因変更命令義務はなかったと判断している（最判昭58・9・6刑集37巻7号930頁〈百選47〉）。そこでは、①検察官が約8年半に及ぶ審理の全過程を通じ一貫して当初の主張を維持していたこと、②審理の最終段階において、裁判長の求釈明に対しても従前の主張を変更する意思はない旨の明確かつ断定的な釈明したこと、③被告人らの防御活動は上記検察官の主張を前提としてなされたこと、④被告人を有罪とすれば、不起訴とされた他の共犯者との間で著しい処分上の不均衡が生ずることが明らかであること、本件事案の性質・内容および被告人らの本件犯行への関与の程度といった諸事情が挙げられた。その上で、裁判長が「求釈明によって事実上訴因変更を促したことによりその訴訟法上の義務を尽くした」ものというべきだとして、「さらに進んで、検察官に対し、訴因変更を命じ又はこれを積極的に促すなどの措置に出るまでの義務を有するものではない」と説示した。

　なお、公判前整理手続後および公判での証拠調べ終了後に裁判長が訴因変更の予定の有無について求釈明をしたところ、検察官が訴因変更の予定がない旨を答えた事案において、訴訟の経緯、事案の性質・内容等の諸般の事情に照らして、「求釈明によって事実上訴因変更を促したことによりその訴訟法上の義務を尽くしたものというべき」だとして、当該事案においては訴因変更命令義務までは有しない旨を説示した判例もある（最判平30・3・19刑集72巻1号1頁）。

　以上のように、少なくとも現在は、必ずしも、証拠関係や事案の重大性だけで訴因変更命令義務が設定されるわけではないのが、実際だと思われる。

　なお、【設問3】(2)の場合は、検察官が新訴因に変更請求することで、無罪判決に至ることになるため、裁判所は、検察官に対して釈明を求める等し

て、検察官に訴因変更請求すること自体を再考するよう促すべきであろう。それでも検察官が訴因変更請求を強行するような事態に至った場合には、許可した上で無罪判決を宣告するほかないだろう。

　　＊　検察官が訴因変更に応じない場合の対応
　　　　裁判長が検察官に対して訴因の追加・変更を釈明したにもかかわらず、検察官がこれに応じない場合に、上訴裁判所は検察官の措置を是正すべきだろうか。裁判例の中には、危険運転致死の訴因に対して、第１審の裁判長が過失運転致死の予備的訴因の追加を促す釈明を行ったにもかかわらず、検察官がこれに応じず、無罪判決となった事案について、検察官が第１審の裁判長の釈明に応じた訴訟行為をしなかった以上、事後審である控訴審はこれを是正できないとしたものがある（大阪高判平29・12・14裁判所ウェブサイト）。

3　罰条変更の要否──必要性

　訴因記載の事実と裁判所の認定事実との間には齟齬はないが、起訴状記載の罰条と、判決において適用された罰条が異なる場合、裁判所は罰条の変更手続をとるべきだろうか。訴因変更手続と同様に、312条１項は検察官からの請求がある場合には、裁判所は「罰条の追加、撤回又は変更を許さなければならない」としている。そこで、起訴状記載の罰条と異なる罰条を適用する際には、罰条変更が必要なのか否かが問題となる。

　判例は、起訴状における罰条の記載について、「訴因をより一層特定させて被告人の防禦に遺憾のないようにするため」に法律上要請されているとした上で、「裁判所による法令の適用をその範囲内に拘束するためのものではないと解すべき」だと説示した。そのため、「裁判所は、**訴因により公訴事実が十分に明確にされていて被告人の防禦に実質的な不利益が生じない限り**は、罰条変更の手続を経ないで、起訴状に記載されていない罰条であってもこれを適用することができる」としている（最決昭53・２・16刑集32巻１号47頁〈百選 A20〉）。

　この説示内容からすると、判例は起訴状における罰条の記載は、訴因の特定を補完する性質のものとして位置づけており、訴因と異なり裁判所を拘束するものではない。法令の適用は裁判所の職責だということが、その理由だろう。他方で、罰条変更を経ずに起訴状記載の罰条と異なる罰条を適用した結果、被告人の防御に実質的な不利益が生じることは、問題だと捉えている。これは、256条４項が、「罰条の記載の誤は、被告人の防禦に実質的な不

利益を生ずる虞がない限り、公訴提起の効力に影響を及ぼさない」としており、刑訴法は罰条の記載により被告人の防御に実質的な不利益が生じることは避けるべきだとの理解を読み取れるからであろう。

＊　罰条の変化と訴因変更

　　訴因は、公訴事実の単一性が認められる事実については、1つの訴因として記載することになる。このような考え方を、**一罪一訴因原則（一訴因一罪の原則）**と呼ぶ。この原則は、訴因が検察官による刑罰権行使を請求するための主張である以上、刑罰権の個数に対応して訴因を記載すべきだという理解に基づく。したがって、実体法上一罪に当たる罪を、分割して複数の訴因として記載することは原則として許されない。

　　しかし、証拠調べを経た結果、罪数が変動する場合がある。例えば、当初は包括一罪として起訴されていたところ、証拠調べの結果、併合罪の関係にある事実だと判明する場合である。このように、一罪から数罪へと罪数評価が変動する場合の処理については、議論がある。①訴因が明確でありその事実関係に変動がなく、罪数評価のみが変動する場合には、訴因変更を要さない（最判昭29・3・2刑集8巻3号217頁参照）。もっとも、罪数評価を変更する際に、訴因や添付文書の記載では、変動後の罪数に対応した形で罪となるべき事実を識別・特定できない場合には、罪数評価に対応した形で、各事実を識別・特定できる程度に訴因を補正すべきだと理解されている。②事実関係に変動があり、罪数評価も変動する場合は、裁判所が検察官に対して求釈明を行い、変動した事実関係がもつ意味や罪数の関係等について検察官の主張を明確にさせる。それとともに、場合によっては罪数補正を伴う訴因変更手続を促すなどして、もって被告人・弁護人にそれに対応する防御の機会を与えるべき訴訟法上の義務がある、とされている（東京高判昭52・12・20高刑集30巻4号423頁〈百選 A24〉）。

　　これに対して、数罪から一罪に罪数が変化する場合（例えば、併合罪関係の事実を包括一罪に評価し直す場合）には、①**事実関係に変動がない場合**、起訴状記載の複数の訴因を、1個の訴因として裁判所が解釈すれば足りる。原則として訴因変更の手続も要しない（最決昭35・11・15刑集14巻13号1677頁）。ただし、常習一罪等のように、一罪にすることで罪となるべき事実として常習性の発露等の記載が必要になる場合には、訴因変更が必要になる場合もあるだろう。②**事実関係に変動がある場合**には、基本的には一罪から数罪に変動する場合と同じ判断枠組みとなり、訴因変更が必要になりうる。また、狭義の同一性（→22講 2(3)）が認められる可能性のある事実については、訴因を1つにまとめる形で変更する必要がある場合もあるだろう。

第24講　証拠法(1) —— 関連性

◆学習のポイント◆
1　関連性の判断枠組みについて、前科証拠等の悪性格証拠を素材として整理・理解しよう。
2　いわゆる科学的証拠について、その例と証拠能力に関わる諸問題を整理・理解しよう。

1　証拠の関連性の検討の視点

(1)　関連性にかかる概念

　手続理解編（9講）では、証拠の関連性に関して、**自然的関連性**と**法律的関連性**という2つの概念を紹介した。この2つの概念は、要証事実の存否を推認しうるだけの証拠価値があるか否かに関わって設定された観点である。単なる噂や意見などは、そもそも要証事実の存在を推認できない（自然的関連性）。前科などのように被告人の悪性格を証明する証拠は、伝統的には、要証事実の存在を推論できる可能性もあるが、事実認定者たる裁判所に偏見を与え、誤導するため、結果的には要証事実の存在を推認するだけの証拠価値がないとされる（法律的関連性）。以上のような関連性が認められない場合には、証拠能力が認められない。

　つまるところ、自然的関連性も法律的関連性も、要証事実の存否を推論するだけの証拠価値を認められない証拠の証拠能力を否定するための概念だということになる。そのため、両者を分別せずに、**関連性**として一元化し、当該証拠が要証事実の存否を推論するだけの推認力の有無・程度と、当該証拠を用いることによる事実誤認等の弊害の有無・程度を衡量して、証拠能力を判断すればよいとの見解も有力に主張されている。

　なお、**証拠禁止**は、これらの概念と異なり、事実認定以外の利益を保護する観点から、証拠能力を制限しようとする観点である。違法収集証拠排除法則などが典型である（→25講）。

(2) 関連性の有無の判断

　以上のように、**関連性は要証事実の存否を推認できるか否かにかかる枠組み**である。そのため、関連性の有無を判断する際には、①問題となっている当該証拠は、論理則や経験則に照らして、要証事実との間でどのような推論を有しているか（証明を必要とする事項にどのように結びつくか）、②その推論構造の下での当該証拠の要証事実の存否に対する推認力はどの程度か、③その推論構造は、事実認定者に対して偏見や誤導をもたらさないか、といった事項に留意した上で、①②と③が衡量されることになる。これらの事項が、317条にいう「証拠」に当たるといえるか否かという文脈の中で、各証拠の性質に即してより具体的に検討されることになる。

2　悪性格証拠

(1)　前科事実による犯人性立証

【設問1】鬱憤（うっぷん）解消放火事件
　　Aは、住居侵入・窃盗を行った上で、室内の灯油を散布して現住建造物等放火を行ったとの事実で起訴されたが、放火については否認した。なお、Aは上記事件の17～18年前にかけて15件の窃盗、17年前に11件の現住建造物等放火の罪を犯したとして、懲役8月および懲役15年の刑に処せられており、これら前刑放火が、侵入盗で満足できる金品を得られなかった鬱憤を解消するために行われたとされていた。検察官は、本件放火がAによって、これら前刑放火と同じ動機に基づき特殊な手段方法で行われたとして、前刑放火の判決書謄本、その捜査中に作成されたAの供述調書謄本などの証拠調べを請求した。弁護人はこれに対して、不同意あるいは異議があるとの意見を述べた。

ア　問題の所在

　最判平24・9・7刑集66巻9号907頁〈百選62〉（以下「平成24年判決」という）をモデルにしたものである。**【設問1】**は、検察官が被告人Aの犯人性を立証するために、前刑放火に関する各書証の証拠調べを請求している。このような書証の証拠能力が認められるか否かを検討する際には、伝聞例外の要件を充たすか否かも確認を要するが（→10講・29講）、その前提として、そもそも証拠として関連性を有するか否かが問題になる（317条）。

　過去に被告事件の公訴事実と同種の犯罪を行ったという前科事実（**【設問1】**にいう前刑放火事実）が存在することから、被告人の犯人性を推論することについては、そもそも前科事実に犯人性を推論するだけの証拠価値がな

いとか、事実認定者に事実誤認を生じさせるといった議論がある。そこで、**同種前科による犯人性の立証**が許容されるか否かが、ここでの問題となるのである。

イ　判例の理解

a　前科証拠の推論構造

【設問1】の事案について、第1審裁判所は証拠調べ請求を却下したが、東京高判平23・3・29刑集66巻9号947頁は、次のような推論を行う形で、前刑事実の証拠能力を認めた。すなわち、①前刑放火11件は、窃取行為後に灯油を散布している→②被告人には特徴的な行動傾向が固着化している→③前刑事実と本件の行為態様は類似しているので、被告人の犯人性を推論できる、というものである。つまり、①を基礎として②の行動傾向を推論し、②の行動傾向の存在を前提として③の被告人の犯人性を推論するという形で、二重の推論が行われていた。

b　判例の判断枠組み

これに対して、平成24年判決は、前科証拠等のように前科の存在やその内容を示す証拠を犯人性の認定に用いることについて、以下のように判断した上で、**【設問1】**の各書証の証拠調べ請求を却下した第1審裁判所の措置を正当だとした。

まず、一般論として、前科、特に同種前科は自然的関連性を有しているとしつつ、「被告人の犯罪性向といった**実証的根拠の乏しい人格評価**」につながりやすい点で事実誤認を生じるおそれがあり、また当事者が前科内容に立ち入って攻撃防御を行う必要が生じるなど「**争点が拡散するおそれ**」もある。そのため、原則として証拠能力は認められないとする。しかし、例外的に、被告人と犯人の同一性の証明に用いる場合には、(a)「前科に係る犯罪事実が**顕著な特徴**を有し」、かつ(b)「それが起訴に係る犯罪事実と**相当程度類**似することから、それ自体で両者の犯人が同一であることを合理的に推認させるようなもの」であるときに、初めて証拠能力が認められるとした。

ウ　設問の検討

【設問1】について、平成24年判決は、①被告人に特徴的な行動傾向が固着化しているとの原審の判断は実証的根拠の乏しい人格評価である上、前刑事実が17年前の犯行であるにもかかわらず現在の被告人も当時と同様の犯罪傾向を有していたと推認することは疑問であること、②Aの上申書中で触れられている本件放火の前後約1ヶ月間の窃盗31件には、十分な金品を得ていないとみられる事案も多数あるにもかかわらず、これらにおいては放火がな

されていないこと等から、合理性に乏し
い推論をするに等しいと指摘して、第1
審の証拠調べ請求の却下を是認し、原審
である東京高裁の判決を破棄した。

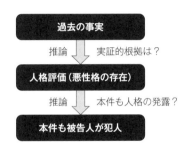

過去の犯罪事実から人格評価を媒介し
て、被告人の犯人性を推論する場合、①
過去の事実から被告人の悪性格を推論
し、②被告人の悪性格の内容と本件犯行
の内容の一致から被告人の犯人性を推論する。しかし、①の段階における人
格評価に、実証的根拠がない点で推論に弱さが存在し、②の段階でも当該悪
性格が現在も存し、その悪性格によって犯行が行われたとの推論にも弱さが
ある。そのため、平成24年判決は証拠採用することに対して消極的な姿勢を
示したものと読むことができる。

＊　前科事実による犯人性立証が許容される場合

平成24年判決は、前科事実に「顕著な特徴」があり、かつ本件と前科事
実が「相当程度類似」している場合には、被告人の犯人性を推認する証拠
として許容しうる旨を示した。このような場合には、本件が**被告人以外の
第三者による犯行である可能性が低下**することになり、**当該前科事実の推
認力が事実誤認等の弊害を凌駕する**からであろう。つまるところ、このよ
うに事実誤認等の弊害を凌駕するだけの推認力を見出せる証拠であれば、
前科証拠等のように被告人の悪性格を表す証拠であっても関連性が認めら
れる余地がある。例えば、一定の条件に対しては常に一定の反応を示すと
いう、習慣に類する行動様式が被告人に認められる場合（一定の条件に対
する反応の一貫性や、十分なサンプル数等の立証が必要になるだろう）、前
科事実等を用いて、人格評価を媒介とした推論を行わない場合には、前科
事実に証拠能力が認められうる。また、前科や常習性そのものが構成要件
事実になっている場合も許容されるだろう。なお、後述するように（2
(3)）、主観的要素を立証する場合にも、人格評価を媒介としない推論ができ
る場合には、許容されうる。

(2)　類似事実による犯人性立証

【設問2】色情盗事件
被告人Aは、甲市乙地区内で1年間に発生した住居侵入・窃盗10件と、同じ1
年間の最後4ヶ月間に発生した住居侵入・窃盗・現住建造物等放火10件の事実で
起訴され、これらの事件は併合審理された。被告人は、これら事実のうち、前者
10件はすべて自認するとともに、後者10件の現住建造物等放火のうち、8件につ

いて犯人性を否認した（8件のうち2件は住居侵入・窃盗のみ犯人性を認めている）。これに対して、控訴審は、31〜32年前と14年前の被告人の同種前科事実を示す前科調書と、被告人が自認している10件の本件住居侵入・窃盗の事実から、(1)女性用の物の入手を主目的としており、女性宅であることを下見して確認して窓ガラスを割るなどして侵入する点で特徴を有するとともに、(2)現住建造物等放火については、女性用の物を窃取した際に、被告人本人にも十分に説明できないような、女性に対する独特の複雑な感情を抱いて、室内に火を放ったり石油を撒いたりするという極めて特異な犯罪傾向がそれぞれ認められるとした。その上で、これら特徴が被告人の否認する8件の各事実と一致するとして、犯人性を認定した。控訴審の判断は適法か。

ア　問題の所在

【設問2】では、控訴審は前科事実のみならず、併合審理されている事実のうち、被告人が自認している事実を以て被告人が否認している事実の犯人性を推論しようとしている。このように、要証事実に類似する事実を証明することで、要証事実の存在を推論しようとする場合を、**類似事実による立証**と呼ぶ。前科事実と同様に裁判所に事実誤認を生じさせるなどの弊害がないかが問題となる。【設問2】は、最決平25・2・20刑集67巻2号1頁（以下「平成25年決定」という）の事案の概要である。

イ　判例の理解

a　判例の説示内容

平成25年決定は、前科以外の被告人の他の犯罪事実（類似事実）の証拠を被告人と犯人の同一性の証明に用いようとする場合にも、上述した平成24年判決の判断枠組みが同様に当てはまるとした。すなわち、(a)類似事実が**顕著な特徴**を有し、かつ(b)その特徴が証明対象である犯罪事実と**相当程度類似**することから、それ自体で両者の犯人が同一であることを合理的に推認させるようなものであるときに、初めて証拠として採用できるとして、本件の色情盗という性癖は特殊ではなく、下見や女性用の物の入手を主目的とする点や窓ガラスを割って侵入する手口・態様も、特殊とはいえず、放火に関する行動傾向は曖昧であり特異な犯罪傾向ということも困難だと説示した。以上を踏まえて、控訴審のように判断することは、被告人に対して実証的根拠の乏しい人格的評価を加え、これをもとに犯人が被告人であるという合理性に乏しい推論をすることにほかならないとして、違法と判断した。

b　補足意見の位置づけ

もっとも、平成25年決定は、金築誠志裁判官による補足意見が、類似事実

による犯人性の立証を許容できる場合がありうることを示唆しており、重要な意味をもつと指摘されている。同意見は、併合審理中の放火10件について、被告人が住居侵入・窃盗を自認した2件以外のいずれの住居侵入・窃盗についても、被告人方から盗品が発見されている等の証拠から犯人性が認められるとする。その上で、(a)4ヶ月間の短期間に連続的に10件の現住建造物等放火が行われ、(b)いずれの放火についても、放火が実行されたと推認される時刻以前、最大約10時間以内の幅の中で、被告人が住居侵入・窃盗（または未遂）を行っていることを指摘する（そのうち2件は放火を自認している）。そこから、本件で被告人が否認している放火が、第三者によって犯されたとするならば、極めて確率の低い偶然の事態が発生したことを承認することになると指摘している（もっとも、本件については、その程度の時間幅の近接性から犯人性を推認できるかは微妙な問題だとして、当否を審理する必要があると指摘している）。

　このように、併合審理されている事件では他の証拠で類似事実が認定でき（争点の拡散が生じないことになる）、かつその類似事実が短期間に連続して発生している場合には、第三者による犯行可能性が経験則上は否定されうる。このような場合には、顕著な特徴などの考慮事情が緩和される可能性もありうる点には、注意が必要である。

ウ　設問の検討

　【設問2】は、被告人の犯罪傾向という人格評価を媒介として、被告人の犯人性を推論している。しかも、窃盗の犯行態様や動機などに顕著な特徴があるとまではいえない。そのため、判例が禁じる推論構造に該当し、関連性は認められない。もっとも、設問の控訴審がとったような推論とは異なり、近接した日時・場所において、窃盗・放火が偶然に多数回発生することはないと評価できるとすれば、そのこと自体から、第三者による犯行の可能性を否定することができる。したがって、人格評価を媒介とした推論ではない。しかも、類似事実自体は、併合審理されているため、他の証拠によって認定することができる。このような推論構造の下であれば、併合審理されている類似事実から、被告人の犯人性を推論する余地はあるだろう。

(3)　前科事実と主観的要素の立証

【設問3】福祉募金詐欺事件
　被告人Aは、社会福祉募金と称して寄付金を集めて生活費に充てようと企て、福祉事業に使用する意思がないにもかかわらず、多数回にわたり相手をして福祉

事業に有意義に使用されるものと誤信させて、合計20万円以上を騙取したとして起訴された。被告人側は、詐欺の犯意はなかったと主張した。控訴審は、被告人が本件と同様の手段による詐欺事件で有罪判決を受けて執行猶予中であるとの事実を挙げて、被告人に犯意がなかったとは認められない旨を認定した。控訴審の判断は適法か。

ア　問題の所在

【設問3】では、控訴審は同種の前科事実を用いて、被告人に詐欺の犯意が存在した旨を認定している。このように、前科事実によって被告人の主観的要素を認定することに、関連性が認められるかが問題となる。【設問3】の場合であれば、被告人に詐欺の故意があったこと、あるいは自らの行為が違法な詐欺行為に該当するという認識を有していたことを認定できるか。【設問3】は、最決昭41・11・22刑集20巻9号1035頁の事案の概要である。

イ　判例の理解

判例は、詐欺の「故意」のような犯罪の主観的要素を、被告人の「同種前科の内容」によって認定した控訴審の判決に違法は認められないと説示した。【設問3】について、証拠の関連性があることを認めたといえる。その推論の内容の説示はない。しかし、上述した平成24年判決、平成25年決定を考慮すると、①詐欺の同種前科がある→②被告人は詐欺をする性格・犯罪性向を有している→③被告人は本件詐欺でも故意があった、と推論することは、実証的根拠の乏しい人格評価を媒介している点で、事実誤認をもたらすものであり適切ではない。

むしろ、①詐欺の同種前科がある→②前科事実と同じような態様で寄付金を集めれば、相手方が錯誤に陥って寄付金を交付するであろうこと、そして欺罔行為に当たるであろうことを**被告人はその経験ゆえに認識していた**→③**被告人は本件詐欺で故意（あるいは違法性の意識）があった**、と推論していると考えるべきであろう。この推論ならば、人格評価を媒介しない合理的な推論であり、事実誤認等の弊害を上回る推認力があると評価しうるように思われる。

なお、判例は、「**犯罪の客観的要素が他の証拠によって認められる本件事案の下において**」詐欺の故意のような犯罪の主観的要素を前科事実から認定してよいとしている。「客観的要素」が他の証拠によって認定されていることが前提とされているが、これは、上述した推論が成立するためには、前科事実の詐欺行為の態様と、本件の詐欺行為の態様が類似していることが前提

208

になるからである（類似していないと、本件行為が詐欺だと認識していたはずだとの推論は困難になる）。客観的な行為態様が前科事実と本件事実との間で一致して初めて、上述したような故意の存在を推論することができる、というわけである。

ウ　設問の検討

　以上のような理解からすれば、本件詐欺行為の客観的な態様が、他の証拠によって証明され、その行為態様が前科事実たる詐欺行為と類似していることが確認される場合には、**【設問3】**における前科事実は関連性を有し、証拠能力が認められる。

　なお、故意や違法性の認識のほかにも主観的要素を推論することができる場合はある。例えば、被告人が毒物や起爆装置を用いて殺人を犯した前科事実がある場合、そこから被告人に毒物や起爆装置を製造する**知識**がある旨を証明し、被告人の犯人性を推論する間接事実として用いることは可能であろう。このような推論は、被告人の人格評価を媒介とした推論ではなく、事実誤認等の弊害のおそれが少ないため、許容される。

> ＊　**悪性格証拠と動機**
>
> 　　最決昭57・5・25判時1046号15頁は、病院におけるチフス菌感染が人為的感染か自然感染かが争われ、事件性・犯人性が争点となった事案において、弁護人が被告人に動機がないことを主張して犯人性を否定する主張をしたのに対して、これに反論するために検察側が被告人が異常性格者である旨の事実を証明しようとした事案である。最高裁は、被告人に動機がなくても被告人が犯人たりうることを認定する趣旨であれば、違法とはいえない旨を認定しているが、これは弁護人の主張に反駁するためのものであり、異常性格であること自体から犯人性を推論する趣旨ではないから許容されたものと考えられる。

3　科学的証拠

(1)　科学的証拠の特徴

　科学的証拠とは、特定の学問ないし知識の領域における原理・技術を応用することにより収集された証拠である。当該領域の専門家や技術の習得者等により、検査等の実施や結果の解析等がなされる。科学的証拠は、専門家による判定がなされているがゆえに、過度の信頼や客観的に確実であるとの誤信を招くおそれがあるため、特に許容性が議論されてきた。血液型による性格診断等のようなジャンク・サイエンス（似非科学）のように、そもそも科学的な原理の裏づけを欠く証拠は、要証事実に対する推認力は皆無であろう

し（自然的関連性がない）、一定程度推認力を有しうる科学的な証拠であっても、その実施過程が不透明である等の事情があれば、過大評価などの弊害が大きい。

科学的証拠の証拠能力を認めるためには、基礎にある科学的原理の正確性や技術・手法が、関連する科学分野において一般的に承認されている必要があるとの見解や、単なる主観的な考えではなく科学的に有効な知識と判断でき、かつそれが科学的に信頼できる方法によって行われたものであれば、一般的に承認されていなくても許容されるとの見解などが主張され、議論がある。

＊　証拠の同一性・真正性

　　科学的証拠など鑑定を要する証拠においては、個々の事件において、しばしば証拠の保管過程・作成過程等に疑義が示される。そこで問題になるのが、証拠の同一性・真正性である。**証拠の同一性**とは、証拠調べ請求されている当該証拠が、確かに請求者の主張する物それ自体であるか否かを問う概念である。これに対して、**証拠の真正性**とは、証拠調べ請求されている当該証拠が、確かに請求者の主張する者によって作成されているか否かを問う概念である。証拠が同一でなかったり、真正でなかったりする場合には、そもそも当該証拠から要証事実の存在を推認できない上、後に触れる DNA 型鑑定に関する最決平12・7・17刑集54巻6号550頁〈百選63〉や最決昭62・3・3刑集41巻2号60頁〈百選65〉が検査過程や保管に言及していることに鑑みて、関連性が失われるという理解も有力に主張されている。しかし、裁判例上は、同一性・真正性に疑いがある場合には、証明力評価の中で考慮する傾向が強いようである（さいたま地判平14・10・1判時1841号21頁）。

(2)　DNA 型鑑定

【設問4】足利幼女殺害事件

　殺人被告事件において、被告人の体液が付着したティッシュペーパーから、警察が DNA を採取し、被害者の下着に付着していた体液との同一性を判定するため、科学警察研究所に鑑定を嘱託し、MCT118型検査法によって DNA 型鑑定が実施された。その結果、検出された DNA 型の出現頻度は1000人中約8.3人であり、血液型検査の結果を加味すると1000人中約1.2人だとの鑑定結果が出た。検察官が被告人の犯人性を立証趣旨として、上記 DNA 型鑑定の結果を記した鑑定書の証拠調べを請求した場合、裁判所は証拠能力を認めるべきか。

ア　問題の所在

ヒトの染色体である DNA の中に存在する、特定の塩基配列の反復回数

は、DNA型と呼ばれる。DNA型は終生不変であり、特定の塩基配列が反復されている箇所（座位）の反復回数を複数箇所にわたって判定し、犯行現場等に遺留された体液等から検出されたDNA型と被告人のDNA型を比較対照して同一性の有無を判定するのが、**DNA型鑑定**である。

　DNA型鑑定は、DNAの全塩基配列を解明して同一性を判定しているわけではなく、指紋のように一致すれば本人、不一致ならば他人だという形で、万人不同であることを前提とする個人識別ではない（もっとも、指紋による個人識別についても議論はある）。例えば、Aという座位で特定の型の出現頻度が10人に1人で、Bという座位で特定の型の出現頻度が20人に1人で……ということが15座位で判定されると、これら出現頻度を掛け合わせて「100兆分の1」とか「60京分の1」で同一性があるという形で、鑑定結果として示されることになる。なお、【設問4】は、足利事件に関する前掲・最決平12・7・17〈百選63〉の事案であり、平成3（1991）年当時のDNA型鑑定（MCT118型検査法）である点には注意を要する。

イ　判例の理解

　判例は、【設問4】で用いられたMCT118型のDNA型鑑定について、「その科学的原理が理論的正確性を有し、具体的な実施の方法も、その技術を習得した者により、科学的に信頼される方法で行われたと認められる」として、証拠能力を認めた。もっとも、証拠価値については、「その後の科学技術の発展により新たに解明された事項等も加味して慎重に検討されるべきである」との留保は付した。

　少なくとも、判例は(a)**科学的原理の理論的正確性の有無**、(b)**当該技術の習得者による科学的に信頼される方法での実施**を理由に、証拠能力を認めたものと読み取れる。DNA型鑑定の場合、①鑑定資料であるDNA型を鑑定する→②出現頻度という間接事実を導出する→③出現頻度から被告人の犯人性という要証事実の存在を推論する、という構造になっている。このうち、科学的原理の正確性とその適用方法（実施方法）の適切性は、①から②への推論の強さを判断するための要素だといえよう。②から③への推論は、論理則・経験則に依拠しているものと思われる。このように理解するならば、要証事実に対する推認力の有無を判断する関連性の枠組みが、科学的証拠の性質に即して説示されたものとも評価できよう。

ウ　設問の検討

　【設問4】の事案である足利事件は、その後、再審が開始され、再審公判である宇都宮地判平22・3・26判時2084号157頁は、当時用いられていた当

該 MCT118型による DNA 型鑑定について、「『具体的な実施の方法も、その技術を習得した者により、科学的に信頼される方法で行われた』と認めるにはなお疑いが残るといわざるを得ない」として証拠能力を否定している。なお、現在、警察で行われている DNA 型鑑定は、主に STR 型検査法と呼ばれる方法に変わっており、MCT118型に比して精度および識別能力が向上しているとされている。

  ＊ DNA 型鑑定をめぐる議論

　　　DNA 型鑑定については、(a)警察が鑑定資料を全量消費してしまうため、被告人側等が追試できない、(b)出現頻度の数値が現在は地球の全人口を超える天文学的数字になっており、前提とする科学的原理にも問題がないのかについて疑問がある等の指摘もなされている。また、事案によっては、鑑定資料が第三者の者と混ざるコンタミネーション（汚染）の問題がありうる点で、注意を要するとされる（これは、実質的には証拠の同一性の問題である）。なお、(a)の全量消費の問題に関しては、実務家からも、意図的に捜査機関が全量消費をした場合には、証拠禁止の観点から排除する余地があるとの指摘がなされている。これに対して、警察庁は「DNA 型鑑定の運用に関する指針」を策定し、鑑定資料の採取時・鑑定および鑑定後の留意事項等として、鑑定資料の残余が生じた場合の保存や、保存の際の冷凍庫や超低温槽の活用、保存簿冊による保存状態の記録、他の資料との接触および混同の防止のための措置などを定めている。

●コラム● DNA 型鑑定の証明力

　かつての MCT118型検査法の下では、塩基配列の反復回数を目視で確認していたが、現在採用されている STR 型検査法の下では、DNA 型鑑定はコンピュータによる解析で行われるのが通常である。そして、鑑定対象となる座位の数も増加し、出現頻度は本文中で触れたとおり、「100兆分の1」などの数値を示すに至っている。このような出現頻度を示す数字が信頼できることを前提として、DNA 型鑑定を構成要素とする唯一の間接事実がその犯人性を優に推認させ、これを揺るがす事実や証拠がないような場合には、DNA 型鑑定のみによる有罪認定も許されるとの見解も出てきている。なお、横浜地判平24・7・20判タ1386号379頁は、被害者の靴下に付着した精子の DNA 型が被告人の DNA 型と一致するとの鑑定結果だけを根拠として、被告人の犯人性を認めている。他方で、下級審の裁判例では、DNA 型鑑定において、複数人の鑑定資料が混ざったおそれを認定して、被告人に無罪判決を言い渡す事例もみられる点では、注意を要するだろう。

⑶ 犬による臭気選別

【設問5】カール号事件
　強制性交等致傷事件の捜査の際に、司法警察員は犯行現場付近の犯人のものと思われる足跡から採取した臭気を原臭、犯行現場付近に遺留された自動車車両の

取っ手から採取した臭気を対照臭、警察官の掌から採取した臭気を誘惑臭として、警察犬カール号に臭気選別をさせた。数回にわたり実施した結果、警察犬はいずれも対照臭を選び出した。当該車両は被告人Ａが放置したことが明らかになったため、Ａは起訴され、第１審・控訴審は上記臭気選別結果報告書などを証拠としてＡを有罪とした。臭気選別結果報告書を証拠採用したことは適法か。

ア　問題の所在

　臭気選別とは、犯行現場に遺留された物等から、犯人の体臭（原臭）を犬に覚えさせた上で、その犬に被疑者・被告人の体臭（対照臭）の付着した物、犯人や被疑者・被告人とは無関係の第三者の体臭等（誘惑臭）の付着した物を含む数個の物の中から、原臭と同じ臭気が付着した物を選別させる検査をいう。このような臭気選別結果に関連性が認められるのかが、問題となる。【設問５】は、最決昭62・3・3刑集41巻2号60頁〈百選65〉の事案である。

イ　判例の理解

　判例は、【設問５】の臭気選別について、「専門的な知識と経験を有する指導手」が、「臭気選別能力が優れ、選別時において体調等も良好でその能力がよく保持されている警察犬」を用いて実施したものであり、「臭気の採取、保管の過程や臭気選別の方法に不適切な点」がないことを挙げて、原審が本件臭気選別を証拠とした上で有罪認定に用いたことを正当だと説示した。

　もっとも、科学的には、犬の嗅覚の構造は未解明であり、また人の体臭の個人差の有無や不変性等についても必ずしも明らかではない。そのため、科学的原理に基づく証拠だと断定することは難しく、実質的には、犬の嗅覚が優れているという経験則に依拠しているように思われる（判例は、臭気選別結果を321条4項ではなく同条3項で証拠能力を付与しており、検査に立ち会っていた司法警察員が真正性を立証した事案であるとはいえ、鑑定とは位置づけていない可能性もある）。

　なお、臭気選別の場合、①犬を用いて臭気選別検査を実施する→②複数回にわたり対照臭を原臭と同じ臭気だとして犬が選別する→③被告人の犯人性を推論する、という構造になっているが、①から②への推論過程を、経験則とその下での適切な検査の実施が支えている構造になっている。この過程が、事実誤認等の弊害を凌駕するだけの推認力を有すると評価できるのかが問題であり、証拠能力を否定する見解も有力である。下級審の裁判例には、証拠能力は認めつつも、証明力を低く評価する事例などもみられる。例え

ば、京都地判平10・10・22判時1685号126頁は、犬が周囲の人々の反応から正解を推測する現象（クレバーハンス現象）に陥っていた可能性等を指摘している。

(4) その他の科学的証拠
ア ポリグラフ検査

ポリグラフ検査（いわゆる嘘発見器による検査）は、質問に対する応答時の被検者の心脈波・呼吸・皮膚電気反射等の生理的反応を、同時記録機（ポリグラフ）を用いて記録した上で分析し、被検者の応答の真偽や当該事件に対する意識を判定する手法である。その科学的原理が解明されておらず、検査の正確性を担保できるのがどのような場合なのかも明確ではないため、証拠能力の有無について議論がある。

最決昭43・2・8刑集22巻2号55頁は、被告人側が326条1項により同意をしていたポリグラフ検査結果回答書について、検査者が自ら実施した検査経過・結果を忠実に記載して作成したこと、検査者は検査に必要な技術と経験とを有する適格者であったこと、各検査における使用器具の性能・操作技術から見て検査結果に信頼性があることから相当性があるとして証拠能力を認めた原審を是認した。もっとも、札幌高判平14・3・19判時1803号147頁では、殺意の有無についてまでポリグラフ検査が有効性を有しているのかは疑問だとして、証拠価値を否定しており、ポリグラフ検査がどのような事実を推論するのかについて慎重な判断がなされた。

イ 筆跡鑑定

伝統的な筆跡鑑定は、鑑定対象となる資料中の数個の文字や文字の一部分の特徴を抽出して、他人と異なる傾向（希少性）の存在や、経年後も維持される特徴（恒常性）の存在を見出し、その書き癖を抽出して、筆者の識別を行う手法である。最決昭41・2・21判時450号60頁〈百選64〉は、「この鑑定方法が非科学的で、不合理であるということはできない」と説示し、さらに「筆跡鑑定におけるこれまでの経験の集積と、その経験によって裏付けられた判断は、鑑定人の単なる主観にすぎないもの、といえない」として、証拠能力を認めた原審の判断を是認した。筆跡鑑定も、科学的原理が存するわけではなく、専門的な経験則に基づく証拠だといえる。近時は、筆跡鑑定にコンピュータによる解析も利用されているが、依然として科学的原理は未解明であり、証明力の判断は慎重に行われるべきだとの主張もなされている。

ウ 顔貌鑑定

顔貌鑑定は、防犯カメラなどの画像を解析した上で、そこに映った犯人の

顔と、被告人の顔が同一であるか否かについて、顔の各部分の形の同一性を評価し、各部分の位置関係も確認して、同一人かどうかを鑑定する形態学的な検査方法である。

　防犯カメラなどの画像は、捜査段階で犯人を特定するために利用されるが、公判段階で有力な証拠となる例は多くない。顔貌鑑定に関する科学的、客観的な原理は、まだ確立されているとはいえず、捜査の過程で犯人を特定する他の証拠が収集されれば、他の証拠で立証されることが多いからである。しかし、防犯カメラなどの画像しか犯人を特定する証拠がない場合には、顔貌鑑定の信用性が問題になる。

　現時点で有力な顔貌鑑定の手法としては、スーパーインポーズ法と呼ばれるものがある。これは、防犯カメラに映った犯人の3つの異なる角度の顔貌の画像と、被告人の頭顔部の形状データから作成した三次元モデルとを、コンピュータ上で大きさや向きの調整を行った上、重ね合わせたり、縦横に輪切りした2つの写真をつなぎ合わせたりして比較する手法である。

　東京高判平29・11・17高刑速（平29）211頁は、こうした手法による顔貌鑑定について、「顔貌鑑定に関する専門的な知見や経験に基づき、専用の機材、ソフトウェア等を用いて的確に行われている」とした上で、その結果作成された3つの角度による重ね合わせ画像、つなぎ合わせ画像を見れば、全ての角度による全ての画像について、顔全体の輪郭や額の頭髪の生え際の輪郭はもとより、目、鼻、口、耳、眉毛等の個々のつくりの位置、大きさ、形状等に至るまでが、単に類似しているというレベルを超えて、完全なまでに一致している一方で、相互に矛盾する特徴が見当たらないことは一目瞭然であり、常識に照らし、防犯カメラ映像に映った犯人と被告人とが同一人物である可能性が極めて高いとした。以上の判断を前提として、「犯人と被告人とが同一人である可能性が高いとはいえるものの、被告人と容姿が似た別の人物が各犯行を行った可能性を否定できない」との理由で無罪とした原審の判断を是認できないとした。もっとも同判決は、顔貌鑑定の信用性を検討するにあたっては、いかなる手法に基づき、いかなる根拠で同一性識別に関する結論を導いているのかについて十分に吟味した上で、その合理性や信頼性を判断する必要があるとしており、顔貌鑑定の信用性が常に肯定されるわけではないことには留意を要する。

　　＊　科学的証拠の推認力

　　　ここに挙げたポリグラフ検査、筆跡鑑定、顔貌鑑定は、いずれもこれら証拠のみで直ちに被告人の犯人性を推認できる性質の証拠ではない点には、

注意を要する。基本的には、間接証拠として、他の証拠と相まって被告人の犯人性等の要証事実の存否を推認するものである。他方で、DNA型鑑定は、被告人が犯行現場に所在した事実や、発見場所や発見時の状況によっては犯人性を強く推認することができることもある。科学的証拠の推認力は、各証拠の性質によって大きく異なる点には留意しておく必要があるだろう。

●コラム● 法律的関連性と証拠調べの必要性

　前科証拠に関わる平成24年判決で、自然的関連性という言葉は用いられたが、判例において法律的関連性という言葉は未だ用いられたことはない。平成24年判決も、前科証拠について自然的関連性がありうることに言及し、事実誤認のおそれや争点の拡散のおそれを踏まえて証拠能力を判断すべきだとしつつ、「証拠の取調べ請求を全て却下した第1審裁判所の措置は正当」との言い方で締めくくった。証拠の関連性の有無と「証拠調べの必要性」「証拠調べの相当性」と呼ばれる裁判所の証拠採否裁量の関係は、必ずしも判例上は明確ではない。事実誤認のおそれや争点拡散のおそれといった諸点については、裁判所はしばしば証拠採用の際に、「証拠調べの必要性」を検討する枠組みの中で考慮してきた。

　司法研修所編『科学的証拠とこれを用いた裁判の在り方』（法曹会、2013年）は、これらの概念の関係について、次のような整理を試みている。第1に、自然的関連性は必要最小限の証明力を意味する。第2に、これまで実務上「証拠調べの必要性」として裁判所が裁量的に判断してきた事項を2つに分別できるとする。すなわち、証拠の積極的な価値の高さの有無や、事案や争点に関連しない無駄な審理を回避する視点（審理の合理化）から証拠の採否を判断する場合を、「証拠調べの必要性」の有無という形で表現する。科学的証拠に即していえば、科学的証拠から直接認定できる事実、その事実を含めて構成される間接事実の価値は、「証拠調べの必要性」の有無という形で吟味されることになる。他方で、証拠調べに伴う弊害、判断者に混乱や誤解を与えるおそれの有無は、「証拠調べの相当性」で吟味すべきだとする。科学的証拠に即していえば、科学的証拠から生じる混乱・誤導のおそれの有無が「相当性」で吟味されることになる。

　以上の理解によれば、実質的には、法律的関連性は、証拠調べの必要性の枠内で、「相当性」の有無という形で検討されることを意味する。しかし、そもそも自然的関連性と法律的関連性を分離させること自体にも異論がある上、法律的関連性を裁判所の証拠採否裁量の中で考慮する形にすることが適切なのか等の議論がある。

●コラム● 取調べの録音・録画記録媒体の証拠としての使用

　平成28（2016）年刑訴法改正により、裁判員裁判対象事件および特捜事件を含む検察独自捜査事件のうち身体拘束中の被疑者取調べについて、録音・録画が義務づけられたほか、現在ではそれら以外の事件でも、とりわけ検察官による身体拘束中の被疑者取調べについて、広く録音・録画が実施されるようになった。その結果として作成される録音・録画記録媒体については、①当該取調べでなされた自白の任意性を立証するための補助証拠として、②当該取調べでなされた自白の信用性を立証するための補助証拠として、③当該取調べで被疑者が供述していることを、犯罪事実や間接事実の存在を立証するための実質証拠として、使用することができるかが議論されている。

取調べの録音・録画記録媒体は、被疑者の供述を取調べ官がまとめて録取する供述調書とは異なり、取調べの過程が機械的に記録され、取調べ官や被疑者の具体的な言動が正確に再現される点で、証拠価値は高いといえる一方で、被疑者が自己に不利益な供述を自発的にしている姿を記録した映像はインパクトが強く、とりわけ裁判員は自白を過大に評価してしまうおそれがあり、こうした取調べ室でのやりとりで心証を形成してしまうことがあれば、公判中心主義・直接主義に反するという懸念も示されている。

　そのため、これまでの裁判所の運用では、前記コラムで指摘した「証拠調べの必要性」を厳格に判断することで、それ以外の証拠によって立証が可能であるならば、録音・録画記録媒体を取り調べないことが多くなっている。「証拠調べの必要性」の判断は、①→②→③の順に厳しくなっていく傾向がある。例えば、②の自白の信用性を立証するための補助証拠として録音・録画記録媒体を取り調べることに否定的な立場を示した裁判例として、東京高判平30・8・3判タ1456号75頁、③の実質証拠として録音・録画記録媒体を取り調べなかった原審の判断を支持した裁判例として、東京高判平28・8・10判タ1429号132頁がある。しかし、被告人が捜査段階で署名押印を拒否して適式な供述調書が存在しない場合など、捜査段階での被告人の供述を立証するには録音・録画記録媒体しかないような限定的な場合であれば、実質証拠として取り調べることも許されるのではないかという見解もある。

第25講　証拠法(2)——違法収集証拠排除法則

◆学習のポイント◆

1　違法収集証拠の証拠能力が否定される要件と、それに該当するか否かを判断する際の考慮要素について、判例の立場および主要な考え方を踏まえ、具体的な事例に即して理解しよう。

2　証拠を獲得した直接の手続に先行する手続が違法であった場合に、当該証拠の証拠能力を判断する枠組みについて理解しよう。

3　違法収集証拠排除の申立適格の内容を理解しよう。

4　違法収集証拠の取調べに対する同意があった場合の処理について理解しよう。

5　私人によって違法に獲得された証拠の証拠能力について理解しよう。

1　違法収集証拠排除法則の前提知識

(1)　排除の根拠と基準

【設問1】
　捜査機関によって違法に収集された証拠の証拠能力は、なぜ否定されるべきか。

　判例は、違法な所持品検査により得られた証拠の証拠能力が争われた事案（後述の【設問6】）において、捜査機関が違法に証拠を収集したことを理由として当該証拠の証拠能力を否定する、いわゆる**違法収集証拠排除法則**を解釈上採りうる旨を説示した（最判昭53・9・7刑集32巻6号1672頁〈百選90〉。以下「昭和53年判決」という）。刑訴法には、排除法則に関する明文規定が存在しない。そのため、かつては捜査機関の違法行為に対しては国賠請求をすれば足りる、違法収集証拠を排除してまで本来有罪となりうる者を放

免する必要はない、違法手続があっても証拠物の場合は証拠価値が変化するわけではないなどの理解から、排除法則を否定的に理解する向きもあった。

しかし、排除法則を採用すべき理由として、3つの理解が主張された。これが【設問1】に対する説明となるが、①憲法31条・33条・35条の要求する適正手続の帰結として**憲法上の法規範**として導かれるべきだとの理解、②司法機関への国民の信頼を確保すべきだという**司法の廉潔性**の観点から政策的に導かれるべきだとの理解、③捜査機関の将来の違法行為を抑止すべきだという**抑止効**の観点から政策的に導かれるべきだとの理解である。いずれの見解にせよ、排除法則は事実認定以外の利益を保護するために採用されるものであり、**証拠禁止**の一類型だといえる（→9講2⑵参照）。

(2) 判例の判断枠組み

【設問2】
 (1) 証拠排除の根拠と排除の基準はどのような関係を有するか。
 (2) 判例はどのような判断枠組みで証拠を排除しているか。

まず、【設問2】(1)について、法規範説は、憲法規範として排除法則を捉えており、憲法違反等を伴う捜査行為があれば、その違法を理由として一律に証拠能力を否定する（**違法基準説**）。これに対して、司法の廉潔性説や抑止効説は、司法府の信頼の維持・確保や、将来の違法捜査を抑制するといった政策的な目的を達成するために必要な限りで証拠排除すべきだと考えている。そのため、証拠排除は政策的な利益衡量の下で行われるべきだとの帰結を導く。具体的には、一件明白に重大な違法の場合には排除され（違法基準説をこの部分では採用している）、その他の場合には、司法への国民の信頼、同種の違法手続の再発防止に証拠排除が資するか否か、犯罪の重大性、証拠の重要性、手続違反と当該証拠獲得の因果関係の強さなど諸利益を衡量して証拠排除の要否を決すべきだとする（**相対的排除説**）。

次に、【設問2】(2)について、昭和53年判決は、排除法則の採否について「刑訴法の解釈に委ねられている」と判示している。そのため、少なくとも①憲法上の法規範説に基づいて排除法則を採用したとは考えにくい（もっとも、判例上、憲法から排除法則が導出される可能性が完全に否定されているわけではない）。

昭和53年判決が②司法の廉潔性と③抑止効のいずれの根拠に基づいているのかについては基準の読み方も相まって議論がある。昭和53年判決は、「証

拠物の押収等の手続に、憲法35条及びこれを受けた刑訴法218条1項等の所期する令状主義の精神を没却するような重大な違法があり、これを証拠として許容することが、将来における違法な捜査の抑制の見地からして相当でないと認められる場合」に証拠能力が否定されると説示しており、(a)重大な違法と(b)排除相当性を考慮して証拠排除するか否かを判断するとしている。この説示の内容から、判例は政策的に証拠を排除するか否かを判断する姿勢を示していると解されており、相対的排除説の考え方に近いとの評価が一般的である。もっとも、(a)重大な違法と(b)排除相当性との関係は、さらに議論がある。この点は、【設問3】以降でさらに確認しよう。

本講では、判例の判断枠組みの意味を理解するとともに、応用的な事例についても検討することで理解を深めたい。

2 違法収集証拠排除法則の検討の視点

(1) 排除の根拠と判断枠組みの関係

【設問3】
　最高裁判例が説示した証拠排除の判断枠組みである、「令状主義の精神を没却するような重大な違法」（重大違法）と「将来における違法な捜査の抑制の見地からして相当でないと認められる場合」（排除相当性）は、双方を充たさなければ証拠排除できないという意味か、いずれか一方が充たされれば排除されるという意味か。

ア　重畳説と競合説

最高裁判例の判断枠組みについては、重大違法と排除相当性の双方が充たされなければ証拠排除されないという理解（重畳説）と、重大違法か排除相当性のいずれか一方が充たされれば証拠排除されるという理解（競合説）がある。それぞれの見解は、排除法則の根拠に関する理解と関連する。

重畳説は、抑止効を排除法則の根拠に据えた上で、重大違法と排除相当性の双方が認められるときに違法捜査抑止のために証拠排除という政策を発動すべきだと考える。これに対して、競合説は、司法の廉潔性と抑止効を排除法則の根拠として理解する。その上で、重大違法が存する場合には、司法の廉潔性を損なうので証拠排除すべきだとする。また、排除相当性は、その説示の内容が「違法な捜査の抑制」に触れていることからも明らかなとおり、抑止効の観点から独自に証拠排除すべき場面があるか否かを検討するための要件として位置づけられる。

イ　最高裁判例の傾向

　【設問3】に関して、最高裁判例は、昭和53年判決以降、重大違法が認められず、排除相当性も認められない（あるいは重大違法が認められ、排除相当性も認められる）という説示の仕方で判断をしている。この判断の傾向が、重畳説を採用していることを示すのか、競合説を採用する余地を残しているのかは必ずしも明らかではない。少なくともこれまでのところ、**実質的には重大違法か否か**が、証拠排除の重要な**ポイント**になっている。後にみるとおり、判例上、排除相当性は、違法行為と証拠との間の因果性（密接な関連性）の有無を評価する際に、独自な要素として機能している。

(2)　違法行為と証拠の間の因果性

【設問4】

　以下の(1)と(2)とは同じ判断枠組みで検討するべきか。

(1)　司法警察員Kは、覚醒剤を所持している嫌疑のある被疑者の居宅を捜索場所とする捜索差押許可状の請求の際に、偽造の疎明資料を用いて違法に令状の発付を受けて、同令状を執行したところ、覚醒剤を発見して差し押さえた。

(2)　司法警察員Kは、覚醒剤を使用した嫌疑のある被疑者に対して、逮捕状が発付されていないにもかかわらず、身体の拘束に及ぶ違法な任意同行を行った上で、被疑者から尿の任意提出を受けた。

ア　排除法則と毒樹の果実

　【設問4】(1)は、証拠収集行為そのものが違法である場合であり、昭和53年判決のような典型的な違法収集証拠排除法則の場合である。違法な証拠収集行為によって、現に証拠を獲得している事案であるため、当該証拠収集行為の重大違法（および排除相当性）があれば、証拠排除すべきということになる。

　これに対して、【設問4】(2)は、証拠の獲得は適法な任意提出に基づいて行われており、証拠収集行為自体に違法性はない。違法性があるのは証拠収集に先立って行われた、任意同行である。したがって、この場合は、証拠収集に先立つ**先行行為が違法**である場合に、後行する適法な証拠収集行為の下で獲得された証拠が排除されるべきか否かを検討しなければならない。このような場面では、抑止効の観点から検討するにせよ、司法の廉潔性の観点から検討するにせよ、「違法行為のおかげで証拠を獲得できた」という因果性がなければ、証拠を排除しても違法捜査の抑止という効果は期待できず、あるいは司法の廉潔性を保つ効果は期待できないであろう。このように**違法な**

捜査行為と獲得された証拠物との間の因果性の有無ないし程度が問題になる場面が、毒樹の果実論の問題である。

イ 「毒樹の果実」の意味

毒樹とは、違法な捜査行為そのものを指す。そして、違法な捜査行為から派生して収集された証拠物は、一次証拠であれ、一次証拠をもとにして発見された派生的証拠であれ、同じく違法行為との因果性の有無や程度が問題になる点で、毒樹から生まれた果実として、証拠能力の有無が問題になりうる。【設問4】(2)でいえば、身体の拘束に及ぶ違法な任意同行が毒樹に当たり、そこから派生して任意提出によって得られた尿が果実に当たる。

このような場合には、先行する捜査行為の違法の重大性の程度が判断された上で、当該捜査行為と後行行為によって得られた証拠物との間の因果性の有無ないし程度が検討されることになる。先行行為の違法性が重大であり、かつ先行行為と後行行為によって得られた証拠物との間の因果性が強く認められる場合には、抑止効を発動すべき状況の下で当該証拠物を取得したと評価できるので、当該証拠物の証拠能力が否定されるべきことになる。

【設問4】(2)でいえば、任意同行の違法の重大性の程度と、当該任意同行とその後に獲得された尿との間の因果性が密接といえるか否かが、証拠排除するか否かにとって重要な意味をもつことになる。もっとも、後に見るように、判例は以上の判断手法のように読むべきか自体について、議論がある。少なくとも、違法の重大性を認定した上で、排除相当性の中で、因果性が密接であることを確認して証拠排除するという手法は判例上も確認できる（最判平15・2・14刑集57巻2号121頁〈百選92〉）。排除相当性は上述したとおり抑止効の観点から設定されている判断要素である。これに対して、因果性が強い場合には「違法行為のおかげで証拠を収集できた」という関係が認められるところ、捜査機関が違法行為を行うのを抑止するために証拠を排除する必要性が高まるといえる。そのため、因果性は排除相当性の中で考慮されているのだと考えられる。

＊ 毒樹の果実と派生的証拠

論者によっては、毒樹の果実論にいう「毒樹」とは違法行為によって得られた一次証拠を意味し、「果実」とは一次証拠から派生して得られた二次証拠、三次証拠等を意味するものと説明する場合がある。しかし、排除法則および毒樹の果実論の由来となったアメリカ連邦最高裁の判例は、「毒樹」を違法行為、「果実」を違法行為から（因果性のある形で）獲得された各証拠を指すものと説明している。実際、違法行為と証拠獲得行為との間

の因果性の有無が問題になるのは、二次証拠に限られるわけではなく、一次証拠であっても問題になりうるはずである（【設問11】と【設問12】参照）。そうであるならば、判断枠組みを「一次証拠か二次証拠以降の派生的証拠か」で分けるよりも、「違法行為と証拠獲得との間の因果性が問題になるか否か」で分けて整理する方が、検討しやすいであろう。

ウ　因果性にかかる毒樹の果実論の例外

【設問5】覚醒剤等任意提出事例

　覚醒剤をWに売却したとの嫌疑のある被疑者Aに対して、司法警察員Kが身体の拘束に及ぶ違法な任意同行を行った上で事情を聴取していたところ、偶然、Aから覚醒剤を買ったWがAの任意同行を知らずに警察署に出頭し、「怖くなったので、覚醒剤と取引時に用いた携帯電話を持参した」として、関係証拠を任意提出した。AがWへの覚醒剤売買の事実で起訴された場合、その公判において、Wが任意提出した各証拠の証拠能力は否定されるべきか。

　【設問5】では、捜査機関によるAへの違法行為とは無関係に、Wが関係証拠を任意提出している。このように、捜査機関の違法行為が証拠の獲得につながっていない場合に、なお証拠の証拠能力が否定されるべきか否かが問題である。

　一般に、毒樹の果実論の下では、先行手続に違法の重大性が認められても、証拠能力の有無が問題となっている証拠と先行手続との間の因果性が密接でなければ、証拠能力は認められる。その理由は、次のように説明されている。違法手続と証拠の間の因果性が密接ではないのならば、「違法行為のおかげで証拠を得られた」という関係だとは評価できない。そのため、当該証拠の証拠能力を否定しても、違法行為の抑止に資する程度は小さく、また証拠能力を否定しても司法の廉潔性を維持することにつながるわけでもないと理解できる、というわけである。

　違法行為と証拠獲得との間の因果性が密接ではないと評価される類型として、以下のものを挙げることができる。以下の類型は、一次証拠であれ、それ以降の派生的証拠であれ、違法行為と証拠との間の因果性が問題となる場面であれば、同じく用いられうるものである。

①　希釈法理

　違法な手続の後、適法な手続が介在し、先行する違法行為と証拠獲得との間の因果性が、最初の汚れを除去するほど希薄になった場合には、排除法則は適用されない。後行する証拠獲得に対して、先行する違法手続の寄与度が

低下するに至る事情の有無が、希釈法理の適否を左右すると考えられる。具体例としては、先行手続が違法であったところ、被疑者の任意の承諾を得て証拠物を領置する場合が挙げられる。判例からは、後に触れるように、違法に収集された証拠を疎明資料の1つとして捜索差押許可状の請求をしたところ、他の疎明資料も相まって同許可状が発付され、執行した結果として新たな証拠を獲得した場合、令状審査によって因果性が希釈されるとの説明がなされている。

② 独立入手源法理

違法手続を利用せずに、別個の適法な手続で当該証拠を入手できたと評価できる場合に、排除法則を適用しないとの法理である。この場合は、当該証拠の入手について、違法手続との間に因果性がなかったと評価できるため、最終的に獲得された証拠は排除されない。【設問5】は、Aに対する違法行為とは無関係に、偶然にWによる任意提出という別個の手続で証拠を入手できているため、独立入手源法理の下で証拠能力が認められることになろう。

③ 不可避的発見法理

当該事件では実際に違法行為によって証拠を発見・獲得したものの、いずれは適法な手続で当該証拠が発見・獲得されたはずだという、仮定的な判断を行って、証拠排除を回避する考え方である。

上述した独立入手源法理との相違は、独立入手源法理は現実に違法行為を利用せずに証拠を獲得できた場合に適用されるものであるのに対して、不可避的発見法理は、現実には違法行為によって証拠を獲得しているにもかかわらず、仮定的判断に基づいて証拠排除を回避する点にある。そのため、不可避的発見法理の適用に際しては、仮定判断である「適法な手続で証拠を得られた蓋然性」が具体的なものであり、一定程度以上高いものである必要があろう。具体例としては、警察官が無令状で被疑者宅において違法な捜索・差押えを行ったが、そのときには別の警察官が被疑者宅を捜索場所とする捜索差押許可状の発付を受けて、現場に向かっていた場合などが考えられる。このような仮定的判断を行うことについては、批判もある。

3 違法収集証拠排除法則の諸問題

(1) 証拠排除における考慮要素

【設問6】大阪天王寺覚醒剤所持事件（上着の内ポケット事件）
　職務質問を行っていた警察官が、覚醒剤使用等の嫌疑がかなり濃厚に認められ

る者に対して、その上着の内ポケットに手を差し入れて、捜索に類する行為により、所持品たる覚醒剤を取り出した。この行為が職務質問に伴う所持品検査の限界を超えて違法だと判断された場合、公判において当該覚醒剤の証拠能力は否定されるべきか。

ア　問題の所在

【設問6】は、前掲・最判昭53・9・7〈百選90〉を単純化した事例である（→所持品検査の違法性について、17講【設問5】）。ここでは、判例が証拠排除の基準をどのように用いているのかを確認したい。【設問2】の解説で述べたとおり、判例は、「証拠物の押収等の手続に、憲法35条及びこれを受けた刑訴法218条1項等の所期する**令状主義の精神を没却するような重大な違法**があり、これを証拠として許容することが、**将来における違法な捜査の抑制の見地からして相当でないと認められる場合**」に証拠能力が否定されると説示したところ、①**重大な違法性**と②**排除相当性**をどのように用いるかという問題である。

イ　重大違法と排除相当性

判例は【設問6】について、重大な違法性の有無を検討する文脈で、(a)所持品検査の態様について「必要性と緊急性が認められる状況のもとで、必ずしも諾否の態度が明白ではなかった被告人に対し、**所持品検査として許容される限度をわずかに超えて行われたに過ぎない**」ことを挙げた上で、(b)警察官の「**令状主義に関する諸規定を潜脱しようとの意図**」、(c)「所持品検査に際し**強制等のされた事跡**」の有無に触れた。

令状主義に関する諸規定との関係が(b)で問われているが、令状主義が適用されるのが現行法では強制処分に限られていることに照らすと、意思制圧等の有無に関する(c)とともに、所持品検査が強制処分に至っているか否かに関わる要素として整理しうる。(a)は、任意捜査の限界を越える程度を確認したものだといえる（強制処分に至っていれば、(a)が問題になることはない）。そうだとすれば、基本的には、(i)**強制処分に至っていたか否か**（＝(c)）、(ii)**捜査機関の令状主義を潜脱する意図**（＝(b)）が、重大な違法か否かを判断する重要な要素だと理解できる。

その上で、【設問6】については、(i)任意処分の限界をわずかに超えた違法は存するものの、強制処分には至っていないこと、(ii)捜査機関に令状主義を潜脱する意図がないことを挙げて、覚醒剤の証拠能力は認められている。なお、排除相当性については、重大な違法性があるとはいえないとした上

で、「これを被告人の罪証に供することが、違法な捜査の抑制の見地に立ってみても相当でないとは認めがたい」と触れるにとどまり、少なくとも重大な違法性とは別個に機能させられてはいない。

その後の判例では、最決平7・5・30刑集49巻5号703頁（→17講【設問5】参照）が、覚醒剤所持および使用の嫌疑のある被疑者の承諾なしに、その運転していた自動車内部を、懐中電灯等を用い、座席の背もたれを前に倒し、シートを前後に動かすなどして丹念に調べた事案について判断している。そこでは、自動車内を丹念に調べたことを違法としつつ、その内実は任意処分の限界を超えたとの違法にとどまり（強制に至っていないが任意処分の限度を超えた違法だと判断していると理解できる）、違法は重大とはいえないとして、証拠能力を認めている。ここでも、排除相当性がない旨は具体的な事実を援用されずに認定されている。

なお、判例には、捜査機関の令状主義潜脱の意図を重視して、証拠排除したものがある。【設問11】で検討する最判平15・2・14刑集57巻2号121頁〈百選92〉は、警察官が逮捕状を携行せずに逮捕を執行し、その後に逮捕状を携行したかのような虚偽の捜査報告書を作成し、公判でも虚偽の供述をしたという、捜査機関が糊塗行為を行った事案であるが、「本件の経緯全体を通して表れたこのような警察官の態度を総合的に考慮すれば、本件逮捕手続の違法の程度は、令状主義の精神を潜脱し、没却するような重大なものであると評価されてもやむを得ない」と説示した。令状執行の違法に関する事案であるが、捜査機関の事後的な糊塗行為をもって令状執行時に令状主義を潜脱する意図があったことを推認する趣旨として説明する見解や、捜査機関の糊塗行為が司法審査を形骸化させる点で広い意味での令状主義の趣旨を損なうものとして説明する見解がある。いずれの見解によるとしても、令状主義潜脱の意図を重く見た判断として説明されている。

＊　裁判例にみる証拠排除の状況

裁判例の中には、任意捜査の限界を超える違法を認定した上で、強制に至る違法の認定がなくても証拠排除する事例もみられる。①宿泊を伴う取調べを任意取調べの限界を超える違法とした上で、その違法を理由として供述調書の証拠能力を否定した事例（東京高判平14・9・4判時1808号144頁→16講5(1)、26講2(3)イ）、②対象者の玄関口等を毎日24時間、7カ月半にわたりビデオ撮影した行為を違法とした上で当該捜査により得られた証拠を排除した事例（さいたま地判平30・5・10判時2400号103頁→16講2(2)）、③捜査機関または捜査協力者が、捜査対象者が自己等に対する犯罪を実行しやすい状況を秘密裡に作出した上で、同対象者がこれに対して犯罪

の実行に出たところで現行犯逮捕等により検挙する捜査手法（なりすまし捜査）について、おとり捜査に類する判断枠組みを適用して違法とした上で当該捜査により得られた証拠を排除した事例（鹿児島地加治木支判平29・3・24判時2343号107頁→16講4(4)）、④再審請求審の事案であるが、おとり捜査の違法性を認定した上で、当該捜査によって得られた証拠を排除した事例（札幌地決平28・3・3判時2319号136頁）がある。

①は自白法則との関係も関わるので後述する（→26講）。②は、捜査官が虚偽の供述をした点等を含めて、排除相当性の観点も強調して証拠を排除している。③④は違法な捜査である場合には捜査機関が犯罪を作出したという評価を伴いうる特殊性に鑑みて、証拠排除に至った可能性がある。

(2) 排除法則と同意

【設問7】違法収集証拠同意事件

覚醒剤取締法違反被告事件（所持）において、検察側が証拠調べ請求した覚醒剤の鑑定書が、違法に収集された覚醒剤に対する鑑定書であるにもかかわらず、弁護人は当該鑑定書について「同意」との証拠意見を述べた。しかし、裁判所は押収手続を記録した書面や被告人質問を通じて、証拠の収集過程に重大な違法があるとの心証を得た。裁判所は職権により、違法収集証拠排除法則を適用して、覚醒剤の証拠能力を否定できるか。

ア 問題の所在

捜査機関による違法収集証拠を、検察側が法廷で利用しようとしたのに対して、被告人・弁護人が異議（309条）を出さずにいる場合に、それでも裁判所が証拠排除できるかという問題である（【設問7】と同様の論点を扱ったものとして、福岡高判平7・8・30判時1551号44頁）。もっとも、厳密に言えば、【設問7】における弁護人の同意意見は鑑定書に対するものであり、物証ではなく書証に対する326条の同意である。そのため、弁護人の同意により証拠能力を認めるときには、326条の同意の効果には違法収集証拠に対して証拠能力を付与する効果をも含んでいるとの理解を採用していることをも意味することになる点で、注意が必要である（→29講4(2)）。

イ 排除法則の根拠との関係

この問題は、排除法則の根拠に関わって議論されることが多い。まず、司法の廉潔性説や抑止効説からは、次のように説明される。【設問7】について、重大な違法手続を裁判所が不問とすることが、廉潔性ないし抑止効を損ない、政策的にみて問題があると考えられるときには、当事者の意向にかかわらず、裁判所が証拠排除すべきだとされている。

なお、前掲・福岡高判平7・8・30は、当事者が放棄することのできない憲法上の権利侵害を伴う重大な違法がある場合には、当事者が証拠採用に対して異議を申し立てないとしても、証拠能力を認めることは手続の基本的公正に反し許されない旨を説示している。他方で、違法収集証拠排除法則が判例で採用される以前のものであるが、捜索・差押えの手続に違法があったか否かにかかわらず、同意により捜索差押調書および鑑定書の証拠能力を認めた事例も存在する（最大判昭36・6・7刑集15巻6号915頁）。

　　＊　法規範説と同意
　　　　法規範説からは、令状主義に反して得られた違法な押収物の場合であっても、憲法35条が証拠排除を求める文言を有さない以上、証拠排除の特権を当事者が放棄することは可能だと考える理解がありうる。この理解からすれば、【設問7】について、裁判所は証拠排除できないことになる。これに対して、憲法上の適正手続原理を重視する理解から、令状主義の規範を確証するためには、当事者の特権の放棄を認めるべきではないとの理解もありうる。この場合は、【設問7】について、裁判所は証拠排除すべきことになる。

⑶　証拠排除の申立適格

【設問8】第三者宅違法捜査事例
　覚醒剤取締法違反被告事件（営利目的譲渡）において、検察官は、被告人Ａと覚醒剤を取引していたとされるＢの居宅で発見された、覚醒剤取引に関するメモの証拠調べを請求した。被告人Ａは、捜査機関が第三者Ｂの居宅に無令状で捜索を執行した重大な違法があるとして、当該メモの証拠調べに対して異議があるとの意見を述べた。被告人Ａはそもそも証拠排除の主張をなしうるか。

ア　問題の所在
　【設問8】では、被告人Ａ自身は、違法捜査の対象となったわけではない。捜査機関による権利侵害は、第三者Ｂに対するものである。このように自らは権利侵害を受けていない被告人Ａが、第三者Ｂに対する捜査機関の違法行為を理由として証拠排除を申し立てられるのかという問題である。この場合、証拠排除の**申立適格**（standing）の有無が問われる。
　すなわち、証拠排除の申立適格は、違法捜査を受けた者に限られるのか、違法捜査を受けた者以外の者も証拠排除の申立てが可能なのか、という問題である。

イ　排除法則の根拠との関係
　申立適格の範囲も、しばしば排除法則の根拠と関わって議論される。司法

の廉潔性説や抑止効説からは、申立適格を広く認める方が、廉潔性の維持あるいは違法捜査の抑止に資する可能性がある。そのため、申立適格は、違法捜査によって権利侵害を受けた者のみに限定されない。【設問8】では、被告人Aは証拠排除を申し立てることができる。

* **法規範説と申立適格**

　　法規範説の下で、排除法則を令状主義違反の捜査による権利侵害に対する救済として理解するならば、被告人自身は違法捜査によって権利を侵害されたわけではない以上、第三者に対する違法捜査によって入手された証拠について、排除の申立適格はない。この場合、【設問8】では、被告人Aは証拠排除を申し立てられない。

(4)　私人による違法収集証拠

　私人は刑訴法の直接の名宛人ではないため、私人が違法な証拠収集行為を行ったとしても、一般的には刑訴法上違法とはならない（民事法上の違法ないし刑法上の違法との評価はありうる）。しかし、**捜査機関の命令や依頼に基づいて、私人が証拠収集を行った場合には、実質的には捜査機関の行為**として評価しうる。この場合には、違法収集証拠排除法則が適用されうる。

　他方で、私人が捜査機関の命令や依頼によらずに証拠収集を行い、その結果得られた証拠を捜査機関が利用する場合は問題になりうる。この問題について説示した最高裁判例は存在しない。一般的には、違法収集証拠排除法則の根拠によって結論は異なると説明されている。法規範説の場合は、証拠を用いる捜査機関と証拠を収集した私人とで主体が異なり、証拠利用を禁じても私人の行為の適正性が担保されるわけではないため、証拠排除は困難だとされる。また、抑止効論も、証拠排除により、私人の将来の違法行為を抑止することが期待できるわけではないため、証拠排除は困難だとされる。司法の廉潔性説によれば、違法行為による証拠を司法過程で用いることは、司法に対する信頼を失わせると説明することで、証拠排除できる可能性がある。

* **外国で収集された証拠**

　　外国機関に捜査共助を要請して証拠を収集したものの、その収集方法が日本の法律に照らせば違法となる場合に、当該証拠の証拠能力の有無が問題になりうる。司法の廉潔性説や法規範説の観点からすれば、政策的に証拠能力を否定する可能性はあるといわれている。最判平23・10・20刑集65巻7号999頁〈百選82〉は、強盗殺人事件において、中国への捜査共助により獲得された共犯者の供述調書について、黙秘権が保障されていないことを理由として弁護人が証拠排除を求めた事案である。裁判所は、日本の捜査機関から中国の捜査機関に対し共犯者の取調べの方法等に関する要請が

あり、取調べに際しては、両名に対し黙秘権が実質的に告知され、また、取調べの間、共犯者に対して肉体的、精神的強制が加えられた形跡はないとした原審の事実認定を前提とした上で、証拠能力を認めている。

4 毒樹の果実論の諸問題

(1) 違法承継論

【設問9】奈良生駒覚醒剤使用事件
　警察官が被疑者A宅に承諾なく立ち入り、その身分を名乗ることなくAを同行させた上で、警察署に到着後に任意に尿を提出させた。その後、Aがタクシー乗務員試験の受験のために会場に赴きたいとして退出を求めたが、警察官はこれに答えずに留め置き続けたところ、鑑定結果において覚醒剤反応が確認できたので、逮捕状を請求してAを逮捕した。公判において、被告人側が尿の鑑定書の証拠排除を主張した場合、裁判所は排除すべきか。

ア　問題の所在

【設問9】は、最判昭61・4・25刑集40巻3号215頁〈百選91〉の事案である。【設問9】について、判例は、先行して行われた警察署への同行とその後の留め置きに至るまでの手続が、任意の取調べの限界を超える違法な身体拘束だと判断した。しかし、尿の獲得は、被疑者Aの任意の提出に基づいて行われており、証拠収集行為そのものは適法である。

　そこで、先行手続の違法が、適法な後行手続によって得られた証拠物の証拠能力に影響するかが問題となる。いわゆる毒樹の果実論の問題であり、論者によっては**違法承継**の問題として説明される場合もある。前掲・最判昭61・4・25は、しばしば違法承継の考え方を説示した判例として説明されるため、以下では同判決を素材として、違法承継の考え方から説明する。

イ　違法の承継

【設問9】について、判例は次のような判断枠組みを示した。第1に、A宅への立入り・任意同行・警察署での留め置きという先行手続と後行する採尿手続の関係について、Aに対する「覚せい剤事犯の捜査」という**同一目的**に向けられたものであること、そして、先行手続によりもたらされた状態を**直接利用**して採尿手続がとられていることを説示する。第2に、上記のような同一目的・直接利用の関係がみられる場合には、採尿手続の違法性については、先行手続における違法の有無、程度をも十分考慮してこれを判断するのが相当だと説示した。

ここでの特色は、(i)先行手続（違法な任意同行等）と後行手続（採尿）との結びつきの強さを**同一目的・直接利用**の関係の有無によって判定する点、(ii)先行手続の違法が、採尿手続に**承継**された上で、採尿手続の違法の重大性を確認し、排除相当性を判断するという点（違法性が各手続に順次承継されていっているか否かを逐一確認する点）にある。このように、先行手続の違法が、後行手続に順次承継されるか否かを確認した上で、証拠を獲得した手続に承継された違法が重大と評価できるか否かを検討する枠組みは、**違法承継論**とも呼ばれる。

　判例は【設問9】について、同一目的・直接利用の関係があることを認定して、違法の承継を認める一方で、A宅への立入りの際に無断立入りの意図はなかったこと、任意同行の際に有形力行使がなかったこと、留め置きの際に警察官が署内にとどまることを強要する言動をしていなかったこと、採尿に対して自由な意思に基づき応諾していることを認定して、違法の重大性を否定し、尿の鑑定書の証拠能力を認めている。

＊　違法承継論と毒樹の果実論

　　毒樹の果実論と、前掲・最判昭61・4・25〈百選91〉で用いたとされる違法承継論との間では、その判断手法に次のような相違がある。毒樹の果実論は、毒樹に当たる先行行為の違法の重大性を判定した上で、当該先行行為と証拠との間の因果性の有無を判定して、当該証拠の証拠能力の有無を判定する。それに対して、違法承継論は、先行行為の違法性を確認した上で、その違法性がその後の手続に順次承継されているかを手続ごとに逐一認定した上で、最終的に証拠収集行為の段階でどの程度の違法性が存するのかを判定し、証拠の証拠能力の有無を判断する。つまるところ、(1)毒樹の果実論は、違法の重大性が違法な先行行為に対して端的に判断されるのに対して、違法承継論は先行手続の違法が承継された結果、後行する証拠を獲得した手続の違法の重大性が判断される。(2)毒樹の果実論は、先行手続と後行手続との間の因果性の有無・程度が排除相当性において検討されるのに対して、違法承継論では、先行手続と後行手続との間の因果性の有無・程度が違法承継の有無という形で、証拠収集手続の違法重大性の有無を判断する前提として検討される。毒樹の果実論の方が、先行手続の違法の重大性を認定した上で、当該手続と証拠獲得との間の因果性の有無・程度を認定すれば足りる点で、思考経済上はシンプルな判断枠組みだといえよう（もっとも、違法承継論と毒樹の果実論との間で、結論の相違が生じる場面は想定しにくい）。本書は毒樹の果実論で説明している。

ウ　捜索後の暴行と証拠排除

【設問10】和歌山覚醒剤使用事件
別件の覚醒剤所持の被疑事実を理由として、警察官が捜索差押許可状を執行していたところ、被疑者Aが所持していた覚醒剤を新たに発見した警察官が、当該覚醒剤を被疑者に提示した。Aが「そんなあほな」と述べ、これを受けた数名の警察官が被疑者に対して暴行行為を行い、その後に当該覚醒剤を押収した。公判において、警察官の暴行が捜索・差押え手続中の違法行為だとして、被告人Aが当該覚醒剤の証拠排除を申し立てた場合、裁判所は証拠能力を認めるべきか。

　【設問10】は、最決平8・10・29刑集50巻9号683頁の事案を簡略化したものである。判例は、【設問10】について、警察官の違法行為たる暴行の時点が、証拠物発見の後であり、被告人の発言に触発されて行われたものであって、証拠物の発見を目的とし捜索に利用するために行われたものとは認められないとした。つまり、暴行には、覚醒剤の発見のためという同一目的はなく、かつ暴行を直接利用して証拠を得たという関係にはないとして、違法承継が存在しないと判断して、覚醒剤の証拠能力を認めた。
　捜索後の暴行は、証拠の獲得との間に因果性はない（暴行のおかげで証拠を獲得できたという関係はない）ため、証拠能力を否定する方向で考慮されなかったという説明がなされている（そのような厳密な因果性を求めたわけではなく、捜索・差押え手続の一部ではなかったから考慮されなかったと説明する見解もある）。

(2)　毒樹の果実論と一次証拠

【設問11】大津違法逮捕事件
司法警察員Kは、Xを窃盗罪で逮捕すべくX宅に赴いたが、あらかじめ発付されていた逮捕状を携行せず提示を怠り、かつ逮捕状を携行したかのように捜査報告書を偽造した。この逮捕によってXを身体拘束し、そこで尿を任意提出させたところ、覚醒剤が検出されたので覚醒剤取締法違反で現行犯人としても逮捕し、鑑定書が作成された。なお、Kは先行する窃盗事実でのXの逮捕の際に逮捕状を携行していたかのように糊塗するために、逮捕状に虚偽の事項を記入するとともに内容が虚偽である捜査報告書を作成し、公判廷でも逮捕手続に関して虚偽の供述をした。裁判所は上記鑑定書を証拠として採用できるか。

ア　問題の所在
判例は、従来違法承継論をもとに判断をしてきた。しかし、毒樹の果実論

の枠組みに接近しつつあるというのが、近時の評価である。毒樹の果実論に近いとも評価される前掲・最判平15・2・14〈百選92〉（以下「平成15年判決」という）の事案を簡略化したのが、【設問11】である。一次証拠と二次証拠それぞれについて証拠能力の検討を要する。

イ　一次証拠と毒樹の果実論

平成15年判決は、【設問11】の一次証拠の証拠能力を否定した。その際に、次のような枠組みで事案について説示している。

まず、違法の重大性を判断するにあたって、尿の任意提出に至るまでの先行行為について、(i)逮捕状の提示・緊急執行を行わなかった違法のみならず、(ii)この手続的な違法を糊塗するために、逮捕状へ虚偽事項の記入・内容虚偽の捜査報告書の作成・公判廷における虚偽の証言を警察官が行ったことを指摘し、「本件の経緯全体を通して表れたこのような警察官の態度を総合的に考慮」して、「本件逮捕手続の違法の程度」が重大だとしている。

次に、先行する逮捕手続の違法の重大性を前提とした上で、この逮捕手続と「密接に関連する証拠を許容することは、将来における違法捜査抑制の見地からも相当でない」として、本件尿鑑定書の証拠能力を否定した。

ここでは、少なくとも３つの点が注目される。

第１に、違法の重大性の判断は、先行手続に対して行われており、証拠収集手続に当該違法行為が承継されたか否かは検討されていない。端的に**先行手続の違法の重大性**を認定した上で、後行手続で得た証拠との**密接関連性**があることを理由に証拠能力を否定している。これは、違法承継論というよりも、毒樹たる先行手続の違法の重大性と、果実たる鑑定書（一次証拠）の間の因果性の有無・程度を勘案して証拠能力を判断する、毒樹の果実論の枠組みに近い。そして、**密接関連性（因果性）は、排除相当性を判断する要素として触れられている**。違法行為と因果性を有する証拠収集について、どの程度の範囲まで排除すべきかは、抑止効の観点から判断すべきだからだろう。

第２に、密接関連性と同一目的・直接利用の関係である。【設問11】は、窃盗罪の逮捕手続に違法があったところ、問題となっている証拠は覚醒剤使用に関するものである。そのため、違法手続と証拠収集手続との関係は、少なくとも同一目的にはないし、直接利用の関係にあると評価できるか否かも微妙である。ここから、判例のいう**密接関連性とは、「違法な先行手続のおかげで後の手続で証拠を獲得できた」という因果性の有無・程度を意味している**と理解できる。同一目的・直接利用という要素は、密接関連性という因果性の有無・程度を判断する事情の一部だといえる（同一目的・直接利用

が、因果性を認めるための不可欠の要件というわけではなく、判断事情の一部にすぎない）。

第3に、【設問11】について先行手続の違法の重大性を認定する際に、警察官の態度を重視している。ここで、警察官によって違法な逮捕手続の後に行われた、虚偽報告書作成や内容虚偽の証言が考慮されたのはどのような論理によるものかが問題である。なぜならば、違法行為後の事情のおかげで証拠を獲得できたという因果性が、直接には存在しないように見えるからである。先に見た【設問10】は、証拠発見後の暴行を違法行為だとしつつ、証拠排除にはつながらない事情としていたことと整合的なのか、という問題でもある。この問題について、多数説は、捜査機関による虚偽報告書作成や内容虚偽の証言が、逮捕状を執行した時点での捜査機関の令状主義潜脱の意図を推認させるからだ、と説明している。つまり、逮捕状を携行しなかったという先行行為の違法の重大性を推認させる事情として、事後的な糊塗行為を考慮できるというわけである。

＊　違法行為後の糊塗行為への評価

平成15年判決の事案は、逮捕状の不携行が過失行為であった可能性もある。警察官の虚偽の捜査報告書の作成や公判廷での虚偽供述は、いずれも違法行為の後に行われているが、これらが逮捕状を令状主義潜脱の意図で携行しなかったとの推論を論理一義的に導くわけではないだろう。過失行為の糊塗だった可能性もある以上、多数説の説明が適切なのかは検討の余地もあるかもしれない。むしろ、法軽視的な捜査機関の態度は、司法の廉潔性を掘り崩し、かつ違法捜査の隠ぺいを招く点では、公判での検証を困難にして司法的抑制を形骸化させ、惹いては違法捜査の抑止を困難にさせる点で悪質であるため、排除法則の根拠に照らして、事後的なものであっても考慮対象になりうる旨を説示した可能性もある。

(3)　毒樹の果実論と二次証拠

【設問12】
司法警察員Kは、【設問11】で違法手続を経て獲得された尿鑑定書を疎明資料として、覚醒剤取締法違反でX宅への捜索差押許可状を獲得し、もともと発付されていた窃盗罪の事実での捜索差押許可状と併せて携行し、2通の令状を同時に用いてX宅で捜索したところ、覚醒剤および注射器を発見し、差し押さえた（二次証拠）。裁判所は、上記覚醒剤および注射器を証拠として採用することはできるか。

ア　問題の所在

　違法手続を経て獲得された一次証拠から、さらに派生して獲得された証拠の証拠能力の有無の問題である。【設問11】の事例の続きであり、平成15年判決の事案を簡略化したものである。ここで検討すべきは、先行手続である逮捕状の不携行という違法行為と、派生的な証拠である二次証拠との間に因果性があるか否かである。その判断枠組みは、毒樹の果実論に従うのであれば、一次証拠の場合と同様である。

イ　違法な先行行為と二次証拠の間の因果性

　【設問12】の事案においては、司法警察員は、もともと窃盗事件でX宅を捜索するつもりで、窃盗事件でX宅の捜索差押許可状とXの逮捕状の発付は受けていた。しかし、【設問11】でみたように、窃盗での逮捕状を携行することなく窃盗で逮捕し、さらに覚醒剤取締法違反の現行犯人としても逮捕したわけである。この現行犯逮捕の後に、先に発付されていた窃盗事件での捜索差押許可状に加えて、覚醒剤取締法違反事件でもX宅の捜索差押許可状の発付を得た。【設問12】は、以上の経緯を受けて、覚醒剤取締法違反事件に関する捜索差押許可状と、窃盗事件に関する捜索差押許可状を併せて執行したというものである。

　平成15年判決は、【設問12】の二次証拠たる覚醒剤については、証拠能力を認めた。その理由として、(i)司法審査を経て発付された、覚醒剤取締法違反事件に関する捜索差押許可状によって捜索差押えがなされたこと、(ii)覚醒剤取締法違反事件のみならず、適法に発付されていた窃盗事件についての捜索差押許可状の執行と併せて行われたものであることを挙げて、証拠能力のない一次証拠（尿鑑定書）との「関連性」が密接ではないからだとしている。

　このうち、(i)の意味については、令状審査がなぜ違法行為と証拠発見の間の関連性（因果性）を弱めるのかという疑問を生じさせうる。この問題について、宅配便小包に対して違法なエックス線検査を行い、その結果などを令状請求の際の疎明資料（→3講1(2)イ）として当該小包の配送先を捜索して証拠を得た、最決平21・9・28刑集63巻7号868頁が敷衍している（→15講4(4)）。同決定によれば、令状審査の際には、違法捜査の結果として得られた資料以外のその他の資料も、疎明資料として用いられうる。そのため、「違法行為のおかげで令状が発付された」という因果性が弱まるというわけである。【設問12】に対する平成15年判決の説示も、同様のことが意識されていたのかもしれない。そうだとすれば、これは**希釈法理**に基づく判断だと

いえる。

　次に、(ii)の意味については、違法手続を経て獲得された一次証拠の有無にかかわらず、どのみち窃盗事件の捜索差押許可状の執行の際に、Xの居宅から覚醒剤が発見されるはずであり、「違法行為のおかげで覚醒剤を得られた」という関係にはないという理解を示している。なお、窃盗事件の捜索差押許可状で、当然に覚醒剤を押収できるわけではない（→18講 1 (4)）。しかし、後に別途令状の発付を受ける等して、発見した覚醒剤を差し押さえることができる蓋然性がある以上、窃盗事件の捜索差押許可状の存在は、違法行為と本件覚醒剤の間の因果性を弱めると考えられたのだろう。これは、仮に覚醒剤取締法違反事件の捜索差押許可状がなかったとしても、窃盗被疑事件の捜索差押許可状で捜索した際に、どのみち覚醒剤も発見されたであろうとの判断に依拠するものであり、**不可避的発見法理**に近いものだと考えられる。

　＊　証拠の重要性と証拠排除

　　平成15年判決は、二次証拠の証拠能力について検討する際には、証拠の重要性にも言及している。その趣旨は理論上必ずしも明らかではない。先行行為（逮捕状の不携行）と二次証拠との間の因果性が弱いため、重大違法を理由に直ちに証拠排除できるわけではない状態に至っている。そのため、裁判所にとって、証拠を排除するか否かを検討するにあたって、違法の重大性以外の事情を勘案して、より柔軟に政策的な利益衡量を行える状態だと考えられたのかもしれない。その一要素として、証拠の重要性が勘案された可能性がある。相対的排除説の理解を徹底して、当然に考慮すべき事情が確認されたものであり、一次証拠でも証拠の重要性を考慮しうるとの説明もありうる。

第26講　証拠法⑶──自白法則

◆学習のポイント◆

1　自白法則において任意性の有無が問題とされる事例について、具体的な解決方法と判断過程を理解しよう。また、自白の任意性の立証方法、立証すべき主体を確認しよう。

2　不任意自白に基づいて発見された派生的証拠の証拠能力の判断枠組みについて、検討する視点を設定できるようにしよう。

1　自白法則の検討の視点

⑴　自白法則の趣旨に関する諸見解

【設問1】別件逮捕勾留中自白事例

　司法警察員Kは、AがVを殺害したとの殺人罪の事実の嫌疑を抱いたが、十分な証拠を収集できていなかった。Aが生鮮食料品店で万引きをしたことを受けて、Aを窃盗の被疑事実を理由として逮捕し、その逮捕・勾留の期間中、Kおよび検察官Pは専らVの殺害についてAの取調べを行った。その結果、窃盗での勾留期間中に、AはVを殺害したとの自白をしたため、自白調書が作成された。その後、Aは殺人の被疑事実で逮捕・勾留されたが、否認に転じた。Aは起訴されたが、公判前整理手続において、Vの殺害について犯人性を争う旨を主張するとともに、検察官が証拠調べを請求した上記自白調書について、証拠能力を争う旨を主張した。裁判所は自白調書の証拠能力について、どのような判断をすべきか。

　手続理解編では、自白法則（319条1項）に関して、条文上一義的に証拠能力が否定されない場合には、自白法則の趣旨に照らして検討する必要があることを確認した（→10講3⑴**イ・ウ**参照）。

　【設問1】のように、「強制、拷問又は脅迫による自白、不当に長く抑留又は拘禁された後の自白」に一義的に該当するといえない場合には、319条1項にいう「その他任意にされたものでない」場合に当たるか否かが問題とな

る。この問題を解決するには、自白法則の趣旨についての検討を要する。

伝統的には、①虚偽を誘発するおそれの強い手法で採取された自白を事実誤認を防ぐために排除する趣旨だとする理解（**虚偽排除説**）、②黙秘権侵害に当たる手段によって採取された自白を排除する趣旨だとする理解（**人権擁護説**）、③違法手続によって得られた自白を違法捜査を抑制するために排除する趣旨だとする理解（**違法排除説**）が主張されてきた。

虚偽排除説は、関連性の観点から自白の証拠能力を制限するのに対して、人権擁護説・違法排除説は、証拠禁止の観点から違法評価を前提とした上で自白の証拠能力を制限するものである。このような自白の証拠能力を制限する理由は、相互に排他的なものではなく、複合的に用いられうる。特に虚偽排除説と人権擁護説は、被疑者・被告人の主観面に着目して判断する枠組みである点で共通性があることから、両者を統合して**任意性説**と呼ぶ場合もある。

違法な別件逮捕・勾留（→19講5）の下で自白が採取された【設問1】に即して、各見解の特色を確認すると、虚偽排除説によれば、少なくとも【設問1】のような事例では、直ちに虚偽を誘発するおそれがあるとは認定できず、自白法則を適用して証拠能力を否定することは難しい。人権擁護説によれば、【設問1】が違法な別件逮捕・勾留の内実として、黙秘権侵害を伴うと評価する場合には、自白法則を適用して証拠能力を否定する可能性が生じうるが、この点は議論が分かれうるだろう。違法排除説によれば、【設問1】は違法な別件逮捕・勾留の下で収集された自白であるため、自白調書の証拠能力を否定すべきことになる（厳密には、違法の重大性を証拠能力否定の要件とするか否か、本件が重大な違法に当たるかについて議論がありうる）。

＊　任意性の立証

自白の任意性は、検察官に立証責任があると解されている。319条1項が「任意にされたものでない疑」があれば、自白はその証拠能力が否定される旨が定められていることが、その理由である。実質的には、自白が証拠採用されれば、一般的には証拠価値が高いと評価され、被告人が有罪とされる可能性が高まる点にもその理由を求められる。任意性の立証については、裁判員裁判対象事件や検察による独自捜査事件については、取調べを録音・録画した記録媒体によって行われることになる（301条の2→16講5コラム、24講3コラム「取調べの録音・録画記録媒体の証拠としての使用」参照）。また、録音・録画の対象とされていない事件においては、取調べ状況報告書や、被留置者出入簿によって、取調べの時間の長短やその他取調べの状況を立証することになる。実務上は、取調べを現に担当した捜査官を

238

証人として尋問したり、逮捕・勾留中に被疑者が取調べの状況を記録して作成した「被疑者ノート」（弁護人が差し入れる場合がある）が証拠として採用される場合もある。

* **自白法則（319条1項）と伝聞例外（322条）の関係**

被告人の供述に関して、322条1項但書が被告人の不利益な事実の承認を内容とする供述書・供述録取書について、322条2項が被告人の公判準備または公判期日における供述を録取した書面（公判手続の更新により、同一手続内で裁判官が交替した場合に使用される→8講4(2)参照）について、それぞれ任意性を要求している。これらの規定は、伝聞法則の例外として、被告人の供述代用書面を許容するための要件である（→10講2(3)イ）。つまり、322条で求められる任意性要件は、伝聞性を除去するために検討されるべき要件である。

これに対して、319条1項の自白法則は、書面による自白か口頭による自白かを問わずに適用され、任意性を要件として自白の証拠能力を認めるものである。319条1項の任意性は、先にみたように、虚偽排除や人権擁護、違法排除のために検討されるべき要件である。したがって、自白法則の問題として、任意性に疑いがあるか否かという観点から証拠能力を検討する場合には、端的に319条1項の問題として検討すれば足りる。任意性が認められるが、さらに伝聞法則の観点から検討を要する場合があれば、322条の要件を検討することになる。

(2) 自白法則と違法収集証拠排除法則の分担

もっとも、近時は上述のような整理によらない説明も有力であり、判例を読み解く際にも近時の理解が意味をもつ場合も出てきている。近時の見解の焦点の1つは、自白法則と違法収集証拠排除法則との間で、どのように適用範囲を分担するかという点である。なお、違法排除説は、この問題について、自白法則を違法収集証拠排除法則と同一視するものである。自白法則の中に、虚偽排除説・人権擁護説・違法排除説のいずれの観点をも組み込む理解もある。自白法則の中では違法排除の枠組みを採用しない場合に、以下の理解が主張されている（二元説）。

第1の理解は、虚偽排除説をベースとしつつ、心理的強制を伴うなど黙秘権の侵害を伴うような違法（人権擁護説）は319条1項の自白法則の問題とする一方で、それ以外の違法行為に基づいて採取された自白に対しては、違法収集証拠排除法則を適用するというものである。自白の証拠能力を否定するに至る違法の程度がどの程度なのかについては、必ずしも明らかではない。自白の獲得には令状主義とは直接の関係は有しないものの、違法収集証拠排除法則に準じて、「令状主義の精神を没却するような重大な違法」と同

程度の重大な違法が必要だとする理解がありうる一方で、物証とは異なり自白の獲得の場面には、捜査機関の違法行為を惹起しやすい等の理由を勘案して、違法の程度がより軽い場合にも排除される余地があるとの理解もありうる。この見解によれば、【設問1】は自白法則の問題というよりも、違法収集証拠排除法則の問題として、証拠排除を検討することになる。

　第2の理解は、319条1項は虚偽排除説に純化して、違法手続によって得られた自白は同条項の射程外とした上で、①身体拘束下の自白で、令状主義の精神を没却する重大な違法を伴う場合や、取調べそれ自体が任意捜査の限界を超えており、社会通念上不相当とされた取調べの違法の程度が重大な場合に、違法収集証拠排除法則を適用し、②身体拘束中の者の弁護人選任権侵害によって得られた自白（憲34条違反）や、真実供述義務があると誤信させて得られた自白（憲38条1項違反）は、基本権侵害として、憲法を直接適用することにより自白の使用を禁止するというものである。この見解は、違法排除説や人権擁護説を319条1項の外にある証拠排除法則として位置づけることを意味している。この見解によれば、【設問1】が①に該当すると評価されれば、違法収集証拠排除法則を適用して、証拠排除を否定することになる。

　以上のような状況からすれば、判例を読み解く際にも、複数のアプローチがありうることが容易に想像できるであろう。事案を検討するにあたっては、事案の特性に応じて、各説の特徴を勘案して、適切なアプローチを採用すべきであろう。多数説は第1の理解を採用していると説明されている。すなわち、**319条1項の問題として検討する場合には、虚偽排除説を基礎としつつ、黙秘権侵害の違法を伴うと評価できる場合には人権擁護説によって対応する一方で、それ以外の違法行為に基づいて採取された自白に対しては、違法収集証拠排除法則を適用する**理解である。

　　＊　虚偽排除説再考
　　　　近時の有力な見解は、虚偽排除説の意義についても再考を迫っている。虚偽排除説は、虚偽自白を誘発するような手法で自白が採取された場合に、任意性を否定するというものであった。その含意を、正しい事実認定の確保というよりは、同様の方法の再発を防ぐという抑止効果を中心に考える場合には、当該事案で現実に事実誤認のおそれがあるか否かという判断枠組みではなく、類型的に虚偽を誘発しやすい手法か否かという判断枠組みで、証拠能力の有無を判断することになる。このようなアプローチが主張される背景には、明確には違法と評価できないが、不当な取調べ方法によって自白が採取された場合に、将来の虚偽自白誘発的な手法の抑止を考慮

して、証拠能力を否定する余地を残したいという意識があるのだろう。また、虚偽排除説の下で、虚偽を誘発しやすい手法を抑止するために、不任意自白からの派生的証拠の証拠能力を否定すべきだという論理を持ち込もうとの意図もあるといえる。

2　自白の任意性の諸問題

(1)　約束による自白

> **【設問2】児島税務署収賄事件**
> 　収賄被告事件の捜査段階において、A₁は金員を受領した事実は認めたが、貰い受ける意図はなかったと供述した。検察官Pは、贈賄側のA₂の弁護人B₂に対して、A₁が素直に自供すれば、金品を返還しているとのことであるから、起訴猶予も十分考えられる案件だと発言した。弁護人B₂は、この検察官の発言をA₁の弁護人B₁に伝えた。弁護人B₁およびB₂が、A₁に「検事は君が見えすいた嘘を言っていると思っているが、改悛の情を示せば起訴猶予にしてやると言っているから、真実貰ったものなら正直に述べたがよい」等と自白を勧めた。A₁は検察官に自白して、自白調書が作成された。しかし、A₁の自白からは、A₁が返還したのは収受した物品のみであり、金員は一部しか返していないことが判明した。検察官はA₁を起訴して、A₁の自白調書の証拠調べを請求した。弁護人B₁が任意性を欠く旨を主張した場合、裁判所は当該自白調書の証拠能力を認めるべきか。

ア　問題の所在

　【設問2】では、検察官が自白と引き換えに起訴猶予の処分をなしうる旨の発言をして、これを受けて被疑者が自白している。このように、恩典と引き換えに自白をすることを、講学上、**約束による自白**と呼ぶ。【設問2】は、後述する最判昭41・7・1〈百選70〉の事案の概要である。

　刑訴法319条1項は、「強制、拷問又は脅迫による自白、不当に長く抑留又は拘禁された後の自白」の証拠能力を否定することを明示的に定めているが、約束による自白については明示的に定めていない。そのため、同条項の「その他任意にされたものでない疑のある自白」に当たって証拠能力が否定されるか否かが問題となる。

イ　判例の理解

　最高裁は、【設問2】の事案について「被疑者が、起訴不起訴の決定権をもつ検察官の、自白をすれば起訴猶予にする旨のことばを信じ、起訴猶予になることを期待してした自白は、任意性に疑いがあるもの」だとして、証拠

能力を否定した（最判昭41・7・1刑集20巻6号537頁〈百選70〉）。

　この説示をめぐって、種々の読み方が施されている。多数説の読み方によれば、被疑者が検察官の言葉を信じ、起訴猶予になることを期待していた点を重視する最高裁の説示から、起訴猶予という恩典の獲得を動機とした自白が虚偽を誘発する点を意識したものだと理解される。つまり、最高裁は虚偽排除説による説明をしたというものである。その上で、①提示された利益の内容（虚偽の自白を誘引するような内容か）、②利益の提示者と利益の関係（利益の提示者が利益を現に左右しうる権限を有するか）、③利益提示の態様（利益提示の具体性・明確性、直接の提示か第三者を介しての提示か）に着目して、被疑者の虚偽自白を誘発する危険性の大きさを評価していると指摘されている。

ウ　設問の検討

　以上の理解に従って【設問2】を確認すると、①不起訴という大きな利益の提示だったこと、②利益に言及した者が検察官という起訴裁量を有する者だったこと、③被告人にとって自らの味方である弁護人を介して、具体的な利益が明示的に示されたこと（一般的には第三者を介さずに直接に利益を提示する方が誘引の度合いは大きいが、本件の場合は第三者とはいえ弁護人が自白を勧める形で関与している点が誘引の度合いを増している）という各事情ゆえに、任意性が否定されたものと説明できる。また、検察官の言葉が弁護人によって、不正確な形で伝達されている点も、③の要素として意識されるべきであろう。

　　＊　人権擁護説・違法排除説による判例理解
　　　　人権擁護説は、起訴猶予の約束という恩典付与が意思決定を阻害し、自己負罪拒否特権を侵害したものとして読む。これに対しては、動機の錯誤は自己負罪拒否特権の侵害には当たらないとの批判がある。違法排除説からは、法律の根拠によらない約束自体が違法だとする理解や、検察官が約束を遵守していない点が違法だとする理解が示されている。これに対しては、違法の根拠が不明確であるとの批判、違法の実質を自己負罪拒否特権侵害に求めるならば人権擁護説と変わらないとの批判などがある。

(2)　偽計による自白

【設問3】旧軍用拳銃不法所持事件
　被告人Xとその妻であるYの共謀による拳銃買受け・所持が疑われた事案で、捜査機関は両名を別々に取り調べた。その際、Yは自分の一存で拳銃を買い受けて所持したのであり、Xは本件に無関係であると供述した。しかし、検察官Pは

242

Xに対する取調べにおいて、「YはXと共謀した上で本件拳銃の買受け・所持に及んだと言っている」と説得した。すると、XはYと共謀の上、本件犯行に及んだ旨を自白した。Pはその後すぐにYに対する取調べを行い、Xが自白した旨を告げたところ、Yも自白したので、すぐに調書を作成した。その後、Pは、再度Xを取り調べ、Yも共謀していることを確認して、自白調書を作成した。Xは拳銃の共同不法所持の事実で起訴され、Xの弁護人は、Xの自白調書は偽計による自白であり任意性を欠くと主張した。裁判所は証拠能力を認めるべきか。

ア　問題の所在

【設問3】では、検察官が「妻Yが被告人Xの関与を供述している」との趣旨の虚偽の事項を被告人Xに告知し、これを受けてXが自白している（いわゆる切り違え尋問である）。このように、虚偽の事項を被疑者・被告人に伝えて（偽計）、それにより同人を錯誤に陥れた上で獲得された自白を、講学上、**偽計による自白**と呼ぶ。【設問3】は、最大判昭45・11・25刑集24巻12号1670頁〈百選71〉の事案の概要である。約束による自白と同様に、319条1項の「その他任意にされたものでない疑のある自白」に当たって証拠能力が否定されるか否かが問題となる。

イ　判例の理解

a　判例の説示内容

最高裁は、「刑訴法1条所定の精神に則り、公共の福祉の維持と個人の基本的人権の保障とを全うしつつ適正に行なわれるべき」だとした上で、「偽計を用いて被疑者を錯誤に陥れ自白を獲得するような尋問方法を厳に避けるべきであることはいうまでもない」と説示し、偽計によって被疑者が「心理的強制を受け、その結果虚偽の自白が誘発されるおそれのある場合」には、任意性に疑いがあるとして証拠能力を否定すべきだと一般論を述べた。

b　判例の位置づけ

多数説は、最高裁が「虚偽の自白が誘発されるおそれ」に言及していることから、**虚偽排除説**に基づく判断を示したものと説明している。もっとも、偽計は、その用法によっては、必ずしも虚偽自白を誘発するとは限らない（例えば、警察官が本当は被疑者の供述を録音しているにもかかわらず、偽って「調書に録取せず、公判に証拠として出さないから、本当のことを話してくれ」と求めたところ、被疑者が自白する場合を想像するとよいだろう）。そのため、虚偽排除説のような説明では偽計自白の排除を説明できないとの批判もある。

他方で、本判決が被疑者の年齢・知能・精神状態について全く認定を行わ

ず、検察官の尋問方法について「偽計を用いて被疑者を錯誤に陥れ自白を獲得するような尋問方法を厳に避けるべきである」と説示し、尋問の仕方を専ら認定している点を捉えて、取調べ方法の違法を根拠として自白の証拠能力を否定したとの読み方も有力に主張されている（**違法排除説、人権擁護説**）。この理解に対しては、虚偽自白の誘発について明示的になされた最高裁の説示を説明できないなどの批判がある。

ウ　設問の検討

判例がどの見解を基礎としているのかは、必ずしも明確ではない。最高裁は、【**設問3**】の事案について、「心理的強制を受け、虚偽の自白が誘発されるおそれのある疑いが濃厚」だとしてXの自白調書の証拠能力を否定した。もっとも、【**設問3**】の事実に加えて、最高裁は偽計の事実に加えて、Xが共謀の事実を認めれば、妻Yは処罰を免れることがありうる旨を検察官Pが示唆したことも認定しており、このことが虚偽の自白が「誘発されるおそれ」という説示につながった可能性もある。

いずれにせよ、最高裁は【**設問3**】において、①偽計の内容（虚偽の自白が誘発しかねない強力な誘引になっているか）、②偽計の態様（具体的・明示的か、暗示的・抽象的か）、③捜査官の尋問方法として不当性があるか、④偽計により自白をしたという因果関係の有無に言及しているものの、特に③については、具体的な事実の評価については明確ではない。

なお、裁判例では、警察官が、犯行現場に残されたデッキシューズから被疑者のものである可能性が高い分泌物が検出されたという趣旨の虚偽の事実を被疑者に告知し、これにより被疑者が自白した事案において、「あざとい虚言」により自白を引き出した点で「許されざる偽計」を用いたなどとした上で、その影響下で作成された自白調書等の任意性を否定しているものがある（東京地判昭62・12・16判時1275号35頁）。この裁判例は、警察官が偽計を用いる意図や手順、偽計に至るまでの被疑者への精神的な圧迫の加え方なども詳細に認定しており、これらは③の尋問方法としての不当性に係る事情としても読むことができるだろう。

(3)　任意性が問題となったその他の事例
ア　黙秘権告知と自白

【設問4】黙秘権不告知取調べ事例
警察官Kが、黙秘権を告知せずに、被疑者Aに対して取調べを行い、自白調書を作成した。当該自白調書が証拠調べ請求された場合、裁判所は証拠能力を認め

るべきか。

　裁判例では、黙秘権や弁護人選任権の告知を行わず、調書の読み聞かせも
しないで署名押印を求めたり、接見禁止となっていないにもかかわらず母親
への手紙の発出を禁じるような発言をしたりした事案において、「黙秘権不
告知の事実は、取調べにあたる警察官に、被疑者の黙秘権を尊重しようとす
る基本的態度がなかったことを象徴するものとして、また、黙秘権告知を受
けることによる被疑者の心理的圧迫の解放がなかったことを推認させる事情
として、供述の任意性判断に重大な影響を及ぼすもの」だとの説示をして、
自白の証拠能力を否定しているものがある（浦和地判平3・3・25判タ760
号261頁〈百選72〉）。

　もっとも、当該裁判例においては、警察官が脅迫・偽計とみられる行為も
行っていたなどの事情も認定されており、黙秘権の不告知について「任意性
判断に重大な影響を及ぼす」と説示して、それ単独で直ちに任意性を否定し
ているわけではない点には、注意が必要である。

　そのため、【設問4】については、虚偽排除説の観点からすれば、被疑者
Aが黙秘権を行使できることを認識していたか否かなどの事情を勘案して、
「心理的圧迫の解放」の有無について実質的な判断を行った上で、証拠能力
の有無を判断する必要があろう。人権擁護説・違法排除説の観点からすれ
ば、「黙秘権不告知の違法を重大な違法と位置づけるか否か」「どの程度の違
法があれば証拠能力を否定するのか」という諸問題を解決した上で、結論を
導く必要がある。

＊　参考人取調べと黙秘権告知

　　黙秘権告知の有無は、当初参考人として取り調べていた者が、黙秘権告
　知を欠いたまま事件に関わる不利益な事実を供述した場合にも問題になり
　うる。参考人取調べにおいては、黙秘権告知は捜査機関の義務ではないた
　め（223条2項は198条2項を準用していない→3講6(2)）、このような問題
　が起こる。放火被疑事件で警察官が消防団員Xを尾行していたところ、そ
　の行き先で新たな放火事件が発生したため、参考人としてXに対して黙秘
　権の告知をしないまま取調べを実施し、供述録取書を作成し、その後Xが
　被告人として起訴された事案がある（東京高判平22・11・1判タ1367号251
　頁）。裁判所は、当該調書が作成された時点では、放火事件についてXの立
　件を視野に入れてXを捜査対象としていたとみざるをえないとした上で、
　「被告人に黙秘権を告げず、参考人として事情聴取し、しかも放火発生時の
　被告人の行動などに関して、被告人に不利益な事実の承認を録取した書面

を作成した」として、黙秘権を実質的に侵害した違法があると評価して証拠能力を否定している。

イ　取調べの違法と自白

【設問5】松戸市殺人事件
　殺人被疑事件において、警察官Kが、9泊10日にわたって、被疑者Aに対して宿泊を伴う取調べを行い、その間にAから自白を得て調書を作成した。裁判所は、この自白調書に証拠能力を認めるべきか。

　宿泊を伴う取調べは、任意取調べの適法性の点で議論がある（→16講5）。**【設問5】**の事案を扱った、東京高判平14・9・4判時1808号144頁〈百選73〉は、宿泊中の取調べの態様、宿泊時の監視の態様等の事情も考慮した上で、「事実上の身柄拘束にも近い9泊の宿泊を伴った連続10日間の取調べは明らかに行き過ぎであって、違法は重大であり、違法捜査抑制の見地からしても証拠能力を付与するのは相当ではない」と説示した。

　この結論を導くにあたって、裁判所は自白法則と違法収集証拠排除法則の適用関係に、自覚的に触れている。すなわち、上記事案では、「自白法則の適用の問題（任意性の判断）」もあるが、「**手続過程の違法が問題とされる場合**」には、「強制、拷問の有無等の取調方法自体における違法の有無、程度等を個別、具体的に判断（相当な困難を伴う）するのに先行して、**違法収集証拠排除法則の適用の可否を検討し、違法の有無・程度、排除の是非を考える方が、判断基準として明確で妥当**」としている。自白に対しては、**自白法則と違法収集証拠排除法則の2つを使い分けうる**ことを明示的に確認するとともに、違法の認定をなしうる場合には違法収集証拠排除法則に利用価値があることを示唆しているといえよう。いわゆる二元説の立場による裁判例である。

　　＊　手錠をかけたままの取調べ
　　　勾留中の被疑者に対して、両手錠をかけたまま取調べを行って自白調書を作成した事案について、最判昭38・9・13刑集17巻8号1703頁〈百選A33〉は、被疑者の心身が何らかの圧迫を受け、任意の供述は期待できないものと「推定」できるため、反証のない限り任意性に疑いを差し挟むべきとしつつも、当該事案については「終始おだやかな雰囲気」だったこと等を挙げて任意性を認めた。取調べの際の手錠の使用は任意性がないことを推定させる、との理解を示した。もっとも、片手錠の場合は、一般的に心理的圧迫の程度は軽いとして、他の取調べ状況も考慮して自白の任意性

を認めた事案もある（最決昭52・8・9刑集31巻5号821頁）。

ウ　取調べに先行する違法と自白

　取調べ自体には違法がないが、取調べと関連する先行手続に違法がある場合にも、自白の証拠能力が問題になりうる。実際、319条1項は「不当に長く抑留又は拘禁された後の自白」の証拠能力を否定する旨を定めている（不当に長い身体拘束は、その違法を根拠として自白の証拠能力を否定する説明も可能であるが、被疑者に心理的圧迫を与えて虚偽の自白を誘発するという虚偽排除説からの説明も可能である）。

　任意同行、逮捕および勾留が違法とされた場合、その間になされた自白などは、被疑者に心理的圧迫がなく、虚偽自白を誘発するおそれがなくても、当該違法手続と自白との間の関連性が認められれば、自白が証拠排除されるべきか否かを検討する必要がある（→15講4(6)・16講5・19講）。違法な接見制限によって得られた機会を用いて、捜査機関が取調べを行い、自白を得た場合にも、同様の問題が生じうる。このような場合には、先行手続の違法の程度を判断した上で、獲得された自白との関連性があれば、当該自白の証拠能力が否定されるという枠組みで対応することになる（→25講参照）。先行手続の違法が身体拘束に関わるものであるなど、その後の取調べと密接に関わる手続であれば、一般的には自白との関連性が認められる場合も多いであろう。

　裁判例には、違法な現行犯逮捕が先行し、その後の取調べで自白を得た事案について、身体拘束の要件を欠くことが一見明白であるときのように、身体拘束の違法性の程度が著しく、憲法および刑訴法上の規定の精神を全く没却するに至るほどに重大である場合には、身体拘束中の自白が任意になされたとしても、証拠能力を否定すべきだとしたものがある（福岡高那覇支判昭49・5・13刑月6巻5号533頁）。

＊　接見制限と自白

　　判例は、以下の接見制限の事案で自白の証拠能力を認めている（最決平元・1・23判時1301号155頁〈百選74〉）。詐欺被告事件での起訴後勾留、恐喝被疑事件での起訴前勾留をされていた被疑者Aが、詐欺・恐喝と無関係の余罪である贈収賄事件について、自白をほのめかした。そこで検察官は、接見を求めてきた甲弁護人に接見指定を行い、甲弁護人との接見直後に、Aから贈収賄の自白を得た。他方、当該取調べの最中になされた乙弁護人からの接見要求は拒絶し、取調べ終了後に乙はAと接見した。そこで、乙弁護人からの接見の要求を拒絶してその間に自白を得たことを違法だとして、自白の証拠能力が争われた。最高裁は、甲弁護人と接見した直後の自

白であること、贈収賄の自白をした日以前に弁護人4人が相前後して接見していたこと、乙弁護人も前日に接見していたことを挙げて、「接見交通権の制限を含めて検討しても」任意性に疑いはないとした。逮捕・勾留されていない余罪についての接見指定は許されないので（→20講1(4)**ウ***）、当該接見制限は違法であったにもかかわらず、接見制限の違法性に触れずに説示しており、被疑者の心理的圧迫の有無等を意識して判断した可能性がある。本事案について、仮に違法性を考慮した場合であっても、重大違法とまではいえないので、自白の証拠排除はされないとの指摘もある一方で、違法排除説によれば証拠排除されうるとの指摘もある。

●コラム● 取調べの録音・録画義務違反と自白の証拠能力

平成28（2016）年の刑訴法改正により、捜査機関に対して、被疑者取調べの録音・録画が裁判員裁判対象事件および特捜事件を含む検察独自捜査事件について義務づけられた（301条の2）。条文上は、例外事由（301条の2第4項）に該当しないにもかかわらず、録音・録画がなされていない場合には、検察官は当該被疑者の自白調書の証拠調べを請求しても、裁判所はこれを却下することになっている（301条の2第2項）。しかし、録音・録画がなされていない場合には、検察官による証拠調べ請求ができないというだけであって、裁判所が職権で自白調書を証拠として採用する余地は残っている。そのため、取調べの録音・録画が義務づけられている事件において、捜査機関が義務を適切に果たさなかった場合に、当該被疑者の自白調書の証拠能力が認められるかが問題になりうる。多数説は、この場合には違法収集証拠排除法則の問題に還元されるとしており、録音・録画義務違反が一律に自白の証拠能力を否定するとまでは考えていないようである。このような理解に従う場合、どのような義務違反であれば証拠能力を否定することになるのかが、今後の問題になると思われる。

3　不任意自白と派生的証拠

【設問6】

爆発物取締罰則違反等被告事件において、捜査機関は、被疑者Aに対して、「本件現場の爆弾の破片から指紋が検出された」「参考人が供述した」等の虚偽の事実を述べ、あるいはAの弟が罪証隠滅を行っているとの虚偽の事実を伝えた上で、Aが本件について自白すればAの親族への追及を控える旨の暗黙の約束や利益誘導を行い、被疑者Aから不任意の自白を得た後に、当該自白に基づいて被疑者の指定した場所の捜索を行ったところ、爆弾2個が発見され、押収された。当該爆弾に関して作成された検証調書・鑑定書が、公判において証拠調べ請求された。裁判所は、これら検証調書・鑑定書の証拠能力を認めるべきか。

(1) 問題の所在

不任意自白で得た情報をもとにして、捜査機関が派生的に証拠を獲得する場合がある。自白そのものは不任意ゆえに証拠能力は認められない一方で、派生的証拠に、証拠能力が認められるか否かが問題になる。

(2) 裁判例の理解

裁判例でこの問題に関する判断枠組みを提示したものとして、大阪高判昭52・6・28刑月9巻5=6号334頁〈百選75〉がある。この裁判例は、自白の証拠能力が否定される場合の理由が、派生的証拠の証拠能力の有無に影響するという理解を示した。

具体的には、①憲法38条2項、刑訴法319条1項で具体的に例示される「強制、拷問又は脅迫による自白、不当に長く抑留又は拘禁された後の自白」に該当する場合は、虚偽排除説の背景を抱きつつ、人権の擁護のために証拠排除される類型であり、この場合は派生的証拠も一律に証拠能力が否定される。②約束・偽計など主として虚偽排除の見地から自白の証拠能力が否定される場合や、③黙秘権不告知・調書の読み聞けの欠如・違法な別件勾留など憲法31条の適正手続の保障による見地から自白の証拠能力が否定される場合は、犯罪事実の解明の必要性、派生的証拠の証拠価値等も比較衡量した上で、派生的証拠の証拠能力の個別具体的に判断する（ただし、当初から計画的に違法手段によって自白を得て、派生的証拠を収集しようとしている場合は、証拠能力を否定すべきだとする）。

(3) 設問の検討

以上の判断枠組みの下で、裁判所は【設問6】は②の偽計・約束による自白の類型に当たるとした上で、事案の重大性と爆弾2個に関する検証調書等という証拠価値の高さに照らして、証拠能力を否定すべきではないとした。

この判断枠組みは、基本的には、違法性が大きい自白採取手続が先行し、当該違法手続と派生的証拠の間の因果性が強い場合に、派生的証拠の証拠能力を否定するというものだといえよう。これは、毒樹の果実論（→25講2(2)）の判断枠組みと共通するものだといえる。そして、①に当たる場合は、違法の重大性が類型的に認められるということだろう。もっとも、虚偽排除の観点から任意性が否定される②については、違法性が認定されていない。そのため、毒樹の果実論の論理ですべて説明しきれない点で、この判断枠組みの適否には議論がある。虚偽を誘発するような自白採取方法を抑止する観点から、派生的証拠を排除しうるとの説明や、先行する自白採取の過程について違法性が認定できない限り派生的証拠は排除できないとする見解が主張

されている。

＊　不任意自白と派生的証拠に関する裁判例

　　警察官が被疑者方を捜索したが覚醒剤を発見できなかったところ、警察官が被疑者に対して「逮捕をしない」との約束をした上で、被疑者に覚醒剤の保管場所を供述させ、その後に発付された捜索差押許可状により覚醒剤を差し押さえ、逮捕・起訴した事案で、被疑者の供述および当該覚醒剤の証拠能力が争われたものがある（東京高判平25・7・23判時2201号141頁）。裁判所は、警察官が逮捕をしないとの約束をした上で覚醒剤の所在場所に関する供述を得たことについて、利益誘導的であり「結果的には虚偽の約束」であったとした上で、供述獲得時の取調べが「黙秘権を侵害する違法なもの」だとして任意性を否定した。その上で、その後に発付された捜索差押許可状は、上記被疑者供述を「枢要な疎明資料」としているとして、同令状によって押収された覚醒剤に関する証拠（鑑定結果、捜索差押調書等）について、違法に得られた自白との間で「密接不可分な関連性」があるとして、証拠能力を否定した。先行する自白の採取手続が違法性を帯びていることを、黙秘権侵害を理由に認定した上で、当該自白と密接に関連する派生的証拠の証拠能力を否定している点で、毒樹の果実論の観点から判断したものと評価できよう。

4　反復自白

【設問7】
　被告人Aは住居侵入の罪で逮捕されたが、現住建造物放火について取り調べられた結果、放火の事実について自白した（この自白は、後の公判において、違法な別件逮捕の下での自白とされて、証拠能力が否定された）。その後、Aは現住建造物放火の事実で逮捕され、勾留質問において、再び放火について自白し、勾留質問調書に録取された。これに引き続いて、勾留中に、消防職員によるAに対する質問調査が行われ、調書が作成された。裁判所は、勾留質問調書と、消防職員作成の調書の証拠能力を認めるべきか。

(1)　問題の所在

　不任意自白の後に、引き続いてさらに自白をしている場合を、講学上、**反復自白**と呼ぶ。先行する不任意自白の証拠能力が認められないのは当然として、その後の反復自白の証拠能力は認められるのか否かが問題となる。【設問7】は、最判昭58・7・12刑集37巻6号791頁を単純化したものである。

(2)　判例の理解

　最高裁は、勾留質問調書・消防職員作成調書のいずれについても証拠能力

を認めた。最高裁は、勾留質問調書の証拠能力を認める事情として、①勾留質問を「捜査官とは別個独立の機関である裁判官」が行っていること、②被疑者に被疑事件を告知して自由に弁解する機会を与える手続であり、被疑者の権利保護に資するものであることを挙げている。また、消防職員作成調書の証拠能力が認められる事情として、①消防職員の質問調査（消防32条１項）は、捜査官とは別個独立の機関である消防署長等によって行われること、②犯罪捜査と異なる目的で行われていることが挙げられている。

(3) 設問の検討

　最高裁は、【設問７】の事案について、反復自白である勾留質問調書、消防職員作成調書の双方の証拠能力を認めたが、その際に上記事情が、なぜ証拠能力を認める理由として機能するのか。

　本事例は、違法な別件逮捕が先行している事案であり、違法手続と証拠との関係が問題になりうるものであった。そのため、「先行する違法手続のおかげで当該証拠を獲得できた」という因果性が希釈されているという、**希釈法理**の理解に基づいている可能性がある。伊藤正己裁判官の補足意見が、【設問７】について、「捜査官が支配力を及ぼしたとみるべき余地はなく」、違法手続と本件証拠との「関連性」は稀薄だとしているのは、希釈法理の理解を表現している可能性がある。これは、捜査機関とは別の機関が自白を採取したこと、犯罪捜査目的ではなく自白が採取されたことが、捜査機関の違法行為を利用して自白を得たという関係を弱めており、本件反復自白の証拠能力を認めても、違法捜査の抑止を損なったり司法の廉潔性を害したりすることはないとの判断を表現したものと考えられる。以上のような理解は、毒樹の果実論が反復自白の場面にも用いられうることを意味する。

　なお、先行する不任意自白が、約束自白や偽計自白であり、虚偽排除説によって任意性がないと判断する場合は、捜査手続の違法は認定されないことになる。そのような場合には、上述したような毒樹の果実論をそのまま用いることは困難である。虚偽を誘発するような捜査手続の影響が、被疑者に対して残存しているか否かという観点から、反復自白の証拠能力の有無を検討するという枠組みが考えられうる。

第27講　証拠法(4) —— 伝聞法則

◆学習のポイント◆
1　伝聞法則と憲法との関係について、具体例を踏まえて整理・理解しよう。
2　伝聞証拠に当たるか否かの区別とその根拠について、具体例を挙げながら整理・理解しよう。その際には、供述証拠か否か、伝聞法則の趣旨に反しないか否かを意識しながら検討しよう。
3　共謀の立証に関する事例を検討することで、種々の場面における伝聞証拠性の判断の枠組みを理解しよう。

1　伝聞法則の検討の視点

(1)　伝聞証拠性の判断

ア　伝聞法則の趣旨と伝聞証拠性の判断枠組み

　手続理解編（10講）で学んだように、供述は、供述者の過去の体験事実が知覚・記憶・表現・叙述の各過程を経て公判廷において顕出されるところ、上記各過程には誤りが介在しうる。そのため、刑訴法320条1項は、直接主義・証人審問権の保障の観点から、公判期日外の供述を内容とする証拠で、その供述に含まれる事実の真実性が問題になる場合には、伝聞証拠として原則的に証拠能力を否定している（伝聞法則→10講1）。

　このことを裏返せば、①原供述者の供述中に、体験事実が含まれていない場合には、そもそも知覚・記憶・表現・叙述という過程がないため、伝聞証拠に当たらない。②原供述者の供述内容どおりの事実があろうがなかろうが証拠価値がある場合（原供述者の供述内容が虚偽だとしても証拠価値がある場合）、つまり供述証拠として用いていない場合には、供述に含まれる事実の真実性が問題になっていないため、原供述者を証人として取り調べる意味がなく、伝聞証拠に当たらない。③議論のあるところであるが、原供述者の供述に含まれる事実の真実性が問題になる場合であっても（つまり供述証拠

に当たる場合であっても）、当該供述の知覚・記憶・表現・叙述の過程に誤りが介在する可能性が認められない場合には、非伝聞証拠とする余地がある。このように、伝聞証拠か否かの判断は、伝聞法則の趣旨が強く結びついている。

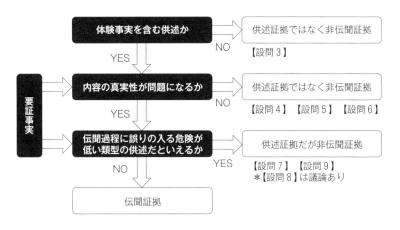

イ　伝聞証拠の典型

【設問1】
　《事例4》において、被告人Zによるあんパンの窃取行為を目撃した甲が、公判期日外に、スーパーRの店長であるDに対して、「Zが店内のあんパンをエコバッグの中に入れて店外に持ち出した」と供述した。これを聞いたDは、公判期日に証人として甲から聞いた内容を証言した。Zの犯人性と犯行態様が要証事実である場合、Dの証言に証拠能力はあるか。

　【設問1】は教室設例であるが、Zによる窃取行為の有無が争点であり、Dの証言によってZの犯人性や実行行為を認定しようとするならば、証拠能力は認められない。なぜならば、320条1項によれば、原供述者甲を証人として公判期日に出廷させ、甲が体験した目撃情況等を尋問することで、甲の供述どおりに「Zがあんパンを店内で窃取し、店外に持ち出した」のか否かについて、甲の知覚・記憶・表現・叙述の各過程の正確性をテストし、供述に含まれる事実の真実性を確認すべきだからである。そのため、Dの供述に含まれている原供述者甲の供述証拠は、その内容の真実性を担保できず、伝聞証拠として証拠能力を否定されるべきことになる。
　もっとも、後述するように、供述に含まれる事実の真実性が問われる供述

証拠であっても、現在の精神状態の供述のように、伝聞証拠に当たらない（伝聞法則が適用されない）と主張されている場合もある点に注意が必要である。

ウ　共同正犯を例とした要証事実と立証趣旨の関係

上述したように、①原供述者の供述中に、体験事実が含まれていない場合には、そもそも知覚・記憶・表現・叙述という過程がないため、伝聞証拠に当たらない。②原供述者の供述内容どおりの事実があろうがなかろうが証拠価値がある場合、つまり供述証拠として用いていない場合には、供述内容の真実性が問題になっていないため、原供述者を証人として取り調べる意味がなく、伝聞証拠に当たらない。例えば脅迫被告事件において被告人Ｘが被害者にした「俺の兄は暴力団員だ」という供述では、実際にＸの兄が暴力団員かどうかは問題とはならない（→後掲2(2)）。③原供述者の供述に含まれる事実の真実性が問題になる場合であっても、当該供述の知覚・記憶・表現・叙述の過程に誤りが介在する可能性が認められない場合には、非伝聞証拠とする余地がある。

そうすると、②③に当たるか否かを判断する際には、**当該証拠が供述証拠か否か**（知覚・記憶・表現・叙述の過程を経た供述で、その供述内容のとおりの事実の存否を証明するための証拠か否か）が重要である。供述証拠か否かを判断する際には、**どのような事実を証明するために当該供述を用いているかを意識しなければ判断できない**。その際に重要な意味をもつのが、**要証事実と立証趣旨**である。両者の関係のイメージを、まずは《事例1》で確認しておこう。

《事例1》では、ＸとＹが強盗致傷の共同正犯を行ったとされている。Ｘに強盗致傷罪の共同正犯が成立するには、Ｙとの間で共謀した事実がなければならない。この「共謀した事実」が、犯罪が成立するための要件たる事実であり、最終的に証明しなければならない事実である。

この「共謀した事実」は、XとYとの間で「犯罪の共同遂行を合意した事実」が存することを証明することで、認められる。このように要件たる事実を立証するために証明を要すべき事実が**要証事実**である（主要事実ということもある）。検察官は、要証事実の証明を行うために、種々の証拠を、その「証拠と証明すべき事実との関係を具体的に明示」（**立証趣旨**）して、証拠調べ請求を行う（規則189条1項）。例えば、立証趣旨を「被告人XとYとの間の意思連絡」とした上で、XによるSNSへの投稿をプリントアウトした書面の証拠調べを請求する。XとYとの間の意思連絡を証明できれば、XとYが犯罪の共同遂行について合意していたことを推認できるからこそ、検察官は上述した立証趣旨を設定して、要証事実の存在を証明しようとするのである（→7講2(3)ア・8講1(3)オ参照）。

　もっとも、上の例において、XのSNSの投稿に「Yと会って、コンビニ強盗の相談中」との記載があったとする。この記載の内容どおりにXがYと面会して相談していた事実を証明することで、立証趣旨として示されている「被告人XとYとの間の意思連絡」を証明しようとする場合には、投稿内容の真実性が問題となる。そのため、供述証拠であり、伝聞証拠となる。この場合は、伝聞例外の要件を充たさない限り、証拠能力は認められない。

　＊　**立証趣旨と要証事実（立証事項）**

　　伝聞証拠か否かを判断する際には、供述内容どおりの事実を認定するために用いるか否か、つまり供述証拠として用いているか否かが重要となる。そのような用い方か否かを判断するためには、第一次的には、当該証拠の取調べを請求する当事者が、当該証拠についてどのような立証趣旨を設定しているかが重要である（→7講2(3)ア参照）。その際に、当該証拠を立証趣旨に従って用いた場合に、当該証拠から立証趣旨のとおりに推論される事実が、争点の解決（犯人性の有無や主要事実の存否等）に資するものであるならば、立証趣旨のとおりに当該証拠を用いることを前提として、伝聞証拠性を判断することになる。

　　他方で、立証趣旨のとおりに当該証拠を用いて推論しても、推論の結果として導かれる事実が争点の解決に資することがない場合（立証趣旨のとおりに用いたのでは、当該証拠の証拠価値を見出せない場合）には、裁判所は当該証拠について、立証趣旨とは異なる実質的な要証事実を設定した上で、伝聞証拠性を判断することになる（最決平17・9・27刑集59巻7号753頁参照）。

　　もっとも、判例が「実質的な要証事実」というときの「要証事実」の意味には、注意する必要がある。一般的には、「要証事実」とは、主要事実と同義に用いられ、証明を要すべき事実を意味する（→8講1(3)オ参照）。し

かし、伝聞証拠か否かを判断する際に考慮される「要証事実」は、最終的に証明すべき主要事実とは限られない。証拠から推認される事実が、(主要事実の存否を判断するための) 間接事実や補助事実である場合もある。伝聞証拠か否かが争われている証拠の立証しようとしている事実が、主要事実そのものではなく、間接事実や補助事実である場合も当然ありうる (後に扱う【設問8】はその例である)。このように、伝聞証拠か否かを判断するために考慮される、当該証拠から立証される事実（主要事実のみならず間接事実や補助事実をも含む事実）を、「立証事項」と呼んで、主要事実と同義に用いられている「要証事実」と区別する見解も有力である。判例が「要証事実」という言葉を用いるときには、必ずしも主要事実のみを指しているとは限らない点は、意識されるべきだろう。判例が立証趣旨と異なる**「実質的な要証事実」を設定するときの「要証事実」とは、具体的な訴訟の過程を踏まえて、間接事実や補助事実を含んだ、当該証拠が立証するものとみざるをえないような事実を意味している**。本書では、このような意味で「要証事実」という言葉を用いる場合には、特に「要証事実（立証事項）」と表記している。

　このように裁判所が独自に「要証事実」を設定しうるのは、自由心証主義（318条）などを理由として、裁判所が当事者の主張する立証趣旨に必ずしも拘束されずに、当該証拠から事実を認定することができるものと理解されているからである（東京高判昭27・11・15高刑集5巻12号2201頁も参照）。なお、立証趣旨のとおりに当該供述を用いると証拠価値が認められない場合には、関連性を欠くことを意味するので、「実質的な要証事実」を裁判所が設定するまでもなく、証拠調べ請求を却下すべきだとの見解もある。

◉コラム◉　立証趣旨の拘束力をめぐる議論と伝聞証拠性

　当事者が、自ら設定した立証趣旨とは異なる目的で、当該証拠を用いることは許されない。これを**立証趣旨の拘束力**と呼ぶ（→7講2(3)ア＊）。さらに、当事者主義の観点を徹底して、裁判所の事実認定に対しても立証趣旨の拘束力を認めて、裁判所が独自に要証事実（立証事項）を設定することを否定する主張もある。そのような立場からすれば、裁判所が当事者の主張する立証趣旨とは異なる要証事実を設定するということはできないことになるため、伝聞証拠性は常に立証趣旨に基づいて判断されることになる。

　元来、立証趣旨の拘束力は、公判審理を短期に集中して行う集中審理方式を実現する一環として、当事者に立証趣旨の範囲内での尋問等での立証を求める等、証拠調べの合理化を図り、裁判所も事実認定の際に当事者への不意打ちを避けて公平な裁判を実現するために主張された。しかし、現在は、当事者への不意打ちなどの攻防に関わる問題は、求釈明や公判前整理手続などを通じた争点顕在化措置に解消され、裁判所が事実を認定する際には、当事者の設定した立証趣旨に拘束されずに要証事実を設定できるとの理解が実務上は定着している。もっとも、このことは立証趣旨を軽視することを意味するわけではない。公判前整理手続や公判における立証の際には、証拠の厳選や尋問の適否の判断などの各場面で、極めて重要な意味を有している。

(2) 要証事実（立証事項）と伝聞証拠性

【設問2】雑誌甲名誉棄損事例

　被告人Aが「公務員Bが首相Cの指示を受けて、不公正な要件を殊更に設定して事業者を選定した」との記事を雑誌甲に掲載したことが名誉棄損に当たるとする名誉棄損被告事件において、公共の利害に関する特例（刑230条の2）の成否が問題となり、雑誌記事の内容の真実性が争点となった。これを受けて、弁護人は、上記雑誌記事とほぼ同じ内容を含む乙新聞の記事の証拠調べを請求した。弁護人が立証趣旨を「新聞報道があった事実」とした場合、裁判所は当該新聞記事に証拠能力を認めるべきか。

　供述に含まれる事実の真実性が問題になるような使い方がされているか否かは、当該供述の要証事実（立証事項）が何かに依存する。当該証拠によって証明されるべき要証事実は、当事者が主張する当該証拠と証明しようとする事実の関係（**立証趣旨**）を基礎としつつ、事件の争点や罪となるべき事実を意識して設定される。当事者の主張する立証趣旨のとおりに当該証拠を用いたのでは、**争点の解決や罪となるべき事実の認定のために無意味である場合**等には、**当事者の立証趣旨とは異なる、別の要証事実（立証事項）を裁判所が設定する**こともありうる。

　例えば、【設問2】の場合には、弁護人は新聞記事による報道があった事実を立証趣旨として掲げている。しかし、この設例では、雑誌記事の内容が真実であれば、公共の利害に関する事実として名誉棄損罪が不成立となるので（刑230条の2）、雑誌記事の内容が真実か否かが問題となっている。そこで、弁護人が、雑誌甲と同趣旨の乙新聞の記事を証拠調べ請求する実質的な狙いは、**乙新聞も雑誌甲と同じ内容を報じているため、甲雑誌・乙新聞の記事の内容は真実だと推論させる**ことにあると考えられる。そのように考えられる理由は、仮に、乙新聞が公務員Bと首相Cの関係を報じたこと自体が証明されたとしても、乙新聞の記事内容が真実ではないとすれば、争点の解決には何ら役立たず、証拠として用いる価値がないからである。

　このような場合には、①裁判所は、乙新聞の記事の実質的な要証事実は「雑誌甲の記事の内容の真実性」だとした上で、②その場合には、雑誌甲の記事、ひいては乙新聞の記事の記載内容が真実か否かが裁判において問題となるので、乙新聞の記事は伝聞証拠に該当し、原則として使用できない（最大判昭44・6・25刑集23巻7号975頁）。

　これに対して、【設問2】とは事案が異なり、検察官が被告人Aの名誉毀

損行為が存在したことを立証するために、立証趣旨を「報道があった事実」として、本件雑誌記事の証拠調べ請求をする場合はどうだろうか。この場合は、名誉毀損罪の成立のためには、**本件雑誌記事の内容が真実であろうがなかろうが、事実を摘示して名誉を毀損する行為が確認できれば足りる**以上、本件雑誌記事の内容の真実性は問題ではない。つまり、本件雑誌記事は供述証拠として用いなくても、名誉毀損行為の存在を証明できるため、証拠価値は十分に存する。そのため、検察官の立証趣旨のとおりに「報道があった事実」が要証事実だとした上で、非伝聞証拠として証拠能力を認めることができる。

●コラム● 証人審問権保障と直接主義

　伝聞法則の根拠は、大陸法的な直接主義と、英米法的な反対尋問権に見出されている。伝聞法則の文脈における**直接主義**とは、裁判所が取り調べた証拠でなければ、事実認定の資料とすることができないという原則である。具体的には、人の供述を証拠とする場合には、判決する裁判官の面前での供述によらなければならないことを意味する（→7講4⑵）。この直接主義は、調書などの書面を通じた捜査機関等による影響から裁判所を遮断して、裁判所に公正に裁判を行わせる点にその眼目がある。この理解は、裁判所による事実認定の視点から説明する点で、職権主義的な色彩が強いと評されることもある。

　他方で、憲法37条2項前段は、被告人に対して「すべての証人に対して審問する機会」を与えており、証人審問権を特に被告人に保障している。そのため、伝聞法則は、この証人審問権に由来して設けられているともいえる。直接主義は、書面の証拠能力を否定する発想であり、伝聞書面は原則として証拠能力を否定する一方で、伝聞供述は許容されうる。それに対して、英米法の下での伝聞法則は、原供述者に対する反対尋問を経なければならないという考え方であり、伝聞書面も伝聞供述も証拠能力が否定される（なお、アメリカの憲法上の証人審問権においては、反対尋問を通じた供述の真実性の吟味の保障だけではなく、公判廷で被告人が自己に不利益な供述者と直接に対決する機会をもつことができるという対質権の保障も含まれるという理解がある。日本では、刑訴157条の3の遮蔽措置、刑訴157条の4のビデオリンク方式による証人尋問〔→13講2⑴イ・ウ〕で、対質権の制約が問題になりうるが、最判平17・4・14刑集59巻3号259頁〈百選67〉は、憲法37条2項が対質権まで保障したものとは理解していない）。

　現行刑訴法は、被告人自身の公判期日外供述も原則として320条1項で排斥して例外的に322条で許容する点では、直接主義の色彩を有する一方で、伝聞供述の証拠能力を原則として否定して324条で例外的に許容する点では英米法の下での伝聞法則の色彩を有することになる。

　なお、伝聞法則に関する刑訴法320条1項は、条文が証拠の提出者を限定していないことから明らかなように、公判期日外の供述に対しては検察官の提出する証拠であれ、被告人・弁護人の提出する証拠であれ、区別なく適用されうる。そのため、検察官および被告人・弁護人双方の提出する証拠に関して「公判期日外」の供述を排斥することで、反対尋問を保障している。しかし、憲法上の証人審問権は、憲法37条2項前段の文言が示すように、被告人に対して保障されている。そのため、例えば、当事者が伝聞法則に反する立証行為をしたときに、その立証行為が憲法違反となるか否かが検察官側と被告人側とで異な

2　伝聞証拠の判断

　以下では、伝聞証拠として排斥されるか否かを、具体例を通じて確認・整理してみよう。

(1)　体験事実を含む供述か──発言が行為の一部である場合

【設問3】贈賄でよろしく事例
　贈賄被告事件において、被告人Xが「この金でうちによろしく」と述べつつ公務員Yに金銭を譲渡する行為を目撃したWが、証人として公判廷に出廷し、Xの上記発言を述べた。要証事実が贈賄のために金銭の譲渡が行われた事実である場合、Wの証言は伝聞証拠に当たるか。

　公判期日外の言葉が、行為に伴う言葉として、行為の社会的・法律的な意味を明らかにする場合（行為の言

うちによろしく

被告人X　公務員Y

公判廷でXの発言を証言

目撃者W

語的部分である場合）は、非伝聞証拠である。例えば、金銭を相手に渡す行為が、贈与なのか、借金の返済なのか、贈賄なのかが、渡す際の言葉によって明らかになる場合がこれに当たる。これらは**言葉が動作の一部として発せられたにすぎず、その発言が存在することによって行為の意味が明らかになる。**

　【設問3】はXが「この金でうちによろしく」と述べているが、それは金銭を譲渡する行為の意味が贈賄のためのものである旨を語っているだけで、「何がどうした」という過去の体験事実を語っているわけではない。そのため、Xの過去の体験事実に関するXの知覚・記憶・表現・叙述の各過程の正確性が問題になっているわけではなく、供述証拠ではない。したがって、伝

聞証拠ではない。「この金でうちによろしく」という発言が存在したこと自体が証明されれば、金銭の譲渡が贈賄行為であったことが立証できる点で、Xの発言の存在自体が要証事実となっているのである。なお、Wの知覚・記憶・表現・叙述は、公判廷での尋問を通じて正確性が担保されているので、伝聞法則の問題にはならない。

(2) 内容の真実性が問題となるか①——犯罪事実の一部を構成する発言である場合

【設問4】暴力団員発言脅迫事例
　脅迫被告事件において、被告人Xが「俺の兄は暴力団員だ」と被害者Vに対して述べていた様子を目撃したWが、証人として公判廷に出廷し、Xの上記発言を述べた。要証事実が脅迫行為の存在である場合、Wの証言は伝聞証拠に当たるか。

被告人X　V　　　　　　目撃者W

公判期日外の言葉それ自体が、犯罪事実の一部を構成するものとして、要証事実となる場合は、非伝聞証拠である。例えば、脅迫・強盗事件等における脅迫的な言葉、詐欺事件における欺罔の言葉、名誉毀損事件における名誉毀損的な言葉である。これらは、発言内容が真実であろうとなかろうと、**その発言が存在すること自体で構成要件を充足する**ことになる。つまり、要証事実は発言の中身どおりの事実があったかどうかではなく、あくまで発言が存在したかどうかである。

　【設問4】の場合、Xの兄が本当に暴力団員か否かは、脅迫行為の認定のためには無関係であり、Xの発言内容の真実性は問題となっていない。「俺の兄は暴力団員だ」と述べたこと自体が、その発言内容の真偽に関係なく、脅迫行為に当たる。このように、公判期日外の供述ではあるが、供述に含まれている事実の真実性を立証するための供述証拠ではなく、非伝聞証拠と評価される。

(3) 内容の真実性が問題となるか②——発言の存在自体が間接事実である場合

【設問5】責任能力争点事例
　傷害被告事件において、被告人Xが事件時に「機械仕掛けの巨大な城が動いて

いた」と被害者Vに対して述べていた様子を目撃したWが、証人として公判廷に
出廷し、Xの上記発言を述べた。要証事実がXの責任無能力である場合、Wの証
言は伝聞証拠に当たるか。

ア　発言の存在から責任能力の欠如を推論する場合

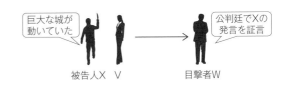

被告人X　V　　　　　　　目撃者W

【設問5】のように、
被告人の責任能力が争
われているときに、被告人の是非弁別の判断能力を証明するために示される
公判期日外の被告人の言葉や、証人の信用性を弾劾するための公判期日外の
自己矛盾供述などは、**供述に含まれる事実が真実か否かは重要ではなく、供
述が存在していること自体に意味がある。**

　これらはいずれも、公判期日外の供述に含まれている事実の真実性が問題
とならない類型である。具体的に考えてみると、【設問5】は、実際にXが
述べるとおりに「機械仕掛けの巨大な城が動いていた」か否かは、問題では
ない。つまり、発言内容どおりの事実があったか否かは焦点ではない。「機
械仕掛けの巨大な城が動いていた」という言葉が発せられたこと自体から、
Xの発言時の是非弁別能力等がなかったことを推論しようとしているのであ
る（ただし、Xに詐病の疑いがあるなど、叙述に真摯性が認められないとき
は、このような推論は成り立たない）。したがって、Xの発言は供述証拠で
はないため、非伝聞証拠である。

イ　自己矛盾供述の存在から信用性を否定する場合

　同様に、公判において「被告人Aが事件発生時刻前後に事件現場にいた」
と供述した証人たる甲が、捜査段階において「被疑者Aは事件発生時刻前後
には事件現場では見なかった」と供述していた場合、甲は自ら矛盾した供述
をしている。この場合は、捜査段階において矛盾した自己の供述が存在する
こと自体から、甲がAの目撃の有無についてその時々で供述を変遷させてお
り信用できないことが推論できる。このような場合は、**もはや甲が供述どお
りにAを事件現場で目撃したか否かは重要ではなく、矛盾した供述が存在し
ていることが重要である**以上、非供述証拠である。したがって、捜査段階の
甲の供述は、非伝聞証拠である（→詳細は、29講5(1)）。

　このように、公判期日外の言葉が存在すること自体が、他の事実の間接証
拠や補助証拠になっている場合（発言が存在することによって、発言内容と

は無関係の他の事実の存在を推論できる場合や、発言の信用性を低下させる場合）は、非伝聞証拠である。

（4） 内容の真実性が問題となるか③――発言の存在から当該発言を聴いた第三者の認識を推論する場合

【設問6】偽造契約書事例
　XとYが共謀して偽造された契約書を行使したという偽造私文書行使被告事件において、Yは契約書が偽造であるとは知らなかったと主張している。目撃者Wは、公判廷に証人として出廷し、「以前に、Yとともに、Xが『この契約書は偽物だ』と言っているのを聞いた」と証言した。契約書が偽造であることは他の客観的証拠により立証済みであり、要証事実が「文書が偽造であるとYが認識していた事実」である場合、Wの証言は伝聞証拠に当たるか。

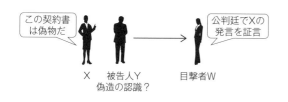

【設問6】において、Xの発言を聞いたYの認識を立証する場合、Xの発言の存在が立証されれば、実際に契約書が偽造されたものであるか否かは別として（他の証拠で立証済みである）、Xの発言を聞いたYが、「契約書が偽物だ」と認識したであろう旨を推論できる。この場合、Xの発言が真実か否かを問題とすることなく、Yの偽造の認識を証明できる。そのため、Xの供述内容の真実性が問題となっておらず、供述証拠ではない。したがって、Wの証言は非伝聞証拠である。

* 原供述者Xの認識の立証
　【設問6】において、「Xが偽造であることを認識していた事実」を要証事実とする場合には、Xの「この契約書は偽物だ」という原供述は伝聞証拠であろうか。契約書が偽造であるという客観的事実と一致した発言をXが行っていることを理由として、Xが偽造だと認識していたであろう旨を推論する場合には、Xの知覚・記憶・表現・叙述の正確性は問題となっていないため、非供述証拠だと判断できる（ただし、このような推論が成り立つのは、客観的事実とXの発言が偶然の一致とはいえないような場合に限られる）。したがって、非伝聞証拠である。次に述べる現在の精神状態に関する供述とは、認識だけが要証事実である点で、推論の構造が異なる。この点について、注意が必要であろう。

(5) 伝聞過程に誤りが入る危険が類型的に低いか①──現在の精神状態に関する供述

ア　意義と伝聞証拠性

> **【設問7】飲酒時感情吐露事例**
>
> 　被害者Vに暴行が加えられて同人が傷害を負ったという傷害被告事件において、証人Wが公判廷で「被告人Aと酒を飲んでいた時に、『Vのことは生理的に受け入れられない。Vが何をやってもイライラするくらいに大嫌いだ』と述べていた」と供述した。要証事実（立証事項）が「被告人Aに犯行の動機があったこと」である場合、このWの供述は伝聞証拠に当たるか。

　【設問7】において
Aが V に関する感情を
吐露しているが、この
例のように、供述者が
発言時に抱いている感

情・認識・意図等について発言した場合を、講学上、**現在の精神状態に関する供述**と呼ぶ（なお、「現在」とは、原供述者の発言時を指す）。

　【設問7】において、Wの証言の中に登場するAの発言が、仮に虚偽であるとすれば、AがVに対して暴行を加える動機があったことを推論できないため、証拠価値がなくなってしまう。そのため、Aの発言内容が真実か否かが問題となっているので、供述証拠としての性質を有する。しかし、実務上の一般的な理解に従うならば、Wの供述は**非伝聞証拠**とされる（なお、あくまで、発言時の感情等に関する供述であり、「昔、Vのことを大嫌いだった」というように過去の感情等に関する供述の場合は、知覚・記憶を経て表現・叙述しているため、争いなく伝聞証拠と評価される）。現在の精神状態に関する供述が非伝聞証拠とされる理由としては、次のようなことが挙げられている。

　まず、原供述者のAの発言は、何か事件を知覚して記憶した上でなされたものではなく（体験に基づいてなされたものではなく）、あくまで発言時の自分の気持ちを述べたものである。そのため、**知覚・記憶の正確性は問題と**ならない。問題になるとすれば、Aが真摯に自分の感情を語ったのか否かという点（**叙述の真摯性**）にとどまる。そうであるとすれば、真摯に叙述した旨さえ立証できれば、供述証拠に特有の誤りが介在するおそれは小さいものと評価できる。

また、叙述の真摯性は、原供述者の発言から責任能力の欠如を推論する設例であった【設問5】においても、同様に問題になりうるが、非伝聞証拠とされていた。このように、叙述の真摯性のみが問題になりうる類型は、非伝聞証拠として評価しうるとも説明されている。

　以上の理解を前提とすると、【設問7】は、原供述者の供述に含まれる事実の真実性が問題となる点で供述証拠ではあるものの、類型的に伝聞過程（特に知覚・記憶の過程）に誤りが介在しにくい点で、伝聞証拠を排斥する趣旨を掘り崩すおそれが低いとされる。そのため、通説的な理解は、伝聞法則の適用外として非伝聞証拠だと理解している。

　＊　現在の精神状態に関する供述を伝聞証拠とする見解
　　　現在の精神状態に関する供述は、その内容の真実性が問題になる上、責任能力の有無を要証事実とする【設問5】の場合以上に、叙述の真摯性が問題になりやすいことも相まって、伝聞証拠として評価すべきだとの理解も有力である。なお、アメリカの連邦証拠規則は現在の精神状態に関する供述を、伝聞例外として定めた上で証拠能力を認めている。

イ　過去の体験事実と現在の精神状態に関する供述

【設問8】米子強姦致死事件
　強制性交等被告事件において、被告人AはVに対する強制性交の訴因について、犯人性を否認する主張をした。裁判所は、Wが公判において「月日は判然と憶えませんがVは私に『Aという人はどういう人か』と尋ねるので、私は『目の大きい、歯は金歯の、顔は長い、大きい人だ』と言うとVは『あの人はすかんわ、いやらしいことばかりするんだ』と言っていました」と証言したこと等を理由として、被告人Aが「かねてVと情を通じたいとの野心を持っていた」との事実を認定した。これに対して、被告人側は上訴審において、Wの証言に含まれるVの原供述は伝聞証拠であり、証拠能力がない証拠による事実認定だと主張した。Wの証言の証拠能力は認められるか。

あの人(A)は
すかんわ、
いやらしい
ことばかり
するんだ

V　証人W

公判廷でVの
発言を証言

a　問題の所在
　【設問8】は、最判昭30・12・9刑集9巻13号2699頁の事案をモデルにしたものである。【設問8】では、被告人Aに情交の野心があったとの事実を認定するために、原供述者Vの「あの人はすかんわ、いやらしいことばかりするんだ」との供述を用いている。このVの供述が、「あの人はすかんわ」という好悪

の感情を表現しているところから、**現在の精神状態に関する供述として非伝聞証拠になるか否か**が問題となりうる。

　b　判例の理解

【設問8】の事案について、控訴審は、上記Vの供述が「Vが、同女に対する被告人の野心にもとずく異常な言動に対し、嫌悪の感情を有する旨告白した事実に関するものであり、これを目して伝聞証拠であるとするのは当らない」としていた。この説示は、「あの人はすかんわ」とのVの供述が、VのAに対する嫌悪感情を表しており、現在の精神状態に関する供述として非伝聞証拠だと考えていた可能性がある。

　しかし、最高裁は「同証言が右要証事実（犯行自体の間接事実たる動機の認定）との関係において伝聞証拠であることは明らか」だとして、324条2項・321条1項3号の要件を充足しなければ証拠とすることができない旨を説示した（この説示にいう「要証事実」は、立証事項の意味である）。もっとも、その理由は、説示されていない。

　1つの説明は、最高裁はこの事案を現在の精神状態に関する供述の問題として捉えていないというものである。この理解の下では、Vは、「いやらしいことばかりするんだ」とも供述しており、そこから、Aがかねてから「いやらしいこと」をしていた事実を認定し、Aに情交の野心があったことを推論しようとしていたものと読む。この場合、Aが真に「いやらしいこと」をしていたか否かについて、Vの供述に含まれる事実の真実性が問題となるため、Vの供述は供述証拠に当たる。したがって、**原供述者Vの供述は伝聞証拠になる**というわけである。この理解に従う場合、【設問8】のVの供述のうち、「いやらしいことばかりするんだ」という部分こそが証言の中核だったということになる。そのため、Vの供述の証拠能力は認められない。

　＊　現在の精神状態の供述と過去の体験事実

　　【設問8】の昭和30年判決には、異なる読み方もありうる。【設問8】の事案において、Vの供述が「いやらしいことを過去にされた旨が真実であれば、『すかんわ』という嫌悪感情が支えられる」という形で、被害者Vの嫌悪感情が立証されうる事例だった可能性もある。そうだとすれば、現在の精神状態に関する供述として用いるためには、その精神状態をもたらした過去の体験事実の真実性が立証されなければ、表現・叙述の真摯性を担保できないと考える余地もあるだろう。Vの嫌悪感情の存在が、「性交を遂げるために強制的な手段を用いよう」との動機がAにあったことを推認させる点で、要証事実（立証事項）ではあるものの、「いやらしいことばかりされた」という事実が立証されないと、真摯性立証を欠くので伝聞証拠だ

とせざるをえないというわけである。この理解に従う場合、「あの人はすかんわ」という嫌悪感情が要証事実（立証事項）であるが、「いやらしいことばかりするんだ」という過去の体験事実の立証を欠くときには、現在の精神状態に関する供述の真摯性を担保できず、現在の精神状態に関する供述に証拠能力を認めることは難しいことになる。

(6)　伝聞過程に誤りが入る危険が類型的に低いか②──自然反応的になされた供述

【設問9】咄嗟の一言事例
　強盗殺人被告事件において、被告人Aは、「VおよびWが居住する居宅に侵入して金品を盗取しようとしたところ、VとWに発見されたため、AはVとWに暴行を加え、Vを殺害した上で金品を奪取して逃走した」との訴因で起訴された。Aは犯行への関与を否認した。公判において、検察側証人であるWが、「Vは『おまえはAじゃないか』と叫んだ」と証言した。この証言は伝聞証拠か。

被告人A　　　被害者V　　　目撃者W

おまえはAじゃないか

公判廷でXの発言を証言

ア　問題の所在

【設問9】におけるWの証言中に含まれている、Vの原供述は、咄嗟に自然反応的になされた供述である。【設問9】のような場合は、知覚の正確性については担保される必要がある一方で、犯人を目撃して即座に、犯行時に供述しているため、記憶の正確性や表現・叙述の真摯性については問題がないと理解できる。このように、知覚・記憶・表現・叙述の一部分にのみ誤りが入る可能性があるにとどまる場合、現在の精神状態に関する供述と類似している状況にあるため、非伝聞証拠と評価できるか否かが問題となる。

イ　裁判例の理解

　この問題について、【設問9】とは事案が異なるものの、しばしば山口地萩支判昭41・10・19判時474号63頁が参照される。被告人が女児の陰部に触れたとされる事案で、被害直後とその後2〜3日の女児の言動を、「児童としての衝撃、恐怖の心理の起伏、その後暫く恐ろしがっていた事実をもふくめて」母親が公判で証言した。これに対して、弁護人が伝聞証拠であると主張したが、裁判所は6歳5カ月の「児童に対する、知的プロセスや被害者の行為の媒介を伴わない、直接、端的な肉体への侵害行為の場合」には、「いまだ警察の捜査その他目的的な意識の介入をさしはさまない、直後母親が児

童から感得した言動」の「大部分は所謂再構成を経た観念の伝達ではなくて、被害に対する児童の原始的身体的な反応の持続そのものの母親の体験」であるとした。その上で、母親が女児から「感得した言動」は伝聞証拠には当たらないと判断した。

説示の論理はやや汲み取りにくいが、警察等の第三者による介入がない段階で、母親に対して述べたものであれば、女児が表現・叙述の過程で意識的に誤った供述を行うことはなく、記憶が大きく変化するわけではないという理解を表現しているように読める。そのため、**自然反応的な供述を非伝聞証拠と判断した事例**だと評価されている。

もっとも、被害から2～3日経過した供述を含んでおり、記憶や表現・叙述に誤りが介在する可能性も無視できない。そのため、数日経過した後の供述の場合には、記憶・表現・叙述に誤りが介在していないというだけの相応の特殊事情が必要だとの指摘もなされている。

ウ　設問の検討

【設問9】は、犯行時の被害者による咄嗟の発言であるため、自然反応的な供述を非伝聞証拠だとする立場からすれば、上記の裁判例以上に非伝聞証拠だと評価しやすいであろう。

なお、上記裁判例は傍論として、「児童等が被害者乃至見聞者」である場合には、証拠保全の観点から、「捜査官や被害意識の生々しい母親などを除いた、保母、教師、医師」など「児童心理に対する洞察をもった第三者の付添、立会が必要」であるなど、立法論にも言及している。

3　共謀の立証と伝聞証拠

(1)　謀議の際の発言

【設問10】白鳥事件
　警察官Vに対する殺人被告事件において、被告人 A₁は、A₂らと共謀の上、A₂がVを殺害したとの訴因で起訴されたが、A₁は犯行への関与を否認した。これに対して、A₁が A₃らを前にして「Vはもう殺してもいいやつだな」と供述した事実を記載した A₃の検察官面前調書、A₁が A₄に対して「Vに対する攻撃は拳銃をもってやるが、相手は警察官であるだけに慎重に計画をし、まずVの行動について、出勤退庁の時間とか乗物だとかを調査して慎重に計画を立てチャンスを狙う」と述べた旨の A₄の公判証言、A₁が A₂の滞在先で「共産党を名乗って堂々とVを襲撃しようか」と述べた旨の A₂の公判証言が顕出された場合、A₁の発言は伝聞証拠か。

被告人A₁

Vはもう殺してもいいやつだ

A₃：検察官面前調書

慎重に計画を立てて…

A₄：公判証言

堂々とVを襲撃しようか

A₂：公判証言

ア　問題の所在

【設問10】のA₂・A₃・A₄の各供述は、いずれも被告人A₁が謀議の際にV殺害に関する発言をしたというものである。これら原供述者A₁の発言が、伝聞証拠か否かが問題となる。【設問10】は、最判昭38・10・17刑集17巻10号1795頁の事案である。

イ　判例の理解

最高裁は【設問10】の事案について、いずれの発言についても、「被告人A₁が右のような内容の発言をしたこと自体を要証事実としているものと解せられる」として、それぞれA₂・A₃・A₄が「自ら直接知覚したところ」であるから伝聞供述に当たらないとした。

この説示の意味するところは、次のようなものだと考えられる。本件では、A₁が犯行への関与を否認しているところ、A₁が謀議に関与していたと立証することには意味がある。そのことを前提に考えると、V殺害に関するA₁の発言は、いずれも共犯者たるA₂・A₃・A₄の面前において行われている。そのため、**A₁の事件に関する発言が存在することをもって、A₁とA₂・A₃・A₄の間で、謀議が行われたことを推認することが可能**である。そうだとすれば、A₁が発言内容のとおりの感情・認識・計画を抱いていたか否かを問題とすることなく（つまり供述証拠として用いることなく）、A₁の発言の存在自体を謀議の存在を証明するために用いる実益がある。したがって、非伝聞証拠として証拠能力が認められると読むことができる。

最高裁昭和38年判決を、A₁の現在の精神状態に関する供述と評価して、非伝聞証拠だと理解する読み方も主張されたが、その場合は「発言をしたこと自体を要証事実としている」という説示を説明することは難しいように思われる。

ウ　設問の検討

以上の理解からすると、【設問10】のA₁の発言は、発言の存在をもって謀議の存在を証明しようとするものだといえる。この場合、A₁の発言内容の真実性は問題とならないため、非伝聞証拠とされることになる。

(2) 犯行計画メモ

【設問11】東京飯場経営者恐喝事件

被告人A₁らがVらを監禁し、暴行、脅迫を加えて傷害を負わせ、慰謝料名目で金員を喝取したとの訴因で起訴された。第1審判決は、裁判所は、「(25) 確認点——しゃ罪といしゃ料」との記載があるノート等を証拠として、事前共謀の存在を認定した。当該メモは、当初、作成者・作成経緯ともに不明であったが、検察官が「戦術会議及び犯行準備等に関する記載のあるメモの存在」という立証趣旨で証拠調べ請求したものであり、弁護人が異議がない旨の意見を述べて証拠調べがなされたが、その後の審理で、犯行前にA₁が行った戦術会議の結果を、参加者の1人であるA₂からA₃が聞いて、A₃が作成したものであることが明らかになった。裁判所が、上記メモに証拠能力を認めたことは適法か。

ア 問題の所在

【設問11】は、いわゆる犯行計画メモの証拠能力が問題となっている。犯行計画メモが伝聞証拠に当たれば、

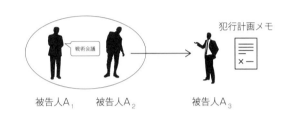

A₂を原供述者とする再伝聞証拠となり、証拠能力を否定する余地も生じるが、その場合には、弁護人が異議がない旨の意見を述べている点をどのように評価すべきかも問題となる。【設問11】は、東京高判昭58・1・27判時1097号146頁〈百選79〉の事案を簡略化したものである。

イ 裁判例の理解——現在の精神状態に関する供述と数人による共謀

東京高裁は、【設問11】のメモの証拠能力を認めた。当該メモは、「メモの存在のみを立証趣旨として取り調べても意味をなさない」のであり、「検察官は、本件犯行の事前共謀を立証するものとして右のメモの証拠調請求をし、弁護人の異議がない旨の意見を経て、裁判所がこれを取り調べたものと解すべき」だとする。その上で、A₂を原供述者とする供述証拠だとしつつ、「人の意思、計画を記載したメモについては、その意思、計画を立証するためには、伝聞禁止の法則の適用はないと解することが可能」だと説示した。

その理由は、「知覚、記憶、表現、叙述を前提とする供述証拠と異なり、知覚、記憶を欠落するのであるから、その作成が真摯になされたことが証明されれば、必ずしも原供述者を証人として尋問し、反対尋問によりその信用性をテストする必要はないと解されるから」だとしており、現在の精神状態

に関する供述の論理に基づくように読める。

　この説示のとおりに理解したとしても、作成者 A₃の意思・計画しか推認できず、被告人 A₁の事前謀議の立証にはつながらない。しかし、東京高裁は、数人共謀の共犯事案について、本件メモが「最終的に共犯者全員の共謀の意思の合致するところとして確認されたものであることが前提」となるとして、本件では「共犯者数名の共謀の意思の合致」した旨の確認がなされ、それがメモに記載されたものであれば、証拠能力を認められるとした。本件では、他の証拠によって「共犯者全員の共謀の意思」が合致していた旨の事実の立証がなされており、証拠能力を認める前提条件とされている点では注意を要する。

ウ　設問の検討

　【設問11】では、謀議行為の存在そのものを要証事実としているわけではなく、メモ作成者である A₃のみならず、被告人 A₁を含む共謀参加者の意思連絡の存在を要証事実としている。意思連絡の存在を要証事実とする以上は、メモ作成・利用時の精神状態に関する供述として構成するのが適していた可能性がある。つまり、共謀参加者の意思が合致した結果がメモに記載された旨を、他の証拠によって認定できることを条件として、**当該メモが共謀参加者全員の精神状態を表現した供述**だと認定でき、その結果として共謀参加者の間に意思連絡が存したという推認ができるという論理である。

　このように、東京高裁は【設問11】について、現在の精神状態に関する供述の論理を用いたものと読むことができる。

　なお、東京高裁は【設問11】の事案について、仮に「共犯者数名の共謀の意思の合致するところとして確認」できなかったとしても、弁護人は第1審で取調べに異議を申し立てておらず、A₂への反対尋問権を放棄したものと解されてもやむをえないため、証拠能力を肯定した第1審裁判所の手続に違法はないと判断している。

エ　補論──犯行計画メモと非伝聞証拠

　上に示したように、現在の精神状態に関する供述として用いる場合以外にも、犯行計画メモが非伝聞証拠として用いられることはありうる点は、意識しておく必要がある。

　a　共犯関係にある甲と乙の間で、共謀行為の一部を構成する形でメモが使用されたことが、他の証拠で立証されている場合が考えられる。典型例は、謀議の際にメモが回覧された旨が、目撃者や他の共謀参加者の証言によって立証されている場合である。この場合には、回覧した犯行計画メモの存

在が立証されれば、謀議行為の存在を推認することができる。この場合、メモに記載された内容のとおりの事項が協議されていたのか否かとは関係なく、メモを用いて謀議をしていたことが証明されうる。つまり、メモの記載内容の真実性は問題となっていないため、メモは非供述証拠であり、非伝聞証拠だと評価しうる。もっとも、この場合でも、甲と乙の合意した犯行計画を、甲が後日改めてメモに整理した場合は、そもそも謀議が行われたか否かを含めて知覚・記憶・叙述の正確性が問題となるため、供述証拠となり、当該メモは伝聞証拠になりうる点には注意を要する。

　b　事件に関連する記載がされたメモに、被告人の指紋が付着している場合、当該メモにある被告人の指紋の存在から、被告人の犯行への関与を推論できる。この場合は、当該メモは証拠物として用いられており、当該メモが作成者の計画に関する知覚・記憶・表現・叙述の各過程に誤りが入らない形で正確に作成されているか否かは問題にならない。犯行に関係するメモに、被告人の指紋が付着していることが重要なのである。この場合は、非供述証拠であるため、伝聞証拠には当たらない。

　c　現実に発生した犯行態様と、犯行以前に作成されたメモの記載内容とが一致する場合、つまり犯行計画メモの内容と犯行態様が、偶然の事情による一致とは考えがたいときには、非供述証拠なので、非伝聞証拠として評価される。当該メモが犯行前に作成された旨を、他の証拠で証明できる場合には、現実に発生した犯行が、メモ記載の計画に沿って実行されたと推認することができる。この場合には、「メモの内容は、作成者によって知覚・記憶・表現・叙述の各過程に誤りが入ることなく作成されたものか否か」を問題とすることなく、非供述証拠として用いても、次のような推論を行いうる。

　第1に、被告人が当該メモを所持していたり、当該メモが被告人の関係先から押収されたりした場合には、被告人は犯行に関与していたことを推認できる。メモの作成者や作成経緯が不詳であったとしても、現に発生した犯行態様と一致する内容のメモを所持していること自体から、関与の推認ができる点では、「メモが過去の出来事を正確に記録しているか」という内容の真実性は問題となっていないため、非供述証拠であり、非伝聞証拠である（現在の精神状態に関する供述にも触れており、説示の論理は不明確であるが、大阪高判昭57・3・16判時1046号146頁はこのような理解を含んでいる可能性もある）。

　第2に、当該メモに被告人の犯行における役割が記載されている場合に

は、被告人が犯行に関与していたことを推認できる。現に発生した犯行態様とメモの記載内容が一致しているならば、当該メモは当該犯行と関連するメモと推認できる。そのメモに被告人の役割が記載されている以上、被告人の関与が推認できるというわけである。この場合も、メモが作成者の知覚・記憶・表現・叙述を正確に表しているか否かとは無関係であり、非供述証拠であるため、非伝聞証拠だといえる。

第3に、メモの作成者が判明している場合、メモの記載内容と現に発生した犯行態様が一致している場合には、作成者が犯行に関与したことを推認できる。メモの記載内容と犯行態様が、偶然の一致とは考えられない程度に一致している場合には、（作成者が予言者でもない限り）メモの作成者が犯行に関与していると考えることは合理的であろう。この場合も、メモは非供述証拠であるため、非伝聞証拠である。

4　現場写真・その他の記録媒体

(1)　現場写真

【設問12】 新宿騒擾事件
　群衆数千名が甲駅を占拠して、検挙のために集まっていた多数の警察官に投石などをして傷害を負わせた事案で、騒擾行為をしたとされた被告人8名のうち5名が騒擾指揮罪、3名が騒擾助勢罪などで起訴された。検察側は、報道・出版関係者から任意提出された、事件の様子を撮影したとされる写真の取調べを請求した。なお、写真については、証人尋問の際に、警察官は、公務員の職務上の秘密を理由として、撮影者等についての証言を拒否したため、撮影者等が明らかにされなかった。上記写真は伝聞証拠に当たるか。

ア　問題の所在

【設問12】は、犯行の様子を犯行現場で撮影した、いわゆる**現場写真**の証拠能力の問題である。写真は、対象を撮影し、現像・焼付を行うという過程を経て作成されるところ、人間の手によって改変がなされる可能性もあるとして、人間の知覚・記憶・表現・叙述の過程と同様に誤りが介在しうる以上、供述証拠に当たるとする理解もある（この理解による場合、321条3項の要件たる作成者による真正性立証がなされたときに、伝聞例外として証拠能力を認めるべきだと主張される）。そのため、伝聞証拠性が問題になる。【設問12】は、最決昭59・12・21刑集38巻12号3071頁〈百選89〉の事案に基づいている。

イ　判例の理解

　最高裁は、【設問12】のように犯行の状況等を撮影した現場写真について、「非供述証拠に属し、当該写真自体又はその他の証拠により事件との関連性を認めうる限り証拠能力を具備する」と説示した。また、現場写真を証拠採用するためには、「必ずしも撮影者らに現場写真の作成過程ないし事件との関連性を証言させることを要するものではない」としている。

ウ　設問の検討

　判例に従えば、【設問12】は非供述証拠であり、証拠能力が認められることになる。しかし、非供述証拠だとした理由は明示的に説示されていない。原審（東京高判昭57・9・7判時1064号30頁）は、証言等の供述と異なり、写真の作成過程には「科学的正確性」があることを理由として、現場写真を非供述証拠だと説示していた。その原審の判断を、最高裁は理由を付さずに支持していることから、同様の理由によって非供述証拠だと判断したものと理解できる。実質的には、**機械的・科学的な正確性があるため、伝聞法則の適用外になる**ということである。

　もっとも、判例上は、「事件との関連性」が認められることが、証拠能力を認める要件とされている。「事件の関連性」の意味が証拠一般に要求される関連性と同義であれば、当該証拠が要証事実の存否を推認できるような一定程度以上の証明力を有していることを意味する。事件と無関係な場所を撮影している場合には、そもそも当該証拠によって推認される事実が、判決の結論に影響を与える重要性を有していないことになる。そのため、当該写真によって立証される事実が、判決に影響する重要な事実であることも認められる必要があり、これも「**事件との関連性**」に含まれているのであろう。

＊　現場写真と実況見分調書添付の写真

　　最高裁は現場写真について、撮影者らによる真正性立証や関連性の証言までは求めなかった。実況見分調書に添付される、実況見分時に撮影された写真に対しては、321条3項が適用されて、作成者による真正性立証が必要とされることとの均衡が問題になりうる（→28講3(3)参照）。

＊　現場録音・現場録画

　　犯行の現場において、犯人の音声等の状況を録音機器や録画機器で録音・録画した場合、その録音データが伝聞証拠か否かが問題になりうる。多数説の理解によれば、音声の存在自体が要証事実である場合には、写真撮影と同様に機械的に記録されているため、事件との関連性が認められれば非供述証拠として伝聞法則の適用を受けないことになる。例えば、詐欺の事案で犯人による欺罔行為を録音している場合、恐喝の事案で脅迫時の言動

を録音する場合、傷害の事案で暴行の行為の様子やその際の憤激した言動を録音している場合などがこれに当たる（最決昭35・3・24刑集14巻4号462頁参照）。もっとも、**現場で供述を録音・録画した場合でも、当該供述の内容の真実性が問題となるならば、供述証拠になる点には注意が必要である**（→次項参照）。また、録画の場合には、報道用に撮影された場合には編集が加えられる事例が見られるが、その編集が事実を捏造するような性質のものでない限り、編集したこと自体は供述の信用性や証明力で考慮すればよく、直ちに証拠能力を否定するものではないとされている（大阪高判平17・6・28判タ1192号186頁参照）。

(2) 供述証拠としての録音・録画

【設問13】録音データ事例

　銀行から3000万円相当の金銭が奪取された強盗被告事件において、被告人Aは犯行への関与を否認していた。これに対して、検察官が、立証趣旨を「動機の存在、被告人が奪取した金銭を取得した事実」として、Bが所持していた録音データの記録媒体の証拠調べを請求した。当該録音データには、強盗事件の翌日にAと名乗る者がBに電話をかけてきた際の会話が録音されており、Aを名乗る者が「借金返済の目途はついた。昨日、急に3000万円が手に入った。日程調整をしたい」等と発言している様子が含まれていた。この録音データは伝聞証拠か。

ア 問題の所在

　【設問13】は、録音記録媒体の伝聞証拠性が問題となっている。この録音記録媒体は、Aが発言した内容を、Bが機械で記録したものである。当該録音内容には、①借金返済という強盗の動機があったこと、②事件と一致する日に、強盗事件における被害金額と同額の金銭を入手したことを述べる発言が記録されている。この①②ともに内容が虚偽であれば、この録音データからAが犯人であることを推論することは困難であり、内容が真実であれば、被告人Aが犯人であることを推認できる（最終的には被告人の犯人性という要証事実を立証できる）。そのため、Aの供述内容の真実性が問題となり、供述証拠だと考えられる。他方で、Bは機械的に録音しているため、これらの関係をどのように整理すべきかが問題である。

イ 設問の検討──供述証拠たる録音の伝聞証拠性

　例えば、被告人Aの供述を第三者Bが録取して文書を作成した場合、当該文書はAの供述録取書としての性質を有する。その場合は、「A→B→録取書」という経緯を経て供述録取書が作成されるが、「A→B」の過程における伝聞性を除去するために、被告人の供述を録取した書面に関する322条1

項が求めるところの、任意性等が要件となる。これに対して、「B→録取書」の過程における伝聞性を除去するために、322条1項が求める原供述者Aによる署名押印が必要となる。

　これに対して、【設問13】の録音データは、「A→B→記録媒体」という経緯を経て作成された証拠である。このうち、「A→B」への過程は、被告人Aの供述が供述証拠に当たる以上、伝聞証拠だということになり、322条1項の任意性等の要件を充たすことが求められる。【設問13】のように、Aを名乗る者が自ら電話をかけてきて話をしているのであれば、一般に任意性は認められるであろう。他方で、Bが記録する部分は、機械的に行われているため、誤りが介在するおそれが乏しく、伝聞性はないと評価される。そのため、原供述者Aによる署名押印は要しないことになる。そうだとすると、【設問13】の録音データは伝聞証拠に当たるが、322条1項の要件を充たし、証拠能力が認められると考えられる。

　なお、【設問13】の録音データの原供述者が被告人ではなく、Aの秘書など第三者である場合には、321条1項3号が適用されることになる（供述不能、証拠としての不可欠性、絶対的特信状況が必要になる）。

第28講　証拠法(5)── 伝聞例外(1)

> ◆学習のポイント◆
> 1　公判期日外に作成された書面を伝聞例外として許容する要件について、具体的事例に即して理解しよう。
> 2　検察官面前調書の各要件に関わる解釈論上の問題を把握しよう。
> 3　検証調書、実況見分調書における指示説明の伝聞性の処理について理解しよう。
> 4　鑑定書と実況見分調書の分別について理解しよう。

1　伝聞例外の検討の視点

(1)　伝聞例外が問題となる場面

手続理解編（10講）では、伝聞例外の諸類型とその要件を簡潔に確認した。320条でその使用が原則として禁じられる伝聞証拠に当たるとしても、321条以下の伝聞例外に当たれば、証拠能力が認められる旨を確認した。321条以下の伝聞例外は、①証拠として用いる必要性と、②信用性の情況的な保障を、証拠の類型ごとに違いを設けて要件を設定していた（→10講2(3)参照）。

書証の証拠調べ請求が行われた場合、当事者は326条に基づく同意・不同意の証拠意見を述べる。その上で、不同意意見の場合で、相手方当事者が当該書証の取調べ請求を撤回せずに321条以下の例外の適用を求める場合には、裁判所が例外の要件を充足するか否かを判断して証拠として採用するか否かを決定する。争いのない事件では、当事者が書証に同意する場合も多く、その場合には主として書証により事実が認定される。

また、証人尋問における証人の供述の中に、伝聞証拠が含まれる場合がある。対立当事者がこれに対して、伝聞供述であることを理由として異議を申し立て、裁判所が伝聞供述に当たると判断する場合には、尋問者が質問を変えて証人に別の供述を求めるか、当該伝聞供述が伝聞例外の要件を充足しな

い限り、伝聞供述部分の証拠能力は認められないことになる。

(2) 伝聞例外を検討する際の留意点

伝聞例外は、①各伝聞証拠の類型ごとに、②必要性と信用性の情況的保障についての利益衡量が行われて設定された要件に基づいて、伝聞性を解除できるか否かによって証拠能力の有無を決する。したがって、①当該書証が伝聞例外のどの類型に該当するか（どの条文に該当する書面か）、②解除すべき伝聞過程はどの要件に対応し、いくつの伝聞過程を解除しなければならないか、といった諸点を意識して確認する必要がある。

2 第三者の供述を録取した書面──321条1項各号

(1) 供述不能──321条1項各号

【設問1】証言拒絶事例
《事例1》において、XとYが共謀の上、路上でXおよびYがAに対して強盗を行ったとの事実で、Xは起訴された。共犯者Yとは弁論が分離され、Yは事実をすべて認めて早期に実刑判決を受けた。これに対して、Xは犯行への関与を否認した。検察官は、Xと事前に強盗の共謀をしていた旨の記載があるYの検察官面前調書の取調べを請求したが、弁護人が不同意の意見を述べた。そのため、検察官はYを証人として取調べ請求し、Xの公判廷において、証人Yに対してXとの事前共謀の有無を尋ねたが、Yは理由も語らず、沈黙して検察官および被告人側の尋問に対して一切答えなかった。これを受けて、検察官がYの検察官面前調書の証拠調べを請求したが、弁護人は異議があるとの意見を述べた。この場合、裁判所は当該調書を321条1項2号により証拠採用できるか。

ア 問題の所在

【設問1】では、証人Yが証言を拒絶しているところ、Yの供述を録取した検察官面前調書が捜査段階において作成されている。不同意とされた被告人以外の者の供述を録取した検察官面前調書については、このような場合に321条1項2号の適否が問題となる。

321条1項2号前段は、原供述者が死亡、精神・身体の故障、所在不明、国外にいることのため、公判準備（例えば、期日外証人尋問→8講2(2)）・公判期日において供述することができないときに**供述不能**に当たり、検察官面前調書の証拠能力を認める旨を定めている。条文上明示されていない証言拒絶のような場合が、これに当たるかが問題となる。

イ　判例の理解

　供述不能として条文上列挙されている「〔原〕供述者が死亡、精神若しく
は身体の故障、所在不明若しくは国外にいるため、公判準備若しくは公判期
日において供述することができないとき」との各事由（321条1項2号前段）
は、判例によれば**例示列挙**であり、これと同様またはそれ以上の事由により
公判準備・公判期日において供述できない場合には要件を充たすものとされ
る。この点は、**供述不能を要件とする321条1項各号のいずれの書面につい
ても、同様**に解されている。

　供述不能に当たるとされた事例として、**証人の証言拒絶**（最決昭44・12・
4刑集23巻12号1546頁）、**記憶喪失を理由とした証言の拒絶**（最決昭29・
7・29刑集8巻7号1217頁）などがある。ただし、証人が部分的に証言を拒
絶したり、記憶喪失を主張したりする場合には、供述不能よりも後述する相
反供述（321条1項2号後段）として扱うことが多い。

　もっとも、証人が証言を拒絶しても、公判期日を改めて尋問を行うなどし
て、（迅速な裁判の実現に反しない限りで）将来証言する見込みがある場合
には、供述不能に当たらない。刑事免責制度（→8講2(2)コラム）が導入さ
れる前の事案であるが、共犯者とされる証人が自らの刑事裁判が係属中であ
るなどの理由で証言を拒絶した事案で、**合理的な期間内に証言拒絶の理由が
解消し、証言する見込みが高かった**こと、公判前整理手続時点で証言拒絶を
想定しえたのに、証言拒絶する可能性が低い時期を見極めて**柔軟に対応でき
る審理予定を裁判所が定めていなかった**こと、当該証人が**極めて重要な証人**
であることなどを考慮して、供述不能に当たるとした原審判断を違法とした
裁判例がある（東京高判平22・5・27判タ1341号250頁〈百選80〉）。

　他方で、供述不能に当たるとして当該書面の証拠調べをした後に、供述不
能の状態が解消された場合は、そのような事情の変化を理由として当該書面
の証拠能力が失われるわけではない。

　なお、後述するように、原供述者が国外への退去強制となり、公判期日に
証言できなくなった場合であっても、手続的正義の観点から証拠能力が認め
られない可能性もある旨の説示をした判例がある（最判平7・6・20刑集49
巻6号741頁〈百選81〉）。そのため、供述不能に至った経緯も考慮されるこ
とになる（→本講2(4)）。

ウ　設問の検討

　【設問1】の場合は、Yが証言を拒絶する理由が明らかではなく、また証
言拒絶が解消する見込みがないと評価されうる。Yが今後も公判廷において

証言する見込みが立たないならば、上述した東京高判平22・5・27判決の射程は及ばず、むしろ、前掲・最決昭44・12・4に基づき供述不能に当たると判断される可能性が高いであろう。学説上は、証人が自らの意思で証言を拒絶する場合は、供述不能に当たらないとする見解や、検察官面前調書については供述不能に当たるとしても相反供述の場合と同様に特信情況の要件を必要とすべきだとの見解がある。なお、【設問1】のように証言を拒絶する場合には、検察官としては、**刑事免責**（157条の2以下→8講2⑵コラム）で対応し、自己負罪拒否特権を失わせて証言を義務づけることで、証言を確保し、検察官面前調書の証拠調べ請求は行わないという選択も考えられる。

＊　供述不能と特信情況

　　被告人以外の者の供述を録取した検察官面前調書に、公判供述と相反する供述が記載されている場合には、相対的特信情況が要件とされる（321条1項2号後段）。これに対して、供述不能の場合は、条文上は特信情況が要件とされていない。供述不能ということは、公判で供述することができないということであるから、公判供述は存在しない。その結果、「公判期日におけるよりも前の供述」と公判供述を対比して、特信情況を判断することができないため、相対的特信情況（公判供述よりも相対的に特に信用すべき特別の情況）があるという要件を設定することができない。

　　学説上は、供述不能の場合にも、321条1項3号にいう絶対的特信情況が必要だとする見解、さらに検察官面前調書は裁判官面前調書と異なり類型的な特信性を認めがたいため、供述不能の要件のみで証拠能力を認めることは憲法37条2項の保障する証人審問権を侵害して違憲だとする見解がある。判例は321条1項2号前段を合憲としている（最判昭36・3・9刑集15巻3号500頁）。

　　実務上は、供述不能を理由とする検察官面前調書の採用の場面では、特信情況の立証を要さないとされている。供述不能を理由として検察官面前調書を採用したが、特信情況を疑わせる事情がある場合には、当該調書の信用性等の証明力を評価する際に考慮されるというのが一般的な説明である（絶対的特信情況と相対的特信情況については10講2⑶参照）。

⑵　相対的特信情況——321条1項2号後段

【設問2】相反供述事例
　【設問1】と同様の事案で、検察官の主尋問に対し、Yは、「Xとは事前の共謀をしていない」旨を証言したため、検察官がXと事前に強盗の共謀があった旨の記載があるYの検察官面前調書の証拠調べを請求した場合、裁判所はYの検察官面前調書を321条1項2号後段により証拠採用できるか。

ア　問題の所在

【設問2】では、証人Yに対する主尋問において、Yは検察官面前調書と相反する供述をしており、検察官は検察官面前調書の証拠調べを請求している。この場合、321条1項2号後段が、公判準備・公判期日において前の供述と相反するか、もしくは実質的に異なった供述をしたときで（**相反供述**）、前の供述を信用すべき特別の情況の存するとき（**相対的特信情況のあるとき**）という要件の充足を求めており、これを充たすといえるかが問題となる。

イ　相反供述と相対的特信情況の意義

上述した321条1項2号後段の要件のうち、相反供述として認められる「実質的に異なった供述」とは、**当該検察官面前調書そのものが公判供述による場合とは異なる事実認定を導く程度に、検察官面前調書の供述の内容と公判供述の内容が異なっていることを意味する**と理解されている。321条1項1号にいう「異なった供述」が、証明力の差があれば足りると解されているのとは異なる。もっとも、判例には、前の供述が公判供述よりも詳細であるという程度でも、相反性を認めた事例もある（最決昭32・9・30刑集11巻9号2403頁）。

次に、相対的特信情況とは、具体的には、**捜査段階における検察官面前調書の供述と、公判期日における供述とを対比して、前者の方が信用すべき外部的情況があるときに、検察官面前調書の証拠能力を認める**という意味である。相対的特信情況を認定する際には、検察官面前調書の供述内容を参酌してよいとされているが、あくまで供述時の外部的情況（取調べ時の情況、原供述者と被告人の関係、時間の経過に伴う記憶の鮮明さの程度など）を推認するためだとされている（最判昭30・1・11刑集9巻1号14頁〈百選A38〉）。

ウ　設問の検討

【設問2】の場合であれば、公判において、事前共謀の有無という重要な点について、捜査段階の検察官面前調書の内容とは実質的に異なる供述をしている。そのため、検察官は証拠調べ請求書において（→ 書式24 〔2号書面請求書〕参照）、相反供述に当たるとした上で、2号後段の要件たる相対的特信情況を充足する旨を具体的に主張して、証拠採用を求めることになる。どのような事情が相対的特信情況の有無に影響するかを、書式24 で確認することができよう。

証拠調べ請求書

令和2年6月5日

S地方裁判所　刑事1部　殿

S地方検察庁
検察官　検事　吉野雅規　㊞

　被告人Xに対する強盗致傷被告事件について，刑事訴訟法321条1項2号後段該当書面
として，下記供述調書の取調べを請求する。

記

第1　取調べを請求する証拠の標目
　　　Yの検察官に対する令和2年1月20日付け供述調書
第2　取調べを請求する理由
　1　供述の相反性

検察官調書の記載	公判廷での証言
コンビニの駐車場で，被告人から，「腹が減ったけど金がない。今日は新年会帰りの酔っ払いが多いから，フルボッコにして，金を取ろう。」と言われた（3頁）。	そのような話はしていない。
フルボッコというのは，相手が死ぬくらいまで痛めつけることなので，やばいかなと思ったが，寒かったし自分も腹が減っていたので一緒にやることにした（4頁）。	事前に被告人との間で，相手を痛めつけるとか，金に関する話をしたことは一切ない。
被告人は，その後にも「俺がフルボッコにするから，お前が金を取って。」と言ってきた。「フルボッコ」という言葉は2回聞いた（5頁）。	「フルボッコ」なんていう言葉は，自分たちは使わない。2回も聞くはずがない。
被害者のかばんを取って逃げた後，被告人とはぐれたが，金は被告人と山分けしなければならないから使わなかった。そのことを刑事さんにも説明した（10頁）。	金を使う前に警察官に捕まってしまっただけで，私が被告人に黙って勝手にかばんを取ったのだから，被告人と山分けする必要はなかった。

　2　検察官の面前における供述を信用すべき特別の状況（特信性）
　　　証人Yは，被告人と中学時代から友人関係にあったため，被告人の粗暴な性癖を熟知していて，被告人の面前では証言しづらいことを公判廷でも認めている。また，証人Yも，現在自らの公判では「被告人と共謀はしていない。被害者のかばんを見てとっさに盗もうと考えて盗んだが，私が勝手にやったことである。」として，強盗致傷ではなく窃盗が成立すると弁解しており，被告人とは一蓮托生の関係にある。公判廷での証言は，被告人との共謀をただ否定することを繰り返すばかりで，このように供述が変遷したことについての合理的な説明はない。
　　　これに対して，証人Yの検察官の面前における供述は，自己に不利益な事実を含め，本件の状況を具体的かつ詳細に説明しており，体験した本人でなければ到底語れない事実も含まれているばかりか，その内容も合理的で，被害者の供述や，証人Yを緊急逮捕した警察官の供述とも合致しており，真実を述べていることが明らかである。このように，証人Yの検察官の面前における供述の方が，公判廷での証言より信用すべき特段の状況があるといえるから，前記供述調書は刑事訴訟法321条1項2号後段に該当する。

●コラム● 相反供述と反対尋問

【設問2】とは異なり、証人が検察官の主尋問においては検察官面前調書と同内容の証言をしたものの、被告人側が反対尋問等によって検察側証人の相反供述を引き出し、弾劾に成功する場合がある。このときに、検察側が、反対尋問における証言の内容は捜査段階において作成された検察官面前調書に記載された供述の内容とは相反するとして、321条1項2号後段により検察官面前調書の証拠調べを請求する場合がありうる。この場合に、検察官面前調書には相対的特信情況があるとして、当該調書の証拠能力を認めると、被告人側が反対尋問に成功するほど、検察官面前調書が321条1項2号後段によって証拠能力が認められてしまうとの問題が指摘されることがある。この問題に関わって、憲法37条2項違反として争われた事案において、最高裁は321条1項2号後段を合憲と判断している（最判昭30・11・29刑集9巻12号2524頁〈百選A37〉）。その実質的な理由は必ずしも明確ではないが、被告人側に公判廷での証人尋問の機会が一応は与えられているので、憲法違反の問題は生じないと理解しているように読める。

　しかし、裁判員裁判の導入を契機として、直接主義が重視されるようになった。その影響なのか、このような場合に検察官面前調書の証拠調べ請求がなされても、主尋問の中で既に当該原供述者の供述が公判廷に顕出されているとして、裁判所が「証拠調べの必要性がない」として採用しない事案も多くなったといわれる。これに対しては、321条1項2号に沿って裁判所は訴訟指揮を行うべきであり、検察官面前調書を採用すべきだとの意見もある。なお、公判前整理手続に付された事案においては、「やむを得ない事由」によって「公判前整理手続又は期日間整理手続において請求することができなかったもの」でなければ、新たに証拠調べ請求を行うことができない（316条の32）。公判で証人が捜査段階の検察官面前調書と異なる供述をした場合には、「やむを得ない事由」に当たると考えるのが一般的だとされている（→8講2(1)エ）。

＊　相反供述と「前の供述」

　　321条1項2号後段によって検察官面前調書に証拠能力が認められるためには、当該検察官面前調書が公判供述よりも「前」に供述されたものでなければならない。そのため、例えば【設問2】における証人尋問の後に、検察官がYの取調べを行って、「Xと事前に共謀した」旨の検察官面前調書を作成したとしても、321条1項2号後段の「前の供述」には当たらず、証拠能力は認められないと解されている（東京高判昭31・12・15高刑集9巻11号1242頁）。ただし、判例は、Yをさらに公判で証人として2度目の尋問をしたところ、1度目の【設問2】の反対尋問と同じく「Xとは事前の共謀をしていない」と供述した場合、この2度目の公判供述との関係では、この検察官面前調書は「前の供述」に当たり、321条1項2号後段により証拠能力を認められるとしている（最決昭58・6・30刑集37巻5号592頁）。もっとも、公判前整理手続によって事前に審理計画が立てられ、それに従って公判が進行する現在の実務では、こうした2度目の尋問を実施すること自体が稀なことになっている。

(3) 国際捜査共助要請と供述録取書

【設問3】福岡市東区一家殺害事件

中国人留学生であったAは、中国人の共犯者2名と共謀の上、V方に侵入し、家族4人を殺害して金品を強取し、死体を海中に投棄した強盗殺人等の事実により起訴された。共犯者2名は中国で身体を拘束されていたため、検察は中国当局に対して国際捜査共助を要請した。中国当局は、日本の警察官・検察官の立会いの下、共犯者2名に対して取調べを行い、その証言により、供述録取書が作成されて日本に送付された。Aの公判において、検察官から、共犯者2名の供述録取書の証拠調べ請求がなされた。これに対して、被告人側が不同意かつ異議があるとの意見を述べた。裁判所は証拠能力を認めるべきか。

ア 問題の所在

【設問3】は、最判平23・10・20刑集65巻7号999頁〈百選82〉の事案をモデルにしたものである。【設問3】で問題になるのは、被告人以外の者である共犯者2名について、中国当局が日本側捜査機関の捜査共助要請を受けて供述を録取した書面である。中国当局は、日本の裁判官や検察官に当たらないため、被告人以外の者の供述を録取した書面については、321条1項3号が適用されうることになる。

他方で、当時の中国刑訴法は、被疑者に対して「捜査員の質問に対して、ありのままに答えなければならない」旨の規定が設けられており、いわゆる真実供述義務が課されていた。このような法制度下で採取された供述録取書に証拠能力が認められるのかが問題となる。

イ 判例の理解

【設問3】の事案について、共犯者2名が中国で身体を拘束されているため、国外にいる点において供述不能要件を充たすことは言うまでもない。最高裁は、【設問3】の書面について、共犯者による強盗殺人等の「犯罪事実の証明に欠くことができないものといえる」書面であり（**必要不可欠性**）、「日本の捜査機関から中国の捜査機関に対し両名の取調べの方法等に関する要請」があり、取調べには日本の検察官が立ち会っていて、その証言により、「取調べに際しては、両名に対し黙秘権が実質的に告知」されたこと、「取調べの間、両名に対して肉体的、精神的強制が加えられた形跡はない」ことなどが認められ、こうした「具体的事実関係」を前提とすれば、321条1項3号により証拠採用した原々審の措置には違法はないとした。

取調べの方法や黙秘権告知に係る判例の説示は、積極的に特信情況を基礎

づける事情として認定する趣旨ではなく、証拠の一般的な許容性に関して述べたものとして理解されている。もっとも、日本と中国は法制度が異なるとはいえ、日本の警察官・検察官が立ち会い、日本の刑訴法においても許容されうる態様での取調べ方法がとられるよう、手段を尽くした点は、321条1項3号の絶対的特信情況を認定するための一事情にもなったと評価することはできるであろう。

ウ　設問の検討

【設問3】の場合、日本の警察官・検察官が立ち会い、その証言によって絶対的特信情況を担保できた旨を立証すれば、321条1項3号の要件を充足し、証拠能力が認められるということになる。

アメリカ合衆国の公証人の面前で、同国の連邦法に基づき作成された宣誓供述書（最決平12・10・31刑集54巻8号735頁）、韓国の裁判所に起訴された共犯者の公判供述を録取した公判調書（最決平15・11・26刑集57巻10号1057頁）についても、最高裁はそれぞれ手続的保障の情況に触れた上で、321条1項3号による証拠採用を是認している。

●コラム●　明文規定なき刑事免責的行為による供述の採取

いわゆるロッキード事件において、国際司法共助・捜査共助によって得た供述の証拠能力が問題となった事例がある。アメリカ合衆国にいた証人Wに対して、検察官は国際司法共助・捜査共助要請を行い、これに基づきアメリカ合衆国の裁判所が嘱託尋問を行ったが、Wは自己負罪拒否特権を行使して、証言を拒否した。そこで、日本の検事総長および最高裁が不起訴の宣明をした上で、嘱託尋問が行われた結果、Wは証言を行い、そこでの供述を録取した書面が作成された。そして、日本の公判で、この供述録取書の証拠調べがなされたというものである。当時、明文規定がなかったいわゆる刑事免責を与えて得られた供述だといえるが、最高裁は刑訴法317条および1条に言及して、「刑訴法全体の精神」に照らして判断すべきだとした上で、「必要とする事情の有無、公正な刑事手続の観点からの当否、国民の法感情からみて公正感に合致するかどうかなどの事情」を考慮して採否を検討すべきであり、採用する際には「対象範囲、手続要件、効果等」を法定すべきだとした。その上で、そのような明文規定を欠いている以上は上記供述録取書の証拠能力は認められないとした（最大判平7・2・22刑集49巻2号1頁〔ロッキード事件〕〈白選66〉）。

この判例は、立法により証拠能力を認める要件が具体的に設定されるべき証拠であるにもかかわらず、明文規定による要件の設定がない場合には、証拠禁止の観点から証拠能力が否定されうることを示したと理解できる。もっとも、現在は刑事免責制度の立法がなされた（→8講2⑵コラム）。そのため、このような事案が今後生じた場合には、日本の刑事免責制度の手続要件等と実際に海外で行われた手続を対比した上で、証拠能力の有無が検討されることになるように思われる。

⑷　退去強制と検察官面前調書

【設問4】外国人女性管理売春事件
　売春クラブを経営していたXに対し、検察官はT国人11名に売春をさせた疑い（売春防止法違反）を抱いた。T国人11名は入国管理局に出入国管理法違反で退去強制の手続が開始されたが、退去強制される直前の収容期間内に、検察官は上記11名の者から事情を録取し、検察官面前調書を作成した。その後11名は順次退去強制がなされ、Xの公判時には全員出国した。そこで検察官は、Xの有罪立証のために、上記11名の者の検察官面前調書の証拠調べを請求した。これに対して、Xの弁護人は不同意意見を述べた。裁判所はこの調書の証拠能力を認めることができるか。

ア　問題の所在

　【設問4】は、最判平7・6・20刑集49巻6号741頁〈百選81〉の事案を単純化したものである。一般的には、公判廷での証言が困難な場合について、刑訴法は第1回公判期日前に検察官が裁判官に証人尋問を請求できる制度を設けている。しかし、この制度を使えるのは、①犯罪の捜査に欠くことのできない知識を有すると明らかに認められる者が、参考人取調べ（223条1項）に対して、出頭や供述を拒んだ場合（226条）、②参考人取調べにおいて供述した者が、公判期日においては前にした供述と異なる供述をするおそれがあり、かつ、その者の供述が犯罪の証明に欠くことができないと認められる場合（227条）である（→3講6⑶）。被告人側は、「捜査に支障を生ずる虞がない」と認められるときに、これら尋問に立ち会うことができる（228条2項）。しかし、**【設問4】**は、これら要件を充たすとは考えにくい。弁護人としては、あらかじめ証拠を保全しておかなければその証拠を使用することが困難な事情があるときは、第1回の公判期日前に、裁判官に証人尋問を請求することができる（179条）。証拠保全請求であるが（→5講6⑷*）、**【設問4】**の11名は検察側証人であるにもかかわらず、弁護人が主尋問を行わなければならなくなるなど、**【設問4】**においてこの請求を行うことは考えにくい。

　他方で、**【設問4】**の11名はT国に出国しており、日本に戻ってくる見込みもないため、供述不能に当たる。そのため、321条1項2号前段によって証拠能力が認められる可能性が出てくる。証人となりうる者が入管法上の退去強制の対象となる場合、刑訴法・入管法双方に退去強制時の対応に関する調整規定がないために、証人尋問の機会を被告人側が保障されない状態に陥るが、それにもかかわらず検察官面前調書の証拠能力が認められるかが、問

題となる。

イ　判例の理解

　最高裁は、【設問4】の事案について、①検察官において「当該外国人がいずれ国外に退去させられ公判準備又は公判期日に供述することができなくなることを認識しながら**殊更そのような事態を利用しようとした場合**」、②裁判官または裁判所が「当該外国人について証人尋問の決定をしているにもかかわらず**強制送還が行われた場合**」を例示した上で、当該外国人の検察官面前調書を証拠請求することが「**手続的正義の観点から公正さを欠くと認められるとき**」には検察官面前調書の証拠能力が否定されうることを説示した。

　この説示が、321条1項2号前段の供述不能の解釈として示されたのか、同号前段の解釈としてではなく証拠禁止の観点から示されたのかについては、議論があるが、いずれにせよ321条1項2号に文言上該当するように見える場合でも、証拠能力が否定される場合があることを認めた。

ウ　設問の検討

　最高裁は、【設問4】の事案について、①検察官において供述者らが強制送還され将来公判準備または公判期日に供述することができなくなるような事態を殊更利用しようとしたとは認められず、②本件では、弁護人からの証拠保全の請求がないまま強制送還されたため、「本件検察官面前調書を証拠請求することが手続的正義の観点から公正さを欠くとは認められない」として、321条1項2号前段の要件を充足することを理由に証拠能力を認めた。

- - -

●コラム●　最高裁平成7年判決後の下級審裁判例の展開

　上述した最高裁判例の後、下級審の裁判例は証人尋問の実現を重視する判断を示しつつある。例えば、裁判所において証人尋問の決定がなされ、検察官が入国管理センターにそのことを伝えたにもかかわらず、退去強制が行われた事案について判断した裁判例がある。上記最高裁判決の趣旨は、321条1項2号および3号所定の要件に該当する供述調書であっても、供述者の退去強制により証人尋問が不可能になったことについて、「国家機関の側に手続的正義の観点から公正さを欠くところがあって、その程度が著しく、これらの規定をそのまま適用することが公平な裁判の理念に反することとなる場合には、その供述調書を証拠として許容すべきではない」という点にあるとした上で、原審における裁判所および検察官は、それぞれの立場から、各時点における情況を踏まえて、証人尋問の実現に向けて相応の尽力をしてきたこと、入国管理当局も可能な限り協力する態勢を整えていたことが認められるとして、証拠能力を認めている（東京高判平20・10・16高刑集61巻4号1頁）。ここでは、証人尋問の実現のための相応の尽力の有無を、各国家機関について個別具体的に認定している点が重要であろう。

　近時の下級審の裁判例は、この高裁判例の影響を受けていると思えるものもある。被告人が薬物輸入に関与していた旨を供述する最も重要な証人が、退去強制処分を受けたた

め、当該証人への尋問ができなくなった事案について、当該証人の検察官面前調書の証拠能力の有無について判断した裁判例である。退去強制となった供述者の検察官調書を証拠として採用する前提として、検察官のみならず、裁判所はもとより入国管理当局を含めた関係の各国家機関が、当該供述者の証人尋問を実現するために、相応の尽力をすることが求められていると説示した。その上で、①起訴後に検察官が裁判所や弁護人に対して退去強制手続が進められていることを告知していないこと、②告知されていれば、弁護人側は証拠保全手続（179条）を行って実効的な証人尋問を行うことができた可能性が高い事案であったこと等を指摘して、検察官が、被告人・弁護人に対し「直接尋問する機会を与えることについて、相応の尽力はおろか実施することが容易な最低限の配慮をしたことも認められない」として、321条1項2号前段により証拠採用することが「国家機関の側に手続的正義の観点から公正さを欠くところがあって、その程度が著し」く、「将来における証人審問権に配慮した刑事裁判手続を確保するという観点からも、到底許容することができない」として、証拠能力を否定した（東京地判平26・3・18判タ1401号373頁）。

＊　退去強制の事案における証人尋問の機会

　　近時は、公判前整理手続に伴う検察官の早期の証明予定事実の提示や証拠調べ請求、証拠開示の実施や、公判前整理手続に付されない事件における任意の証拠開示によって、弁護人に対して証拠保全請求の要否を判断する機会が早期に提供されることも多い。第1回公判期日前の証人尋問が機能する条件も、かつてよりは整うようになった（ただし、弁護人の立会いが確実に担保されるわけではない。228条2項参照）。また、外国人による犯罪件数が減少している事情も相まって、退去強制に伴う【設問4】のような事例は減少しつつある。

●コラム●　321条1項各号で要件が異なる理由

　被告人以外の者の供述代用書面（供述書・供述録取書）の証拠能力を認めるための要件を定める、321条1項1号の裁判官面前調書、321条1項2号の検察官面前調書、そして321条1項3号の司法警察職員その他の者の作成による供述代用書面は、要件の厳格さに相違がある（→10講2⑶ア a、b、c）。裁判官面前調書は中立公平な司法官の面前で作成された供述録取書等なので、最も要件が緩和されている。他方で、司法警察職員その他の者の作成による供述代用書面の要件は、最も厳しい。しかし、検察官面前調書は、裁判官面前調書ほどではないにせよ、（司法警察職員のみならず）弁護人とも異なり、要件が緩和されている。検察官と弁護人はともに当事者的な法書であるにもかかわらず、弁護人と異なり、検察官について特に要件が緩和されている理由は、現行刑訴法が制定された際の事情によるものと考えられる（→14講1）。①捜査手続で作成された書面が極度に排除されることを回避しようとしたこと、②司法警察職員に比して検察官には在野法書からも信頼があったこと、③旧刑訴法の予審制度を廃止し、検察官が予審判事の権限を実質的にはかなりの程度引き継いだ側面があり、検察官面前調書が予審判事の作成する書面と類似して理解されていたと考えられることなどが挙げられる（このような歴史的な理由がある一方で、憲法37条2項で証人審問権が保障され、当事者主義が重視される現行法の体系の下では、321条1項2号は廃止すべきとの見解もある）。

3 検証調書・実況見分調書

(1) 検証調書・実況見分調書の特徴

立会人Wは

「私が犯人に殴られた場所は
ここです」

と指示説明した。

立会人Wは、
「この場所で、AとVはこのよう
　に向かい合って立ち、AがVの
　右肩に対して殴打したかのよう
　な動きをしていました」
と供述し、現場に立ち会っていた
司法警察員をVに見立てて、写真
のように動作を再現した。

　検証や実況見分を行う際には、その現場において、立会人が検証の対象や実況見分の対象を指示した上で、説明を行うことが多い（指示説明）。この指示説明は、事実に関する発言を含む供述であることも多い（左図）。

　他方、指示説明の際に、犯行を目撃した立会人が、犯行状況を再現する供述を行うのみならず、目撃した犯行の様子を動作によって再現し、その様子を捜査機関が写真撮影することもしばしばある。その写真が実況見分調書に貼付され、指示説明の内容が記載されることもある（被害・犯行再現状況報告書、右図）。

　以下では、指示説明が供述証拠として用いられない場合の処理や、供述証拠としても用いられる場合の処理について、事例を用いて確認したい。

(2) 検証調書・実況見分調書における立会人の指示説明

【設問5】自動車交通事故実況見分事件
　被告人Aの過失運転致死事件において、司法警察員Kは被告人Aと事件の目撃者Wを立会人とする実況見分調書を作成した。この実況見分調書には、被告人Aが実況見分の現場で行った、「甲地点で被害者Vの姿を認め、乙地点でブレーキを踏み込んだものの、丙地点でVと衝突した」との指示説明が、現場見取図および甲地点〜丙地点の各地点と相互の距離とともに記載されていた。また、目撃者Wの現場における指示説明も同様に記載されていた。検察官はこの実況見分調書

の立証趣旨を「本件事故の状況」として証拠調べを請求したのに対して、弁護人は不同意見を述べた。検察官は、321条3項の定める真正性立証の要件を充たせば証拠能力が認められると主張した。これに対して、弁護人は、被告人Aおよび目撃者Wの指示説明は、実況見分と一体のものではなく、被告人Aの指示説明は322条1項、目撃者Wの指示説明は321条1項3号の要件を具備する必要があると主張した。裁判所はどのように判断すべきか。

ア　問題の所在

　捜査機関が作成した検証調書の場合、「その供述者が公判期日において証人として尋問を受け、その真正に作成されたものであることを供述したとき」に証拠能力が認められる（321条3項）。この条文にいう「供述者」とは、調書の作成者である捜査機関の者を指す。検証をした者の記憶に頼って検証結果を供述するよりも、書面により報告する方が、正確性を確保できる。他方で、捜査機関が行う検証においては、被疑者は立ち会う権利が保障されていない。そのため、作成者への尋問を条件として証拠能力を認める形になっている。

　判例によれば、実況見分調書も検証調書に「包含」される以上、原則としては321条3項の要件として定められている真正性の立証を行えば、証拠能力が認められる（最判昭35・9・8刑集14巻11号1437頁〈百選A39〉）。実況見分も検証も、令状の有無という違いはあれど、五官を用いて対象の状態を感知するという処分内容は同じであり、書面の性質に違いはないからだと解されている。

　しかし、【設問5】は、実況見分の現場でなされた立会人の指示説明を、実況見分調書に記載している。比喩的にいえば、この指示説明の記載は、実況見分の現場において取調べを行ったようなものではないのか、そうだとすれば被告人の供述録取書に関する322条1項の要件や、第三者の供述録取書に関する321条1項3号の要件を充たす必要が生じるのではないか——というのが、弁護人の主張である。裁判所はどうすべきであろうか。なお、【設問5】は、最判昭36・5・26刑集15巻5号893頁の事案の概要である。

イ　判例の理解

　最高裁は、実況見分調書における立会人の指示説明は、「立会人をして実況見分の目的物その他必要な状態を任意に指示、説明させることができ、そうしてその指示、説明を該実況見分調書に記載する」ものだとした上で、これは「実況見分の1つの手段であるに過ぎ」ないと説示した。

この説示の含意は、少なくとも本件の指示説明は、**実況見分の目的や動機**を説明するために記載されているのであり（なぜ当該道路を見分して見取図を作成しているのか、なぜ各地点の距離を測っているのか等）、実際にブレーキを踏みこんだか否かを、当該指示説明によって認定するわけではない（写真のブレーキ痕も「ブレーキ痕がある」ことがわかるだけで実際にブレーキを踏み込んだかどうかは証人尋問で明らかにする）。指示説明に含まれる事実の真実性が問題になっているわけではないので、**供述証拠として用いる趣旨の記載ではない**といえる。

　つまり、立会人の知覚・記憶・表現・叙述のとおりの経緯で事故が発生した旨を立証しようとするものではない（立会人の指示説明の内容が真実か否かは、問題となっていない）。事故の現場の様子を証明する趣旨の記載というべきである。

　したがって、「被疑者及び被疑者以外の者を取り調べ、その供述を求めるのとは性質を異に」すると評価できるため、322条1項や321条1項3号の要件を充足する必要はなく、**321条3項の要求する真正性の立証で足りる**と判断した（前掲・最判昭36・5・26）。

ウ　設問の検討

　【設問5】の場合、立証趣旨は「本件事故の状況」であり、なぜ当該場所において実況見分を行っているのかといった実況見分の経緯や目的・動機を説明するために、被告人Aや目撃者Wの指示説明が記載されたと評価できる。そのため、321条3項の要件の充足で足りることになる。

　しかし仮に、「被告人Aが乙地点でブレーキを本当に踏んだのか否か」「本当に丙地点でVと衝突したのか否か」等が公判において争点となっており、実況見分の指示説明に含まれる事実の真実性が争われている場合には、被告人Aや目撃者Wの指示説明は、実質的には供述証拠として用いられていると評価しうる。その場合には、**【設問5】**の事案であっても、被告人Aの指示説明については322条1項が、目撃者Wの指示説明については321条1項3号が適用され、原供述者A・Wの署名押印を含む各要件の充足が求められることになる。

　実務上、実況見分調書を作成する過程で、立会人の指示説明に同人の署名押印を求めることはない。そのため、実質的には指示説明部分は証拠とすることができず、証拠調べ請求を撤回するほかない（指示説明部分のみの撤回のように、書面の一部を撤回する場合は、当該部分がマスキングされる）。WやAの供述を証拠としたい場合には、立会人たる原供述者Wの証人尋問

や、Aに対する被告人質問、あるいはWやAの（実況見分調書以外の）供述録取書によって立証することになるだろう。

* 酒酔い・酒気帯び鑑識カード

酒酔い運転等の疑いがある事案では、しばしば酒酔い・酒気帯び鑑識カードが作成される。同カードは、警察官が対象者の呼気に含まれるアルコール量の検査結果とともに、言語・歩行能力・直立能力・酒臭・顔色・目の状態・態度等の観察結果を記入するものである。また、同カードには、対象者と警察官との間の問答（名前、年齢、住所、職業や何をどこで誰とどの位飲んだか等）の記載もなされる。判例は、前者の観察結果は「検証の結果を記載した書面」に当たるとして321条3項の要件を充足すれば足りるとする一方、後者の問答部分は、警察官が聴取した事項の報告（供述書）であって、捜査報告書の性質を有するとして、321条1項3号の要件の充足が必要だと判断した（最判昭47・6・2刑集26巻5号317頁）。

(3) 被害・犯行再現状況報告書等

【設問6】犯行被害再現実況見分調書事件

被告人Aは被害者Vに対する痴漢行為の事実で起訴された。検察官は公判において、立証趣旨を「犯行再現状況」として捜査段階で警察官により作成された写真撮影報告書を、立証趣旨を「被害再現状況」として同じく捜査段階で警察官により作成された実況見分調書を、それぞれ証拠調べ請求した。写真撮影報告書には、警察署の取調べ室内において、Aが被害者役の警察官に対して犯行時の動作等を再現した様子を撮影した写真10枚と、各写真に対してAの供述を録取した内容を含む説明文が付されていた。実況見分調書には、警察署の通路において、Vが犯人役の警察官から被害を受けた際の姿勢等を再現した様子を撮影した写真12枚と、各写真に対してVの供述を録取した内容を含む説明文が付されていた。被告人側は無罪を主張し、不同意意見を述べた。裁判所は321条3項の要件の充足をもって、両書面の証拠能力を認めるべきか。

ア 問題の所在

【設問6】は、最決平17・9・27刑集59巻7号753頁〈百選83〉の事案の概要である。捜査機関が実況見分の際に、立会人である被疑者や被害者に対して、犯行再現や被害再現を行わせて、その過程を記録するとともに、実況見分の現場でなされた供述を録取する場合がある。【設問6】では、検察官は「犯行再現状況」「被害再現状況」を立証する趣旨で本件両書面の証拠調べを請求しているが、本件両書面に録取されている立会人AやVの供述や両書面に添付された写真は、【設問5】の場合と同様に、実況見分の目的や動機を説明するにとどまると評価できるか。また、もしこれら供述や写真が、実況

見分の目的や動機を説明するにとどまらないとすれば、どのような要件によって伝聞性が除去されて証拠能力が認められうるのかが、問題となる。

イ　判例の理解

　a　立証趣旨と要証事実

【設問6】について、最高裁は、そもそも検察官が本件両書面について述べた立証趣旨に疑義があるとした。すなわち、本件両書証は、捜査官が「被害者や被疑者の供述内容を明確にすることを主たる目的にして、これらの者に被害・犯行状況について再現させた結果を記録したもの」であり、「立証趣旨が『被害再現状況』、『犯行再現状況』とされていても、実質においては、再現されたとおりの犯罪事実の存在が要証事実」だと説示した。

　この説示の実質的な含意は、**当事者の主張する立証趣旨のとおりに書証を用いても、証拠価値がない場合には、裁判所は実質的な要証事実（立証事項）を設定した上で証拠能力を判断できる**ということである。本件では被害・犯行再現の過程そのものに争いはなく、検察官が主張する立証趣旨のとおりに、本件両書証を被害・犯行再現の過程を立証するために使用しても、争点の解決のためには意味がない。そのため、裁判所は、検察官が示した立証趣旨のとおりに本件両書証を用いるのではなく、実質的な要証事実（立証事項）を確認した。それは、再現されたとおりの犯罪事実が存在したことを証明しようとするものだと確認したわけである（→27講1(2)）。

　この判例のいう「要証事実」とは、当該証拠が立証するものとみざるをえないような事実を意味し、主要事実のみを指しているわけではないだろう。証明を要すべき主要事実は事件の類型ごとに定まっており、裁判所が設定できるわけではない。そのため、主要事実のみならず、間接事実や補助事実を含む立証事項として理解する方が自然だろう。

　b　実況見分調書中に含まれる供述証拠の証拠能力

　本件両書証の中の立会人の供述や添付写真は、いずれも犯行の様子や被害を受けた様子を再現させた上で、その様子を記録したものである。被害現場で実況見分を行っているわけでもなく、本件で被告人が犯行を再現したことや、被害者が被害を再現したこと自体を立証しても、被告人の犯人性を立証するためには無意味である。むしろ、再現されたとおりの犯行や被害が存在した旨を証明するために用いるのであれば、被告人の犯人性を立証するために意味を有しうる。しかし、本件立会人の供述や添付写真が「再現されたとおりの犯罪事実の存在」を証明するために用いるのだとすれば、立会人の知覚・記憶・表現・叙述の各過程が正確であることが担保されなければ、証拠

として用いる意味がない。つまり、本件両書証の中の立会人の供述や添付写真は、供述証拠に該当することになる。比喩的に言えば、実況見分調書の中に、取調べ内容を記録した供述録取書が含まれているような状況だといえる。

　このような内容の実況見分調書や写真撮影報告書の証拠能力について、最高裁は、刑訴法326条の同意が得られない場合には、「321条3項所定の要件を満たす必要があることはもとより」、再現者の供述録取部分と添付写真について、「再現者が被告人以外の者である場合」には「321条1項2号ないし3号所定」の要件（原供述者の署名押印のほか、供述不能などの各要件）が、再現者が「被告人である場合」には「322条1項所定の要件」（原供述者の署名押印などの各要件）を充たす必要があると説示した。

　ただし、添付されている写真については、「撮影、現像等の記録の過程が機械的操作によってなされることから前記各要件のうち再現者の署名押印は不要」だとした。

> ＊　321条3項の要件も求められている意味
> 　供述録取部分について、321条1項各号と署名押印の要件の充足が求められるならば、伝聞性はこれら要件によってすべて解除され、さらに321条3項の要件を求める意味がないように思えるかもしれない。それにもかかわらず判例が321条3項の充足をも求めたのは、(a)実況見分調書の中に、立会人たる被告人・被害者からの供述を録取した部分や、再現の状況を撮影した写真を添付している部分のほかに、(b)作成者たる警察官が再現状況を認識・把握してそれを記載した部分があり、このうち(b)の部分は実況見分の結果を記載したものとして321条3項で処理すべきだからだと考えられる。

ウ　設問の検討

　【設問6】の場合、作成者である警察官が真正性を立証するために尋問されていれば、いずれも刑訴法321条3項所定の要件は充たしている。しかし、各再現者の供述録取部分については、「いずれも再現者の署名押印を欠くため、その余の要件を検討するまでもなく証拠能力を有しない」ことになる。また、本件写真撮影報告書中の写真は、「被告人が任意に犯行再現を行ったと認められる」ならば証拠能力を有する。他方で、被害者が再現行為を行った本件実況見分調書中の写真は、「署名押印を除く刑訴法321条1項3号所定の要件を満たしていない」ため、証拠能力を有しないことになる。

> ＊　実況見分調書の要証事実（立証事項）
> 　【設問6】の各書面は、被害・犯行現場での再現ではなく警察署での再現を記載した書面であり、かつ被告人や被害者の体格差に着目した再現もさ

れていない。そのため、電車内で被告人が痴漢行為を行うことが物理的に可能であったか否かや、被告人と被害者の体格差の観点から物理的に痴漢行為が可能だったか否か等を証明しようとする書面だとは認めにくい。最高裁が、検察官の示した「犯行再現状況」「被害再現状況」という立証趣旨では証拠価値がないと考えたのは、このような理由によるのだろう。裏返せば、被害・犯行状況を再現した様子を記録した実況見分調書であっても、被告人による犯行が物理的に可能であったか否かを確認するために、犯行を再現させて記録している場合には、立会人の知覚・記憶・表現・叙述の正確性は問題とならない。この場合には、立会人の供述や立会人の動作を撮影した写真は、いずれも321条3項の要件のみで証拠能力が認められることになる。

⑷　実況見分調書等の公判廷における使用

【設問7】証人尋問時被害再現写真提示事件
　電車内における痴漢行為に関する強制わいせつ被告事件において、検察官は被害者Ⅴを立会人として作成された被害再現状況報告書の証拠調べを請求したが、被告人側は不同意意見を述べた。そのため、検察官は被害者Ⅴを証人として請求し、Ⅴに対して被害を受けた際の状況および犯人の腕をつかんだときの状況を尋問し、Ⅴはこれらの状況について詳細に証言した。その後、検察官はⅤに対して、被告人が犯人である旨を確認した上で、公判廷でのⅤの供述を明確にするために必要があるとして、証拠として採用されていない被害再現写真をⅤに示すことの許可を求めた。裁判所は許可すべきか。

ア　問題の所在
　【設問7】は、最決平23・9・14刑集65巻6号949頁〈百選68〉の事案を、若干変更したものである。被害再現状況報告書のような実況見分調書に対して、不同意意見が示された場合、【設問6】に関する前掲・最決平17・9・27〈百選83〉が求める要件を充たす必要が生じうる。要件の充足が難しい場合には、【設問7】のように被害者を証人として尋問することで、被害状況を公判廷で立証することになる。この際に、刑訴規則199条の12が「証人の供述を明確にするため必要があるとき」には裁判長の許可を受けて写真等を利用して尋問することができる旨を定めていること（→8講2⑵【設問21】）を受けて、被害再現写真のみを被害再現状況報告書から切り離して、証人尋問の際に証人たる被害者に提示することは許されるか。
　さらに、刑訴規則49条によれば、公判調書には「書面、写真その他裁判所又は裁判官が適当と認めるもの」を引用・添付して、調書の一部とすること

が認められている。尋問を終えた後に、裁判所が上記被害再現写真を証人尋問調書に添付する（刑訴規則49条）ことが許されるか。このようなことを行うと、伝聞証拠の使用を制限する刑訴法の規定を潜脱することにならないか。

イ　判例の理解

　最高裁は、【設問7】の事案において、第1審裁判所が刑訴規則199条の12により被害再現写真の提示を許可したことは違法ではないとした。その理由について、検察官が「証人（被害者）から被害状況等に関する具体的な供述が十分にされた後」に、「その供述を明確化するため」に被害再現写真を示そうとしており、示す予定の**被害再現写真の内容**は「**既にされた供述と同趣旨のものであったと認められ**」ることから、「**被害再現写真を示すことは供述内容を視覚的に明確化するためであって、証人に不当な影響を与えるものであったとはいえない**」からだと説示した。

　言語だけでの説明では、動作などが想像しにくい場合がある。そのため、被害再現写真は視覚的に証言内容を明確にするために用いられているというわけである。裏返せば、**証人によって具体的な供述が十分になされる前に被害再現写真を示すならば、証人の記憶や証言内容に対して不当な影響を与える可能性が生じ、刑訴規則199条の12によっても許容されない場合がありうる。**

　また、証人尋問調書への被害再現写真の添付についても、最高裁は問題はないという判断をした。本件証人は、供述の明確化のために被害再現写真を示され、被害状況等に関し具体的に証言した内容がその被害再現写真のとおりである旨を供述していた。【設問7】の場合、その証言経過・証言内容によれば、「証人に示した被害再現写真を参照することは、証人の証言内容を的確に把握するために資するところが大きい」ため、「**証言の経過、内容を明らかにするため、証人に示した写真を刑訴規則49条に基づいて証人尋問調書に添付したことは適切な措置**」だと説示した。最高裁によれば、この措置は「訴訟記録に添付された被害再現写真を独立した証拠として扱う趣旨のものではない」ため、この措置を決する際に当事者の同意は要しないとされた。また、最高裁は、被害再現写真を独立した供述証拠として取り扱うものではないから、「伝聞証拠に関する刑訴法の規定を潜脱するものではない」と説示した。

　　＊　公判調書に添付された書面・写真がもつ意味
　　　本件被害再現写真は、独立した証拠として採用されたものではない。そ

のため、証言内容を離れて、被害再現写真自体から事実を認定することはできない。あくまで、証人が供述をした上で、その供述内容を明確にするために必要なときに、被害再現写真を提示するにとどまる。つまり、証言において引用された限度で、被害再現写真の内容は証言の一部となり、事実認定のために使用できるにとどまる。

　関連して、被告人質問の際、検察官が被告人に対して、証拠として取り調べられていなかった被告人の電子メールを提示し、被告人が同一性や真正な成立を確認したところ、裁判所が電子メールの存在および記載内容から被告人の詐欺の故意や共犯者との間の共謀の認定をした事案がある（最決平25・2・26刑集67巻2号143頁）。最高裁は、電子メールは公判調書に添付されたことで独立の証拠となったり、当然に証言または供述の一部になるわけではなく、被告人の供述に引用された限度において電子メールの内容が供述の一部となるにとどまるとした。つまり、被告人供述で引用されていない部分についてまで、公判調書に添付された電子メールが証拠として事実認定のために用いられてはならない点に、注意が必要である。

ウ　設問の検討

　【設問7】の場合、被害者Vが詳細な証言を行った後に、検察官が被害再現写真を提示しようとしているため、当該写真が証言内容と一致している限りにおいて、証言の内容を視覚的に明確化するための提示だと理解できる。その場合には、裁判所としては提示を刑訴規則199条の12に基づいて許可すべきことになる。尋問終了後には、当該被害再現写真を証人尋問調書に添付することも許容される。証人尋問調書に写真が添付されたとしても、それはあくまで、証言によって引用された限りにおいて、証拠価値を有するにとどまる。裁判所が添付された写真単独で事実を認定することは、許されない。

4　鑑定書──検証調書・実況見分調書との区別

【設問8】火災保険金詐欺未遂事件

　非現住建造物放火被告事件において、検察官の依頼により、消防職員として約15年間勤務した経験を有し、通算で約20年間にわたり、火災原因の調査・判定に携わってきた民間調査会社の私人Wが、火災原因にかかる燃焼実験の考察結果をまとめた報告書を作成した。検察官は、この燃焼実験報告書抄本を証拠調べ請求した。弁護人が不同意意見を述べた場合、裁判所は、どの条項に基づいて証拠能力の有無を判断すべきか。

(1) 問題の所在

【設問8】は最決平20・8・27刑集62巻7号2702頁〈百選84〉を単純化した事案である。検察官が元消防職員である私人Wに対して、燃焼実験を依頼し、その結果を記載した燃焼実験報告書抄本の証拠調べを請求している。作成者が五官の作用を用いて対象の状態や性質を把握した結果を記載した書面だと考えれば、検証調書・実況見分調書に類する性質を見出し、321条3項によって証拠能力を認める可能性が生じる。もっとも、この理解に従うと、321条3項は作成主体として「検察官、検察事務官又は司法警察職員」のみを挙げており、これを例示として捉えてよいのかという問題が生じる。他方で、専門的知見に基づいた分析・判断を行った結果を記載した書面だと考えれば、鑑定受託者の書面として321条4項によって証拠能力を認める可能性が生じる（→10講2(3)ア f ）。

(2) 判例の理解

【設問8】の事案について、最高裁は、321条3項ではなく、「**321条4項の書面に準ずるもの**」として、証拠能力を認められると判断した。他方で、321条3項の書面の作成主体は「検察官、検察事務官又は司法警察職員」とされている文言とその趣旨に照らして、私人作成の書面に321条3項を準用することはできないとした。

判例は、**321条3項**を、捜査機関を構成する**公務員**という、一定の身分を有して捜査という業務内容を遂行する者が作成した書面に限定することで、**書面の信用性の情況的保障**を担保する一方で、**321条4項**は作成者が専門知識を有し、**専門家として専門的知見に基づいて客観的に分析・判断すること**をもって、**書面の信用性の情況的保障**しようとしていると考えられる。したがって、作成者が、書面の内容の信用性を裏づけられるだけの特別の学識経験を有する者であり、当該書面がその知見に基づく分析・判断を記載した書面であるならば、321条4項により証拠能力を認めることができるということになる。

(3) 設問の検討

【設問8】では、私人Wは消防職員として15年間の勤務経験を有し、通算で約20年にわたり火災原因の調査・判定に携わっている。そのため、本件燃焼実験報告書抄本は、火災原因について専門的知見を有し、その知見に基づいて分析・判断を行った結果を記載した書面だと評価することが可能となる。したがって、321条4項の要件を充足することで証拠能力が認められるといえる。

＊　税関職員作成の犯則事件調査時の写真撮影報告書

　　税関職員が犯則事件調査の際に写真撮影報告書を作成したところ、当該報告書の証拠能力が争われた事案において、税関職員による犯則事件調査が「検察官、検察事務官又は司法警察職員が行う犯罪の捜査に類似する性質を有する」ことを理由として、「検証の結果を記載した書面と性質が同じであると認められる限り」で、321条3項所定の書面に含まれるとした裁判例がある（東京高判平26・3・13判タ1406号281頁）。

＊　鑑定書として認められた書面

　　裁判例において、321条4項の準用が認められた書面としては、ポリグラフ検査書（東京高決昭41・6・30高刑集19巻4号447頁）、声紋鑑定書（東京高判昭55・2・1判時960号8頁）、運輸省航空事故調査委員会が作成した事故調査報告書（名古屋地判平16・7・30判時1897号144頁）などがある。

第29講　証拠法(6) ―― 伝聞例外(2)

1　特信文書に当たるのはどのような書面かを考えてみよう。
2　同意書面に関連して、同意の方法や同意の効力等の諸問題について理解しよう。
3　再伝聞がどのような論理によって許容されると考えられているのかを、理解しよう。
4　供述の証明力を争うための証拠に該当するのは、どのような書面なのかを理解しよう。

1　特殊な伝聞例外または非伝聞

　本講で取り上げる各類型は、①伝聞例外の中でも特殊な類型、②伝聞証拠だが例外として許容されるという伝聞例外ではなく、そもそも非伝聞証拠とされる類型である。

　まず、①として取り上げるいわゆる**特信文書**（323条各号）は、特段の要件が設定されておらず、この条項の文書に該当すれば、無条件で証拠能力が付与される。また、**再伝聞**は伝聞証拠の中に伝聞証拠が含まれる場合の処理を求めるものであるが、その性質上、原供述者の署名押印がないことから、解釈上の問題となる。また、**同意書面**（326条）は、同意の方法、同意の効力や同意の撤回の可否について議論がある。同意書面は、原則として特信情況等が問題とならない点で独特である。

　次に、②として取り上げるのは、**供述の証明力を争う証拠**（328条）である。判例によれば、この条項は非伝聞証拠を許容することを確認する規定である点で、独特な意味をもつ。

　以下では、それぞれの特色を意識しつつ、各類型の解釈上の問題を確認しよう。

2 特信文書

【設問1】ロッキード事件児玉・小佐野ルート

　所得税法等違反の事実により被告人Aが起訴されたところ、公判において検察官は以下の証拠の取調べを請求した。被告人側が不同意の意見を述べた場合、以下の(1)(2)について、それぞれ323条の書面として証拠能力を認めることができるか。

(1)　業務上の資料とする目的で作成していた甲銀行支店次長Bが作成した日誌。その日の業務の要点を、当日終業後またはその翌朝に、約3年10カ月にわたり、所感を含めずに箇条書式に記載したもの。ただし、他人の校閲を受ける機会はなく、私物としてBが持ち歩いていた。

(2)　甲銀行支店長Cの当用日記。個人的な心覚えのために記載し、自席の事務机に保管しているもので、毎日前日または2〜3日前の体験を記載しているが、銀行の業務上の出来事のみならず全くの私生活に関する事項の記述、主観的な所感・意見等が随所に記載されているもの。

(1)　問題の所在

　【設問1】は東京地決昭53・6・29判時893号8頁③事件〈百選85〉を単純化した事案である。323条1号および同条2号に規定された書面は、**誰が原供述者であるかに関係なく、その書面について類型的に高度の信用性の情況的保障が認められる**。そのため、特段の要件が求められることなく、無条件で証拠能力が認められるとされている。

　本件(1)(2)の各書面は、公務員が職務上作成した文書（323条1号）には当たらないのは明らかであるところ、業務文書（323条2号）に当たるのか、当たらないとしても323条3号にいう「特に信用すべき情況の下に作成された書面」として、高度の信用性の情況的保障が認められるか否かが問題となる。

(2)　裁判例の理解

　323条2号の業務文書は、正確な記載をしないと業務の遂行に支障が生じるような書面が列挙されている。ある程度永続性のある業務の遂行過程で、その業務遂行の基礎として継続的に作成されるものを指すというのが、一般的な理解である。**【設問1】**の裁判例によれば、323条2号の業務文書は、「その記載内容が作成者以外の者の目に触れる機会が多く、それらの者の業務活動の基礎ともなる」から記載内容の正確性が客観的に担保される。しかし、(1)の日誌は個人的目的で作成されており、そのような性質を有さない点

で、「323条第2号所定の業務過程文書に該当すると解するにはいささかの疑念の余地」があるとしている。

　他方で、323条3号に該当するか否かを判断する際にも、323条1号や同条2号と同等の信用性の情況的保障が必要だと考えられている。判例上は、預金通帳の預入れ・払戻しの日付や金額の記載、レジスターで打ち出したレシートのような、定型的・類型的な信用性の情況的保障が認められる場合のみならず、個別具体的に高度な信用性の情況的保障があるか否かを判断する傾向にある。例えば、ストーカー規制法違反被告事件において、被害者とその会社の同僚が作成したノートで被害者にかけられた電話の受信日時・内容等の事項を手書したものや、表計算ソフトで作成した電話番号・日付・時間その他の事項が記載された一覧表について、被告人からと思われる電話に限り、受信日時や内容を、受信した直後かその後遅滞ない時期に正確に記録したもので、恣意的な記載がなされたと疑うべき事情がないとして、323条3号の適用を認めて、証拠能力を認めた事例がある（東京地判平15・1・22判タ1129号265頁）。

　このように、判例は、定まった書式などの一定の形式に従って主観的な所感等を交えずに事実を記録している場合のように、**定型的・類型的な信用性の情況的保障**が認められるか否かという観点と、**個別具体的に高度な信用性の情況的保障**が認められるか否かという観点を、事案に即して双方ないしいずれかを用いて、323条1号または2号の書面に類する信用性が客観的に認められるか否かを判断しているように思われる。前者の観点は、321条1項3号で求められる絶対的特信情況とは異なり、323条各号の特信文書において特に求められる要素だと考えられる。

(3)　設問の検討

　【設問1】について判断した裁判例は、(1)の日誌について、業務上の個人的な備忘録として作成されており、約3年10カ月にわたりほぼ毎日、当日終業後またはその翌朝に、所感を含めずに箇条書式に記載したことを認定した。その上で、個人的目的で作成され公開性がないという点を除けば、323条2号の業務文書に比肩すべき高度の信用性の情況的保障を有するとして、**323条3号に該当する**とした。ここでは、**作成目的・作成方法**を勘案した上で、誤った記載がなされるおそれが小さいことが理由とされている。

　他方で、(2)の当用日記については、**【設問1】**で示されている作成方法や記載内容を勘案して、「到底これを以て法第323条第1号、第2号所定の書面に準ずる性質の書面と解するを得〔ない〕」と説示している。その結果とし

て、(2)の当用日記は、321条1項3号が適用された。個人的な心覚えという**作成目的**、ばらつきのある**作成時期**、**記載内容**が主観的な所感を含み、かつ私生活の事項を含む点などが、高度の信用性の情況的保障を認めにくくする事情といえる。

* 323条3号の該当性

　　金銭の領収証について、業務の過程で、相手方のために個々的にそのつど作成される場合について、323条3号に該当しないとした事例がある（東京地決昭56・1・22判時992号3頁）。これは、個々の領収証が独立して1通ごとに作成されて支払者に交付される結果、定型的継続的にまとまった記録になっていないことや、交付された領収証は必ずしも取引実態をそのまま表現しているとは限らないという事情が影響している。他方で、爆発物の開発実験に関するメモについて、当該メモが過激派のアジトから発見・押収され、爆発物の使用に向けて継続的かつ正確に観察結果・計測結果をそのつどメモしたものであることを理由として、323条2号に匹敵する程度の信用性の情況的保障があるとして、323条3号の適用を認めた事例がある（東京高判平20・3・27東高刑時報59巻1=12号22頁）。このことと関連して、原供述者が事実を直接に体験したときに、体験当時にメモを作成しており、原供述者が体験した事実の詳細を忘却した場合、当該メモは類型的に信用性が高いとして、323条3号によって証拠能力を認めるべきとの主張がある（**メモの理論**）。しかし、学説上は類型的に信用性が高いとまでは評価できないとの批判が強い。

3　伝聞供述——再伝聞

【設問2】福原村放火未遂事件
　A₁、A₂が、ほか4名とともに火炎瓶をV方に投げ入れて放火することを共謀し、A₂らがV方に赴いて雨戸に向けて火炎瓶を投げつけたが、V方を焼損するには至らなかったとして、A₁、A₂らは放火未遂で起訴された。公判において、A₁の検察官面前調書が、検察官から証拠調べ請求された。この調書の中には、「私とA₂らが実行することになっていたが、私は実行に参加しなかった。翌日の朝、A₂から、A₂ら4人でV方へ火炎瓶を投げつけてきたという話を聞いた」という供述が記載されていた。被告人A₂の犯行を立証するためにA₁の検察官面前調書を用いようとする場合、A₂から聞いた話とされる部分は、証拠能力を認めることができるか。

(1)　問題の所在

【設問2】は最判昭32・1・22刑集11巻1号103頁〈百選88〉を単純化した

事案である。A_1 の検察官面前調書は、A_2 からみれば被告人以外の者の供述録取書に当たるため、321条1項2号の要件を充足すれば、証拠能力が認められそうである。

検察官面前調書

火炎瓶を投げつけた

被告人A_2　　被告人A_1　　検察官

しかし、その供述録取書の中に、さらに A_2 の供述証拠が含まれている場合に、証拠能力が認められるか。この場合は、A_2 による犯行を立証するためには、① A_2 が出来事を知覚してから A_1 に叙述するまでの伝聞過程、② A_1 が A_2 の発言を知覚して検察官に叙述するまでの伝聞過程が含まれている。すなわち、「$A_2 \rightarrow A_1 \rightarrow$ 検察官」という経緯を経て調書が作成されており、伝聞証拠の中に、さらに伝聞証拠が含まれており、いわゆる**再伝聞**の証拠能力が問題となる。なお、【設問2】のように、供述録取書の形で現れる場合のほか、公判における供述の中に再伝聞が含まれる場合もある。

(2)　判例の理解

　最高裁は、【設問2】の事案について、「刑訴321条1項2号及び同324条により右供述調書中の所論の部分についての証拠能力を認めたことは正当」であり、証人審問権を定めた「憲法37条2項によって証拠とすることが許されないものではない」と説示した。

　この説示の意味は、次のとおりである。【設問2】の場合、「$A_2 \rightarrow A_1$」と「$A_1 \rightarrow$ 検察官」という2つの伝聞過程が存在する。まず、「$A_1 \rightarrow$ 検察官」は321条1項2号の要件を具備すれば、証拠能力が認められる（A_1 が公判廷で相反する供述をしたり、供述不能に当たる事情が生じたりした場合）。その結果、A_1 の供述を録取した検察官面前調書は**公判期日における供述と同等と評価できる**。そうすると、実質的には、公判供述の中に「$A_2 \rightarrow A_1$」の伝聞供述が含まれている場合と同じく扱うことが可能となる。

　公判供述の中に伝聞供述が含まれている場合については、刑訴法324条が規定している。A_2 は被告人であるため、被告人以外の者の「公判期日における供述で被告人の供述をその内容とするもの」について定める324条1項が適用され、322条が準用される。その結果、322条所定の要件を具備すれば、すべての伝聞過程の伝聞性が除去され、証拠能力が認められるというわけである。

　判例が、「$A_1 \rightarrow$ 検察官」という公判期日外の伝聞過程が、321条1項2号の要件の充足をもって公判供述と同視できると考えたのは、**320条が伝聞証**

拠であっても321条以下の例外に当たる場合には「公判期日における供述に
代えて」証拠とすることができると定めているからだといわれている。この
論理を徹底するならば、複数の伝聞過程を含む多重伝聞（再々伝聞、再々々
伝聞等）についても、各伝聞過程が伝聞例外の要件を充たせば伝聞性が除去
され、証拠能力が認められうることになる。

(3) 設問の検討

　以上の判例の理解からすれば、【設問2】は、321条1項2号と、324条1
項によって準用される322条の要件を充たせば、証拠能力が認められること
になる。A$_1$がA$_2$から話を聞いた状況にもよるが、A$_2$が自発的にA$_1$に話し
た状況があれば、任意性が認められて322条の要件を充たすといえるであろ
う。

　もっとも、伝聞例外の要件を充足すれば公判期日外の供述が公判期日の供
述と同等になるという論理に対しては、学説上の批判が強い。【設問2】の
場合、実際に放火行為を行ったA$_2$は、A$_1$がA$_2$の発言を正確に知覚・記憶
して表現・叙述を行っているかを確認できない。通常ならば、A$_2$からの話
を知覚・記憶したA$_1$の表現・叙述について、その伝聞過程が正確であるこ
とを、原供述者であるA$_2$が署名押印することによって担保する。しかし、
再伝聞の場合にはA$_1$が検察官の作成した書面に対して署名押印しているに
とどまり、A$_2$による署名押印は存在しない。そのため、A$_1$が正確にA$_2$の発
言を再現できていることは担保できない。そこで、実務上は、A$_2$がA$_1$に対
して調書の記載どおりの供述をした旨を、A$_2$に確認したり（肯定確認）、A$_1$
に対して反対尋問を行ってA$_2$の供述の存在を確認している。

　このように、再伝聞の証拠は慎重な吟味が求められることになるため、**実
務上は、他に証拠がないなど、必要性が特に高い場合にのみ用いられる。**

＊　「写し」の証拠能力

　　書証の場合には、原則として、原本を証拠として取り調べるべきものと
されている（310条但書参照）。しかし、謄本・抄本を含む写しを証拠とす
ることができるだろうか。一般的には、①原本が存在し、または存在した
こと、②写しが原本を正確に転写したものであること、③原本を提出する
ことが不可能または困難であることを要件として、写しにも証拠能力が認
められるとされている。しかし、コピー機等の機械による複写の場合、正
確性が高度に担保されているため、③を緩和してもよいとされている。裁
判例には、テレビニュースの映像を録画したビデオテープおよびその映像
の一部を静止写真にした写真帳について、原本が存在すること、写しが原
本を忠実に再現したものであること、写しによって再現しえない原本の性

状（材質や凹凸、透かし文様の有無、重量等）が立証事項とされていない
ことを理由として、証拠能力を認めたものがある（東京高判昭58・7・13
高刑集36巻2号86頁〈百選A42〉）。この裁判例は、③を要件とすることを
否定している。

4　同意書面

(1)　同意の方法

【設問3】被告人の意思に反する同意事例
　検察官が、「犯人は被告人と同じ風体だった」とする事件目撃者の供述を録取
した検察官面前調書の証拠調べを請求した。これに対して、弁護人は「同意」と
の証拠意見を述べた。しかし、被告人は犯行を否認していた。裁判所は当該調書
を証拠として採用すべきか。

　検察官および被告人が証拠とすることに同意した書面または供述は、その
書面が作成されたときや供述のされたときの情況を考慮し、相当と認めると
きに限り（**相当性**）、証拠とすることができる（326条）。条文上は、弁護人
に同意の権限がある旨が明記されていない。
　実務上は、一般的に被告人ではなく弁護人が同意意見を述べることが多い
が、これは**包括的代理権の行使**として説明される（→5講4(3)）。もっとも、
裁判例では、被告人が否認している事件で、弁護人も同意見としつつ、書証
に同意した事案において、「被告人の否認の陳述の趣旨を無意味に帰せしめ
るような内容の証拠については、弁護人の同意の意見のみにより被告人がこ
れら証拠に同意したことになるものではない」としたものがある（大阪高判
平8・11・27判時1603号151頁〈百選86〉）。**弁護人が同意した場合でも、被
告人の黙示的な意思に反するようであれば、それは包括代理権の踰越であ
り、裁判所は被告人の意思を確認すべきである**（最判昭27・12・19刑集6巻
11号1329頁参照）。
　以上のような観点からすれば、【設問3】の場合には、裁判所は、被告人
の否認の主張の趣意からして、当該書面に同意するとは考えにくいような場
合には、被告人と弁護人との間の信頼関係にも配慮しつつ、被告人の意思を
確認すべきであろう。そして、被告人が不同意とする意思を有するのであれ
ば、不同意意見があるものとして扱うべきであろう。

(2) 同意の効力

【設問4】同意書面採用後の証人尋問事例
　弁護人は検察官が証拠調べ請求した目撃者Wの検察官面前調書に同意したが、書証を取り調べた後、Wが弁護側証人として出廷することに応諾したので、Wを証人として証拠調べを請求した。この請求は許されるか。

　同意の効力として、原供述者（本問ではW）に対する反対尋問権が放棄されるとの理解もある。そのように考える場合には、【設問4】においては、書証への同意をもって、Wを証人として採用することはできなくなる。

　しかし、一般的には、同意によって当該書証に証拠能力が付与されるとの理解が採用されてきた。同意が反対尋問権の放棄ではなく、書証への**証拠能力の付与**だと理解することの含意は、書証に同意した場合であっても、当該書証を取り調べることに加えて、さらに当該書証の原供述者に対して反対尋問を行う権限を留保できるということである。この理解に従えば、【設問4】は、Wの検察官面前調書を取り調べるとしても、Wを証人として取り調べることも認められる。

　もっとも、同意した場合であっても、任意性に疑いのある自白調書等まで証拠能力が付与されるわけではないため、近時は同意には証拠能力の付与の効力まではなく、**伝聞性を解除する**にとどまるとの理解も有力である。この見解の下では、同意によって伝聞法則の適用は解除されるが、証拠能力が同意によって直ちに認められるわけではない。つまり、326条の同意があったとしても、自白法則や違法収集証拠排除法則が適用される余地は残ることになる。

　この見解による場合も、【設問4】においてWの検察官面前調書として取り調べる場合でも、Wを証人として取り調べることは可能である。裁判例には、警察官の暴行により採取された任意性に疑いのある自白について、相当性要件を欠くため同意によっても証拠能力は認められないとした事例がある（大阪高判昭59・6・8高刑集37巻2号336頁）。なお、同意をした場合であっても、当該書証の証明力を争うことは許される。また、相手方当事者が同意する場合であっても、裁判所が証拠調べの必要性がないとして請求を却下する場合もある（例えば、被告人質問先行型審理→7講6(5)コラム参照）。

＊　反対尋問権放棄説への批判

　　長らく実務が326条の同意の効果を、反対尋問権の放棄だと考えてこなかった理由として、以下の事情が考えられる。①326条は、同意がなされた場

合には「第321条乃至前条の規定にかかわらず、これを証拠とすることができる」と定めており、被告人の供述録取書・供述書に関する322条も含んでいる。被告人が自らに対する反対尋問権を放棄するという事態を観念できない以上、同意は反対尋問権の放棄だとの説明は322条については成り立たない。②被告人側が不同意意見を述べて、検察側証人たる原供述者に対して証人尋問を行って成果を挙げても、原供述者の捜査段階における検察官面前調書が321条1項2号の「公判準備若しくは公判期日において前の供述と相反するか若しくは実質的に異なった供述をしたとき」を充たすことになり、被告人側に不利益な調書が公判廷に出てくることになるという現象がしばしばみられた（→28講2(2)コラム）。そのため、むしろ調書に同意意見を述べて、調書の証拠調べを先行させた上で、原供述者の証人尋問を必要に応じて行う方が、弁護人としては調書を弾劾しやすかった。つまり、同意に反対尋問権の放棄の効果をもたせることに対して、弁護人も消極的だった側面もあった。

(3) 同意の撤回

　書証に対してなされた同意を撤回することは、一度なされた同意を前提として組み立てられた相手方の立証計画を崩す等、訴訟手続に混乱をもたらしうる。そのため、一般的には認められないものと解されている（東京高判昭47・3・22判タ278号393頁）。もっとも、少なくとも証拠調べを実施する前に撤回の申出があった場合で、相手方当事者の利益が害されない場合には、許容されるものと思われる。

●コラム● 同意と立証趣旨

　当事者が証拠調べ請求を行う際に、当該証拠と証明しようとする事実の関係（立証趣旨）が当事者によって示される（→ 書式25 〔8講 書式17 と同じもの〕参照）。実務上、当事者が示した立証趣旨は、裁判所が別の要証事実を設定することを妨げないと理解されている（裁判所に対しては、立証趣旨の拘束力はないとされている。→7講2(3)）。ただし、当事者に対する不意打ち防止の観点から、争点顕在化措置が求められる。→23講1(2)コラム）。他方で、当事者は自ら示した立証趣旨に拘束され、当該証拠を立証趣旨に示された事実以外の事実を立証するために用いることは許されないと考えられている。

　書証に対して当事者が同意をする場合、証拠調べ請求された際の立証趣旨を前提として同意をしている場合が多い。そこで、裁判所が同意書面を用いて、立証趣旨とは異なる事実を認定することの適否が問題となりうる。例えば、立証趣旨を「告訴の存在」とする、器物損壊事件の被害者たる告訴人による告訴状に対して当事者が同意して、別の証拠による真正性立証を特に求めなかったところ、告訴状には告訴人による余罪事実の説明が含まれていたとする。この余罪事実が追起訴された場合、当該告訴状を裁判所が供述証拠として用いて、供述内容どおりの犯行時の事実を認定することは、同意をした当事者の想定とは異なる。このような事態を回避するためには、当事者側は同意意見を述べるときに、その立証趣旨について留保を示すことが重要だろう。特に、追起訴されている以上、当該告

書式25

請求者等　検察官			令和2年（わ）第　521　号	

証　拠　等　関　係　カ　ー　ド（甲）　　（No. 1　）

（このカードは，公判期日，公判前整理手続期日又は期間日間整理手続期日においてされた事項については，各期日の調書と一体となるものである。）

番号 標　目〔供述者・作成年月日，住居・尋問時間等〕立　証　趣　旨（公　訴　事　実　の　別）	請求 期日	意見 期日	内　容	結果 期日	内　容	取調順序	備　考 編てつ箇所
1　検〔 A　　　　2.1.17〕被害に至る経緯，被害状況，処罰感情（　　　　　　　　）	2・2・14	前2	第1項　同　意その余　不同意				
2　報〔（検）堂野文一　2.1.18〕被害者の負傷状況（　　　　　　　　）	2・2・14	前2	同　意				
3　実〔（員）薩丘英二　2.1.10〕犯行現場の状況（　　　　　　　　）	2・2・14	前2	Yの指示説明部分につき，不同意その余　同　意				
4　報〔（員）巻　泰三　2.1.16〕共犯者Yから被害品のうち財布を押収した状況（　　　　　　　　）	2・2・14	前2	同　意				
5　検〔 Y　　　　2.1.20〕被告人との共謀状況，共同犯行状況，犯行後の状況（　　　　　　　　）（被告人　X　　　）	2・2・14	前2	不同意				

（被告人一名用）

308

請求者等　検察官						令和2年（わ）第　521　号	

証　拠　等　関　係　カ　ー　ド（乙）　　　　（No.　1　）

（このカードは、公判期日、公判前整理手続期日又は期日間整理手続期日においてされた事項については、各期日の調書と一体となるものである。）

番号 標　　　目 [供述者・作成年月日、住居・尋問時間等] 立　証　趣　旨 （公　訴　事　実　の　別）	請求 期日	意　見		結　果		取調順序	備　考 編てつ箇所
		期日	内　容	期日	内　容		
1　　員 〔　（被）　　　2.1.11〕 被告人の身上・経歴 （　　　　　　　　　　）	2・2・14	前2	不同意　ただし任意性は争わない。必要性なし				
2　　検 〔　（被）　　　2.1.25〕 被告人の弁解状況 （　　　　　　　　　　）	2・2・14	前2	不同意　ただし任意性は争わない。必要性なし				
3　　戸（戸附添付） 〔　城南区長　　　2.1.10〕 被告人の身上 （　　　　　　　　　　）	2・2・14	前2	同　意				
4　　犯歴 〔　（巡）新　仁志　2.1.9〕 被告人の非行歴 （　　　　　　　　　　）	2・2・14	前2	同　意				
5 〔　　　　　　　　　〕 （　　　　　　　　　　）							

（被告人一名用）

（被告人　X　　　　　）

5 証明力を争うための証拠

⑴ 自己矛盾供述──弾劾証拠

【設問5】東住吉事件

現住建造物等放火・殺人等被告事件において、被告人Ａ宅の近隣住民Ｗは、第１審公判において、「本件火災時、自分はＡの援助を受けて消火器を取って屋外に出て、被告人宅前で消火器で消火をしていたＡではない者に消火器を渡した」と証言した。これに対して、弁護人は、Ｗの公判証言を弾劾するために、消防職員Ｆが本件火災当日にＷに対して聞込みを行って作成した聞込み状況書の証拠調べを請求した。同書面には、消防職員Ｆの記名押印があり、ＦがＷから「ＷがＡに消火器を貸与し、Ａが消火器を用いて消火していた」旨を聞き取ったとする記載があった。ただし、Ｗによる署名押印はなかった。裁判所は、Ｆが作成した聞込み状況書に証拠能力を認めることができるか。

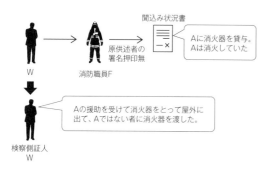

ア 問題の所在

【設問5】は、最判平18・11・7刑集60巻9号561頁〈百選87〉を単純化した事案である。328条は、「第321条乃至第324条の規定により証拠とすることができない書面又は供述」であっても、「公判準備又は公判期日における被告人、証人その他の者の供述の証明力を争うため」であれば、証拠能力を認めることができるように読める。それでは、公判準備や公判期日になされた供述の証明力を争う目的であれば、どのような証拠でも許容されるのだろうか。【設問5】の問題の１つは、このような328条の解釈に関わる。

かつては、供述の証明力を争うためであれば、伝聞証拠であっても広く許容されるという**非限定説**が主張されていた。この見解によれば、【設問5】のＷの公判供述に対して、被告人ＡやＷ以外の第三者の供述を内容とする書

面または供述を用いて弾劾することも、許容されることになる。この場合、被告人Aや第三者の供述を内容とする書面の方が、Wの公判供述よりも真実だといえなければ、Wの公判供述を弾劾できない。つまり、被告人Aや第三者の供述を内容とする書面は、328条の下であっても供述証拠として用いられていることになる。

　しかし、この見解に対しては、伝聞法則や伝聞例外の制限を形骸化させるとの批判が、有力になされていた。典型的には、被告人が公判で否認供述をすれば、捜査段階の自白調書のみならず被告人以外の者の供述録取書で、被告人に不利な内容を含むものについて、すべて証拠能力が認められることになるからである。

イ　判例の理解

　【設問5】の事案を受けて、最高裁は328条について、「公判準備又は公判期日における被告人、証人その他の者の供述が、別の機会にしたその者の供述と矛盾する場合に、**矛盾する供述をしたこと自体の立証を許すことにより、公判準備又は公判期日におけるその者の供述の信用性の減殺を図ることを許容する趣旨**」だと説示した。同一人が公判供述と矛盾した供述を捜査段階等の別の機会に行っている場合（**自己矛盾供述**）、矛盾したことを述べているという事実から、供述が自己矛盾している部分は信用できないと判断できる。この場合、自己矛盾供述は、内容が真実か否かは問題とされていない（供述証拠ではない）。

　判例は、このように、自己矛盾供述の使用が**非伝聞証拠としての使用**であることから、公判準備または公判でなされた供述の証明力を争うために許容したものと読める。つまり、供述の証明力を争うために、非伝聞証拠として用いることを許容するのが、328条の趣旨だと考えているといえよう。このような理解を、**限定説**と呼ぶ。

ウ　設問の検討——自己矛盾供述の存在の証明

　以上の判例の理解からすれば、【設問5】における聞込み状況書は、目撃者Wの公判での供述に対する自己矛盾供述を記載した書面であるため、328条により許容されそうである。しかし、判例は結論的には、聞込み状況書の証拠能力を認めなかった。その理由は、聞込み状況書にWの署名押印がなかったからである。

　判例は、「別の機会に矛盾する供述をしたという事実の立証については、**刑訴法が定める厳格な証明を要する**」と説示した。そして、自己矛盾供述を録取した書面として許容されるのは、「刑訴法が定める要件を満たすものに

限る」としたのである。このように、自己矛盾供述が存在すること自体について判例が厳格な証明を求めた以上、自己矛盾供述の存在を伝聞証拠によって認定することは許されない。WからのFによる聞込みが、まさに伝聞証拠に当たるところ、Wの署名押印があれば、Wの供述を消防職員Fが正確に録取したことが担保され、「W→F」の伝聞過程の伝聞性が除去されることになる。このような伝聞性の除去が必要であるところ、本件では欠けているため、聞込み状況書の証拠能力が認められなかったと理解されている。

　このような判断が示された理由は、**自己矛盾供述の存在が確証されなければ、自己矛盾供述が真に存在したか否かが曖昧となり、公判供述の弾劾がそもそも困難に陥るからだ**と考えられる。

　　＊　聞込み状況書の性質
　　　学説上は、【設問5】の聞込み状況書はWの供述録取書として構成せずに、Wが矛盾した供述をしていたことを示すFの供述書として構成し、Fの伝聞性を321条1項3号の各要件によって除去できるときには、Wの自己矛盾供述の存在を立証することができ、328条の適用が可能になるという指摘もある。このような理解による場合は、Wによる署名押印は不要となる。

●コラム●　328条の趣旨に関する学説

　328条の趣旨については、非限定説・限定説以外にも種々の見解が主張されている。純粋補助事実説は、証人の能力や性格、被告人や被害者との利害関係の有無といった事実のように、実質証拠として使用することがおよそ困難であり、専ら証人の供述の信用性を判断するためにしか使用できない補助事実（純粋補助事実）の存在を立証する場合、328条の下で伝聞証拠であっても許容されると主張する。また、このような純粋補助事実については、328条を適用するまでもなく、自由な証明で足りるとする見解も主張されている。最高裁平成18年判決は、これら純粋補助事実について厳格な証明を要求するのか否か、328条が適用されるのか否かについて、明示的な判断をしていない。

　また、理由づけについては諸説あるが、328条の下では、検察側は自己矛盾供述などのように非伝聞証拠としての用法しか許容されない一方で、被告人側は弾劾証拠であれば伝聞証拠であっても許容されるとする片面的構成説がある。しかし、最高裁平成18年判決は、弁護人が証拠調べ請求した聞込み状況書について、非伝聞証拠としての用法しか許容されない旨の説示をしている以上、判例が片面的構成説を採用しているとの説明は困難だと考えられている。

---

(2)　回復証拠

【設問6】
　【設問5】において、仮に聞込み状況書にWの署名押印があり、裁判所が328条により証拠能力を認めて採用したとする。これを受けて、検察官は、Wが本件火

災の３日後に、司法警察員Ｋに対して、「本件火災時、自分は、被告人宅前で消火器で消火をしていたＡではない者に消火器を渡した」と供述した司法警察職員面前調書を、328条により証拠として取り調べるよう請求した。裁判所はどうすべきか。

ア　問題の所在

【設問６】では、一度328条により弾劾されたＷの公判での供述に対して、その証明力を回復させるために、検察官がＷの一致供述を記載した司法警察職員面前調書の証拠調べを請求している。このような書面について、**回復証拠**として328条の「証明力を争うため」として証拠能力を認めることができるか。特に、上述した最高裁平成18年判決の下で許容されるかが問題となる。

イ　判例の理解

伝統的な学説は、回復証拠は328条の下で許容されると説明してきた。その理由としては、弾劾証拠たる自己矛盾供述に対する弾劾だからだという理解や、公判供述と一致した供述が存在することで供述の一貫性が確認されて証明力が回復するという理解が示されてきた。

もっとも、近時は、単に一致供述が別の機会に存在しているという事実だけでは、証明力が回復したと評価することはそもそも難しいと指摘されている。弾劾証拠に対する弾劾だから許容されるという理解に対しては、供述の変遷回数が増しているだけであり、供述の信用性が回復するという推論を行うことは難しいという指摘がある（【設問６】でいえば、目撃者Ｗが、被告人の消火活動の有無について供述を繰り返し変化させており、かえって信用できないとの評価も可能である）。

また、別の機会に一致供述が存在するから証明力が回復するという理解に対しては、１度語ったことよりも２度語ったことの方が信用できるという経験則が成り立つのか疑わしいとの指摘がある。この経験則が成り立つのだとすれば、２度語ったことの方が、その供述内容が真実だと考えることになる。そのような考え方は、一致供述に含まれる事実が真実だと考えているに等しい。そのため、実質的には一致供述を伝聞証拠として利用していることになってしまう。このような一致供述を328条で許容することは、最高裁平成18年判決の理解と齟齬をきたす可能性もある。

最高裁平成18年判決の下では、回復証拠として328条による利用が認められるのは、非伝聞証拠として評価できる場合のみであると考えられる。した

がって、例えば、証人Wが被告人Aにアリバイがある旨の証言をしたのは、Aから金銭の支払いがあったからだと弾劾されたところ、Aから金銭の支払いがなされる以前から、Wが警察や友人等にAにアリバイがある旨の供述をしていた場合、この警察や友人等へのWの供述は回復証拠になりうる。この場合は、Wが、Aからの金銭の支払いに影響されていない旨を、警察や友人等へのWの一致供述が存在することによって証明できるからである。

ウ　設問の検討

以上の理解からすれば、【設問6】のWの司法警察職員面前調書は、変遷の回数を増加させる以上の意味はなく、回復証拠として許容することは困難であろう。1度語ったことよりも2度語ったことの方が信用できるという経験則に基づいて、回復証拠だと主張するとしても、供述証拠に当たる可能性が生じ、最高裁平成18年判決の下では許容されないとの主張が有力になされている。

* **増強証拠と328条**

　公判準備または公判における供述の証明力を増強するために、同一人の一致供述を用いることが328条の下で許容されるかも問題である。例えば、目撃者Wが公判廷で「被告人Aの姿を犯行現場で見ました」と証言したところ、捜査段階のWの司法警察職員面前調書においても「Aの姿を犯行現場で見ました」との記載がある場合、328条によりこの調書を採用し、Wの公判廷の証言の証明力を増強させることができるか。

　一般には、公判供述の内容が真実であることを推認するためには、増強証拠の内容も真実であることを前提としなければ、公判供述の証明力が増強されない。そのため、増強証拠の使用は供述証拠に当たる。また、条文上も公判に顕出した供述の「証明力を争う」と定めているため、公判供述の証明力を増強させるために用いることまで含まれるとは理解しにくい。そのため、平成18年判決の下では、増強証拠は原則として許容されないものと理解されている。

* **公判前整理手続・期日間整理手続と弾劾証拠**

　公判前整理手続が適用された事件においては、「やむを得ない事由」によって公判前整理手続・期日間整理手続で請求することができなかったものを除いて、当該公判前整理手続・期日間整理手続が終わった後には、「証拠調べを請求することができない」（316条の32→8講2(1)エ）。そのため、公判廷で証人尋問をした結果として顕出された、証人の証言を弾劾するために、自己矛盾供述を録取した調書の証拠調べ請求をすることができるかが問題となる。条文上は、316条の32にいう「やむを得ない事由」に当たるかという問題である。裁判例には、公判前整理手続適用事件において、公判

においてなされた検察側証人の尋問終了後に、被告人側が当該証人の証言を弾劾するために自己矛盾供述を含む供述調書の証拠調べを請求したことについて、「やむを得ない事由」に該当して許容すべきとした事例がある（名古屋高金沢支判平20・6・5判タ1275号342頁〈百選58〉）。ただし、証拠調べの必要性については慎重な吟味が求められる。

なお、証人が公判で供述をした後に、検察官が当該証人から公判廷外で自己矛盾供述を録取して調書を作成した上で、328条で証拠調べを請求した事案において、古い判例は証拠能力を認めている（最判昭43・10・25刑集22巻11号961頁）。しかし、平成18年判決以後も先例性があるのかは明らかではない。

6　複数の被告人の証拠の取扱い

弁論の併合（313条1項→8講4(1)）により共同で公判審理を受けている複数の被告人のことを、共同被告人と呼ぶ。また、その中の1人の被告人が、他の被告人を指す場合も、**共同被告人**と呼ぶこともある。後者の場合には、相被告人と呼ぶことも多い。共犯者が弁論の併合を受けて、共同被告人になることもある。刑法上の共犯者ではなくても、数個の事件が密接に関連し合う場合には、弁論が併合されて関係する者たちが共同被告人になる場合もある。

共同被告人の法律関係は、個々の被告人ごとに、別個に生じる。そのため、証拠意見として述べられる同意・不同意の意見も、被告人ごとに述べられ、裁判所による証拠の採否についての判断も、被告人ごとに別個になされる（→8講4(1)＊「法律関係の個別性」）。なお、相被告人Yの公判期日外の供述代用書面について、被告人Xが不同意意見を述べた場合には、相被告人Yに対して後で述べるように質問を行うことになる。

また、被告人Xの犯罪事実を立証するために、相被告人Yの供述代用書面を使用することもありうる。その場合、**相被告人Yは、被告人Xからみれば「被告人以外の者」に当たる。**そのため、Yの供述代用書面は、要件を充たせば321条1項各号（→10講2(3)ア a、b、c）が適用されうる（Yの供述代用書面を、Y自身の犯罪事実を立証するために用いる場合は、322条1項・319条1項で対応することになる）。もっとも、321条1項2号によりYの検察官面前調書を採用する場合には、相対的特信情況を要する。Yの検察官面前調書がXにとって不利益な内容である場合には、XにYへの質問の機会を確保し、Yの応答を促す必要もあるだろう。

被告人が、相被告人から公判期日に供述を引き出そうとする場合には、**被**

告人質問によることになる。共同被告人は、それぞれ被告人としての地位を有し、「証人」ではないからである。公判手続において供述する際には、包括的に沈黙できる**黙秘権**が保障されている（311条1項）。そのため、被告人Xが相被告人Yに対して質問する場合、相被告人Yにとって不利益な事実について、相被告人Yが黙秘権を行使し、その供述の信用性を十分に検討できない場合もありうる。このように相被告人Yが任意に供述しない場合には、相被告人Yとは**弁論を分離**した上で、証人Yとして**取調べを請求**することが考えられる。しかし、Yは自己が刑事訴追を受け、または有罪判決を受けるおそれのある証言を拒絶することができる点には注意が必要である（146条→8講2⑵【設問19】）。このような場合には、321条1項2号前段や後段により、Yの検察官面前調書を利用することが検討される可能性も生じる（→28講2⑴⑵およびコラム）。

第30講　裁　判

```
◆学習のポイント◆
1  自白の補強法則の内容として、補強法則の範囲と程度（補強証拠が
  必要とされる事実の範囲や補強証拠に必要とされる証明力の程度）、
  補強証拠適格（補強証拠になりうる証拠）を理解し、共犯者の供述
  （自白）に補強証拠を要するか否かを検討しよう。
2  択一的認定や概括的認定がなぜ問題となるのか、①「罪となるべき
  事実」の特定の程度、②「疑わしきは被告人の利益に」の原則、③罪
  刑法定主義の３つの観点から理解しよう。
3  一事不再理効が及ぶか否かの判断方法を理解しよう。
```

1　補強法則

(1)　補強証拠の解釈上の問題

　自白の補強法則については、刑訴法は「被告人は、公判廷における自白で
あると否とを問わず、その自白が自己に不利益な唯一の証拠である場合に
は、有罪とされない」と定めている（319条２項）。憲法上は「何人も、自己
に不利益な唯一の証拠が本人の自白である場合には、有罪とされ、又は刑罰
を科せられない」と定められている（憲38条３項）。

　この条文の「その自白が自己に不利益な唯一の証拠である場合」の意味に
ついて、解釈上の問題が生じる。第１に、どのような事項について、「自白」
が「唯一の証拠」であってはならないのか。そして、自白以外の証拠が、ど
の程度備わっていなければならないのか。**補強証拠が求められる範囲と程度**
の問題である。第２に、どのような証拠であれば、自白以外の証拠として扱
われるのか。**補強証拠適格**の問題である。また、この条文にいう「被告人」
とは、共犯者や共同被告人を含むのかも問題である。

　以下では、これらの問題について確認しよう。

⑵　補強証拠の範囲と程度

【設問1】無免許運転行為の補強証拠事例
　被告人Aは、無免許で自動車を運転して、コンビニエンスストアに買い物にきたところを検挙され、道交法違反の事実（無免許運転）で起訴された。公判において、検察官は、被告人が運転免許証を取得した事実がない旨記載された捜査関係事項照会回答書、被告人の「私は、無免許で自動車を運転してコンビニエンスストアに買い物に行きました」という自白調書を証拠調べ請求したが、被告人は同コンビニエンスストア駐車場で駐車中に警察官から職務質問を受けて検挙されており、警察官は被告人の運転行為を目撃していなかった。そのため、弁護人は、319条2項に照らして、被告人自身が道路を運転していた事実について自白のほかに補強証拠が必要だと主張し、補強証拠を欠く以上、道交法違反の事実については有罪判決を宣告できない旨主張した。裁判所はどのように判断すべきか。

ア　問題の所在
　【設問1】では、被告人による無免許の事実には補強証拠がある（実務では、無免許の事実については、都道府県警察本部交通課等に対する免許の有無に関する照会結果などを証拠として取り調べるのが通常である）。しかし、被告人が運転していた事実についての補強証拠がない。そのため、319条2項にいう「その自白が自己に不利益な唯一の証拠である場合には、有罪とされない」事実の範囲と補強証拠によって証明すべき程度が問題となる。**補強証拠が求められる範囲と程度**に関する問題である。

イ　判例の理解
　この問題については、学説が分かれており、判例に対する理解も一様ではない。まず、①**罪体説**（「形式説」とも呼ばれる）は、**犯罪行為の主要な客観的事実について、定型的に補強証拠を求める理解**である。自白だけで合理的疑いを超える基準に達するという発想自体が誤判をもたらすとの問題意識から補強証拠を要求し、補強証拠がない限り合理的疑いを超える証明が達せられることはないとの理解を前提としている点に特色がある。
　罪体説の中でも、①-1）**何者かによる法益侵害行為が存在すること**について補強証拠があれば足りるとする見解（故意・過失などの主観的要素や被告人が犯人であることについての補強証拠までは求めない）と、①-2）**被告人が犯人であることについても補強証拠を求める見解**がある。①-1）は、補強法則の趣旨を実質的には架空の事件による処罰の回避として捉えているのに対し、①-2）は、虚偽の自白による誤判が被告人の犯人性を誤って判断する

ことで生じることを重視し、補強法則の趣旨を事実誤認の防止にあると捉えているといえる。定型的に補強証拠を求める以上、補強証拠自体にどの程度の証明力が求められるかも問題になるが、補強証拠だけで犯罪事実の存在を一応証明する程度の証明力が必要だとする理解が有力である。

　これに対して、②実質説は、補強証拠は自白の真実性を裏づけるものであれば足り、補強の必要な範囲を設定しない。自白と補強証拠が相まって、合理的な疑いを超える程度の証明に達していれば、有罪判決を宣告できるとする。あるいは、自白のみで合理的疑いを超える程度の証明に達していたとしても、なお補強証拠による自白の真実性が裏づけられる程度に要求する理解だとも説明される。

　実質説においては、補強証拠が求められる範囲は定型的に設定されない。その帰結として、実質説は罪体説と異なり、補強証拠に対して定型的な証明力の程度を求めるわけではない。実質説の下では、例えば自白のみで合理的疑いを超える基準に達しない場合、当然に自白以外の証拠が必要となるため、補強法則は問題とならない。自白のみで有罪心証に至る場合のみ、自由心証を抑制するために、自白以外の補強証拠が必要となり、補強法則が固有の意義を発揮すると考える。

　判例は、【設問1】とは異なり、無免許運転の罪で有罪判決を宣告するにあたって、無免許の事実に補強証拠がなかった事案について、無免許の事実には補強証拠が必要だとした（最判昭42・12・21刑集21巻10号1476頁〈百選77〉）。これは自白の真実性に何ら言及していないがゆえに罪体説に接近したものと評する論者がいる一方で、当然に自白の真実性を考慮しており実質説は維持されているとの理解や、実質説を採用しつつも法益侵害事実の存否に関わる事実については、補強証拠が必要だと判断したものとして理解する論者もいる。いずれにせよ、実務では、判例を踏まえて、無免許の事実に補強証拠が必要と解されている。補強証拠の取調べをしないと、319条2項違反となり、訴訟手続の法令違反（379条）として上訴審で破棄される（東京高判平11・5・25東高刑時報50巻1～12号39頁）。

ウ　設問の検討

　【設問1】では、被告人が運転した事実について補強証拠が必要か否かが問われている。裁判例には、被告人が運転した事実についての補強証拠の有無が争われた事案において、「被告人の自白内容ともよく符合し、その自白の真実性を裏付けるに足る」か否かという観点から、補強証拠の有無を確認しているものがある（大阪高判昭57・5・31判時1059号157頁）。実質説に立

つものであるが、その観点からしても、少なくとも自白の真実性を裏づける何らかの証拠が必要である。その上で、自白と当該補強証拠が相まって、合理的な疑いを超える程度の証明に達しているときには、裁判所は有罪判決を宣告することができる。

　また、罪体説に立つ場合も、無免許である被告人自身が道路上を運転していないと、法益侵害事実がそもそも発生しないことになる以上、被告人自身が道路上を運転した事実について補強証拠が求められる。罪体説の中でいずれの見解に立つかにもよるが、少なくとも当該補強証拠は、それ自体で犯罪事実の存在を一応証明する程度の証明力が求められることになる。

　罪体説からは、【設問１】の補強証拠として、例えば、コンビニエンスストアから任意提出された、被告人が道路上を運転している様子の映像を含む防犯カメラ映像であるとか、被告人が道路上を運転していた旨の店員の目撃供述、同趣旨の同乗者による供述等が考えられる。他方で、実質説からは、被告人の自白を裏づける証拠があって、被告人以外に運転していた者がいないと認められれば、補強証拠として十分だと考えられる（前掲・大阪高判昭57・5・31）。

　なお、犯人性について補強証拠の要否が争われた事例において、「その自白の真実性を裏付けるに足る補強証拠を認め得られる」から憲法38条３項の違反はないとした判例がある（最大判昭30・6・22刑集９巻８号1189頁〔三鷹事件〕）。実質説だと評する論者がいる一方で、罪体説をとりつつ犯人性については自白の真実性を裏づける補強証拠があれば足りる趣旨だと位置づける論者もいる。この部分は、判例に対する理解が一様ではない。

(3)　補強証拠適格

【設問２】日記の補強証拠適格事例
　捜査段階において、被告人が作成した日記が押収された。当該日記は、被告人が日々の出来事や所感を書いたものであり、その分量や内容は日によって大きく異なるものであった。公判において、被告人の自白調書の補強証拠として、日記の証拠調べが請求された。被告人の日記は、補強証拠として認められるか。

ア　問題の所在

　【設問２】は、被告人自身が作成している日記が補強証拠として用いられようとしている。被告人自身が作成した日記は、補強証拠だといえるかが、ここでの問題である。

補強法則が、自白偏重による誤判を防止するという観点に依拠して採用されているのだとすれば、補強証拠になりうる証拠は、被告人の供述以外の証拠である必要がある。そのため、319条２項が期待する、自白以外の証拠とは何を指すのかという問題が議論されることになる。補強証拠として用いることができる証拠を、**補強証拠適格**があると表現する。

イ　判例の理解

　判例は、被告人が作成した闇米の販売未収金控帳について、犯罪の嫌疑を受ける前に記入しており、323条２号の特信文書に該当することを理由として、補強証拠に当たるとしている（最決昭32・11・２刑集11巻12号3047頁〈百選 A35〉）。

　この判例の理解について、２つの考え方がある。第１に、最高裁が323条２号に触れていることに鑑みて、323条各号の特信文書（→10講２(3)ア h）が無条件で証拠能力が認められる理由である、定型的な書面であることが補強証拠適格を認める理由となった可能性がある。すなわち、販売未収金控帳が**機械的・継続的に作成された書面であり、定型的な信頼性があるため**、被告人作成にかかる書面か否かが重要な意味をもたず（つまり誰が作成しても同じような内容の書面になる性質の証拠であり）、補強証拠として許容できるというわけである。

　第２に、最高裁は、販売未収金控帳が、補強対象である自白を採取した**捜査とは独立・無関係になされた供述を記載した書面**であり、自白から独立してなされた供述であれば補強証拠として許容できると考えた可能性もある。

ウ　設問の検討

　判例が、機械的・継続的に作成された書面であり、定型的な信頼性がある点を重視して、被告人作成書面に補強証拠適格を認めたという第１の理解を前提とするならば、【設問２】の日記は、機械的・継続的に作成された、定型的な信頼性のある書面とはいえず、補強証拠としての適格性を欠くというべきであろう。

　それに対して、判例が、補強対象である自白から独立してなされた供述であることを重視して被告人作成書面に補強証拠適格を認めたという第２の理解を前提とするならば、【設問２】の日記は、捜査によって得られた自白から独立して作成されたものである以上、補強証拠適格が認められる可能性も残る。

　＊　被告人を立会人とする実況見分調書の補強証拠適格
　　【設問１】に類する事例であるが、被告人が無免許運転をしてコンビニエ

ンスストアの駐車場内で衝突事故を起こしたとされる事案において、被告人がコンビニエンスストア駐車場に面した道路を運転していた補強証拠があるかが問題となった事例がある。東京高裁は、事故後に駆けつけた警察官に対する被告人の供述を記載した警察官作成の捜査報告書と、被告人から指示説明を受けて事故に至る運転経路を記載した実況見分調書について、「いずれも被告人の自白を基にして作成されたものであって、本件道路における被告人の運転行為についての補強証拠となり得ない」と説示している（東京高判平22・11・22判タ1364号253頁）。

(4) 共犯者・共同被告人の供述と補強証拠

319条2項の補強法則が適用される「被告人」の自白に、共犯者や共同被告人の自白が含まれるだろうか。この「被告人」に共犯者や共同被告人が含まれないとすれば、少なくとも理論上は、裁判所が当該被告人に有罪判決を宣告するには、共犯者供述や共同被告人の供述のみでも足りることになる。

判例によれば、共犯者の供述は被告人自身の「本人の自白」に該当しないため、補強証拠は不要であるとされている（最大判昭33・5・28刑集12巻8号1718頁〔練馬事件〕、最判昭51・2・19刑集30巻1号25頁、最判昭51・10・28刑集30巻9号1859頁〈百選78〉等）。共犯者に対しては、反対尋問が可能であり、真実性をテストできるため、補強証拠を要しないという理由が一般的には挙げられている。もっとも、共犯者は他人（被告人）に対して罪責を負わせようとする、いわゆる巻き込みの危険があるため、一般的に共犯者・共同被告人の供述には補強証拠が必要との批判もある。他方で、共犯者供述は巻き込みの危険があるため、そもそも証拠価値が慎重に吟味される可能性が高く、弊害は少ないとの指摘もある。

また、共同被告人の供述は、当該被告人に対する補強証拠として用いることができる（前掲・最大判昭33・5・28）。ただし、共同被告人が自己負罪拒否特権を行使する場合には反対尋問ができなくなるため、その供述の信用性は慎重に評価する必要がある（→8講2(2)）。

2 択一的認定

(1) 択一的認定を検討する視点

択一的認定とは、被告人に対して有罪の判決をする場合に、**論理的に、または事実上、択一関係にある犯罪事実**をいずれも認定することである。証拠調べを尽くした結果、Aという犯罪事実およびこれと両立しないBという犯罪事実のいずれかであることは合理的な疑いを容れない程度の証明がなされ

たと認められるが、そのいずれかであるかまでは合理的な疑いを容れない程度の証明がなされなかった場合に、「AまたはB」という事実を認定することである。

このような認定が、なぜ問題となるのだろうか。起訴状を提出する段階では、刑訴法は「数個の訴因及び罰条は、予備的に又は択一的に」記載することができる旨を定めているが（256条5項）、なぜ判決の段階においては特に問題とされるのか。

形式的には、有罪判決の理由には、訴因によって特定された罪となるべき事実（256条3項）を示さなければならない。そのため、**択一的認定**は、①有罪判決の理由である「**罪となるべき事実**」（335条1項）の記載の程度において問題になり、控訴審において理由不備の違法（378条4号参照）が問われることになる。しかし、実質的には、②「AまたはB」という事実の認定の仕方で、はたして「犯罪の証明があったとき」（336条参照）といえるかが問題である。これは、「疑わしきは被告人の利益に」という**利益原則**に反するか否かという問題である。さらに、③「A罪またはB罪」と認定することは、複数の構成要件を合成した、新たな犯罪構成要件を作り出したともいえる。その場合には、**罪刑法定主義**との関係でも問題となる。

そこで、**択一的認定**が許されるか否かについて、同一構成要件の場合と異なる構成要件の場合に分けて検討する。

（2）　同一構成要件の場合

ア　原則と問題の所在

【設問3】強盗日時認定事例
　《事例1》の路上強盗事件において、起訴状の訴因は「1月6日午前1時5分頃」とされているが、証拠調べの結果、XがAの背中を足で蹴った時間が「1月6日午前零時」の前後1時間程度の範囲であるという事実までは、合理的な疑いを容れない程度の証明がなされた。しかし、その時間の特定までは合理的な疑いを容れない程度の証明がなされなかった。裁判所が有罪の判決をする場合、犯行日を「1月5日または同月6日」と認定することは許されるか。また、「1月6日頃」と認定することは許されるか。

---

　a　問題の所在

　【設問3】は、犯行日について、択一的認定が許容されるか否かが問題となる。なお、犯行態様等については、択一的な認定は問題となっておらず、強盗という同一構成要件の下で日時の択一的認定が許されるか否かという問

題である。①「罪となるべき事実」として特定されているか、②利益原則に違反しないか否か、③罪刑法定主義に反しないか、という各事項について確認してみよう。

　ｂ　一般的な理解

　証拠調べの結果、訴因に掲げられた事実のうち、犯行の動機、日時、場所、行為態様等について、一定の事実に特定できない場合、どの程度特定して事実を認定すべきだろうか。

　まず、①有罪判決の理由として罪となるべき事実を示さなければならない（335条１項）。これは、刑罰法令を適用する事実上の根拠を明らかにするためである。したがって、「罪となるべき事実」は、刑罰法令の各本条の構成要件に該当すべき具体的事実が、その構成要件に該当するか否かを判定できる程度に具体的に明確であって、その各本条を適用する事実上の根拠を確認できれば足り、さらにその構成要件の内容を一層精密に説示しなければならないものではない（最判昭24・２・10刑集３巻２号155頁参照）。

　次に、②犯行の動機、日時、場所、行為態様等について特定できないところがあっても、構成要件に該当する具体的事実の存在自体については合理的な疑いを容れない程度の証明がなされれば、利益原則に反するものではない。

　さらに、③同一構成要件の場合、「ＡまたはＢ」と認定するとき、Ａ事実であっても、Ｂ事実であっても、該当する構成要件は同一であるから、罪刑法定主義に反することにはならない。

　そうすると、後のイで述べるような犯罪の性質や構成要件の特性にもよるが、原則として、同一構成要件における択一的または概括的な事実認定は許されるといえる。

　ｃ　設問の検討

　【設問３】では、「１月５日または同月６日」（択一的認定）あるいは「１月６日頃」（概括的認定）であっても、強盗致傷罪の構成要件に該当するか否かは判定することができるので、罪となるべき事実の記載の程度としてはもちろん、利益原則や罪刑法定主義の観点からも、これらの認定をすることが許される。

　　＊　概括的認定

　　　　判例は、殺人未遂の事実で起訴された事案において、第１審が被告人が被害者を屋上から路上に落下させた手段・方法について、「有形力を行使して」とするのみで、それ以上具体的に適示せずに罪となるべき事実を判示

したことについて、「犯罪行為としては具体的に特定しており」、「殺人未遂
罪の構成要件に該当すべき具体的事実を、右構成要件に該当するかどうか
を判定するに足りる程度に具体的に明白にしているものというべき」と判
断した（最決昭58・5・6刑集37巻4号375頁〈百選A44〉）。罪となるべき
事実として許容される概括的認定の例といえるだろう。

　また、殺人の共謀共同正犯の事例において、実行行為者を「A₂（共犯者）
または被告人あるいはその両名において、扼殺、絞殺またはこれに類する
方法でVを殺害した」と認定したことについて、判例は「殺人罪の構成要
件に該当すべき具体的事実を、それが構成要件に該当するかどうかを判定
するに足りる程度に具体的に明らかにしているものというべき」だとして、
「罪となるべき事実の判示として不十分とはいえない」と判断した（最決平
13・4・11刑集55巻3号127頁〈百選45〉）。

イ　例外──開かれた構成要件の場合（異なる訴因間の択一的認定）

【設問4】過失犯択一的認定事例

　大型貨物自動車を運転していた被告人Aは、横断歩道上を進行していた被害者
V運転の自転車に気づかずに左折して自転車に衝突し、Vを死亡させたという過
失運転致死罪で起訴された。証拠調べの結果、被告人車両が左折進行している
間、V運転の自転車が被告人車両の死角の範囲内と範囲外の境界線付近にいたこ
とまでは認定できるが、そのいずれかであるかまでは合理的な疑いを容れない程
度の証明がなされなかった。この場合に、「（被告人車両の死角の範囲外であるこ
とを前提とする）目視やサイドミラー等を十分注視せずに自転車等の安全確認を
怠った過失または（被告人車両の死角の範囲内であったことを前提とする）微発
進と一時停止を繰り返すなどして死角内の自転車等の安全確認を怠った過失」を
択一的に認定することは許されるか。

a　問題の所在

　【設問4】のような過失犯の場合、過失の内容は、条文において構成要件
として明確に定められておらず、解釈に委ねられている。このような構成要
件の形式は、**開かれた構成要件**と呼ばれる。【設問4】では、認定される事
実はいずれも、過失運転致死という同一の構成要件ではある。しかしながら
他方で、認定される事実はいずれも、**過失の態様についての非両立の関係に
ある訴因事実**だといえる（事故結果につながった直近の過失行為は、【設問
4】に示された過失行為のいずれかであり、双方ということではない）。こ
のような場合において、「A過失またはB過失」という択一的認定をするこ
とは許されるだろうか。

b　裁判例の理解

　過失の態様の択一的認定は、形式的にみれば、同一構成要件内における問題であり、**罪刑法定主義**に反するという問題は生じない。

　しかし、過失犯の構成要件はいわゆる開かれた構成要件であるから、訴因によって特定された「罪となるべき事実」を記載するためには、①注意義務の前提となる具体的事実関係、②その事実関係における具体的注意義務、③その注意義務に違反した不作為（過失行為の具体的な態様）の３つを補充して、裁判所は認定しなければならない（→23講１(2)**ウ**＊過失犯における訴因変更の必要性）。そして、具体的な注意義務違反の内容が異なり、犯情的にも違いがあるにもかかわらず、罪となるべき事実として、証拠調べを経てもなお確信に達しなかった犯情の重い過失を認定するのは、罪となるべき事実の記載として不十分であるだけでなく、利益原則に照らして許されない。

　裁判例においても、**過失を択一的に認定することは「過失の内容が特定されていないということにほかならず、罪となるべき事実の記載として不十分」**であり、利益原則との関係についても、「**具体的な注意義務違反の内容が異なり、犯情的にも違いがあるのに、罪となるべき事実として、証拠調べを経てもなお確信に達しなかった犯情の重い過失を認定するのは『疑わしきは被告人の利益に』の原則に照らして許されない**」と説示されている（東京高判平28・８・25判タ1440号174頁参照）。

　　c　設問の検討

　【設問４】では、死角の範囲内か範囲外かで注意義務の前提となる具体的事実関係は異なるので、その事実関係における具体的な注意義務が異なり、犯情的にも違いがある。そして、証拠調べを経てもなお死角の範囲内か範囲外か確信できなかった以上、罪となるべき事実として、死角の範囲外にいたという犯情の重い過失を認定することは、利益原則に照らして許されないから、設問のような択一的認定は許されない。

　なお、前掲・東京高判は、設問のような択一的認定をした原判決を破棄した。そして、本件は、死角内と死角外の両方の注意義務を果たして初めて事故を回避できるものと捉えて、控訴審において予備的に追加された「微発進と一時停止を繰り返しながら目視及びサイドミラー等を注視するなどして、死角内から死角外に出てくる自転車等の有無及びその安全を確認しつつ左折進行すべき自動車運転上の注意義務」を怠った過失を認定した。

(3) 異なる構成要件の場合
ア 構成要件間に大小関係がある場合

【設問5】殺人縮小認定事例
　殺人未遂事件において、証拠調べの結果、被告人の暴行行為およびこれと因果関係のある傷害という結果の発生の事実までは、合理的な疑いを容れない程度の証明がなされた。しかし、被告人の殺意までは合理的な疑いを容れない程度の証明がなされなかった。裁判所は、「殺人未遂または傷害」という択一的認定をすることはできるか。あるいは、傷害のみを認定することはできるか。

　　a　問題の所在
　縮小認定については、23講【設問2】でも検討したが、本講【設問5】では、殺人未遂の事実と傷害の事実との間で、択一的認定ができるかが問題となっている。殺人未遂と傷害の間は、傷害行為に殺意が加わった点において、殺人未遂が傷害を含む関係にあるといえる。このように、Aという犯罪事実を認定するかBという犯罪事実を認定するかで、該当する構成要件が異なるが、AとBの間がいわゆる「大は小を兼ねる関係」（**大小関係**）にある場合がある。ほかにも、このような大小関係にある択一的認定の例として、業務上横領と単純横領、殺人既遂と傷害致死、殺人未遂と傷害、殺人の既遂と未遂、殺人と同意殺人、強盗と恐喝などがある。
　【設問5】に即していえば、傷害よりも大きな訴因である殺人未遂を構成する事実のうち、傷害行為については合理的疑いを容れない程度の証明がなされたが、殺意についてはそのような証明がなされなかった場合、裁判所はより小さな訴因である傷害罪を認定して有罪を判決することは許されるか。
　　b　一般的な理解
　大小関係にある構成要件事実によって成り立つ訴因のうち、大きな構成要件該当事実の一部について、合理的な疑いを容れない程度の証明がなされていない場合、利益原則が適用される結果として、大きな訴因の犯罪事実が成立する余地はない。したがって、そもそも「AまたはB」という択一的認定をすることが許されない。
　一方、大小関係にある以上、より小さな構成要件事実によって成り立つ訴因について証明がなされている限り、その小さな構成要件の犯罪事実を認定しても、①**罪となるべき事実の特定**、②**利益原則**、③**罪刑法定主義**のいずれの要請に反するものではない。したがって、大小関係にある構成要件の場合には、より小さな構成要件の事実について、有罪判決をすることが許され

る。

　　c　設問の検討

　【設問5】では、被告人の殺意について合理的な疑いを容れない程度の証明がなされなかった以上、利益原則に照らして、殺人未遂の事実を認定することや、「殺人未遂または傷害」という択一的認定をすることは許されない。しかし、裁判所が傷害の事実を認定することは、①罪となるべき事実の特定、②利益原則、③罪刑法定主義のいずれの要請にも反するものではない。したがって、裁判所は、傷害の事実を認定し、上記の事実の重なり合いの有無を検討した上で、傷害罪で有罪の判決をすべきことになる（縮小認定の訴因変更の要否について→23講1(3)参照）。

イ　大小関係がない場合

【設問6】遺棄択一的認定事例
　　自宅を除雪作業していた被告人が、誤って妻を雪山に埋没させ、その後、妻を雪山から発掘したものの、既に妻は死亡したものと思い込み、国道わきに遺棄したが、遺棄の時点で妻が生きていたか死んでいたか、そのいずれかであるかまでは合理的な疑いを容れない程度の証明がなされなかった場合、裁判所は、「保護責任者遺棄または死体遺棄」という択一的認定をすることができるか。

　　a　問題の所在

　【設問6】は、札幌高判昭61・3・24判夕607号105頁〈百選93〉の事案をモデルにした問題である。【設問6】において、被告人が被害者である妻を遺棄したことまでは十分な証明がなされているが、遺棄の時点で被害者である妻が生きていたか死んでいたか、そのいずれかであるかまでは合理的な疑いを容れない程度の証明がなされていない。したがって、論理的には、保護責任者遺棄か死体遺棄のいずれかを認定しうるが、そのいずれかは断定できない状態になる。このように、Aという犯罪事実を認定するかBという犯罪事実を認定するかで、該当する構成要件が異なるが、AとBの間に大小関係がない場合が、いわゆる異なる構成要件間の択一的認定の問題である。この場合、裁判所は、どのような判決をすべきか。

　　b　学説・裁判例の理解

　異なる構成要件間の択一的認定については、定まった理解がないのが実情である。学説上は、「保護責任者遺棄または死体遺棄」という択一的認定は許されず、裁判所は、無罪の判決をするほかないという見解があり、通説とされている。その理由は、①A事実、B事実のいずれについても合理的な疑

いがある以上、そのいずれも認めることができず、「ＡまたはＢ」という択一的認定をすることは利益原則に反すること、②「ＡまたはＢ」罪という合成した犯罪構成要件を新たに作り出したともいえるので、罪刑法定主義に反することにある。

このような理解に対しては、少なくとも軽い罪の刑で処罰すべきとする見解から、次のような批判もある。①Ａ罪かＢ罪かのいずれが成立することは疑いがないにもかかわらず、無罪とするのは、国民の法感情に反する、②Ａ罪かＢ罪かのいずれかであることは疑いがない以上、軽い罪の刑で処罰するのであれば、利益原則に反するとはいえない、③Ａ罪もＢ罪も犯罪とされている行為である以上、Ａ罪またはＢ罪のいずれかであることは疑いない状況で、被告人を処罰することが、犯罪とされていない行為で被告人を処罰することにはならず、罪刑法定主義に反しない、しかも、刑を軽い罪のものとする限り、罪刑法定主義の保障機能を害することにはならない、というものである。

  ＊　この批判に対しても、さらに議論がある。第1に、起訴状の訴因の場合
   （256条5項）には、異なる構成要件に属する事実を択一的に記載すること
   ができるとする明文があるが、判決についてはそのような規定が存在しな
   い。第2に、罪刑法定主義の下では、刑罰権は立法府が定めた個別の構成
   要件が充足されることによって生じるのであり、刑事裁判では個別特定の
   犯罪に当たることが証明されることをも要請されると解すべきであり、異
   なる構成要件間の択一的認定はその要請に反するのではないか、という問
   題が指摘されている。

そこで、択一的認定は否定しつつ、軽い罪である死体遺棄を認定することは許容されると解する裁判例がある（前掲・札幌高判昭61・3・24）。【設問6】のように、保護責任者遺棄と死体遺棄の択一的認定の場合、生きている者を遺棄したか、死んだ者を遺棄したかのいずれかであることは論理的に疑いがない。このような場面において、重い保護責任者遺棄の事実について合理的な疑いがある場合には、利益原則を適用する結果として、これを認定できないのみならず、その事実の不存在が擬制される。すなわち、遺棄された被害者が生きていたという事実が認定できない以上、遺棄された被害者は死んでいたという事実が疑いなく証明されているといえる。

このような理解に対しては、軽い死体遺棄が本位的訴因、重い保護責任者遺棄が予備的訴因とされている場合などには、軽い死体遺棄の方から判断すると、利益原則を適用することで「死んでいた」と認定できない結果、生き

ていたという事実が証明されたとして、本位的訴因が認定されず、結果として予備的訴因とされている重い保護責任者遺棄が認定されることになってしまうという批判がある。

> ＊　この批判に対しても、さらに議論がある。２個の訴因の判断順序は、原則として検察官の求める順序に従うが、軽い罪が本位的訴因とされている場合には、**利益原則**に従い、重い訴因から判断すべきだと主張されている。

c　設問の検討

前掲・札幌高判昭61・3・24の理解によれば、【設問6】において、死体遺棄を認定することになる。もっとも、被告人に死体遺棄の成立を認めるためには、実体法上の問題として、異なる構成要件間の錯誤の問題を解決する必要がある（→基本刑法Ⅰ119頁以下参照）。保護責任者遺棄と死体遺棄との間には重なり合いが認められ、被告人には、軽い死体遺棄の限度で故意が認められると解するならば、裁判所は、被告人に対して、死体遺棄の事実を前提とした有罪判決をすべきことになる（異なる構成要件間の錯誤については、保護法益・客体・行為態様の共通性・類似性があれば符合するとされるところ、保護責任者遺棄と死体遺棄は保護法益が異なるので、重なり合いを認めずに無罪判決を宣告すべきだとの理解もありうる）。

> ＊　**論理的択一関係と事実上の択一関係**
>
> 　【設問6】のように、行為時点での生死が確定できない被害者を遺棄した場合の保護責任者遺棄と死体遺棄との間の択一的認定は、両事実が論理的にいずれか一方でしかありえない事案である。そのため、紹介したような択一的認定を許容する理解も有力に主張されている。しかし、例えば、証拠上、被告人が盗品を所持しているのは、窃盗か盗品等有償譲受けのいずれかであることは明らかであるが、被告人自身が窃盗行為を行ったことについて十分な証明がない場合、盗品等有償譲受けによる有罪を宣告できるかは、問題である。この場合、被告人が盗品を所持している経緯については、論理的には、有償譲受け以外の第3の可能性も残る（無償譲受けかもしれないし、盗品と知らずに拾っただけかもしれない）。証拠上、窃盗か盗品等有償譲受けの択一関係に絞られただけである。この場合は、論理的な択一的関係にあるわけではなく、事実上、択一的関係に絞られたといえる。この場合も、(a)利益原則により当然に盗品等有償譲受けで有罪判決をできるという理解、(b)盗品等有償譲受けについて別途合理的な疑いを容れない証明がなされ、第3の可能性が否定されなければ、有罪判決をできないという理解、(c)罪刑法定主義に反する合成構成要件の作出に当たるので、無罪判決を言い渡すべきだとする理解が主張されている。

⑷　単独犯と共同正犯の場合

【設問7】単独犯・共同正犯択一的認定事例
　被告人の単独犯の訴因で起訴された窃盗事件において、証拠調べの結果、被告人が実行行為を行ったことは合理的な疑いを容れない程度の証明がなされた。しかし、共謀共同正犯者の存在を認定することができる証拠も認められる場合、裁判所は、被告人の単独犯または被告人と氏名不詳者との共同正犯という、択一的認定をすることができるか。

ア　問題の所在

　【設問7】は、最決平21・7・21刑集63巻6号762頁の事案を参考にした問題である。実務上、単独犯の訴因で起訴された被告人が、自らが実行行為の全部を1人で行ったことを認めながらも、他に共謀共同正犯が存在すること、例えば、背後に黒幕がおり、その指示を受けて実行したことなどを主張することがよくみられる。このような場合、裁判所は、他に共謀共同正犯が存在する以上は共同正犯を認定しなければならないのか、それとも、被告人が実行行為の全部を1人で行い、被告人1人の行為により犯罪構成要件のすべてが充たされる以上は、そのまま単独犯を認定してよいのかが問題となる。

イ　判例の理解

a　従前の下級審裁判例

　従来、この問題は、単独犯と共同正犯との択一的認定という訴訟法上の問題として、議論されてきた。具体的には、被告人1人の行為により犯罪構成要件のすべてが充たされるが、他に共謀共同正犯が存在するかどうかが不明である場合に、単独犯、共同正犯のいずれを認定すべきか、あるいは「単独または共謀の上」という択一的認定が許されるのかという議論がなされてきた。

　そして、裁判例においては、第1に、単独犯と共同正犯との択一的認定をし、2つの事実の具体的な犯情を比較して軽い方を基礎として量刑を判断する見解（東京高判平4・10・14判タ811号243頁）、第2に、択一的認定は許されず、利益原則を適用して犯情の軽い共同正犯を認定する見解（札幌高判平5・10・26判タ865号291頁）、第3に、択一的認定は許されず、単独犯を認定し、共同正犯の疑いがある点は量刑において考慮する見解（東京高判平10・6・8判タ987号301頁）に分かれていた。

　しかし、このような見解の分岐は、つまるところ、共同正犯という「構成

要件の修正形式」と単独犯の間の択一的関係が、実質的に同一構成要件内の択一的関係といえるか否かという、実体法上の位置づけが不明確であることに起因する。

　b　判例の理解
　そこで、実体法上、共同正犯が成立する場合、単独犯は成立しないのかが、まずは検討されるべきであろう。
　単独犯の処罰根拠規定は、犯罪構成要件および法定刑を定めているが、それ以上に行為主体の員数を定めているわけでもなければ、他に関与者がいないことを要求しているわけでもない。他方で、共同正犯を含む共犯規定は、実行行為の全部または一部を行っていないため、自ら単独犯の犯罪構成要件のすべてを充たしていないものについて、一定の要件の下で処罰できるようにした処罰拡張規定である。
　このことからすれば、被告人1人の行為により単独犯の犯罪構成要件のすべてが充たされる場合は、仮に共同正犯の規定が存在しない場合であっても単独犯の規定により処罰される以上、共同正犯の規定を適用する要件が充たされている場合であっても、なお、単独犯の成立を認めることができる。このような実体法上の解釈を前提とすると、被告人1人の行為により犯罪構成要件のすべてが充たされる場合において、他の共謀共同正犯者が存在するときに、検察官が単独犯、共同正犯のいずれかの訴因で起訴するかは、その**訴追裁量の問題**となる（→21講2参照）。
　判例は、このような単独犯と共同正犯の実体法上の成立関係についての解釈を前提として、「検察官において共謀共同正犯者の存在に言及することなく、被告人が当該犯罪を行ったとの訴因で公訴を提起した場合」、「被告人1人の行為により犯罪構成要件のすべてが満たされたと認められるときは、他に共謀共同正犯者が存在するとしてもその犯罪の成否は左右されないから、裁判所は訴因どおりに犯罪事実を認定することが許される」と判示した（前掲・最決平21・7・21）。このように解することには、裁判所の審理の範囲・内容の観点からも理由がある。なぜなら、被告人1人の行為により単独犯の犯罪構成要件のすべてが充たされる場合は、裁判所は、犯罪事実の認定においては他の共謀共同正犯者の存否を認定する必要はなく、あとは量刑事情として、その重要性、必要性に応じて、他の関与者の存否やその程度を審理、判断すれば足りるからである。

　＊　判例の理解と訴訟法上の意味
　　上述した判例の立場によれば、実体法上は、被告人が実行行為の全部を

１人で行い、被告人１人の行為により犯罪構成要件のすべてが充たされる場合には、他に共謀共同正犯者の存在が認められるときであっても、なお、単独犯の成立を認めることができるが、共同正犯の成立を認めることもできる。そして、訴訟法上は、このような場合、検察官が、立証の難易等を考慮し、単独犯で起訴することも共同正犯で起訴することもできる。検察官が単独犯として起訴した場合は、裁判所としては、他に共謀共同正犯者の存在が認められるときであっても、なお単独犯を認定することができる。しかし、その認定は、他に共謀共同正犯者が存在しないという認定までも伴うものではない。そのため、量刑上は他の共謀共同正犯者の存在を考慮することができる。必要であれば、「単独で、または氏名不詳者と共謀の上」という訴因変更手続を経た上で、共謀共同正犯を認定することも可能である。

ウ　設問の検討

【設問７】のように、検察官の設定した訴因が単独犯である場合で、①他の共謀共同正犯者の存在が認められる場合（前掲・最決平21・７・21）には、被告人が単独犯として処罰しうる行為を１人でなしている限りにおいて、裁判所は単独犯を認定しても、共同正犯を認定してもよい。共同正犯を認定する場合に、訴因変更が必要かどうかは、被告人に不当な不意打ちとなるか、その防御権の行使に不利益を与えるおそれがあるかという観点から、検討されるべき問題である（→23講）。

他方で、②他の共謀共同正犯者の存在がうかがわれるにとどまる場合、共謀の事実が認定できない以上、共同正犯は認定することはできない。他方、単独犯の成立要件は充たすから、単独犯を認定することになり、択一的認定の余地はない。

③他の共謀共同正犯者は存在しないと認められる場合、単独犯を認定することになる。

＊　設問と異なり、検察官の設定した訴因が共同正犯である場合で、①他の共謀共同正犯者の存在が認められる場合、訴因どおり、共同正犯を認定することになる。②他の共謀共同正犯者の存在がうかがわれるにとどまる場合は、共謀が認定できない以上、共同正犯は認定することはできず、他方、単独犯の成立要件は充たすから、単独犯を認定することになり、択一的認定の余地はない。③他の共謀共同正犯者は存在しないと認められる場合、単独犯を認定することになる。

さらに、検察官の設定した訴因が、単独犯と共同正犯の択一的な記載である場合、①他の共謀共同正犯者の存在が認められる場合、どちらを認定してもよいという択一的訴因（256条５項）の趣旨からして、単独犯のみを

認定する余地もあるが、そうすると、他の共謀共同正犯者の存在を否定した場合と区別がつかなくなるので、証拠上認定できる共同正犯を認定するのが相当ということになる。②他の共謀共同正犯者の存在がうかがわれるにとどまる場合と、③他の共謀共同正犯者は存在しないと認められる場合は、いずれも共謀についての事実を認定できない以上、被告人が全ての実行行為を担当していることから、単独犯を認定することになる。

3　一事不再理効の及ぶ範囲

(1)　一事不再理効の範囲を検討する視点

　一事不再理効の及ぶ範囲は、主観的（人的）範囲、客観的（物的）範囲および時間的範囲に分けて考えることができる。

ア　主観的範囲

　主観的（人的）範囲は、一事不再理効が誰に対して及ぶのかという問題である。その判決を受けた被告人に限定され、たとえ共犯者であっても、判決を受けた被告人以外の者（共犯者を含む）には、一事不再理効は及ばないのが通説である（249条参照）。

イ　客観的範囲

　客観的（物的）範囲は、一事不再理効が事件のどの事実について及ぶのかという問題である。確定判決を経た訴因に限定されず、その訴因と「公訴事実の同一性」（「公訴事実の単一性」と狭義の「公訴事実の同一性」を包含する→22講）のある範囲に及ぶというのが通説・判例の理解である。このうち、「公訴事実の単一性」は、実体法上の罪数論により判断される。単純一罪、包括一罪等のほか、科刑上一罪（観念的競合、牽連犯）も、一罪として処罰されることから、公訴事実は単一とされる。

　当事者主義の下、訴因の設定は検察官の合理的な裁量に委ねられるが、検察官は、訴因以外の犯罪事実でも、訴因と公訴事実の同一性があれば、一個の起訴で審判を求めるか（256条5項）、訴訟の途中で訴因の変更、追加（312条）ができる。そのため、被告人は訴因の変更、追加が可能な範囲で、刑事手続上の危険を負担したといえるため、一事不再理効が及ぶ。

ウ　時間的範囲

　時間的範囲は、一事不再理効がどの時点の犯罪事実について及ぶのかという問題である。特に、複数回にわたり反復されて行われた犯罪事実から成り立っている常習犯や、監禁罪のように既遂後も違法状態が継続する継続犯の場合、有罪判決の確定後に、犯罪事実が行われたことが判明することもある

ため、問題となる。

　基本的には、前訴において当該犯罪事実について訴追ないし実体審理が及ぶ可能性があったか否かによって判断されることになる。その基準時は、原則として、事実審理の可能性のある最後の時点、つまり、**第１審における判決宣告時までに判明しうる行為について一事不再理効が及ぶ**と解されている。ただし、例外として、上訴審が破棄自判したときは、上訴審の判決宣告時までと理解する見解も有力である。

　一事不再理効の客観的範囲が公訴事実の同一性の範囲と同じだとすると、実体法上一罪とされている事実については、一個の刑罰権が認められるから、実体法上一罪の関係にある事実全体に対して、一個の危険が発生したと考えられる。しかし、継続犯や常習犯などが判決の前後にまたがって行われたり、判決確定後に常習一罪の関係にある事実が判明したりする場合でも、それが一罪である限り、単一の事件として、判決後の犯行にまで既判力が及んで処罰できないことになりかねない。そのような不合理を回避するために、客観的（物的）範囲の例外を認めて、一事不再理効を遮断することで、実質的には時間的範囲の問題を解消することがある。

(2)　一事不再理効の客観的範囲——訴訟条件を欠く事実との関係

【設問８】
　Ａは、５年間別居している夫であるＶから、離婚訴訟を提起されて激怒し、平成29（2017）年１月１日、Ｖの留守中にＶ宅に侵入してＶの所有するヴァイオリン（500万円相当）を損壊した。しかし、Ｖは、住居侵入の点についてのみ警察に被害届を提出し、ヴァイオリンの器物損壊の点は被害届も出さず、告訴もしなかった。Ａは、住居侵入の事実のみで起訴されて、同年７月７日、罰金30万円の有罪判決が確定した（前訴）。その後、離婚訴訟の解決が長引いたことから、Ｖは、ヴァイオリンの器物損壊についても告訴状を出してＡを告訴し、Ａは、平成30（2018）年２月１日にヴァイオリンの器物損壊の罪で起訴された（後訴）。裁判所は、後訴についてどのように処理すべきか。

ア　問題の所在

　【設問８】は、旧司法試験昭和45年第２問を参考にした問題である。設問では、有罪判決が確定した住居侵入の事実については一事不再理効が生じるが、有効な告訴がなかった器物損壊の事実についてまで前訴の確定判決の一事不再理効が及び、「確定判決を経た」（337条１号）ものとして免訴判決をすべきか、それとも、一事不再理効は及ばないものとして実体審理をすべき

かが問題となる。

イ　一般的な理解

　まず、前訴の「確定判決を経た」（337条１号）ものとして免訴すべき範囲、すなわち、確定判決の一事不再理効の客観的範囲が問題となる。

　一事不再理効の根拠は、**憲法39条の二重の危険の禁止**、すなわち、**一度有罪とされる危険にさらされ、刑事訴追に伴う負担を負った被告人は、二度と同じ危険や負担を負うことはないという法理**に求められる（→11講６(1)）。被告人は、検察官が訴因変更をなしうる範囲、すなわち、「公訴事実の同一性」（312条１項）で刑事訴追の危険にさらされていたといえる。したがって、一事不再理効は、公訴事実の同一性の認められる範囲内で認められると解される。そうすると、設問では、前訴の住居侵入罪は、後訴の器物損壊罪と科刑上一罪（牽連犯）の関係にあるので、後訴の器物損壊の訴因と「公訴事実の同一性」が認められる。

　次に、住居侵入の事実について有罪判決が確定した時点では、親告罪である器物損壊の事実については告訴がなかった。そこで、このように訴訟条件を欠いていた事実についても一事不再理効を及ぼすことができるかが問題となる。

　たしかに、訴訟条件を欠き、同時に訴追される法律上の可能性がなかった場合にも一事不再理効を認めることは、刑罰権実現の要請に反するようにも思われる。しかし、一事不再理効の根拠は、上記のとおり、二重の危険の禁止に求められるから、たとえ同時に訴追される法律上の可能性がなかった場合でも、検察官が、警察を通じてまたは自らＶを取り調べるなどして、告訴を得る可能性があった以上、告訴がなかった事実についても訴追の危険が及んでいたものと評価できる。

ウ　設問の検討

　以上のように、告訴を得る可能性があった場合には、二重の危険が発生していたと認めることができる。そのため、【設問8】について、告訴がなかった器物損壊の事実についても一事不再理効を及ぼしてもよいだろう。その結果、前訴の確定判決の一事不再理効が及び、裁判所は、後訴について免訴の判決を言い渡すことになる。

(3)　一事不再理効の客観的範囲——特に常習一罪の関係にある事実

ア　集合犯と常習犯

　犯罪構成要件の中には、常習犯や営業犯のように、はじめから数個の同種類の行為の反復を予定しているものがある。これを**集合犯**といい、常習犯や

営業犯がその例である（→基本刑法Ⅰ421頁参照）。

　集合犯では、数個の行為が行われても一罪を構成することから、一事不再理効が問題となりやすく、常習窃盗を中心に裁判例も蓄積されている。そこで、常習窃盗と単純窃盗を例にして、集合犯と一事不再理効の関係について検討してみよう。

●コラム● 常習犯と常習性の認定

　常習犯については、刑法上の常習賭博（刑186条1項）のほか、常習暴行や常習傷害（暴力行為等処罰ニ関スル法律1条の3）、常習特殊窃盗（盗犯等ノ防止及処分ニ関スル法律〔以下「盗犯等防止法」という〕2条）や常習累犯窃盗（盗犯等防止法3条）（便宜上、以下では両者をあわせて「常習窃盗」といい、刑法235条の窃盗を「単純窃盗」という）などの特別法によって、刑の加重規定が設けられている。

　常習犯は、刑法上の定義規定はなく、判例上、特定の犯罪を反復累行して行う習癖を有する者をいうと解されている。ある犯罪行為の常習性を認定するということは、行為者が常習性を有していることおよびその犯罪行為がその常習性の発現（裁判例では、「常習性の発露」と表現されることも多い）としてなされたことを認定することになる。例えば、常習特殊窃盗は、夜間人の住居等に侵入するなど一定の手段等という要件の下で、「常習として」、つまり、常習性の発露として行われた窃盗について、また、常習累犯窃盗は、一定の盗犯等の前科による刑の執行を受けたという要件の下で、「常習として」行われた窃盗について、それが複数行われた場合でも全体を包括して一罪とし、単純窃盗の法定刑（10年以下の懲役）よりも加重された一個の刑罰（3年以上の有期懲役）で処罰する犯罪類型である。このように、常習特殊窃盗と常習累犯窃盗は、要件は異なるものの、常習性という構成要件要素が共通しており、類似した構造をもっている犯罪類型である。

　「常習性」は、行為者の属性についての実質的な要件である点で、一定期間内の犯罪の反復累行という形式的な基準による累犯（刑56条）と区別される。「常習性」の有無は、単に、特定の犯罪を繰り返したというだけではなく、前科の種類（同種前科であれば認めやすい）、回数（前科の数が多ければ多いほど認めやすい）、時間的間隔および犯行態様との関連性（直近前科と今回の犯行の手口が同一だと認めやすい）、犯罪事実の期間（直近前科あるいは刑務所出所から間もなく犯行に及んでいれば認めやすい）、回数（今回の犯行の数が多ければ多いほど認めやすい）および手段（今回の犯行の手段が同一だと認めやすい）ならびに被告人の性格、素行および生活態度などの事情を総合的に考慮して認定される。例えば、それまで侵入盗を繰り返して服役していた常習者が、前刑出所後相当期間が経過してから、たまたま鍵のかかったままの自動車1台を見つけたので出来心で盗んだような事案では、常習性の発露として窃盗に及んだといいがたいであろう。

イ　前訴が常習窃盗で、後訴が常習窃盗または単純窃盗の場合

【設問9】

　Aは、共犯者らと窃盗グループを作り、平成28（2016）年2月頃から平成29年12月頃までの間、共犯者らと共に、夜間に無人の貴金属店に侵入して金品を盗む事件（貴金属店荒らし）を繰り返していたが、そのうちの6件について常習特

殊窃盗の訴因で起訴されて懲役4年の有罪判決を受け（前訴）、前訴の判決は、平成30年3月25日に確定した。

(1) Aは、平成30年6月1日、前訴の訴因とは異なる、平成28年12月頃から平成29年3月までの間に同じ窃盗グループによって敢行された同様の手口の貴金属荒らし4件について常習特殊窃盗で起訴された（後訴）。この場合、裁判所は、後訴についていかに処理すべきか。

(2) また、後訴が4件の単純窃盗の併合罪として起訴された場合はどうか。

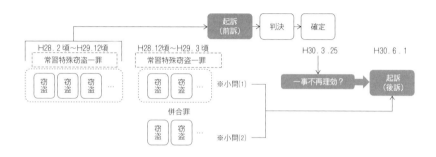

a　問題の所在

【設問9】では、Aが平成28年2月頃から平成29年12月頃までの間に共犯者らと共に繰り返していた貴金属店荒らしは、実体法上、常習特殊窃盗に該当する（盗犯等防止2条2号・4号）。そのうちの一部の窃盗行為が常習特殊窃盗の訴因で起訴されて確定判決を経た（前訴）後に、確定判決前に犯された余罪となる他の窃盗行為が常習特殊窃盗で起訴された（後訴）場合、後訴について一事不再理効が及び、「確定判決を経たとき」（337条1号）として免訴の判決を言い渡すべきか、それとも、実体審理に入るべきか（小問(1)）。また、後訴が単純窃盗で起訴された場合はどうか（小問(2)）。

b　一般的な理解

前訴の「確定判決を経た」（337条1号）ものとして免訴すべき範囲、すなわち、確定判決の一事不再理効の客観的範囲が問題となるが、この点は、【設問8】で検討したとおり、「公訴事実の同一性」（312条1項）の範囲内で認められる。そこで問題となるのは、一事不再理効が及ぶかどうかの「公訴事実の同一性」、具体的には、公訴事実の単一性の判断方法である。

第1の立場は、前訴の訴因および後訴の訴因という、双方の訴因のみを基準としてこれを比較対照して判断する（訴因基準説）。この理解によれば、原則として、前訴の訴因と後訴の訴因を比較して、公訴事実の単一性がなければ、後訴には一事不再理効は及ばないことになる。第2の立場は、訴因の

背景にある社会的事実としての「公訴事実」、つまり、いずれの訴因の記載内容にもなっていない犯行の常習性という要素についても、裁判所が証拠により心証形成をし、その「公訴事実」を基準として前訴と後訴が同一事件といえるか否かを判断するという立場（**心証基準説**）である。この理解によれば、前訴と後訴それぞれの訴因に拘束されず、その背景事実を加味して、実質的に公訴事実の単一性があるといえるか否かをみることになる（→6講6(2)コラム、22講2(3)コラム参照）。

多数説は訴因基準説を原則とすべきだとする。その理由は、①現行刑訴法の下においては、第一次的には訴因が審判の対象であること、②仮に心証基準説に立つと、前訴が訴因について無罪の確定判決である場合、後訴の訴因と（無罪となり実体が失われている）前訴の訴因を比較対照するという無理が生じること、③常習窃盗は、個々の窃盗行為を「常習性の発露」がある点をもって統合して一罪にして刑を加重するものであるが、検察官が立証の難易等諸般の事情を考慮し、常習性の発露という点を外して、（常習窃盗ではなく）個々の窃盗行為を単純窃盗として起訴することは、訴追裁量の範囲内で許容されることにある。

c　設問の検討

小問(1)は、前訴の訴因が常習特殊窃盗、後訴の訴因も常習特殊窃盗である。この場合、**心証基準説**の下では証拠関係からして、裁判所は当然に前訴も後訴も常習一罪の関係にあり公訴事実の単一性があるとの心証を抱くであろう。また、**訴因基準説**によっても、確定判決を経た前訴の常習特殊窃盗と後訴の常習特殊窃盗は、訴因だけを比較しても、常習一罪の関係にあるから、「公訴事実の単一性」が肯定される。したがって、前訴の一事不再理効が後訴に及び、裁判所は、後訴について免訴判決を言い渡すことになる。

小問(2)は、前訴の訴因が常習特殊窃盗で、後訴の訴因が単純窃盗である。一見すると後訴の訴因が前訴の訴因に当然に包摂される関係にあるようにもみえる。心証基準説によれば、証拠関係次第では、両者は実質的に常習一罪の関係にある事実だとして、後訴について免訴判決を言い渡しうる。

訴因基準説の場合は、どのように理解されているだろうか。前訴の訴因が常習窃盗であり、後訴の訴因が単純窃盗である場合、両訴因の常習窃盗と単純窃盗とは当然に一罪を構成するものではない。窃盗の常習者であっても、常習性の発露とは評価できない時期・態様の単純窃盗を行うこともありうる以上、当然に前訴の常習窃盗に、後訴の単純窃盗が包摂されるわけではないからである（→本講コラム参照）。しかし、両訴因の記載の比較のみからで

も、前訴か後訴のいずれかに常習窃盗の訴因がある場合には、前訴と後訴の両訴因が実体的には常習窃盗の一罪ではないかと強くうかがわせる。

　この場合、訴因自体において一方の単純窃盗が他方の常習窃盗と実体的に一罪を構成するかどうかにつき検討すべき契機が存在する。そのため、単純窃盗が常習性の発露として行われたか否かについて実体的な審理を実施して心証形成をし、両訴因間の公訴事実の単一性の有無を判断すべきだと理解されている（柔らかい訴因基準説）。いわば、常習窃盗の訴因が前訴または後訴にあることで、裁判所が前訴と後訴の訴因が常習一罪の関係にあるか否かを心証形成する引き金を引くことになり、その限りで常習一罪の関係にある事実か否かについて裁判所は実体審理を行い、心証を形成した上で、前訴の訴因と後訴の訴因の間の公訴事実の単一性の有無を判断することになる。

　以上の理解に従えば、小問(2)では、後訴の単純窃盗は、前訴の常習特殊窃盗の訴因とほぼ同時期の、同じ共犯者らによる貴金属荒らしであり、常習性の発露として行われたと認められる。そうすると、前訴の常習特殊窃盗と後訴の単純窃盗は、常習一罪の関係にあるから、「公訴事実の単一性」が肯定される。したがって、前訴の一事不再理効が後訴に及び、裁判所は、後訴について免訴判決を言い渡すことになる。

　　＊　常習痴漢と単純痴漢

　　　　判例は、いわゆる迷惑防止条例違反の痴漢行為の事案において、前訴が常習痴漢、後訴が単純痴漢としてそれぞれ有罪が確定した後に、検察官から非常上告が申し立てられ、後訴を免訴としている（最判平15・6・2集刑284号353頁）。

ウ　前訴が単純窃盗で、後訴が常習窃盗または単純窃盗の場合

【設問10】

　　Aは、共犯者らと窃盗グループを作り、平成28年2月頃から平成29年12月頃までの間、共犯者らと共に、夜間に無人の貴金属店に侵入して金品を盗む事件（貴金属店荒らし）を繰り返していたが、そのうちの6件について単純窃盗の併合罪として起訴されて懲役4年の有罪判決を受け（前訴）、前訴の判決は、平成30年3月25日に確定した。

(1)　Aは、平成30年6月1日、前訴の訴因とは異なる、平成28年12月頃から平成29年3月までの間に同じ窃盗グループによって敢行された同様の手口の貴金属荒らし4件について常習特殊窃盗で起訴された（後訴）。この場合、裁判所は、後訴についていかに処理すべきか。

(2)　後訴が4件の単純窃盗の併合罪として起訴された場合はどうか。

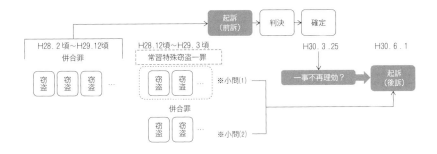

a　問題の所在

　小問(1)は、前訴が単純窃盗で、後訴が常習特殊窃盗の訴因である。これに対して、小問(2)は、前訴・後訴ともに単純窃盗の併合罪の訴因である。裁判所は、前訴と後訴が、常習特殊窃盗の関係にある事実だとして、公訴事実の単一性を認め、一事不再理効の客観的範囲が後訴に及ぶとして、免訴判決を言い渡すべきであろうか。

b　判例の理解

　判例は、上述した柔らかい訴因基準説を採用しているとされている。第1に、前訴の訴因が単純窃盗であり、後訴の訴因が常習窃盗である場合、柔らかい訴因基準説によれば、両訴因の単純窃盗と常習窃盗とは、訴因の比較のみでは一罪を構成するものではないとされる。しかし、後訴の常習窃盗の訴因が存在することから、両訴因の記載の比較のみからでも、両訴因の単純窃盗と常習窃盗が実体的には常習窃盗の一罪ではないかと強くうかがわれる。そのため、訴因自体において一方の単純窃盗が他方の常習窃盗と実体的に一罪を構成するかどうかにつき検討すべき契機が存在する。その結果、単純窃盗が常習性の発露として行われたか否かについて、裁判所は付随的に心証形成をし、両訴因間の公訴事実の単一性の有無を判断することになる。判例も、前訴が単純窃盗、後訴が常習累犯窃盗の事案において、実体法上、常習累犯窃盗の一罪の一部を構成する単純窃盗につき確定判決を経た場合は、後訴の常習累犯窃盗は免訴となる旨判示している（最判昭43・3・29刑集22巻3号153頁参照）。

　第2に、前訴の訴因が単純窃盗の併合罪であり、後訴の訴因も単純窃盗の併合罪である場合は、どうなるであろうか。柔らかい訴因基準説による場合、前訴の訴因が単純窃盗で、後訴の訴因も単純窃盗の場合は、常習性が発露されていないとされる。そのため、各単純窃盗の訴因の実体に踏み込むことはなく、各訴因を比較対象として公訴事実の単一性を判断することにな

り、公訴事実の同一性は否定されることになる（最判平15・10・7刑集57巻9号1002頁〈百選97〉）。

判例も、「前訴及び後訴の訴因が共に単純窃盗罪であって、両訴因を通じて常習性の発露という面は全く訴因として訴訟手続に上程されておらず、両訴因の相互関係を検討するに当たり、常習性の発露という要素を考慮すべき契機は存在しない」から、「常習特殊窃盗罪による一罪という観点を持ち込むことは、相当でな」く、「別個の機会に犯された単純窃盗罪に係る両訴因が公訴事実の単一性を欠くことは明らかであるから、前訴の確定判決による一事不再理効は、後訴には及ばないものといわざるを得ない」と判示している。柔らかい訴因基準説を採用しているといえよう。

> ＊　前訴と後訴の双方が単純窃盗の併合罪の訴因である場合について、常習窃盗の関係にあるとして免訴判決を言い渡さないことには、政策的な理由もある。常習窃盗は、その構造を見ると、常習性の要件を除けば、複数の単純窃盗に分解が可能であり、その構成単位である窃盗行為は、客観的には、本来相互に関連性の薄い、独立的色彩の強い犯罪である。常習性の発露に至らない単純窃盗が複数行われた場合に、その発覚の時期等から複数回にわたる起訴がされ、時期を異にして確定することは、実務上避けがたく、このような場合は、刑法45条後段の併合罪として処理されている。このような場合との均衡を考えると、たまたま、常習性の発露として行われた犯行が、前訴が単純窃盗で、後者も単純窃盗として訴因構成されたがゆえに、後訴が免訴となるのは、窃盗の常習性が認められるという意味で、より悪性の強い被告人を不当に利することになる。仮に、後訴を免訴とする「心証基準説」に立つと、被告人が自らの「常習性」という悪性を主張・立証して、後訴について免訴を得ようとするねじれた不自然な訴訟活動を誘発、容認することにもつながりかねないと指摘されている。したがって、前訴が単純窃盗で、後訴も単純窃盗の場合は、実質的にも、訴因の背後の社会的事実に踏み込む必要はなく、基本に立ち返り、訴因の形式的な比較対照により、「公訴事実の単一性」を否定するべきだとされている。

c　設問の検討

小問(1)では、前訴の単純窃盗は、後訴の常習特殊窃盗の訴因事実とほぼ同時期の同じ共犯者らによる貴金属荒らしである。そのため、常習性の発露として行われたと認められる。そうすると、確定判決を経た単純窃盗と後に起訴された常習特殊窃盗は、常習一罪の関係にあるから、「公訴事実の単一性」が肯定される。したがって、前訴の一事不再理効が後訴に及び、裁判所は、後訴について免訴判決を言い渡すことになる。

他方で、小問(2)は、前訴・後訴の訴因がともに単純窃盗であって、両訴因を通じて常習性の発露という面は訴因として訴訟手続に上程されていない。そのため、裁判所は常習一罪の関係にあるか否かについて検討する必要はない。後訴には一事不再理効は及ばず、免訴判決を言い渡すべきではないということになる。

　ここまでみてきたように、前訴と後訴のいずれか（または双方）に常習一罪の訴因が存する場合には、後訴に一事不再理効が及び、後訴は免訴となる。このことは、常習一罪の訴因で起訴する場合に、分割せずに一括して起訴しなければならないことを意味する。これに対して、前訴・後訴ともにすべて単純窃盗の併合罪で起訴されている場合には、一事不再理効は及ばず、後訴は免訴とならないことになる。

●事項索引●

【さ　行】

●判例索引●

◆執筆者

吉開多一（よしかい・たいち）

　1970年生まれ。国士舘大学法学部教授、弁護士（2020年弁護士登録）。1997年
4月から2014年3月まで検事として東京地検特捜部、福島地検郡山支部、大
阪地検特捜部等に勤務。

　執筆：「本書の使い方」、「本書の構成と手続理解編との関係」、第15講～第19
講、第21講、第24講

緑　大輔（みどり・だいすけ）

　1976年生まれ。一橋大学大学院法学研究科教授。主著に、『刑事訴訟法入門
（第2版）』（日本評論社、2017年）。

　執筆：「本書の使い方」、第20講、第22講～第30講

設楽あづさ（しだら・あづさ）

　1963年生まれ。弁護士（1995年弁護士登録）。2012年4月から2015年3月まで
司法研修所において刑事弁護教官として勤務。

　執筆：第20講

國井恒志（くにい・こうし）

　1966年生まれ。静岡地方裁判所部総括判事。1994年裁判官任官、東京都、福
岡県、愛知県、高知県、神奈川県、埼玉県、茨城県、群馬県で刑事事件を担
当。2017年前橋地方裁判所部総括判事、2020年東京高裁判事、2021年10月か
ら現職。

　執筆：「はしがき」、基本事例、第30講

基本刑事訴訟法 II──論点理解編

2021 年 4 月 1 日　第 1 版第 1 刷発行
2024 年 4 月 30 日　第 1 版第 3 刷発行

著　者──古開多一・緑　大輔・設楽あづさ・國井恒志
発行所──株式会社　日本評論社
　　　　　東京都豊島区南大塚 3-12-4
　　　　　電話 03-3987-8621（販売），-8631（編集）
　　　　　振替 00100-3-16
印刷所──精文堂印刷株式会社
製本所──株式会社難波製本

© T.Yoshikai, D.Midori, A.Shidara, K.kunii 2021
装丁／桂川　潤　Printed in Japan
ISBN 978-4-535-52420-0